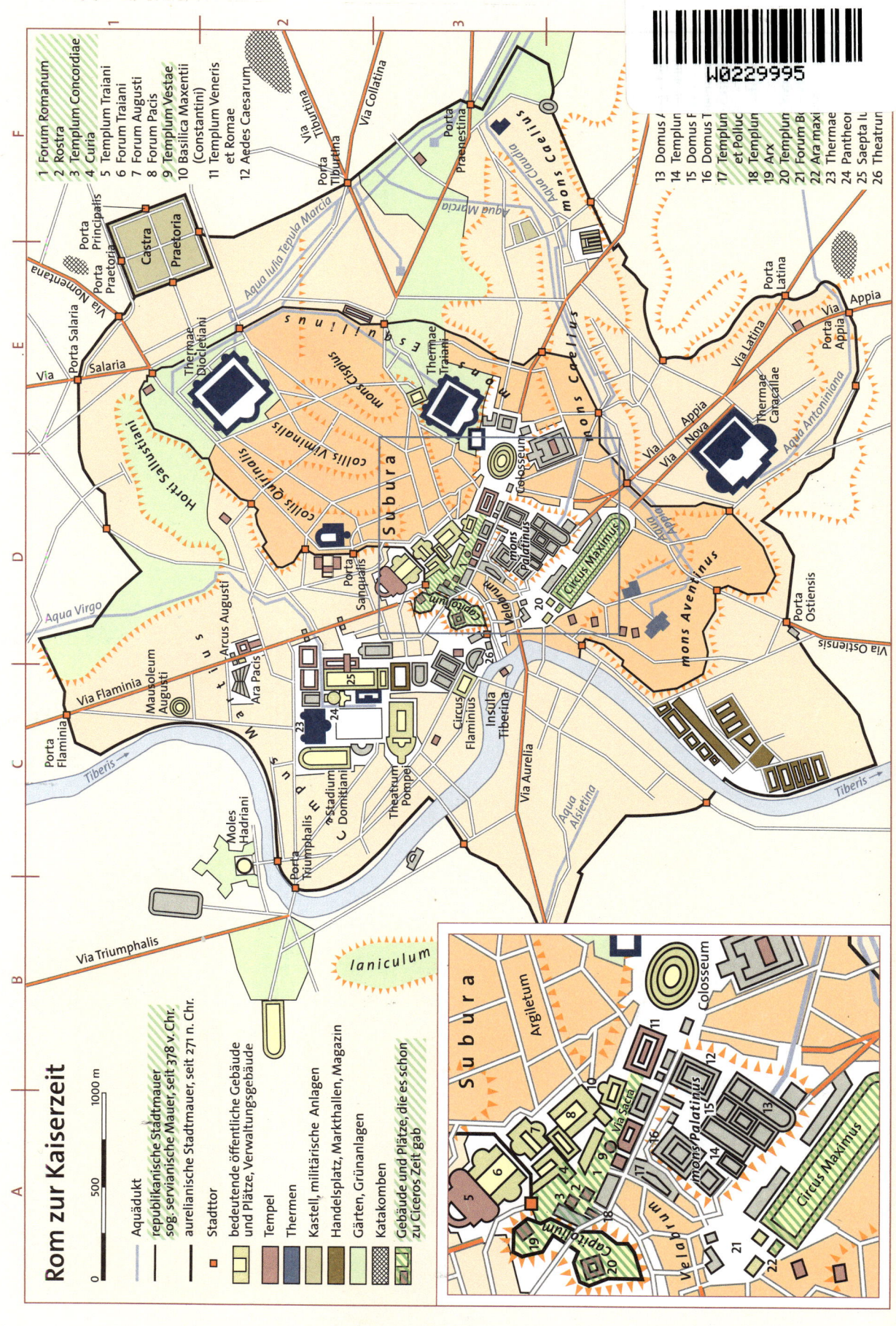

Rom zur Kaiserzeit

Legende:

- Aquädukt
- republikanische Stadtmauer sog. servianische Mauer, seit 378 v. Chr.
- aurelianische Stadtmauer, seit 271 n. Chr.
- Stadttor
- bedeutende öffentliche Gebäude und Plätze, Verwaltungsgebäude
- Tempel
- Thermen
- Kastell, militärische Anlagen
- Handelsplatz, Markthallen, Magazin
- Gärten, Grünanlagen
- Katakomben
- Gebäude und Plätze, die es schon zu Ciceros Zeit gab

Maßstab: 0 – 500 – 1000 m

Nummernlegende:

1. Forum Romanum
2. Rostra
3. Templum Concordiae
4. Curia
5. Templum Traiani
6. Forum Traiani
7. Forum Augusti
8. Forum Pacis
9. Templum Vestae
10. Basilica Maxentii (Constantini)
11. Templum Veneris et Romae
12. Aedes Caesarum
13. Domus A...
14. Templum...
15. Domus T...
16. Domus F...
17. Templum... et Polluc...
18. Templum...
19. Arx
20. Templum...
21. Forum B...
22. Ara maxi...
23. Thermae
24. Pantheon
25. Saepta Iu...
26. Theatrum...

Beschriftungen auf der Karte:

Porta Nomentana · Via Nomentana · Porta Salaria · Via Salaria · Porta Principalis · Porta Praetoria · Castra Praetoria · Thermae Diocletiani · Horti Sallustiani · Aqua Virgo · Via Flaminia · Porta Flaminia · Mausoleum Augustus · Arcus Augusti · Ara Pacis · Via Triumphalis · Moles Hadriani · Porta Triumphalis · Tiberis · Campus Martius · Stadium Domitiani · Theatrum Pompei · Circus Flaminius · Insula Tiberina · Via Aurelia · Aqua Alsietina · Ianiculum · mons Crispus · colis Viminalis · collis Quirinalis · Subura · Thermae Traiani · mons Esquilinus · Capitolium · Velabrum · mons Palatinus · Circus Maximus · mons Aventinus · Colosseum · mons Caelius · Via Tiburtina · Via Collatina · Porta Tiburtina · Aqua Iulia Tepula Marcia · Aqua Claudia · Aqua Marcia · Porta Praenestina · Via Appia · Via Latina · Porta Latina · Porta Appia · Via Nova · Thermae Caracallae · Aqua Antoniniana · Porta Ostiensis · Via Ostiensis · Porta Sanqualis

Ausschnitt:

Subura · Argiletum · Via Sacra · mons Palatinus · Velabrum · Capitolium · Colosseum · Circus Maximus

7. 178/79 | 5 d | William Wind

Adeamus! 1

Ausgabe B

Herausgegeben von
Volker Berchtold, München
Prof. Dr. Markus Schauer, Bamberg

Erarbeitet von
Volker Berchtold, München
Benedikt Blumenfelder, München
Lena Büttner, Gauting
Anna Katharina Frings, Köln
Prof. Dr. Jens Holzhausen, Erlangen
Ingrid Kunna, Herne
Volker Müller, Nürnberg
Dr. Ira Noss, Germering
Uwe Rollwagen, München
Dr. Cordula Safferling, Augsburg
Prof. Dr. Markus Schauer, Bamberg
Melanie Schölzel, Nürnberg
Dr. Sabine Seelentag, Köln
Udo Segerer, Rosenheim
Oliver Siegl, Bamberg
Dr. Michael Stierstorfer, Regensburg
Sabrina Sütterlin, Grafing bei München
Stefan Wessels, Bochum

Berater (Archäologie):
Prof. Dr. Andreas Grüner

Oldenbourg Schulbuchverlag, München

Herausgeber:
Volker Berchtold, Prof. Dr. Markus Schauer

Erarbeitet von:
Volker Berchtold (München), Benedikt Blumenfelder (München), Lena Büttner (Gauting),
Anna Katharina Frings (Köln), Prof. Dr. Jens Holzhausen (Erlangen), Ingrid Kunna (Herne),
Volker Müller (Nürnberg), Dr. Ira Noss (Germering), Uwe Rollwagen (München),
Dr. Cordula Safferling (Augsburg), Prof. Dr. Markus Schauer (Bamberg), Melanie Schölzel (Nürnberg),
Dr. Sabine Seelentag (Köln), Udo Segerer (Rosenheim), Oliver Siegl (Bamberg),
Dr. Michael Stierstorfer (Regensburg), Sabrina Sütterlin (Grafing), Stefan Wessels (Bochum)

Redaktion:
Dr. Silke Anzinger; Grammatik-Teil, Wortschatz und Anhänge: Stefanie Ohmsen

Illustrationen:
Barbara Steinitz (alle außer S. 90 f., S. 118 f., S. 183, S. 213, S. 221, S. 226 f.)
Dorothee Mahnkopf (S. 90 f., S. 118 f.); Roland Beier (S. 213, S. 221, S. 226 f.)
Achim Norweg (Vorsatz), Ingrid Schobel (Nachsatz)

Umschlaggestaltung:
Rosendahl Berlin
Agentur für Markendesign

Bildnachweis Cover:
Vordergrund: BPK/Scala; Hintergrund: bpk | Hans Christian Krass

Layoutkonzept:
Christiane Gerstung, Buch- und Projektgestaltung, München;
Grammatik-Teil: moretypes, Lisa Neuhalfen, Berlin

Layout und technische Umsetzung:
MeGA 14, Marion Röhr; Grammatik-Teil: Marina Goldberg

www.oldenbourg.de

1. Auflage, 1. Druck 2017

Alle Drucke dieser Auflage sind inhaltlich unverändert
und können im Unterricht nebeneinander verwendet werden.

© 2017 Cornelsen Verlag GmbH, Berlin

Druck: Firmengruppe APPL, aprinta Druck, Wemding

ISBN 978-3-637-01937-9 (Schülerbuch)
ISBN 978-3-637-02415-1 (E-Book)

PEFC zertifiziert
Dieses Produkt stammt aus nachhaltig
bewirtschafteten Wäldern und kontrollierten
Quellen.

PEFC
PEFC/04-32-0928   www.pefc.de

Die Welt des Mythos

Packen wir's an – Latein lernen mit *Adeamus!*

Adeamus bedeutet: „Gehen wir es an!" oder „Packen wir's an!" Also: Los geht's!
Mit *Adeamus!* lernst du Latein, die Sprache der Römer. Die Römer haben Jahrhunderte lang den Mittelmeerraum und weite Teile Europas – auch Deutschlands – beherrscht; ihre Kultur und ihre Sprache prägen diese Länder bis heute.

Auf der Reise in die Welt der Römer begleiten dich **im ersten Teil (Lektionen 1–15)** Menschen, die vor mehr als 2000 Jahren wirklich gelebt haben: Cicero und seine Familie. Cicero war Redner, Anwalt, Politiker und Schriftsteller und ist heute noch einer der berühmtesten Römer, an die man sich erinnert. In seinen Büchern und in seinen Briefen erzählt Cicero viel über das Leben von damals: über große Ereignisse und berühmte Menschen – wie zum Beispiel Caesar – , aber auch über sein Alltagsleben. Daher wissen wir viel über seine Kinder Marcus und Tullia und über seinen Neffen Quintus. Wir kennen viele ihrer Sorgen und Nöte, aber auch lustige und aufregende Ereignisse. Manchmal ist ein Brief Ciceros direkt die Grundlage unserer Lektionen: zum Beispiel eine ungewöhnliche Theateraufführung (L 5) oder ein Streit zwischen Quintus' Eltern (L 14).

Folgende Personen treten im ersten Teil auf:

Personen, die wirklich gelebt haben

- *Marcus Tullius **Cicero**,* der Redner
- ***Terentia**,* seine Frau
- ***Marcus** Tullius Cicero,* ihr gemeinsamer Sohn
- ***Tullia**,* ihre Tochter
- ***Tiro**,* ein Sklave im Hause Ciceros

- *Quintus **Tullius** Cicero,* Ciceros Bruder
- ***Pomponia**,* die Frau des Tullius
- *Quintus **Tullius** Cicero,* der Sohn von Tullius und Pomponia

Erfundene Personen

- ***Rufus**,* Sohn eines Ermittlers, der für Cicero arbeitet, Freund von Marcus und Quintus
- ***Scintilla**,* eine Freundin von Rufus, Marcus und Quintus
- ***Cratinus**,* ein Gladiator

Im zweiten Teil (Lektionen 16–25) tauchst du in die Welt der Götter und Helden ein und erlebst eine Reise durch die Zeiten. Sie beginnt mit der Erschaffung der Welt und führt zu den Anfängen Roms.

Lernen mit *Adeamus!*

Adeamus! hat 25 Lektionen, die klar gegliedert sind. Jede umfasst vier Seiten.
Auf der **ersten Seite** bekommst du eine Einführung in das Thema und in den Wortschatz der Lektion: Die deutsche Sachinformation und ein einfacher lateinischer Text enthalten neue Vokabeln, die du dir bereits hier einprägen und auf diese Weise leicht merken kannst.

Lernwort Dunkelbraun sind neue Vokabeln auf den ersten beiden Seiten jeder Lektion.
Themenwort Hellbraun sind lateinische Wörter, die zu einem Thema gehören, die du aber nicht lernen musst.
Eigennamen kannst du im Eigennamenverzeichnis (ab S. 264) nachschlagen.

Auf der **zweiten Seite** kannst du dir weitere Vokabeln und die neue Grammatik erschließen. Die Aufgaben helfen dir dabei. Nachlesen und lernen kannst du den Stoff hinten im **Grammatik-Teil**.

Auf der **dritten Seite** findest du zu jedem Grammatikschritt direkt die passenden Übungen.

W kennzeichnet Wortschatzeinführung und Wortschatzübungen.

G kennzeichnet die Grammatikschritte auf der Einführungsseite, hinten im Grammatik-Teil und auf der Übungsseite.

Z kennzeichnet eine zusätzliche Übung, die auch etwas anspruchsvoller sein kann.

H kennzeichnet eine Übung, die gezielt Hilfe für eine knifflige Stelle im Lesetext bietet.

Abracadabra! Bei den Übungen mit dem Zauberstab kannst du dir weitere Aufgaben überlegen. Wähle z. B. eine Aufgabe aus der Liste, die du hinten im Buch auf S. 273 findest.

(2)   bedeutet (in Übungen): Verwende dieses Wort zweimal.
(!)   bedeutet (in Übungen): Achtung, hier gibt es mehr als eine Lösung.
→   verweist dich auf eine Stelle im Buch, an der du weitere Informationen findest.
Wer tanzt aus der Reihe? Bei Übungen dieser Art musst du selbst herausfinden, aus welchen Gründen ein Wort nicht passt. **Tipp:** Wenn nichts anderes angegeben ist, sind es stets Gründe, die etwas mit der Form, der Endung oder der Wortart des Wortes zu tun haben.

Auf der **vierten Seite** findest du den Lesetext. Diesen zu verstehen ist das Ziel jeder Lektion. Je gründlicher du dir die ersten drei Seiten erarbeitet hast, desto besser wird dir das gelingen.

Jeweils fünf Lektionen ergeben eine **Sequenz**. Jede Sequenz wird mit einer **Wiederholungslektion** abgeschlossen. Sie umfasst sechs Seiten: Grundwissen mit Anregungen zum Weiterforschen, Methoden, Übungen und einen Wiederholungstext. Bei den Übungen kannst du dir gezielt die für dich am besten passenden auswählen:

• kennzeichnet leichte Übungen,	•• kennzeichnet mittelschwere Übungen,	••• kennzeichnet knifflige Übungen.

Im **Lernwortschatzteil** findest du ebenfalls eine Extraseite **„Üben und Behalten"** am Ende jeder Sequenz. Sie verrät dir Tipps und Tricks, mit denen du Wörter leichter lernen und besser behalten kannst. Mit den Übungen auf der Seite kannst du das immer gleich ausprobieren.

Wir wünschen dir nun viel Freude und Erfolg beim Lateinlernen!

Cicero und seine Familie

Tiro überbringt seinem Herrn, dem berühmten Redner, Anwalt und Politiker Cicero, ein wichtiges Dokument. Marcus, Ciceros Sohn, ist in seine Lektüre vertieft – zur Freude seiner Mutter Terentia. Die Tochter Tullia kommt mit ihrem Sklaven gerade vom Einkaufen. Quintus, der Cousin von Marcus und Tullia, freut sich, dass sein Vater Tullius wohlbehalten aus einem Krieg zurückgekommen ist.

1. Ordne den Personen auf dem Bild die Namen zu.
2. Beschreibe die Personen und achte dabei besonders auf alles, was bei den Römern anders war als heute.
3. Zwei Personen gehören nicht zu Ciceros Familie.
Zeige diese. Auf der nächsten Seite lernst du sie näher kennen.

Erste Schritte mit Rufus und Scintilla

Wer hat da aus dem Gebüsch geblickt? Es waren Rufus und Scintilla, die Freunde von Marcus und Quintus. Rufus ist der Sohn eines Ermittlers, der für den Anwalt Cicero arbeitet. Rufus ist immer hilfsbereit und pflichtbewusst. Scintilla ist ziemlich schlau, tut, was sie will, und sagt, was sie denkt. Auch wenn ihre Eltern arm sind, ist sie ebenso wie Rufus mit den reichen Cicero-Kindern befreundet.

1. So haben sich Rufus und Scintilla kennengelernt.
Stelle du dich ihnen in gleicher Weise vor.

Nun warten Rufus und Scintilla auf ihren gemeinsamen Freund Quintus.

a. Wo Quintus ist, dort ist Spaß. – b. Schau, meine Freundin! – c. Quintus ist nicht hier. – d. Bestens! – e. Wo ist Quintus? – f. Jetzt kommt unser Freund.

2. Ordne nun den lateinischen Sätzen in Bild 3 und 4 die passenden deutschen Aussagen zu.
3. Vergleiche die lateinischen Sätze mit den deutschen Sätzen. Gib an, was dir auffällt, und beschreibe die Unterschiede.
4. Spielt den kleinen Dialog in der Lerngruppe vor.

Was bedeuten diese Wörter?

Salvē! – ubī – nōn – est – amīcus – hīc – amīca

5. Du kennst bereits einige lateinische Sätze. Nenne nun die Bedeutung der einzelnen Wörter.

Rūf**us** – Rufus	Scintill**a** – Scintilla	
serv**us** – **der** Sklave	serv**a** – **die** Sklavin	verb**um** – **das** Wort
domin**us** – **der** Herr	domin**a** – **die** Herrin	for**um** – **das** Forum

Alle lateinischen Wörter im Kasten sind ...  ... Eigenschaftswörter (Adjektive).

... Hauptwörter (Substantive).

... Tätigkeitswörter (Verben).

6. Vergleiche nun die Wörter im Kasten miteinander und ergänze den obigen Satz richtig.

Wörter mit der Endung -**us**   sind in der Regel ...

Wörter mit der Endung -**a**   sind in der Regel ...

Wörter mit der Endung -■■   sind in der Regel ...

... weiblich (feminin).	... männlich (maskulin).	... sächlich (neutrum).

7. Nun kannst du bereits die erste Regel ableiten: Nenne die fehlende Endung, ordne die Begriffe richtig zu und gib an, woran man das Geschlecht (Genus) im Deutschen erkennen kann.

Das kannst du schon!

amīca – verbum – amīcus – Mārcus – gaudium – domina – Scintilla – Quīntus – serva – dominus – Terentia – Tullius – forum

8. Ordne die Wörter nach ihrem Geschlecht und nenne ihre Bedeutung.

9. Beschreibe das Bild und verwende dabei möglichst viele lateinische Wörter.

Die vier Kinder Marcus, Quintus, Rufus und Scintilla begleiten dich durch die ersten fünfzehn Lektionen und erleben im antiken Rom Abenteuer, die mit einem gefährlichen Brandstifter und einer wilden Verfolgungsjagd zu tun haben. Mehr sei aber noch nicht verraten!

Die Ciceros – eine römische Familie und ihre Namen

So lebte ein römisches Kind. Das Bild zeigt auch, was es spielte. Römisches Relief, 2. Jahrhundert nach Christus

Die römische Familie. In einer römischen Familie **(familia)** war sicher manches anders als in deiner Familie. Oder gibt es bei euch zu Hause Sklaven? Im Hause Ciceros gab es sie. Alle, die in seinem Haus lebten, auch jeder Sklave **(servus)** und jede Sklavin **(serva)**, gehörten zur Familie. Ihre Arbeit wurde von Terentia, der Hausherrin **(domina)**, geleitet. Das Oberhaupt der Familie aber war der Hausherr **(dominus)** Cicero. Cicero war ein berühmter Anwalt und Politiker. Oft führte ihn eine Aufgabe **(negōtium)** auf das Forum **(forum)**, wo sich das öffentliche Leben in Rom abspielte. Begleitet wurde er dabei häufig von seinem Sklaven Tiro, der für Cicero als Sekretär arbeitete. Manche Sklaven waren nämlich sehr gebildet und arbeiteten z. B. als Arzt oder Lehrer. Sklavinnen zogen als Ammen die Kinder der Familie auf und betreuten sie. Ciceros Familie war reich und sehr angesehen; in ärmeren Familien gab es nur wenige oder gar keine Sklaven. Die Kinder dieser Familien standen sicher weniger unter Aufsicht, allerdings mussten sie zum Teil arbeiten, damit die Familie genug zum Leben hatte.

Wer ist wer?
Mārcus Tullius Cicerō **dominus est**. Terentia **domina est**. Tīrō **servus est**. Phila **serva est**. Rūfus **amīcus est et** Scintilla **amīca est**. Quīntus: „**Ubī** Scintilla **est**?" Mārcus: „Scintilla **nōn hīc est**."

Der römische Name (nōmen). Ein Römer hatte meist drei Namen:

Mārcus	Tullius	Cicerō
Vorname	Familienname	Beiname

> einige Vornamen:
> Mārcus (M.)
> Quīntus (Q.)
> Lūcius (L.)
> Gāius (C.)

So hieß Cicero mit vollem Namen. Sein Sohn Marcus hatte dieselben drei Namen. Für Söhne konnten die Römer zwischen mehreren Vornamen wählen. Es gab allerdings nur etwa 18 Vornamen, die im Schriftlichen meist abgekürzt wurden. Der Name einer Tochter wurde vom Familiennamen abgeleitet; Ciceros Tochter hieß daher Tullia.

1. Einige typische Mitglieder einer römischen Familie sind auch auf dem Relief zu sehen. Zeige sie und beschreibe, was sie tun.
2. Der vielleicht bekannteste Römer hieß C. Iulius Caesar. Erkläre den Namen.

W
G₁ Römer in Aktion

properā-re   **labōrā-re**   **clāmā-re**   **sedē-re**   **gaudē-re**

a. Ordne den Verben die passende deutsche Bedeutung zu:
schreien – sitzen – sich freuen – arbeiten – eilen.
b. Gib an, welcher Bestandteil all diesen lateinischen Verbformen gemeinsam ist und
welche Entsprechung er im Deutschen hat. Nenne den Fachbegriff für diese Verbform.
c. Lateinische Verben lassen sich in Gruppen einteilen, die man Konjugationen nennt.
Hier findest du Verben der a-Konjugation und der e-Konjugation. Erschließe,
welches Verb zu welcher Konjugation gehört.

G₂ Männlich, weiblich, sächlich? Die Endung verrät es.

dominus, **domina**, **forum**
d. Ordne den Substantiven (Hauptwörtern) ihr Genus (Geschlecht) zu und gib an,
welche Endung für welches Genus steht.

G₃ Einer oder mehrere in Aktion?

Cicerō **gaude**-t.
Terentia **gaude**-t.   Cicerō **et** Terentia **gaude**-nt.
e. Übersetze die Sätze und gib an, was die Endungen -t bzw. -nt bezeichnen.
*f. Gib den Stamm des Verbs **properāre** an und bilde die entsprechenden Formen mit -t und -nt.*

Servus nōn gaude-t: **Labōra**-t.   *Der Sklave freut sich nicht: Er arbeitet.*
g. Bestimme Satzgegenstand (Subjekt) und Satzaussage (Prädikat) im Lateinischen und im
Deutschen. Welcher Unterschied fällt dir im zweiten Satz auf? Nenne ihn.

Cicerō **dominus es**t.   Terentia **domina es**t.   **Ubī su**nt Cicerō **et** Terentia?
*h. **Est** und **sunt**: Nenne die Bedeutungen und ordne die Begriffe Singular und Plural zu.*

G₄ Stets mehr als einer

Mārcus **et** Quīntus **gaudent. Amīc-ī gaudent**.
Dēlia **serva est**. Phila **et** Dēlia **serv-ae sunt**.
Servae labōrant: Hīc negōti-a sunt.
i. Erschließe mit Hilfe der Prädikate, in welchem Numerus die markierten Substantive stehen.
j. Gib zu jedem Substantiv die dir bereits bekannte Form an.

W
G₁

1. Marcus hat eine Geheimschrift.
a. Knacke den Farbcode, indem du die Lücken ergänzt.

g■ ■d■r■ – pr■p■r■r■ – s■d■r■ – cl■m■r■ – l■b■r■r■

b. Bestimme die Form dieser Verben und die jeweilige Konjugation.
c. Aufgabe oder Freizeit? Wähle die Tätigkeiten aus, die du mit **negotium** verbindest.

G₂

2. Ciceros Haushalt – Hilfe gesucht!
a. Bestimme das Genus der Substantive. Gib an, wo es im Deutschen mit dem im Lateinischen übereinstimmt.
familia – serva – amicus – negotium – Quintus – servus – domina – Phila – dominus – forum
b. Wähle aus, wer bei der Hausarbeit hilft.

G₃

3. Stimmengewirr – wer sagt was?
a. Übersetze. **b.** Ordne die Sätze den vorgegebenen Personen zu.

Terentia – Marcus – serva – Quintus

1. Phila et Delia non properant!

2. Domina clamat!

3. Ubi Quintus et Scintilla sunt?

4. Marcus non gaudet, familia laborat.

G₄

4. Dieser Text ist ins Regenbecken gefallen – einige Wortenden sind verwischt. Ergänze und übersetze.
1. Terentia propera ■. 2. Phila et Delia properant. 3. Phila et Delia serv ■ sunt.
4. Davus servus est. Davus gaud ■: Non labor ■. 5. Servus sed ■ – serv ■ laborant. 6. Domina clama ■: „Ubi serv ■ est?"

5. Eines ist anders.
a. Eines der Wörter passt nicht in die Aufzählung. Erkläre, warum.
familia – amici – ubi – domina – fora – servae – dominus – servi – amicae
b. Setze die übrigen Formen in den jeweils anderen Numerus; bestimme das Genus.

6. Bestimmter, unbestimmter oder kein Artikel im Deutschen? Wähle und begründe.
1. Davus **servus** est. 2. Davus et Tiro **servi** sunt. 3. Terentia **domina** est. Cicero **dominus** est.

7. Kennst du nun alle Fachbegriffe? Ordne die grammatischen Ausdrücke zu.

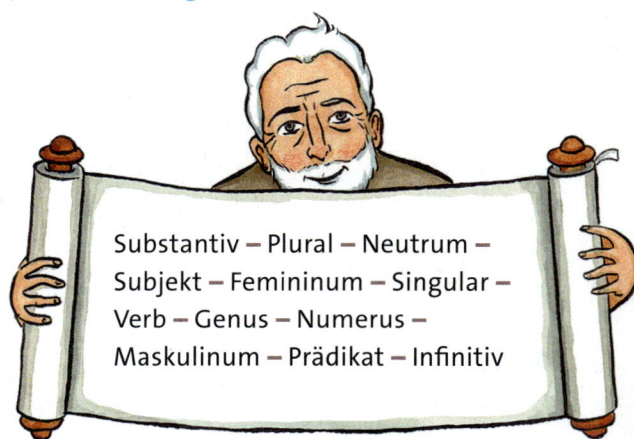

Substantiv – Plural – Neutrum – Subjekt – Femininum – Singular – Verb – Genus – Numerus – Maskulinum – Prädikat – Infinitiv

Geschlecht – weiblich – Hauptwort – Einzahl – männlich – Mehrzahl – sächlich – Grundform – Satzaussage – Zeitwort – Anzahl – Satzgegenstand

Z

8. Was macht den Unterschied? Erkläre, warum der deutsche Text aus mehr Wörtern besteht als der lateinische.
1. Hic Davus sedet. Davus servus est.
2. Phila laborat. Serva est.
3. Domina non hic est. Servi gaudent.

1. Hier sitzt Davus. Davus ist ein Sklave.
2. Phila arbeitet. Sie ist eine Sklavin.
3. Die Herrin ist nicht hier. Die Sklaven freuen sich.

Hat denn keiner Zeit für Marcus?

Marcus ist es langweilig. Seine ganze Familie ist beschäftigt.

*a. Suche aus dem ersten Abschnitt (Z. 1–10) alle
Personen heraus, die zu Marcus' Familie gehören.*
b. Gib zu jeder Person an, was sie tut.

Hīc Mārcus sedet. Mārcus nōn gaudet.
Nam familia labōrat.
Etiam dominus et domina labōrant:
Cicerō dominus est, Terentia domina est.
5 Cicerō dictat[1], Terentia properat et clāmat:
„Hīc negōtium est, ibi negōtium est.
Ubī Dāvus et Phila sunt? Labōrāre dēbent!"
Dāvus servus est, Phila serva est.
Nunc domina gaudet.
10 Nam servus et serva labōrant.

Mārcus: „Servī et servae labōrāre dēbent,
sed cūr etiam dominus et domina labōrant?
Hīc sunt negōtia, ibi sunt negōtia. Ubī est ōtium?"
Nunc Mārcus clāmat:
15 „Ibi Quīntus est! Ibi Rūfus et Scintilla sunt!"
Quīntus et Rūfus amīcī sunt.
Scintilla amīca est. Mārcus et amīcī gaudent.

1) **dictāre**: diktieren

*c. Wer auf der Abbildung macht was?
Sage es auf Latein.*
*d. Was ist für dich **ōtium**, was ist **negōtium**?
Ordne jedem der beiden Begriffe Tätigkeiten
aus deinem Leben zu.*

Mehr als nur Essen – Mahlzeiten bei den Römern

Römisches Fußbodenmosaik. Hier kannst du auch sehen, was manche Römer beim Essen mit ihren Abfällen machten. 3. Jh. n. Chr.

Essen im alten Rom. Das Frühstück und das Mittagessen fielen bei den Römern eher spärlich aus. Wenn von einer römischen Mahlzeit die Rede ist, ist damit in der Regel die Hauptmahlzeit **(cēna)** gemeint. Diese begann meist am späten Nachmittag und konnte bis in die Nacht dauern. Die vornehmen Römer nahmen ihre Mahlzeiten auf einer Liege **(lectus)** an einem Tisch **(mēnsa)** im Speiseraum **(triclīnium)** ein.

Als Essinstrumente verwendete man nur Löffel und Messer; die zerkleinerte Speise **(cibus)** konnte man mit den Fingern essen **(cēnāre)**. Sklaven sorgten für Nachschub. Zum Essen trank man Wein **(vīnum)**, der in der Regel mit Wasser **(aqua)** verdünnt wurde. Das Menü bestand aus mindestens drei Gängen: Als Vorspeise **(gūstus)** gab es z. B. Eier und verschiedene Soßen, aber auch Ausgefallenes wie etwa gebratene Haselmaus **(glīs)**. Der Hauptgang bestand bei den einfachen Familien oft aus Getreidebrei und Gemüse; vornehme Familien konnten sich auch Fleisch oder Fisch mit Beilagen leisten. Zum Nachtisch wurden Obst oder Gebäck gereicht.

„Fastfood" beim Gastmahl? Eine sonderbare Vorspeise

Phila gaudet, nam hīc **aqua** et **vīnum** et **cibī** sunt, ibi **lectī** et **mēnsae** sunt. Sed ubī est **gūstus**? **Gūstus** nōn hīc est! Nunc Dāvus clāmat: „Āaaaaa, **gūstus** ibi est! **Gūstus** properat: Nunc ibi est, nunc hīc est!" Phila **vocat**: „Quid? **Gūstus** properat? **Quid** gūstus est?" Dāvus: „**Gūstus** glīs est." Nunc Phila **rīdet**: „Hahaha!"

Zutaten und Geschmacksrichtungen. Viele Rezepte sind im Kochbuch des Apicius, eines römischen Feinschmeckers, überliefert. Viele Gerichte waren scharf, oft sehr stark gewürzt und süßsauer. Vor allem **garum** war ein beliebtes Würzmittel. Diese Fischsoße wurde in einem langen Gärungsprozess aus Sardellen gewonnen. Zum Süßen der Speisen wurde Honig benutzt, weil man keinen Zucker kannte.

*1. „Von A bis Z" hieß bei den Römern **ab ōvō ūsque ad māla** („vom Ei bis zu den Äpfeln"). Erkläre diese Redewendung.*
2. Beschreibe und erkläre die Bilder mit Hilfe des Textes.

Junge (Diener?) in einer Küche. Römisches Mosaik, 3. Jh. n. Chr.

W Letzte Vorbereitungen für das Gastmahl

Domina **imperat** – servī **pārent**: Nōn **cessant**, sed properant.
Dominus **salūtat**: „**Salvē**!"
*a. Ordne den neuen Verben die passende Bedeutung zu; nenne zu den markierten Verben auch den
Infinitiv: gehorchen – zögern, sich Zeit lassen – grüßen – grüß dich – befehlen.*

G₁ Hallo, Cicero!

Scintilla begrüßt ihre Freunde und deren Familie.
*b. Im Lateinischen verwendet man für die Anrede
im Allgemeinen die Nominativformen.*
Nur die Substantive der o-Deklination auf **-us** *und* **-ius**
bilden im Singular eine Ausnahme. Beschreibe diese.

> **Salvē**, Terentia!
> **Salvē**, domina!
> **Salvē**, Mārce!
> **Salvē**, amīce!
> **Salvē**, Tulli!

G₂ Gehorsame Sklavinnen

> Labōrā-te, servae!
> **Pārē-te**, servae!

> Labōrā, Phila!
> **Pārē**, Dēlia!

*c. Terentia gibt den Sklavinnen Anweisungen. Erschließe die
Übersetzung für die neuen Formen; das Satzzeichen hilft dir dabei.*
*d. Bestimme die neuen Formen nach dem Numerus und nenne
jeweils die Konjugation.*
e. Formuliere eine Regel, wie die neuen Formen gebildet werden.

G₃ Ankunft einer neuen Konjugation

Ubī servus est?
Cessat: Nōn **veni-t**.
Nam nōn **audi-t**: **Dormi-t**.
*f. Übersetze, indem du den drei Verben der
neuen Konjugation die passenden Bedeutungen
zuordnest: hören – kommen – schlafen.*
*g. Gib jeweils den Stamm der neuen Verben an
und erschließe den Namen der neuen Konjugation.*

Mārcus gaudet: „Amīcus **veni-t**."
Mārcus gaudet: „Amīcī **veni-u-nt**."
h. Beschreibe die Bildung der neuen Formen und gib an, was bei der Pluralform auffällt.

Terentia: „Servus et servae **venīre** dēbent."
Terentia clāmat: „**Venī**, serve! **Venīte**, servae!"
i. Erschließe, welche Formen des neuen Verbs hier gebildet sind, und beschreibe deren Bildung.

W **1.** *Nur halbe Sachen! Phila ist verzweifelt: Die Hälfte für das Essen fehlt.*
a. *Hilf ihr, alles zu vervollständigen.*

vi – lec – aq – oti –
men – ci – ce –

b. *Erkläre, was die Wörter jeweils mit einem römischen Essen zu tun haben.*

G1 **2.** *Wer kommt da zum Essen? Übersetze die Begrüßungen des Hausherrn.*
Salve, Tite! Salve, Corneli!
Salvete, Cornelia et Publi!

3. a. *Begrüße nun selbst Gäste auf Latein:*
Marcus – Rufus – Scintilla – Quintus –
Pomponia – Lucius
b. *Sammelt Vornamen, die aus dem Lateinischen kommen. Begrüßt diese Personen.*

G2 **4.** *Fit im Deutschen? Bilde den deutschen Imperativ (Sg. und Pl.). Übersetze dann ins Lateinische, wenn möglich.*
befehlen – lachen –
schreien – eilen –
sprechen – arbeiten –
begrüßen – sitzen

5. *Alles Befehle? Suche die Imperative heraus und übersetze sie.*
debere – impera – serva – gaudete –
serve – sede – laborate – cessa –
negotia – salutate – ridere

6. *Gib Befehle mit Vokativ und Imperativ.*

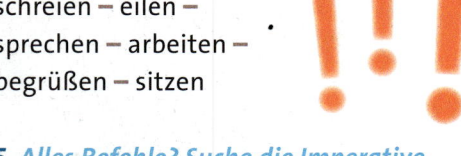

servus – Davus – Phila – serva – servi

laborare – properare – parere – gaudere

7. *Wer zuletzt lacht … Ein Streit in der Küche.* **a.** *Übersetze.*
1. Phila clamat: „Dave, propera! Labora!“
2. Sed Davus ibi sedet, non paret. 3. Nunc Phila clamat: „Delia, propera!“ 4. Etiam

Delia cessat. 5. Delia: „Cur? Dominus non hic est. Et gustus non hic est. Ubi est?“
6. Ibi glis sedet et ridet. 7. Nunc dominus hic est et imperat: „▬“.
b. *Was könnte der Herr sagen? Formuliere auf Latein.*

G3 **8.** *Mach mehr draus: Setze in den Plural.*
1. Servus non dormit, sed venit. 2. Amica audit et gaudet. 3. Amicus salutat et ridet.

9. *Bloß keine Eile! Ergänze durch passende Verben der i-Konjugation.*
1. Servi non laborant, sed ▬. 2. Serva non ▬, sed cessat. 3. Servae non parent, nam non ▬.

10. *Noch ein Auftrag für Phila.*
a. *Übersetze und gib zu jedem Prädikat die Konjugation an.*
1. Marcus imperat: „Audi, Phila! 2. Quintus venit. Ubi cibi sunt?“ 3. Phila non cessat, sed paret. 4. Nam serva parere debet.
5. Phila: „Cibi hic sunt, domine!“
6. Nunc Marcus gaudet et salutat: „Salve, Quinte. Veni!“
b. *Gib an, was geändert werden müsste, wenn statt Quintus …*
1. … Rufus und Scintilla kommen.
2. … Tullius kommt.

11. *Marcus spricht mit vollem Mund – man versteht nicht alles. Ergänze richtig.*
1. „Gaud▬, Ruf▬!“ 2. „Cen▬, Quint▬!“
3. „Scintill▬, aud▬!“ 4. „Amic▬ et amic▬, ven▬!“

Z **12.** *Sprechen wie ein Römer. Übersetze ins Lateinische.*
1. *Cicero kommt und befiehlt: „Arbeitet, Sklaven! 2. Davus, komm! 3. Phila, höre!“*
4. *Er ruft: „ Wo ist das Wasser? Wo ist der Wein? Wo sind die Speisen?“ 5. Aber die Sklaven hören nicht. Sie schlafen.*
6. *Quintus und Marcus lachen.*

Terentia hat alles im Griff

*Heute hat Terentia besonders viel zu tun, denn am späten
Nachmittag kommen Onkel Tullius und Tante Pomponia mit ihrem
Sohn Quintus zu Besuch. Quintus soll eine Zeit lang bei den Ciceros leben.*

*a. Bei Marcus gibt es zu Hause offenbar viele Sklaven. Suche aus dem Text
ihre Namen heraus und stelle sie im Nominativ zusammen.*
*b. Nicht alles ist Befehl: Nenne die Imperative in Z. 16–26,
die eine höfliche Einladung an die Gäste beinhalten.*

Terentia dēsperat.
Nam servī nōn properant, sed cessant.
Terentia clāmat: „Dāve, ubī lectī sunt?
Properā, pārē! Dionȳsī, cūr lectī nōn hīc sunt?
5 Properāte, servī! Servī cessāre nōn dēbent!"
Servī pārent et properant.
Sed Phila et Lȳdia ibī sedent et rīdent.
Terentia vocat: „Phila! Lȳdia! Ubī cibī sunt?"
Tum imperat: „Properāte! Pārēte!
10 Servae pārēre dēbent."
Phila et Lȳdia: „Cibī iam hīc sunt.
Etiam aqua iam hīc est, domina."
Tum Terentia: „Sed ubī est vīnum?"

Subitō Dionȳsius clāmat: „Audī, domina:
15 Tullius et Pompōnia iam veniunt!"
Terentia: „Quid? Iam veniunt? Sed vīnum nōn hīc est.
Num Phila et Lȳdia dormiunt?"
Subitō Cicerō venit et imperat: „Aperī, Dionȳsī!
Amīcī veniunt!" Dionȳsius pāret et aperit.
20 Cicerō salūtat: „Salvēte, Tullī et Pomponia!
Intrāte! Salvē, Quīnte! Intrā!"
Nunc etiam Terentia venit et salūtat:
„Salvēte, amīcī! Venīte! Ibi mēnsae et lectī sunt.
Ibi cibī sunt, ibi aqua est. Sed vīnum ..."
25 Tum Phila rīdet: „Iam hīc est!"
Terentia gaudet: „Cēnāte et gaudēte, amīcī!"

c. Nenne die Stelle im Text, die zur Abbildung passt.
*d. Formuliere lateinische Anweisungen, was die Sklavinnen
auf dem Bild tun sollen.*

Schule ohne Schulhaus: Bildung in Rom

Ein Junge liest seinem Lehrer etwas vor.
Detail aus einem römischen Sarkophag, 1. Jh. n. Chr.

Römische Schule. Die Römer kannten zur Zeit Ciceros keine staatlichen Schulen wie wir heute. Der Lehrer **(magister)**, oft ein Sklave, wurde von den Eltern privat bezahlt. Es gab auch keine Schulgebäude, sondern der Unterricht fand am Rande öffentlicher Plätze, in Markthallen oder einfach auf der Straße statt. So lernten die Kinder im Alter von etwa 7 bis 12 Jahren Lesen, Schreiben und Rechnen. Der Unterricht war oftmals sehr eintönig: Meist musste nur auswendig Gelerntes aufgesagt werden. Die Kinder durften sonst kaum ein Wort **(verbum)** sagen, sondern mussten meist still sein und schweigen **(tacēre)**. Natürlich konnte der Lehrer auch etwas fragen **(rogāre)**; dann mussten die Schüler antworten **(respondēre)**. Die Prügelstrafe war an der Tagesordnung. Kinder vornehmer Familien besuchten in der Regel keine solche Schule, sondern wurden zu Hause unterrichtet. Der Lehrer für ältere Schüler war ein Sprachgelehrter **(grammaticus)**; er sollte die Schüler lateinische und griechische Grammatik und Literatur lehren **(docēre)**. So wurde auch Marcus zusammen mit Quintus, wenn dieser zu Besuch war, in Ciceros Haus von einem Hauslehrer unterrichtet. Tullia wurde von Cicero selbst unterrichtet.

Griechischunterricht im Hause Cicero: Der Hauslehrer fragt Vokabeln ab.
Grammaticus **rogat**: „Quid est MYTHOS? **Respondē**, Mārce!" – Mārcus **respondet**: „MYTHOS est '**fābula**', grammatice!" Grammaticus **laudat**: „Bene, Mārce!" Nunc grammaticus **rogat**: „Quid est PHILOS? **Respondē tū**, Quīnte!" – Sed Quīntus nōn audit, nōn **respondet**, sed **tacet**. – Nunc Mārcus **respondet**: „PHILOS 'amīcus' est."

Schreibmaterial. Im Normalfall schrieben Schüler mit einem spitzen Griffel auf eine Wachstafel **(tabula)**. Hatte man etwas falsch geschrieben, konnte man das Wachs mit der flachen Seite des Griffels wieder glätten. Es gab auch Bücher, die freilich anders aussahen als die heutigen: Es waren mit Tinte beschriebene Schriftrollen, die aus der ägyptischen Papyruspflanze hergestellt wurden. Weil die Rollen empfindlich waren, bewahrte man sie in eimerartigen Behältern auf.

Schreibutensilien. Fresko aus Pompeji, 1. Jh. n. Chr.

1. Benenne die abgebildeten Schreibutensilien und vergleiche sie mit denen auf S. 21 und S. 23.
*2. Im Lateinischen gibt es den Ausdruck **stilum vertere** („den Griffel umdrehen"). Welcher Vorgang, der auch dir vertraut ist, könnte damit gemeint sein? Erkläre dies mit Hilfe dieser Seite.*

W Vokabeln leichter lernen mit „Paten"

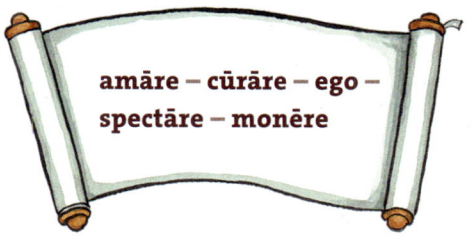

amāre – cūrāre – ego – spectāre – monēre

Kur – Monument – Egoist – Spektakel – *italienisch*: „amore"

a. Erschließe, welcher lateinische „Pate" zu welchem deutschen bzw. italienischen Wort gehört. Ordne dann den lateinischen Wörtern die richtige Bedeutung zu: mahnen, erinnern – anschauen – lieben – ich – pflegen

G₁ Die Person steckt in der Endung.

Rog-ō. Audi-ō. **Responde-ō**.

Rogā-s. Audī-s. **Respondē-s**.

Rogā-tis. Audī-tis. **Respondē-tis**.

Rogā-mus. Audī-mus. **Respondē-mus**.

*b. Du kennst die Endungen **-t** und **-nt** für die 3. Person Singular bzw. Plural. Erschließe, welche lateinischen Personalendungen die übrigen Personen bezeichnen: ich – du – wir – ihr.*
*c. Beschreibe, wie die Formen gebildet sind. Erkläre, inwiefern **rogō** abweicht.*
d. Konjugiere alle drei Verben.

G₂ Marcus sieht und hört viel.

Mārcus **spectat** Terenti-am et Tulli-am. → Mārcus **spectat** domin-ās.
Mārcus **spectat** Rūf-um et Quīnt-um. → Mārcus **spectat** amīc-ōs.
Mārcus nōn audit **verb**-um. Audit **fābul**-am. → Mārcus audit **verb**-a.

e. Erschließe, wie die neuen Formen auf der linken und der rechten Seite zu übersetzen sind.
f. Gib an, wie man nach diesen Formen fragt, und nenne den Kasus.
g. Ordne die neuen Endungen den Deklinationen zu.
h. Erkläre, warum du dir die neuen Formen des Neutrums besonders leicht merken kannst.

W **1. Was meint der Lehrer nur? Ordne den Sprechblasen lateinische Verben zu.**

Quid est, Rufe?

Audite et spectate! Ego ...

Bene!

Sssssst!!!

> tacere – docere – laudare – rogare

G₁ **2. Hilf Rufus bei den Hausaufgaben. Bilde den jeweils anderen Numerus und übersetze die entstandene Form.**

properas – parent – aperit – gaudemus – venit – debetis – sedeo – dormimus – salutamus – audis – monet – imperant – vocatis – intras – clamant – desperatis

3. Scintilla ist unzufrieden mit ihrem Lehrer Severus. a. Übersetze.

1. Scintilla: „Amici et ego audimus, spectamus, laboramus. 2. Sed tu, Severe, non laudas; tu mones. 3. Ego saluto, tu non salutas. 4. Ego rogo, tu clamas." 5. Sed Severus: „Nunc non moneo. Gaudeo. 6. Nam paretis: Auditis, tacetis, laboratis: 7. Ego bene doceo."
b. Du verwendest im Deutschen für deinen Lehrer andere Anredeformen als Scintilla. Beschreibe den Unterschied.

G₂ **4. Was magst du, was nicht?**
a. Suche die Akkusative heraus und bilde sinnvolle Sätze.

Amo ...   Non amo ...

> negotia – iam – dominam – fabulas – vina – ama – aqua – cibos – amicus – amicas – lectum – laudas – num – intra – salvete – tabulas – otium – tum

b. Gib zu jedem Akkusativ den Nominativ an.

5. Bastle dir deinen Lieblingslehrer: Bilde sinnvolle Sätze; setze dafür die Wörter im Kasten in den Akkusativ (Sg. oder Pl.).
Grammaticus ...

> fabula – amicus – negotium – otium – amica

laudat – amat – curat – bene docet – non monet – salutat

6. Fit im Deutschen? a. Suche die Infinitive heraus und übersetze sie ins Lateinische.
Viele Lehrer sagen: „Wir wollen loben. Wir freuen uns nicht, wenn wir schreien müssen." Die Schüler antworten: „Wir lieben es, Geschichten zu hören. Es macht aber keinen Spaß zu gehorchen."
b. Severus sieht das anders. Übersetze und gib an, was dir beim deutschen Infinitiv auffällt.
1. Severus: „Ego Scintillam et Rufum laborare doceo. 2. Parere debent. 3. Ridere non debent. 4. Sed Scintilla parere cessat."

7. Jetzt bist du der „Grammaticus". Finde die unsinnigen Sätze und korrigiere sie.
1. Quintum cibus laudat. 2. Fabulas amicae audiunt. 3. Otium Marcum amat.

8. Mal mit, mal ohne. Manche Verben lassen sich unterschiedlich übersetzen – je nachdem, ob sie mit oder ohne Akkusativ stehen. Übersetze treffend.
1. Scintilla ridet. Marcum ridet. 2. Rufus salutat. Amicos salutat. 3. Terentia spectat. Marcum spectat. 4. Severus docet. Scintillam docet. Severus Scintillam fabulam docet.

Z **9. Ein Römer schreibt groß!**
a. Beschreibe, was dir auffällt.
b. Lies laut und übersetze.

> NUNCOTIUMESTIAMDORMIO

Unterricht am Straßenrand

Rufus ist in Eile. Der Unterricht bei seinem Lehrer Severus hat sicher schon begonnen. Außerdem muss er dem Lehrer erklären, dass heute auch sein Cousin und Freund Quintus unbedingt mit in den Unterricht kommen will ...

a. *Suche alle Verben im Imperativ heraus (Z. 1–14). Prüfe, ob diese Tätigkeiten auch in deinem Unterricht vorkommen.*
b. *Erkläre, warum Quintus normalerweise nicht mit Rufus in die Schule geht (→ S. 20).*

Sevērus: „Tandem venīs, Rūfe! Properā!"

Rūfus: „Salvē, Sevēre! Hīc est Quīntus amīcus ..."

Sevērus: „Tacē, Rūfe!"

Rūfus: „Audī, domine, rogō ..."

5 Sevērus: „Cūr nōn tacēs? Ego rogō, tū respondēs.
Ego doceō, tū audīs. Cūr rīdētis, puellae? Tacēte!
Rūfe et ... Quis est ...? – Ah! Quīntus.
Cūr nōn properātis? Cūr nōn sedētis?"

Rūfus et Quīntus: „Iam sedēmus, domine. Iam audīmus."

10 Sevērus: „Bene. Flectitāre[1] dēbētis. Scintilla, flectitā[1]!"
Scintilla flectitat[1]: „Labōrō, labōrās, labōrat, ..."
Sevērus: „Bene, Scintilla! Rūfe, nunc flectitā[1] tū!"
Rūfus: „... labōrāmus, labōrātis, labōrant."
Sevērus laudat: „Etiam tū bene flectitās[1], Rūfe!"

15 Subitō autem Sevērus vocat: „Scintilla, cūr semper
Quīntum spectās? Quīnte, cūr semper Scintillam spectās?"
Quīntus rubet[2]. Etiam Scintilla rubet[2] et rīdet.
Etiam puellae rīdent. Sevērus puellās monet: „Cūr rīdētis, puellae?
Pārēte! Flectitāte[1] verba! Ubī tabulae sunt? Ah, dēsperō!"

20 Tum vocat: „Audīte! Semper negōtia cūrāre dēbētis.
Etiam ego negōtia semper cūrō."
Tandem puerī[3] et puellae pārent: Nōn rīdent;
nōn amīcōs, sed tabulās spectant et verba flectitant[1].
Sevērus gaudet et laudat: „Bene!"

25 Tum Scintilla Sevērum rogat: „Sevēre, nārrā fābulam, quaesō!
Amāmus enim fābulās audīre!"
Sevērus rīdet et respondet: „Et ego amō fābulās nārrāre."

1) **flectitāre**: beugen, flektieren   2) **rubēre**: erröten   3) **puerī** m Pl.: die Jungen, die Knaben

c. *Erkläre, warum Quintus seinen Freund in den Unterricht begleiten wollte.*
d. *Beschreibe, was auf der Abbildung anders ist als in dem Unterricht, den ihr erlebt.*

Die Römer und ihre Götter – ein Geben und Nehmen

Religion und Götterverehrung.
Das religiöse Zentrum Roms war das Kapitol, einer der sieben Hügel Roms. Hier stand der wichtigste Tempel. Er war dem obersten Gott Jupiter und den Göttinnen Juno und Minerva geweiht. Ein Römer **(Rōmānus)** verehrte viele Götter, die alle unterschiedliche Aufgaben und Zuständigkeiten hatten; z. B. war Venus die Göttin **(dea)** der Liebe und Neptun der Gott **(deus)** des Meeres. Um sich den Beistand einer Gottheit zu sichern, brachte man ihr ein

Ein Opfer für Jupiter auf dem Kapitol: 120 weiße Stiere werden hier geopfert.

Opfer **(sacrum)** dar. Häufig wurden Schweine, Hühner oder Schafe zu Ehren einer Gottheit geschlachtet. Teile des Tieres wurden auf dem Altar **(āra)** verbrannt, der nicht in, sondern stets vor dem jeweiligen Tempel **(templum)** stand. Tempel und Altäre gab es in der ganzen Stadt; und zu Hause verehrte jede Familie ihre eigenen Hausgötter: die Penaten.

Sklaven auf dem Kapitol – Davus macht sich über die fromme Phila lustig.
Phila: „Iuppiter, Iūnō, Minerva **deī** sunt. **Deī** et **deae** Rōmam cūrant." Dāvus rīdet: „Sed ubī **deī** sunt?" Phila: „Num **templa īgnōrās**, Dāve? **Deī templa** et **ārās habent**. Spectā! Ibi **templum** est; ibi Iuppiter, Minerva, Iūnō sunt." Dāvus: „Cūr nōn intrāmus?" Phila: „Quid? Intrāre nōn dēbēmus! **Deōs timēre** dēbēmus." Dāvus: „Servī nōn **deōs**, sed dominōs **timēre** dēbent."

An diesem Modell lernten Priester die Kunst der Weissagung: eine beschriftete Bronzeleber.

Orakel und Weissagung. Sehr wichtig war den Römern der Blick in die Zukunft, und auch dazu diente das Opfer: Man entnahm den Opfertieren die Innereien, vor allem die Leber, und sagte aus ihrem Zustand die Zukunft voraus. Es gab auch andere Möglichkeiten der Weissagung: Bei der Vogelschau **(auspicium)** las man die Zukunft aus dem Vogelflug. Manche suchten ein Orakel **(ōrāculum)** in Italien oder in Griechenland auf und baten um einen Orakelspruch. Es gab auch Orakelbücher, vor allem die Sibyllinischen Bücher, die man nur um Rat fragen durfte, wenn Rom selbst in Gefahr war. Das war eine Sammlung alter Sprüche und Weissagungen, die im Jupitertempel auf dem Kapitol aufbewahrt wurde; eine eigene Priesterschaft kümmerte sich um sie.

1. Zeige auf dem Lageplan von Rom, den du ganz vorne in deinem Buch findest, das Kapitol. Nenne auch die anderen sechs Hügel (→ S. 268) und gib ihre Position auf dem Lageplan an.
2. Beschreibe die oben abgebildete Szene und verwende dabei lateinische Begriffe.

G₁ Konsonanten-Verehrung

Cicerō **deōs col-i-t**. Mārcus rogat: „Cūr **deōs col-i-s**?
Cicerō: „**Deōs col-ō**, nam **deōs** semper **cól-e-re** dēbēmus. Etiam servī **deōs col-u-nt.**
Col-e deōs, Mārce! **Cól-i-te deōs**, Mārce et Quīnte!"
a. **colere** *heißt „verehren, pflegen". Nenne den Stamm des neuen Verbs.*
b. Die Konjugation, zu der **colere** *gehört, heißt konsonantische Konjugation. Begründe diese Bezeichnung; vergleiche dazu die Bildung der Formen mit jener der a- oder e-Konjugation.*
c. Erkläre, warum zwischen Stamm und Endung ein Bindevokal nötig ist.
d. Nenne die einzige Form ohne Bindevokal. Bilde die fehlenden Formen (mit dem Bindevokal **i***).*

W₁ Verben, die auch den Göttern gefallen

Emit.   **Vendit.**   **Dīcit.**   Audit.
                                           Sacra facit.   **Sacra cupit.**

e. Ordne den markierten Verben die passende Bedeutung zu:
sprechen – kaufen – tun, machen, ausführen – verkaufen – wünschen.
f. Alle neuen Verben gehören der konsonantischen Konjugation an. Nenne jeweils den Infinitiv.

G₂ Wünsche und Taten mit Erweiterung

cupiō – faciō – cupiunt – faciunt
g. **cupere** *und* **facere** *gehören zu einer Gruppe von Verben der konsonantischen Konjugation, deren Stamm in manchen Formen erweitert ist. Das erkennst du an den angegebenen Formen. Bestimme die Formen und erkläre, worin die Erweiterung besteht.*

pārēre, pāreō **– colere, colō – cupere, cupiō**
h. Dies sind drei Verben in ihrer Lernform. Lies die Infinitive vor.
i. Begründe, warum du die 1. Person Singular immer mitlernen musst.

W **1. Eine Maus hat die Orakelbücher angefressen.**
a. Ergänze die angeknabberten Wörter.
■uella – templ■m – ■ra – s■cra – d■a – t■nd■m – v■rb■m – t■ – s■mp■r – q■a■s■

b. Suche die Substantive zum Thema „Religion" heraus.
c. Beschreibe den römischen Götterkult und verwende dabei so viele der vorgegebenen Wörter wie möglich.

W₁
G₁ **2. Verehrung alleine reicht nicht. Wähle eine passende Bedeutung für colere.**
1. Liebespaare **colunt** die Göttin Venus.
2. Rufus und Scintilla **colunt** ihre Freundschaft. 3. Bauern **colunt** die Felder.

3. Chaos in den Orakelsprüchen.
a. Sortiere nach Konjugationen (a-, e-, i-, kons.).
narro – dicis – respondent – auditis – emimus – sedeo – vendunt – spectas – colitis – dormimus – aperis
b. Gib zu den Verben der kons. Konj. den Infinitiv und die Bedeutung an.
c. Die Summe der Verben, die nicht zur kons. Konj. gehören, ergibt eine für die Römer heilige Zahl. Arbeite heraus, wo sie z. B. in der Geographie Roms auftritt.

4. Wer tanzt aus der Reihe? Begründe. (→ S. 7)
a. emis – mones – dicis – rogatis – taces
b. doceo – dico – ego – vendo – narro
c. mone – bene – eme – responde

5. Eine heimliche Unterhaltung beim Opfern – der strenge Priester hört aber nicht alles.
a. Ergänze und übersetze.
1. Rufus: „Quinte, cur tac■s? Cur non respond■s? Ego fabulam narr■!"

2. Quintus dic■t: 3. „Ego deos col■.
4. Etiam tu non ignor■: Tac■ deb■."
5. Rufus: „Sed narr■ debeo ..." 6. Quintus: „Rufe, tac■ et deos col■!"
b. Erkläre, was der Priester wohl in der Hand hält.

G₂ **6. Numerus, wechsel dich!**
Bilde den jeweils anderen Numerus und übersetze beide Formen.
salutat – facimus – cupit – respondent – specto – rides – dico – docet – veniunt

7. Setze in die angegebenen Formen.
a. Schweigen und Verehren:
tacent → 1. P. Sg. → Pl. → 2. P. → Sg.
colit → 1. P. → Pl. → 2. P. → Sg.
b. Verehren und Opfern:
colo → 2. P. → Pl. → 3. P. → Sg.
sacra facis → 1. P. → Pl. → 3. P. → Sg.

8. Verehren will gelernt sein. Übersetze jeweils ins Deutsche bzw. Lateinische.
1. Rufus: „Severe, cur Romani sacra faciunt?" 2. Severus: „Die Götter wollen Opfer haben. Die Römer fürchten die Götter und gehorchen."
3. Scintilla: „Ubi sacra facitis?" 4. Severus antwortet: „Die Götter haben Altäre. Dort opfern wir."
5. Quintus: „Num dei verba audiunt? Num dei Romanos curant?" 6. Severus sagt: „Die Götter und Göttinnen sorgen gut für die Römer."
7. Rufus: „Quis autem est Vulcanus?"
8. Severus sagt: „Auch Vulcanus ist ein Gott. Warum fragst du?" Aber Rufus schweigt.

Z **9. Diese Verben kennst du noch nicht, aber du weißt schon etwas über sie. Gib an, welchen Konjugationen sie angehören, und bilde jeweils die 3. P. Sg. und 3. P. Pl.**
claudere, claudo (schließen) – incipere, incipio (anfangen) – videre, video (sehen)

Geheimnisvolle Bücher auf dem Kapitol

In der Geschichte, die der Lehrer den Kindern erzählt, geht es um eine Wahrsagerin namens Sibylle, die in uralter Zeit dem römischen König Tarquinius und seinem Begleiter ein seltsames Angebot macht: Sie bietet ihnen neun Bücher zum Kauf an …

a. Arbeite mit Hilfe von Bild und Text heraus, was die Sibylle Seltsames tut (Z. 1–14).
b. Der Lehrer erzählt vom Kapitol. Stelle Informationen zum Kapitol zusammen (Z. 15–26).

„Sibylla: ‚Novem librōs[1] vendō.
Mīlle nummōs pōscō. Eme librōs[1]!'
Tarquinius autem rīdet: ‚Librōs[1] nōn emō.'
Tum Sibylla trēs librōs[1] incendit.

5 Tarquinius rogat: ‚Cūr librōs[1] incendis?'
Sibylla autem dīcit: ‚Sex librōs[1] vendō. Mīlle nummōs pōscō.
Eme librōs[1]!' Sed Tarquinius: ‚Nōn emō.'
Tum Sibylla iterum trēs librōs[1] incendit et dīcit:
‚Trēs librōs[1] vendō. Mīlle nummōs pōscō. Eme librōs[1]!'

10 Tandem Tarquinius amīcum rogat: ‚Quid tū dīcis?
Num librōs[1] emere dēbēmus?' Amīcus: ‚Sibylla
futūra[2] nōn īgnōrat. Certē etiam librī[1] futūra[2] nōn īgnōrant.
Sī librōs[1] emimus, etiam ego et tū futūra[2] nōn īgnōrāmus.'
Tum Tarquinius et amīcus trēs librōs[1] emunt."

15 Rūfus rogat: „Ubī nunc librī Sibyllīnī[3] sunt?"
Sevērus: „Nōn īgnōrātis Capitōlium. Ibi sunt.
Ibi etiam templa et ārae sunt, ubī Rōmānī deōs et deās colunt
et sacra faciunt. Rōmānī enim deōs timent."
Rūfus: „Capitōlium nōn īgnōrō: Ibi Iuppiter, Iūnō, Minerva

20 templum habent." Sevērus: „Bene, Rūfe! – Audīte:
Certē iterum fābulam audīre cupitis."
Rūfus et amīcī clāmant: „Cupimus!"
Tum Sevērus nārrat: „Nōn īgnōrātis Vulcānum …"
Subitō Rūfus: „Vulcānus! Audī, Quīnte, ego …"

25 Sed Quīntus amīcum monet: „Quid facis, Rūfe?
Tacē! Fābulam audīre cupiō!"

1) **librī**, *Akk.* librōs: die Bücher   2) **futūra** n Pl.: die Zukunft   3) **librī Sibyllīnī**: die sibyllinischen Bücher

c. Erkläre, warum das, was die Sibylle sagt, geheimnisvoll wirkt.
d. Woran könnte Rufus bei dem Namen Vulcanus denken? Recherchiere mit Hilfe des Eigennamenverzeichnisses und S. 268, wofür Vulcanus zuständig war.

Was für ein Theater!

Schauspieler. Mosaik aus Pompeji, ca. 1. Jh. n. Chr.

Mit Masken und Musik. Die Römer gingen gern ins Theater **(theātrum)**, um die Aufführung eines Theaterstücks zu sehen **(vidēre)**. Im Theater ging es lebhaft zu: So boten z. B. Kaufleute Essen und Getränke an. Die Aufführung selbst wurde häufig mit Musik begleitet. Bevor das Spiel **(lūdus)** beginnen **(incipere, -iō)** konnte, setzte jeder Schauspieler eine Maske **(persōna)** auf, die seine Rolle verdeutlichte. Die Darsteller waren oft Sklaven. Es gab ernste Stücke (Tragödien) oder heitere (Komödien). In der Tragödie ging es meist um griechische Sagen; die Komödie sollte die Zuschauer zum Lachen bringen. Thema war etwa ein lustiger Streit zwischen Vater und Sohn **(fīlius)**, sogar ein Gespenst **(lārva)** konnte da auf die Bühne **(scaena)** kommen!

Eine Komödie: Wer kommt denn da auf die Bühne?
Rōmānī iam sedent et fābulam **vidēre** cupiunt. Clāmant: „Cūr fābula nōn **incipit**?" Tandem **persōnās vident**: Dominus et **fīlius scaenam** intrant. Nunc fābula **incipit**: Dominus **fīlium** monet; clāmat. **Fīlius effugere** cupit, nam dominum timet. Subitō **lārva scaenam** intrat. Dīcit: „Huuuu!" Nunc dominus timet et **effugere** cupit. – Rōmānī rīdent.

Ein griechisches Erbe in Rom. Bei den Griechen gab es Theater schon seit vielen Jahrhunderten. In Rom wurde das erste Theater aus Stein, das Pompeiustheater, zur Zeit Ciceros gebaut – und Cicero erlebte die Eröffnung mit! Dieses Theaterereignis war, wie üblich in Rom, Teil der „Spiele", zu denen viele Arten der Unterhaltung gehörten, etwa Wagenrennen im Zirkus und Gladiatoren-kämpfe an unterschiedlichen Orten. Erst später, in der Kaiserzeit (siehe Zeitstrahl → S. 270), wurden dafür Amphitheater gebaut, deren berühmtestes das Kolosseum in Rom ist.

Blick auf die Bühne: Ein römisches Theater in Palmyra (Syrien).

1. Beschreibe das Mosaik oben und zeige die abgebildeten Masken. Erkläre, welche Situation dargestellt ist.
2. Erläutere mit Hilfe der Abbildungen links und rechts den Unterschied zwischen einem Theater und einem Amphitheater.

Das Kolosseum von oben.

W1 G1 Händler – mit einer neuen Deklination im Angebot

mercātōrēs   **senātŏr**   **gladiātŏr**   dominus   **für**

Mercātor vīnum vendit. Dominus **mercātŏr-em videt**.
Mercātŏr-ēs vīnum vendunt. Dominus **mercātŏr-ēs videt**.

a. Erschließe die Bedeutung des markierten Substantivs und nenne den Basisteil.
b. Die Deklination, zu der das neue Substantiv gehört, heißt konsonantische Deklination.
Begründe diese Bezeichnung.
c. Gib die Endungen der konsonantischen Deklination für Nom. Pl., Akk. Sg. und Akk. Pl. an.

Dominus etiam **senātŏrem videt**. Etiam **gladiātŏrem videt**.
Sed **fūrem** nōn **videt**.
Mercātōrēs clāmant. Dominus **clāmōrem** audit.

d. Erschließe die Bedeutung der übrigen neuen Wörter.

W2 G2 Gedränge vor dem Theater

Cicerō clāmat: „Ubī **estis**, Quīnte et Mārce? Ubī **es**, Tullia?"
Tum Mārcus et Quīntus: „Hīc **sumus**!" Et Tullia: „Hīc **sum**!"

e. est und sunt sind dir schon bekannt. Der Infinitiv lautet esse. Bestimme nun
die obigen Formen und übersetze die Sätze.
f. Bilde das vollständige Konjugationsschema von esse.
g. „Sei froh!" Auch mit esse kann man Befehle formulieren. Präge dir die Formen auf S. 187 ein.

Nunc Mārcus et Quīntus hīc sunt: **Ad-sunt**. Etiam Tullia **ad-est**.
Sed Cicerō Terentiam nōn **videt**. Nam Terentia nōn hīc est: **Ab-est**.

h. ad-esse und ab-esse sind Wortzusammensetzungen (Komposita) von esse.
Erschließe die Bedeutung der beiden Verben.
i. Erschließe, was die Vorsilben (Präfixe) ad- und ab- jeweils bedeuten.

W **1. Ein Schauspieler nuschelt – suche aus seinem Kauderwelsch sieben lateinische Wörter heraus!**

siniterumsignora-
relxmilleaposc-
ereclincendereraufi-
liusueffugere

W₁ **G₁** **2. Komplize gesucht. Gib jedem Dieb einen Freund im selben Kasus und Numerus.**

fures (2) – fur – furem	amicum – amici – amicos – amicus

3. Wer steckt hinter der Maske?
a. Ordne die Wörter den Masken zu.
b. Gib zu jeder Form den Nom. Sg. an.

kons. Dekl.   **o-Dekl.**   **a-Dekl.**

fabulam – dominum – servi – clamores –
dominas – negotia – serva – senator –
amicos – ludos – otium – aqua – furem

4. Quintus ist vom Theater gelangweilt – er träumt lieber von Scintilla. Was bemerkt er alles nicht? Bilde Sätze; achte dabei auf den Kasus.

fur – clamor – cibi – verba – fabulae – gladiator	non audit. non videt.

5. Stau vor dem Theater. Übersetze.
1. Marcus und Tullia kommen. 2. Tullia sagt: „Ich will das Theaterstück sehen." 3. Kaufleute rufen: „Kauft!" 4. Marcus freut sich, denn er will Essen kaufen. 5. Subito autem tres senatores et sex dominas et novem gladiatores videt: 6. Non cessant, mercatorem salutant, cibos emunt. 7. Marcus clamat: „Properate! Et ego cenare cupio." 8. Iam Tullia Marcum monet: „Cessare non

debemus. Fabula certe iam incipit."
9. Marcus: „Despero!"

W₂ **G₂** **6. Bilde die entsprechenden Formen von esse und übersetze sie.**
gaudeo – gaudet – gaudent –
habetis – habes – habemus

7. Quintus, Marcus, Rufus und Scintilla spielen Theater und verteilen die Rollen.
a. Sammelt lateinische Personenbezeichnungen (fur, serva ...).
b. Bildet Sätze nach folgendem Muster:
Sum/sumus ... – Es/estis ... – Es/este ...!

8. Verb-Paare. Ordne jeweils Singular und Plural der gleichen Person einander zu und übersetze.
adsum – abestis – absunt –
adest – ades – absumus

9. Wer tanzt aus der Reihe? Begründe.
a. rides – fures – doces – mones
b. aperitis – estis – abestis – adestis
c. sum – tum – adsum – absum

10. Verwirrung vor dem Theater.
a. Ergänze die jeweils passenden Formen von esse, adesse und abesse.
1. Quintus: „Ubi ▬ Pomponia? Cur ▬?"
2. Marcus: „Vide – iam ▬. – Cur Cicero ▬?" 3. Quintus: „Cicero senatores salutare cupit." 4. Subito Quintus et Marcus ▬. 5. Tullia clamat: „Ubi ▬, Marce? Ubi ▬, Quinte? Ubi ▬, amici? ▬ non debetis, fabulam videre cupio."
b. Erst fehlt der eine, dann der andere. Gib an, wer überhaupt nie da ist.

Z **11. Du bist der Regisseur – spiele mit deiner Lerngruppe zu folgenden Wörtern eine kleine Szene. Verwende dabei so viele lateinische Wörter wie möglich.**
a. mercator – fur – effugere
b. amicus – puella – clamor

Ein Theater voller Esel

Menschenmassen strömen ins neu eröffnete Pompeiustheater; überall sind Verkaufsstände zu sehen. Auch Marcus und Quintus mit ihren Familien sind dabei.

a. *Suche alle Substantive der kons. Dekl. heraus und erkläre, warum diese Wörter in einem Text über einen Theaterbesuch im alten Rom vorkommen könnten (Z. 1–11).*
b. *Nenne die Vokative und erkläre, warum die Personen angesprochen werden (Z. 12–18).*

Subitō clāmōrem audiunt; mercātor enim clāmat:
„Retinēte fūrem! Retinēte fūrem!" Sed – fūr effugit.
Cicerō rīdet: „Etiam fūrēs lūdōs amant!"
Tum familia theātrum intrat. Intus turba est:
5 Dominī, servī, etiam senātōrēs properant, clāmant, rīdent.
Cicerō senātōrēs salūtat.
Tandem turba sedet. Tullia gaudet:
„Theātrum amō! Hīc amor, hīc dolor, hīc vīta est!"
Mārcus autem nōn gaudet, sed dīcit:
10 „Cūr semper fābulās spectāre dēbeō?
Bēstiās et gladiātōrēs spectāre cupiō!"

Terentia līberōs monet: „Tacēte! Iam portās claudunt:
Fābula incipit!" Subitō autem fīlium nōn iam videt:
„Mārce, ubī es?" Et Pompōnia: „Etiam Quīntus abest!
15 Mārce! Quīnte! Ubī estis?" Tullia: „Cūr nōn adsunt?
Fābula incipit!" Tandem Mārcus adest: „Iam adsum!"
Etiam Quīntus adest et: „Hīc sumus – et cibōs habēmus!"
Rōmānī lūdōs amant, sed etiam cibōs."
Tullia monet: „Tacēte, quaesō!
20 Fābulam vidēre et audīre cupiō!"
Sed quid videt? Nōn amōrem, nōn dolōrem, sed – mūlōs[1]!
Mūlī[1] scaenam intrant! Mūlī[1] clāmant: „I-aaa!"
Tum Mārcus et Quīntus clāmant: „I-ooo!".
Tullia clāmat: „Mārce! Quīnte! Mūlī[1] estis!"
25 Tum Mārcus: „Tacē, quaesō, ego fābulam audīre cupiō!".

1) **mūlus** m: der Esel

c. *Erkläre Tullias Aussage über das Theater in Z. 8.*
d. *Marcus ändert im Verlauf des Textes seine Meinung. Erkläre, inwiefern.*

Leben in Rom (I)

Namen

Ein Römer hatte in der Regel drei Namen: Vorname, Familienname und Beiname. Vor allem manche Beinamen findest du vielleicht lustig, denn sie waren oft von einer besonderen Eigenschaft abgeleitet. Cicero ist vom lateinischen Wort für „Kichererbse" abgeleitet, weil ein Vorfahre unseres Cicero an der Nase eine flache Einkerbung wie eine Kichererbse hatte.

1. Viele Menschen in Deutschland haben folgende Nachnamen: Müller, Schuster, Bauer. Erschließe, woher diese Nachnamen stammen.

Essen

Die Hauptmahlzeit der Römer fand am Nachmittag statt. Reiche Römer hatten dafür ein großes Speisezimmer (*triclinium*), in dem drei Speisesofas standen. Die Mahlzeit der Reichen bestand aus mehreren, oft sehr aufwändigen Gängen. Bei der ärmeren Bevölkerung hingegen gab es selten mehr als Grundnahrungsmittel, vor allem Getreide, oftmals in Form von Brei.

2. Beschreibe die Schwierigkeiten, die entstehen, wenn du wie die Römer im Liegen zu essen versuchst.

Schule

Kinder ärmerer Familien wurden etwa vom 7.–12. Lebensjahr auf öffentlichen Plätzen, an Straßenecken oder in Läden im Lesen, Schreiben und Rechnen unterrichtet. Die Kinder reicherer Familien wurden meist bis etwa zum 16. Lebensjahr zu Hause unterrichtet. Sie lernten beim *grammaticus* die griechische und lateinische Literatur kennen. Man schrieb gewöhnlich mit dem Griffel auf Wachstafeln. Bücher wurden auf Papyrus geschrieben.

3. Vergleiche die Bücher der Antike mit modernen Büchern. Begründe, warum ein antiker Lehrer nicht sagen konnte: „Schlagt das Buch auf Seite 10 auf".

Religion

Der wichtigste Hügel Roms war das Kapitol, weil sich hier der Tempel der drei obersten Gottheiten befand: Jupiter, Juno, Minerva. Die Römer hatten aber noch viele andere Götter und Göttinnen. Auf Abbildungen sind sie meist an typischen Gegenständen (Attributen) zu erkennen. Sehr wichtig war es den Römern, mit Hilfe von Auspizien, Leberschau oder Orakeln den Willen der Götter zu erkunden.

4. Nenne zu folgenden Attributen die passende Gottheit: Blitze, Pfau, Amboss, Speer (!). Die Übersichten auf S. 90–91 und S. 268 helfen dir dabei.

Theater

Das Theater wurde von den Griechen erfunden. Zu sehen gab es Tragödien, die einen ernsten Stoff hatten, und Komödien, lustige Stücke mit Stoffen aus dem Alltagsleben. Theater waren halbrund und hatten eine Bühne. Im Gegensatz dazu waren Amphitheater rund mit einer Arena in der Mitte. Das erste steinerne Theater in Rom wurde zur Zeit Ciceros von Pompeius errichtet.

5. Stellt in Gruppenarbeit aus den bisherigen Lektionen zusammen, was außer dem Theater sonst noch „typisch griechisch" in Rom war.

Römer – die „Puls-Fresser"

Puls, ein Essen für alle. Die Römer wurden von dem Komödiendichter Plautus als „Puls-Fresser" (= Brei-Fresser) bezeichnet, eine witzige Anrede, die sicherlich einen wahren Kern hatte. Denn der breiartige Eintopf stellte vor allem bei den ärmeren Leuten oft die Grundlage des Essens dar, die sich je nach Jahreszeit und Region abwandeln ließ. Insbesondere konnte man auch Fleisch hinzufügen.

Was braucht man zu der Herstellung des Grundrezeptes?

PULS – Grundrezept
Für 4 Personen:

200 g Weizenkleie
3 Esslöffel Olivenöl
2 Liter Wasser
1 Stange Porree,
in Ringe geschnitten
50 g Linsen oder Bohnen
Salz
Gewürze

Alles in einem Topf
vermengen und 45 Minuten
über dem Feuer (oder auf
dem Herd) kochen lassen.

**Mögliche Zutaten
für einen Eintopf**
*Hier kannst du weitere Zutaten
wählen – aber Vorsicht! Einige
dieser Lebensmittel kannten
die Römer noch gar nicht.*

Sardinen	Zucchini
Pfeffer	Honig
Essig	Paprika
Kartoffel	Ketchup
Minze	Kürbis
Speck	Sellerie
Wein	Rindfleisch
Oregano	Karotten
Datteln	Pilze
Rosmarin	Zwiebel
Tomaten	Knoblauch

*1. Stelle dir als Römerin oder Römer dein eigenes **puls**-Rezept zusammen. Was würdest du deinem Getreidebrei zusetzen? Anregungen dazu findest du auf dem Notizzettel. Partnerarbeit: Entfernt aus den Rezepten alle Zutaten, welche die alten Römer nicht kennen konnten, da sie aus Amerika stammen. Recherchiert dazu im Internet.*
*2. Du hast in den ersten Kapiteln des Buches einige Römerinnen und Römer kennen gelernt. Welche dieser Personen können sich vermutlich nur **puls** leisten, welche essen aufwändigere Gerichte? Nenne sie und begründe deine Meinung.*
3. Nenne mit Hilfe deines Buches (→ S. 268) die Gottheiten, die für den Bereich Nahrungsmittel und Kochen zuständig sind.
*4. **puls** ist typisch römisch – es wurden aber auch Nahrungsmittel importiert, z. B. Olivenöl aus Griechenland. Auch unser Alltag ist von Fremdem beeinflusst – gerade beim Essen. Sammelt in Gruppenarbeit solche Einflüsse.*

Dein Lateinbuch: Dein Freund und Helfer

Auf viele deiner Fragen zur lateinischen Sprache und zur Kultur der Römer hat dein Lateinbuch eine Antwort – wir zeigen dir hier an einem Beispiel, wie du sie findest.

Wortschatz unklar?
- Schlage im **Vokabelverzeichnis** (ab S. 253) nach.
- Präge dir die Bedeutung ein, indem du die **Wortschatzübungen (W)** der jeweiligen Lektion wiederholst. Weitere Übungen findest du auf den Seiten „**Üben und Vertiefen**" immer nach fünf Lektionen.
- **Tipps zum Vokabellernen** erhältst du auf den „**Üben und Behalten**"-Seiten im Lernwortschatz (ab S. 151).

Endung unklar?
- Im **Grammatik-Teil** (ab S. 175) findest du eine **Erklärung der Grammatik** zu jeder Lektion.
- Hilfreich ist auch ein Blick auf die Einführungsseite („**Wortschatz und Grammatik**") der jeweiligen Lektion.
- In den **Tabellen** (ab S. 238) findest du **alle Formen** der Deklinationen und Konjugationen im **Überblick**.

Marcus Capitolium spectat. Mercator clamat: „Servi, retinete furem!"

Name oder Begriff unklar?
- Das **Eigennamenverzeichnis** (ab S. 264) bietet dir eine Erklärung zu **Orten und Personen**. Hier findest du auch die **Deklination** der Eigennamen heraus.
- **Eigennamen** erkennst du im Lateinischen an der **Großschreibung**. Alle anderen Begriffe sind im Vokabelverzeichnis zu finden.
- Genauere Erklärungen findest du oft auf den Seiten zur **Sachinformation** sowie auf den **Grundwissens**- und **Vertiefungsseiten**.
- **Übersichten** zu verschiedenen Bereichen der römischen Welt (z. B. Götter, Bauwerke) findest du auf S. 268–269.

1. Prüfe, ob du folgenden Satz übersetzen kannst und den Inhalt verstehst. Wende bei Schwierigkeiten die Tipps an.
Veni, Tiro! Iam Cicero sacra facit. Nunc enim Penates colere cupimus.

2. Folgende Sätze enthalten Vokabeln, die du nicht kennst. Entschlüssele sie mit Hilfe der Tipps und finde heraus, wer die Sätze sagt.
a. ▬: „Pericula semper supero, Hydram neco. Nam Iuppiter pater est. Alcumena mater est."
b. ▬: „Dido, te relinquere debeo, nam dei me cogunt."

3. Du hast die Sätze mühelos gemeistert und hast Lust auf mehr? Gehe den Lesetext auf S. 37 durch und prüfe, welche Tipps du anwenden kannst.

Lektionen 1–2

1. Die Endung macht's. Kombiniere (a) und (b) passend. Bestimme dann die Wörter nach Genus und Numerus.
a. vin-, famili-, amic-, negoti-, lect-
b. -i, -us, -a

2. Detektivarbeit. a. Suche alle Substantive heraus und bestimme sie nach Genus, Kasus und Numerus.
amica – ubi – intra – otia – cibi – vinum – aperi – servae – lectus – tum – domine
b. Bilde den jeweils anderen Numerus.

3. Alles in Form? Bringe die Verben in die richtige Form und übersetze.
1. Hic Phila et Lydia (sedere). 2. Domina (clamare): „Ubi cibi (esse)? Ubi vinum (esse)? 3. Cur Phila et Lydia (cessare)? Num (dormire)?" 4. Etiam dominus (desperare) et (imperare): „(laborare et properare), servi!" 5. Iam servae et servi (audire et parere).
6. Nunc domina (gaudere), etiam dominus (ridere).

4. Auf dein Kommando!
Formuliere Befehle und übersetze sie.
1. Phila – laborare 2. amici – cenare
3. dominus – intrare
4. servae – parere 5. Marcus – audire
6. Dionysius et Phila – salutare

5. Frage und Antwort. a. Ordne jeder Frage eine Antwort zu. b. Bringe die Sätze in den Singular und übersetze sie.
1. Ubi amici sunt? 2. Cur servae non gaudent? 3. Quid servi vocant?
4. Cur domini non audiunt?

> Dormiunt. – Ibi iam sedent. –
> „Salvete, domini!" – Laborare debent.

Lektionen 3–4

6. Doppelte Wahl. Suche alle Akkusative heraus. Markiere davon diejenigen Formen, die auch Nominative sein können.
fabulas – specta – dominam – dea – vina – laudas – iterum – dominos – otium – deum – etiam – puella

7. Formen-Meister. Setze in die angegebenen Formen.
curas → Pl. → 1. P. → 3. P. → Sg. → 1. P.
dico → 3. P. → 2. P. → Pl. → 3. P. → 1. P.
habent → 2. P. → Sg. → 1. P. → Pl.
incendit → Pl. → 2. P. → 1. P. → Sg. → 2. P.

8. Schule am Straßenrand – im Lärm hört man die Vokale nicht.
a. Ergänze und gib die Bedeutung an.
n■rr■r■ – t■nd■m – v■nd■r■ – f■b■l■ – f■c■r■ – ■gn■r■r■ – c■b■s – s■cr■m – n■n
b. Suche alle Substantive heraus und setze sie in den Akkusativ Plural.
c. Bilde mit den Wörtern von (a) und (b) Sätze: Lasse je einen Händler, einen Priester und einen Lehrer etwas über sich sagen.

9. Prädikat, bitte! Ergänze und übersetze.
1. Liberi[1] Severum rogant: „Cur sacra fac■■? (1. P. Pl.) Cur deas et deos tim■■?" (1. P. Pl.) 2. Severus respond■■: „Dei Romanos cur■■, si Romani deos col■■." 3. Subito clamat: „Quid tu fac■■, Rufe? Num dorm■■?" 4. Tum puellae rogant: „Narr■■ fabulas, quaeso, Severe!"
5. Severus: „Semper mille fabulas posc■■, fabulas enim am■■. (2. P. Pl.) 6. Aud■■ ...!" (Imp. Pl.) 7. Iam Rufus et Scintilla rid■■: „Gaud■■, fabulam enim aud■■." (1. P. Pl.)

1) **līberī** m Pl.: die Kinder

Lektionen 1–5

10. Ratespaß. a. Stelle die Verben pantomimisch dar und lasse Lernpartner die lateinischen Wörter erraten.

dormire – gaudere – docere – clamare – sedere – aperire – cenare – audire – spectare – claudere – effugere – ridere

b. Male zu jedem Substantiv ein kleines Bild und lasse dir von einem Lernpartner das lateinische Wort nennen.

familia – ara – templum – lectus – cibus – aqua – gladiator – porta – amor

11. Paarweise. Bilde mit folgenden Wörtern Gegensatzpaare.

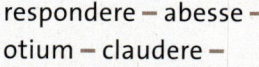

respondere – abesse – otium – claudere – domina – negotium – emere – serva – aperire – rogare – adesse – vendere

12. Chaos in der Wortschatzkammer.
a. Suche die Substantive heraus und wirf sie in die jeweils richtige Amphore.
b. Gib zu jedem Substantiv den Nom. Sg. und die Bedeutung an.

sacra – narra – vinum – Romani – filii – vitam – turba – claude – aras – spectas – amorem – tandem – dolores – ludos – tres – audi – certe – domine – iterum – mensa – tabula – nummi – intus – theatra

a-Dekl.   o-Dekl.   kons. Dekl.

13. Mach es passend. a. Gleiche die Infinitive an die Formen von esse an.
1. est (cupere) 2. es (incipere) (!) 3. sumus (habere) 4. sunt (ignorare) 5. sum (videre) 6. estis (aperire) 7. este (retinere)

b. ... und jetzt umgekehrt.
7. vendunt (abesse) 8. posco (adesse) 9. emitis (esse) 10. effugimus (adesse)

14. Wer tanzt aus der Reihe? Nenne jeweils das Wort, das inhaltlich nicht passt.
a. deus – ara – colere – sacrum – ludus
b. dominus – serva – mercator – familia – liberi – filius
c. dolor – cibus – vinum – cenare – aqua

15. Was Götter wollen. Setze in die richtige Form und übersetze.
1. Pater[1] (liberi) docet: „Cur (dei) (arae et templa) habent?" 2. Filius: „Ibi (dei et deae) colimus." 3. Pater[1]: „Bene! Et cur (Romani) sacra faciunt?" 4. Filius: „Non ignoro! (dei) (cibi et vinum) cupiunt." 5. Pater[1]: „Certe! Sed audite, quaeso! Non debetis (portae) aperire et (templum) intrare. 6. Si sacra facimus, (clamor) facere non debetis, liberi. Etiam (senatores) tacere debent."   1) **pater** m: der Vater

16. Mache den richtigen Anfang! Die Aufgaben (a) und (b) sind Hilfen für (c). Entscheide selbst, ob du mit (a), (b) oder gleich mit (c) beginnen willst.
a. Nenne die lateinischen Wörter.
zurückhalten – lehren – machen – fordern – drei – sechs – neun – tausend
b. Nenne die lateinischen Wörter und bilde die angegebene Form.
Leben (Akk. Sg.) – Kinder (Akk. Pl.) – Dieb (Nom. Sg.) – Händler (Nom. Pl.) – Geschrei (Akk. Sg.) – Münze (Akk. Pl.) – Menge (Akk. Sg.) – Schmerz (Akk. Pl.)
c. Übersetze ins Lateinische.
1. Haltet die Menge zurück! 2. Du fürchtest Schmerzen. 3. Ich lehre die Kinder das Leben. 4. Der Dieb macht Geschrei. 5. Die Händler fordern nicht sechs, sondern neun Münzen.

Ein Opfer für den Feuergott

Scintillas Vater möchte dem Gott Vulcanus ein Opfer darbringen. Schon
am Vortag geht er zum Tempel dieses Gottes auf das Marsfeld, um dies
mit dem Vulcanus-Priester Livius zu besprechen. Scintilla und ihr kleiner
Bruder Publius begleiten ihn neugierig.

a. Lies aufmerksam Z. 1–8 dieses Textes. Wenn dir Wörter, Endungen,
Namen oder Begriffe unklar sind, kläre sie mit Hilfe von S. 34.

Pater[1]: „Videte, ibi est Livius sacerdos[2]!
Publi et Scintilla, nunc tacere debetis,
Livium enim rogare debeo. Parete, quaeso!"
Scintilla: „Ego taceo, sed Publius non tacet!"
5 Pater[1]: „Etiam tu tace, Publi!" Liberi parent et audiunt.
Pater[1]: „Salve, Livi, audi, quaeso! Sacra facere debemus.
Nam Vulcanum colere cupimus."
Livius respondet: „Bene! Ego gaudeo."
Tum liberos spectat et docere incipit: „Audite, liberi!
10 Deos colere et aras petere[3] debemus.
Si enim sacra facimus, Vulcanus Romam non incendit,
sed dei Romam curant." Liberi tacent.

Livius templum intrat et portas claudit.
Tum pater[1]: „Sacerdos[2] nunc abest.
15 Tacere non iam debetis."
Tum Publius dicit: „Vulcanum non video, pater[1].
Cur Vulcanum timere debeo?"
Pater[1]: „Vulcanum non vides, sed flammas[4] vides
et times! Flammae[4] enim dolores faciunt."
20 Publius: „Quid Vulcanus poscit?"
Pater[1] respondet: „Cibos poscit. Si sacerdos[2] cibos incendit,
Vulcanus gaudet. Si Vulcanus gaudet, tecta[5] custodit[6]."
Scintilla: „Cur cibos incendere debemus? Ego cibos emere et cenare cupio."
Pater[1]: „Gaudete! Tres nummos habeo. Et – mercatores iam adsunt."

Vulcanus. Replik eines antiken Reliefs
aus Herculaneum, 27 v. Chr. – 14 n. Chr.

1) **pater** m: der Vater   2) **sacerdōs** m/f: der Priester/die Priesterin   3) **petere**, -ō *(m. Akk.)*: (etwas) aufsuchen
4) **flamma** f: die Flamme   5) **tēctum** n: das Haus, das Dach   6) **custōdīre**: schützen

b. Erkläre, warum die Römer Vulcanus verehrten.

c. Gib an, wofür Vulcanus sonst noch zuständig war. Beschreibe dann die Abbildung und
erkläre, woran man Vulcanus erkennen kann.

d. Hast du dir einen Gott so vorgestellt? Begründe deine Meinung.

e. Wie wenden sich Menschen heutzutage an ihren Gott? Vergleiche dies mit dem römischen Kult.

Im Zentrum der Macht: Das Forum Romanum

Der Mittelpunkt des öffentlichen Lebens. In der Senke zwischen den drei Stadthügeln Palatin, Kapitol und Esquilin lag ein großer Platz, das Forum **(forum)**. Es war das Zentrum des öffentlichen Lebens in Rom. Hier konnte man nicht nur einkaufen, sondern auch wichtigen Leuten begegnen **(occurrere, -ō)** und erfahren, was es Neues gab. Am Fuße des Kapitols stand die Kurie **(cūria)**, in der die römischen Senatoren sich zu Versammlungen trafen. In der Nähe befanden sich die „Rostra" **(rōstra)**: So hieß die Rednerbühne, die auch Cicero als Redner **(ōrātor)** nutzte, um bei

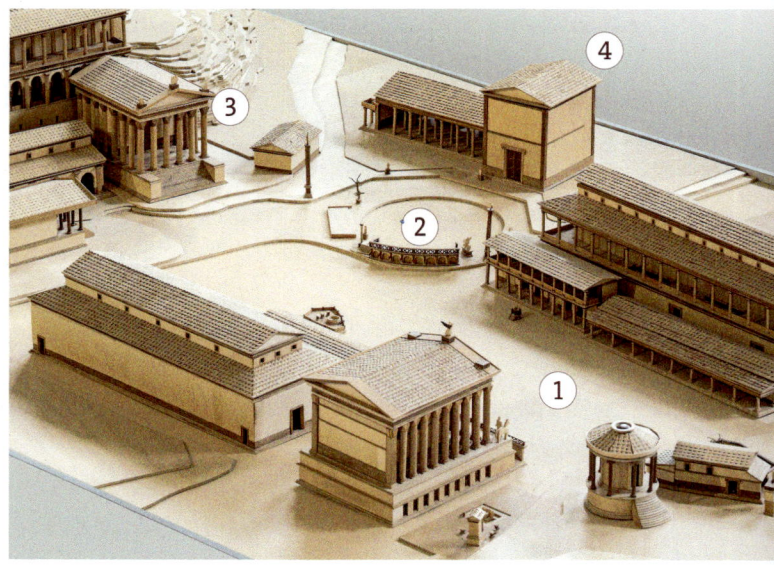

Das Forum Romanum zur Zeit Ciceros. Holzmodell

seinen Reden an das Volk besser gesehen und gehört zu werden. Ihren Namen hatte sie von den hier aufgestellten Schiffsschnäbeln **(rōstrum)**, die die Römer einmal in einer Seeschlacht erbeutet hatten. In den säulengeschmückten Basiliken, z. B. der **basilica Aemilia**, wurden Geschäfte gemacht. Außerdem gab es viele Tempel, etwa den der Zwillingssöhne Jupiters, Castor und Pollux. Gleich daneben hatte Vesta, die Göttin des Herdfeuers, ihren runden Tempel, den nur eine Vestalin (Vestālis) betreten durfte. So hießen die Priesterinnen der Vesta, die dort die ewige Flamme **(flamma)** hüteten. Vestalinnen waren unverheiratet und wurden in der Öffentlichkeit von einem Liktor **(līctor)**, der ein Rutenbündel trug, als Leibwächter begleitet.

Tiro auf dem Forum: Buntes Treiben und heiliges Schweigen

Quid Tīro videt? Turbam videt: **Ōrātōrēs** dīcunt, mercātōrēs vendunt, Rōmānī emunt.
Nunc mercātor clāmat: „Audīte **mē**: Retinēte fūrem! **Fugit!** Effugere nōn dēbet."
Subitō autem **līctor** adest et imperat: „Tacēte! **Locum dāte!** Vestālis venit.
Vestālis **appropinquat**." Rōmānī nōn cessant: Tacent et **locum dant**.
Vestālis Rōmānōs salūtat, tum **forum relinquit** et templum intrat.

Das Forum verändert sich. Die meisten Gebäude, deren Überreste heute auf dem Forum zu sehen sind, stammen aus der Kaiserzeit. Ein Grund dafür ist, dass das Forum oft von Bränden zerstört wurde. Fast alle Gebäude mussten daher mehrmals wiederaufgebaut werden. Zudem gefiel es vielen Kaisern auch, sich durch neue Tempel und Denkmäler wie etwa Triumphbögen (→ S. 269) zu verewigen: So erinnert der Severusbogen neben der Kurie an Kaiser Septimius Severus.

1. Benenne die hier abgebildeten Gebäude mit Hilfe des Textes, des Plans im Einband und der Ziffern in beiden Abbildungen.
2. Erkläre, warum es auf dem im Stadtplan abgebildeten Forum mehr und andere Gebäude gibt als hier im Modell. Der Zeitstrahl (→ S. 270) hilft dir dabei.
3. Zeige auf S. 41 den Liktor und die Rostra und erkläre, wie du sie erkannt hast.

W Viel Bewegung in Rom

Quid **agunt**?

Händler:
Negōtia **agit**.

Bauer:
Bestiam **agit**.

Schauspieler:
Fābulam **agit**.

a. Die Grundbedeutung des neuen Verbs agere ist „etwas in Bewegung setzen; ausführen".
Erschließe die Konjugation und die jeweils passenden Bedeutungen.

(1) Domina: „Servae, properāte, emite cibōs!" – Domina cibōs nōn emit: Servās **mittit**.
(2) Dominus fūrem retinet. Fūr clāmat: „**Mitte mē**!"
(3) Rōmānī bestiās spectāre cupiunt. Clāmant: „**Mittite** bestiās!"
b. Die Bedeutungen des neuen Verbs sind „loslassen, laufen lassen, schicken".
Ordne die Bedeutungen zu und erschließe die Konjugation.

G₁ Auf dem Weg zum Forum – wir nähern uns einem neuen Fall

Mārcus
appropinquat

... Quīnt-ō et Rūf-ō.
... Tulli-ae et Terenti-ae.
... templ-ō.
... **ōrātōr-ī**.

... amīc-īs.
... domin-īs.
... templ-īs.
... **ōrātōr-ibus**.

c. Erschließe, wie die neuen Formen zu übersetzen sind.
d. Gib an, wie man nach den Formen fragt, und nenne den Kasus.
e. Nenne die neuen Endungen und ordne sie den Deklinationen zu.

G₂ Können leicht gemacht

pos-sum   **pot-estis**   **pot-est**   **pos-sumus**   **pos-sunt**   **pot-es**
f. Das Verb posse („können") setzt sich zusammen aus pot- („fähig") und esse. Bringe die
lateinischen Formen in die richtige Reihenfolge und gib zu jeder Form die deutsche Bedeutung an.
g. Wann wird t zu s? Formuliere die Regel.

39

1. Buntes Treiben in Rom. Was machen diese Leute? a. Bilde sinnvolle Sätze.

lictores – orator – fures – mercatores – Vestalis

> dicere – negotia agere – deam colere – clamare: „Locum date!" – fugere

b. Ordne jedem Satz einen passenden Ort zu.

> templum – basilica – rostra – forum (2)

G1

2. Wortgewimmel. Suche die Dative heraus und bilde den jeweils anderen Numerus.

fugio – filio – verbo – portis – amori – ludi – loci – clamori – amicis (!) – incipis – sacris – filiis – turbae – doloribus – cibus

3. Wer begegnet wem auf dem Forum? Bilde sinnvolle Sätze und lasse einen Lernpartner sie übersetzen.

■■ occurrit / occurrunt ■■

■■ non occurrit / non occurrunt ■■

> servi – gladiatores – Rufus – senatores – domini – bestiae – amici – Vulcanus – Scintilla – mercator – fur – Vesta

4. Schau genau.
a. Nenne die Dative und übersetze.
b. Bei zwei Sätzen gibt es zwei Möglichkeiten. Nenne sie und begründe.

1. Amicae Quintus donum[1] mittit, non amico. 2. Servae amicae adsunt.
3. Dominae servae non parent. 4. Senatori amici locum dant.   1) **dōnum** n: das Geschenk

5. Vergebliche Suche? Übersetze.
1. Ubi Marcus et Quintus sunt? Absunt.
2. Cicero verzweifelt. Dann schickt er seinen Sklaven. 3. Denn Tiro hilft seinem Herrn immer. 4. Nun nähert sich Tiro dem Forum.
5. Ibi occurrit oratoribus, senatoribus, dominis, servis. 6. Sed Marco et Quinto non occurrit. Quid nunc? 7. Subito Rufum videt. 8. Clamat: „Salve, Rufe! Ades domino, quaeso! Ubi amici sunt?"
9. Rufus: „Ignoro. Certe iam domi[1] sunt."

10. Et profecto[2] liberi ibi sunt! 11. Tiro gaudet, sed Cicero liberos monet.

1) **domī**: zu Hause   2) **profectō**: tatsächlich

G2

6. Tauschgeschäft. Ersetze die Formen durch die entsprechenden von posse.

adsumus – adest – abes – claudo – incendunt – relinquitis – poscere

7. Was Mädchen alles können – Scintilla streitet mit ihrem Mitschüler Lucius. Ergänze die Formen von posse und übersetze.

1. Lucius Scintillae dicit: „Quid puellae ■■?
2. Vos[1] senatores esse non ■■. Vos[1] oratores esse non ■■. Ego orator et senator esse ■■." 3. Scintilla: „Tu, mule[2]? Orator esse ■■, sed Severo respondere non ■■?" 5. Rufus: „Scintilla semper verba habet. Si vitam amas, tace!"

1) **vōs**: ihr
2) **mūlus** m: der Esel

Z

8. Spaziergang in Rom. Stell dir vor, du gehst über das Forum. Formuliere mit Hilfe der Wörter im Kasten, was du erlebst.

> appropinquare – spectare – audire – occurrere – effugere – retinere

> clamor – mercator – forum – templum – basilica – fur – senator – curia – liberi

9. Götter in der Stadt. Ordne den drei Göttern die Aussagen zu und recherchiere (→ S. 90, → S. 268), wie sie heißen.
„Flammas et familias curo."
„Flammis impero et arma[1] facio."
„Ego adsum mercatoribus et – furibus."

1) **arma** n Pl.: die Waffen

Feuer auf dem Forum

*Marcus und Quintus sind auf dem Weg zum Forum Romanum.
Am Saturntempel wollen sie sich mit Rufus und Scintilla treffen.*

a. Sammle, wem die beiden unterwegs begegnen (Z. 1–8).
*b. Nenne den Gott, der in Z. 13–28 öfter erwähnt wird, und erkläre,
mit welchem Element der Illustration er wohl in Verbindung steht.*

Mārcus et Quīntus forō appropinquant. Iam vident
templa et basilicās, iam audiunt mercātōrēs et ōrātōrēs.
Occurrunt servīs et dominīs, etiam senātōribus occurrunt.
Quīntus: „Ibi templum est! Sed Rūfus et Scintilla nōndum adsunt."
5 Mārcus et Quīntus exspectant.
Subitō amīcīs līctor appropinquat et clāmat:
„Dāte locum dominae! Vestālis est! Vestam deam nōn timētis?"
Mārcus et Quīntus līctōrī pārent et dominae statim locum dant.
Tandem Scintilla et Rūfus veniunt: „Salvēte! Quid agitis?"
10 Mārcus: „Tandem venītis!" Scintilla: „Veniam dāte!"
Quīntus amīcōs salūtat et dīcit: „Certē amīcīs veniam dāmus.
Amīcus amīcō semper veniam dat!"

Subitō amīcī clāmōrēs audiunt: „Cūria ārdet[1]",
„Claudite portās!", „Retinēte flammās!", „Fugite!"
15 Tum amīcīs senātor occurrit et clāmat:
„Flammīs resistere nōn iam possumus! Fugite!
Adhūc effugere potestis! Properāte! Fugite Vulcānum!
Vulcānus iam basilicae appropinquat!"
Amīcī flammās iam vidēre possunt: Senātōrī pārent.
20 Rūfus autem clāmat: „Vulcānus!
Tandem verba explicāre possum:
,Mitte senātōribus Vulcānum'!" Scintilla: „Quid?
Quid explicāre potes? Flammās fugere dēbēmus!"
Rūfus autem: „Audīte! Nūper ..." Subitō Rūfus tacet.
25 Scintilla: „Quid nūper? Rūfe, quid est?"
Rūfus: „Tacē! Ibi cicātrīcōsus[2] est! Mē vidēre potest.
Ego cicātrīcōsum[2] fugere dēbeō!"
Subitō Rūfus fugit et amīcōs relinquit.

1) **ārdēre**: brennen   2) **cicātrīcōsus** m: der Mann mit Narben, das Narbengesicht

c. Schreibe auf Deutsch eine kurze Zusammenfassung der Ereignisse in Z. 13–28.
*d. Notiere gemeinsam mit einem Lernpartner inhaltliche Fragen, auf die ihr
in den nächsten Lesestücken gerne Antworten finden würdet.*

Was für ein Zirkus! Wagenrennen in Rom

Zirkusspiele. Römisches Mosaik, 2. Jh. n. Chr.

Der Circus Maximus. Zu den aufregendsten und beliebtesten Ereignissen bei den Spielen gehörten die Wagenrennen im Circus Maximus. Die Rennbahn **(circus)** lag zwischen Aventin und Palatin und war etwa 600 m lang. Das Rennen begann auf ein Zeichen **(sīgnum)** des Prätors, des leitenden Beamten: Jeder Wagenlenker **(aurīga)** schoss mit seinem Gespann, meist einem Vierspänner **(quadrīga)**, aus einem der Starttore. Der gemauerte Mittelstreifen **(spīna)** im Inneren des Circus musste siebenmal an jedem Wendepunkt **(mēta)** umrundet werden. Die Runden wurden anhand der sieben beweglichen hölzernen Eier und der sieben Delphine, die an der Spina befestigt waren, gezählt. Jeder Wagenlenker wollte siegen **(vincere, -ō)** und einen Preis **(praemium)** erlangen. Ein Sieg bedeutete große Ehre **(honor)**.

Der junge Wagenlenker Eutychus will den Sieg.
Eutychus: „**Praemium** habēre cupiō, **vincere studeō**. Sed Fortūnātum **aurīgam** timeō: Fortūnātum **vix vincere** possum, semper **vincit** mē: **Equōs** agō, **equōs** mittō. Sed **frūstrā**: **Vincit** tandem Fortūnātus. **Praemium dēnique** habet Fortūnātus. Fortūnātum Rōmānī exspectant, vocant, amant. Mē īgnōrant. – Adhūc mē īgnōrant ...“

Welche Farbe gewinnt? Die Wagenlenker waren mit einem Metallhelm geschützt und trugen eine Tunika, die mit Lederriemen gesichert war. Im Laufe der Zeit entwickelten sich Vereine: In der Kaiserzeit trug jeder Wagenlenker die Farbe eines Vereins. Es gab die Weißen, die Roten, die Grünen und die Blauen; und jeder Verein hatte fanatische Anhänger. Nicht selten kam es zu Prügeleien zwischen gegnerischen Fans. Manche versuchten sogar, die Gegenpartei zu verhexen. Nur wenige Römer ließen sich von der Begeisterung für Wagenrennen nicht anstecken.

Wagenlenker mit Pferd. Römisches Mosaik, 3. Jh. n. Chr.

1. Beschreibe die Abbildung oben und verwende dabei lateinische Begriffe.
2. Nenne heutige Sportveranstaltungen, mit denen sich die Wagenrennen im Circus Maximus vergleichen lassen.

W Ehrgeiz beim Wettkampf – jeder will etwas erreichen

Aurīga **praemium** petit. – Aurīga **mētam** petit.
Gladiātor gladiātōrem **petit**. – Gladiātor veniam **petit**.
*a. Die Grundbedeutung von **petere** ist „etwas erreichen wollen". Erschließe eine jeweils passende Übersetzung.*

G₁ Wessen Platz ist wo im Circus?

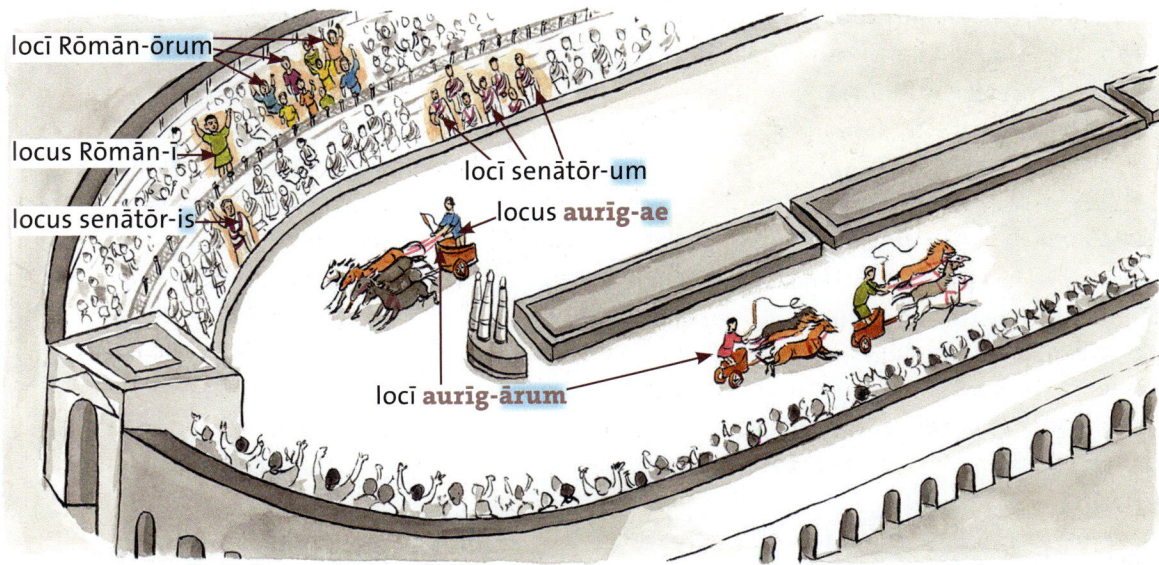

b. Erschließe, wie die neuen Formen zu übersetzen sind.
c. Gib an, wie man nach diesen Formen fragt, und nenne den Kasus.
d. Gib die Endungen des neuen Kasus für die a-, die o- und die konsonantische Deklination an.

G₂ Beim Wagenrennen gibt es nicht nur Pferde zu sehen

Quid Tullia agit?
Tullia nōn spectat lūdōs. Nōn spectat **sen-em**.
Spectat **adulēscent-em**.
Audit **vōc-em adulēscent-is**, nōn **vōc-em sen-is**.
e. Erschließe die Bedeutung der neuen Wörter.
f. Bei den neuen Substantiven der kons. Deklination

stimmen Nominativ und Basisteil nicht überein. Weise dies an den obigen Formen nach.
g. Im Lernwortschatz wird die Lernform der Substantive ab jetzt nach diesem Muster angegeben:
senex, senis. Begründe, warum du stets den Genitiv mitlernen musst.

Hīc **circus** est. **Adulēscentēs** et **senēs** clāmant.
Audiō clāmōrem **adulēscentium**. Audiō clāmōrem **senum**.
h. Nenne den Kasus der beiden neuen Substantive.
*i. Gib an, inwiefern die Form **adulēscentium** abweicht.*

W **1.** *Latein international.*
Führe die englischen Wörter auf ihren lateinischen Ursprung zurück und ordne sie der passenden Person zu.
frustration – sign – victory

Schiedsrichter – Sieger – Verlierer

2. *Wortgewimmel.*
a. *Finde die Wörter im Gedränge.*
Nondumintrostudedeniquepraemianuper
adhucpetislaudovitamvixexplicodas
b. *Gib an, welche Wortarten vorkommen.*
Welche hat die meisten Anhänger?

G1 **3.** *Setzt du auf das richtige Pferd?*
Ordne die Formen richtig zu.
locorum – loci (!) – ludi (!) – portarum –
ludis – turbae (!) – liberorum – clamoris –
sacris – filii (!) – aris – amoris – verbi

Nom. Gen. Dat.

 4. *Strenge Auslese – nur der Genitiv gewinnt! Wähle die Genitive aus.*
veni – vini – venis – vitae – dicis – dei –
furis – facis – doloris – resistis – mittis –
equis – intratis – incendis – otii

5. *Genitiv – kurz gemacht.* **a.** *Setze die Substantive in Klammern in den Genitiv.*
b. *Übersetze nun die Wendungen. Gib sie mit einem einzigen Wort wieder.*
ludus (gladiatores) – vita (servae et servi) –
portae (templum) – familia (senator) –
templum (Vesta) – clamor (liberi)

6. *Nach dem Brand – eine Nachricht von Rufus! Übersetze.*
1. Marcus: „Immer noch sehe ich die Flammen der Kurie. 2. Immer noch höre ich das Geschrei der Menge und die Worte des Senators." 3. Quintus: „Ego adhuc verba Rufi audio. 4. Timet Vulcanum; sed cur timet? Verba amici explicare vix possum. 5. Num Rufus iram[1] deorum et dearum timet?" 6. Marcus: „Timet etiam Cicatricosum. 7. Quis est Cicatricosus? Quid facere studet? 8. Cur Rufus fugere debet?" 9. Subito servus intrat et dicit: „Veniam peto. 10. Rufus me mittit. Nuntium[2] Rufi habeo:"

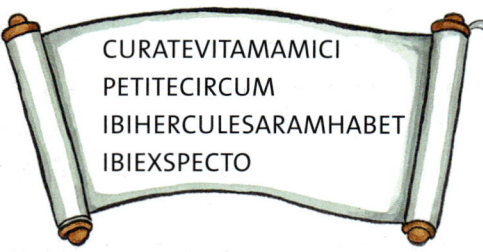
CURATEVITAMAMICI
PETITECIRCUM
IBIHERCULESARAMHABET
IBIEXPECTO

1) **īra**, -ae f: Zorn   2) **nūntius**, -ī m: Botschaft

G2 **7.** *Lebensgefährlicher Brand.*
Rette alle Personen im Genitiv und gib jeweils den Nominativ an.
adulescentium – vocum –
amicum – servorum –
senum – senatorum –
honorum – verbis –
furis – amoris

8. *Schau genau. Bestimme die fett gedruckten Formen und übersetze.*
1. Non **adulescentis**, sed **senis verbis** parere **debetis**. 2. **Romani voci** et **verbis oratoris** resistere non possunt. 3. **Portae curiae flammae** appropinquant. 4. Ibi **amicum furum** video. 5. **Praemium adulescentium**, si vincunt, honor est.

Z **9.** *Partnerarbeit: Sportbericht römisch.*
a. *Stellt lateinische Wörter zum Thema „Sport – Ruhm – Sieg – Zuschauer" zusammen.*
b. *Verfasst eine spannende Sportreportage als Mischtext, indem ihr in euren deutschen Text die lateinischen Wörter aus (a) einbaut.*

Verfolgungsjagden

Nachricht von Rufus: Er will sich mit den anderen Kindern am Herkulesaltar (āra Herculis) beim Circus Maximus treffen. Marcus und Quintus sind nämlich vorher sowieso im gut besuchten Circus. Die berühmten Wagenlenker Fortunatus und Castor sind mit am Start.

a. *Entnimm dem Text, zu welchem Wagenlenker die beiden halten (Z. 1–13).*
b. *Betrachte das Bild: Hörst du die vielen Geräusche? Gib auf Latein an, wessen Geschrei du hörst:* **audiō clāmōrem ...**

Tandem turba sedet et tacet et sīgnum praetōris[1] exspectat.
Aurīgae equōs vix retinēre possunt.
Mārcus: „Ego equīs Fortūnātī crēdō. Semper enim vincunt!"
Quīntus: „Spectā Castōris equōs! Etiam equōs deōrum vincunt!"
5 Subitō praetor[1] sīgnum dat.
Mārcus clāmat: „Fortūnāte! Fortūnāte! Mitte equōs!"
Quīntus autem clāmat: „Castor! Castor! Properā!"
Aurīgae clāmōrem turbae audiunt et equōs mittunt.
Vincere student, praemia et honōrēs petunt.
10 Fortūnātus et Castor autem frūstrā vincere student,
dēnique enim vincit: Eutychus! Turba clāmat,
Mārcus et Quīntus tacent. Tandem Mārcus: „Cūr adhūc
hīc sedēmus? Age[2]! Rūfus et Scintilla certē iam exspectant!"

Mārcus et Quīntus āram Herculis petunt.
15 Ibi Rūfus et Scintilla amīcōs exspectant.
Quīntus: „Rūfe, quid agis?" Mārcus: „Cūr Cicātrīcōsum fugis?"
Rūfus statim nārrāre incipit: „Nōn īgnōrātis incendium cūriae.
Cicātrīcōsus auctor flammārum est! Audīte! Nūper:
Ego tabernam intrō, intus senex et Cicātrīcōsus sedent.
20 Forte audiō vōcem senis: ‚Mitte senātōribus Vulcānum!'
Ego verba nōn intellegō, senem spectō. Senex autem
mē videt et clāmat: ‚Comprehende adulēscentem!'
Ego fugiō, Cicātrīcōsus mē comprehendere studet.
Vix mē servāre possum!" Verba Rūfī amīcōs sollicitant.
25 Mārcus: „Senātōribus verba Rūfī nārrāre dēbēmus!"
Quīntus: „Senātōrēs verbīs adulēscentium nōn crēdunt."
Scintilla: „Rūfō adesse et Cicātrīcōsum convincere dēbēmus."

1) **praetor**, -ōris m: der Prätor   2) **age!** *hier:* Los!

c. *Gruppenarbeit: Wie könnten die Kinder den Mann überführen? Entwickelt einen Plan und stellt ihn in der Lerngruppe vor.*
d. *Passen hier Überschrift, Text und Bild zusammen? Begründe deine Meinung.*

Gladiatoren – die Stars der Arena

Gladiator. Detail aus einem römischen Mosaik, 2. Jh. n. Chr.

Gladiatoren. Gladiatoren waren Männer – ganz selten lesen wir auch von Frauen –, die an einem öffentlichen Platz zur Unterhaltung und Freude **(gaudium)** der Zuschauer kämpften. Ihr Name leitet sich von dem lateinischen Wort für Schwert **(gladius)** ab. Es gab aber auch andere Waffen **(arma, -ōrum)** für Gladiatoren. Gladiatoren waren zwar in der Regel Sklaven, und manche ließen in der Arena ihr Leben; ihr Los war aber dennoch besser als das der verurteilten Verbrecher, die zur Hinrichtung **(supplicium)** in die Arena geschickt und dort wilden Tieren vorgeworfen wurden. Das Volk **(populus)** feierte Gladiatoren nämlich wie Stars; ihnen winkten auch stattliche Preisgelder. Es gab spezielle Gladiatorenschulen: Dort konnte der Gladiator trainieren, sich im Gebrauch der Waffen üben **(exercēre)** und sich von einem Arzt **(medicus)** versorgen lassen, um von Beschwerden frei zu sein **(carēre)**. Die Ärzte verwendeten nicht nur Medizin **(medicāmentum)**, sondern brannten die Wunden auch mit glühendem Eisen **(ferrum)** aus.

Rufus im Versteck – können die Freunde ihm helfen?

Rūfus: „Cicātrīcōsus mē sollicitat, Scintilla. Semper timeō. Cicātrīcōsus mē comprehendere studet. Quis mē **līberāre** potest?" Scintilla: „Hīc tē[1] comprehendere nōn potest."
Rūfus: „Ubī Mārcus et Quīntus sunt? Quid faciunt?" Scintilla: „Locum petunt, ubī gladiātōrēs **sē exercent**: lūdum gladiātōrum." Rūfus: „Gladiātōrēs et **arma** gladiātōrum nōn timent?" Scintilla: „Rūfe, amīcīs crēde!"

1) tē *(Akk.)*: dich

Arten von Gladiatoren. Nach ihren Waffen wurden Gladiatoren in Kampfgattungen unterteilt. Ab der Kaiserzeit gab es immer mehr davon: Da war der Schwerbewaffnete **(hoplomachus)** mit Schwert und Lanze, einem Armschutz und einem runden, stark gewölbten Schild. Der **rētiārius** war ausgestattet mit einem Wurfnetz **(rēte, -is)**, einem Dreizack **(fuscina)** und einem Dolch **(pūgiō, -ōnis)**. Gegen ihn kämpfte meist der Secutor **(secūtor, -ōris)**. Er trug als Waffe das Kurzschwert und einen großen rechteckigen Schild. Ebenfalls erst in der Kaiserzeit entstand in Rom die größte Arena der antiken Welt, das Kolosseum (→ S. 28), in dem Gladiatorenspiele vor bis zu 50.000 Zuschauern stattfanden.

Gladiatorenkampf mit Schiedsrichter.

Beschreibe die Abbildungen und gib an, welche Arten von Gladiatoren du erkennst.

G1 **Mit der richtigen Waffe zum Sieg**

Gladiātor bestiam **gladi-ō** vincit.
a. Bei der markierten Form handelt es sich um einen neuen Kasus, den Ablativ.
Übersetze den Satz und gib an, was durch den Ablativ ausgedrückt wird.
b. Formuliere die Frage, mit der man hier nach dem Ablativ fragt.

Gladiātor vincit
fuscin-ā
gladi-ō
ferr-ō
pūgiōn-e

Gladiātōrēs vincunt
fuscin-īs
gladi-īs
ferr-īs
pūgiōn-ibus

c. Nenne die Endungen des Ablativs für die a-, o- und kons. Deklination im Singular und Plural.
d. Gib diejenigen Endungen an, die allein für den Ablativ verwendet werden.
e. Gib diejenigen Endungen an, die auch für einen anderen Kasus verwendet werden.

W1 **Freud und Leid bei den Gladiatorenspielen**

Gladiātor bestiam dolōribus …
Gladiātor **populum gaudiō** …
Populus gladiātōrem honōre …   **… afficit.**
Populus gladiātōrem praemiō …
*f. Die Grundbedeutung von **afficere**, **afficiō** ist „jemanden mit etwas versehen".*
Formuliere passende Übersetzungen.

G2 **Ein Fall für viele Fälle**

Prīscus gladiātor Vērum gladiātōrem gladiō petit.
Tum Vērus gladiātōr dolōribus labōrat.
Medicus Vērum dolōribus **līberat** .
g. Übersetze und ordne jedem Ablativ eine der Funktionen zu: Trennung – Grund – Mittel.

W **1. Alles für den Gladiator! Sammle Wörter zum Thema „Gladiator/Kämpfen".**

2. Flüstern im Versteck. a. Ergänze die Vokale und nenne zu jedem Wort die Bedeutung.

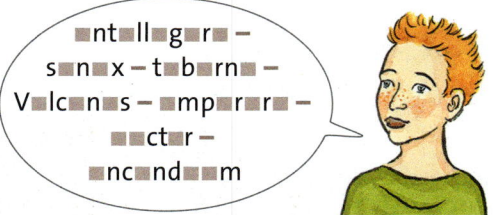

■nt■ll■g■r■ –
s■n■x – t■b■rn■ –
V■lc■n■s – ■mp■r■r■ –
■■ct■r –
■nc■nd■■m

b. Gib mit Hilfe der Wörter Rufus' Theorie zum Brand der Kurie wieder (auf Deutsch).

W₁ **G₁** **3. Ab mit dem Ablativ! Wähle für die Arena alle Ablativformen aus.**
venio – vinis – vix – servatis – vocatis – vocibus – vocis – voca – verba – dicis – tabernis – convincis – forte – fure – crede – sollicita – do – deo – dea – afficio

4. Hier hat sich ein Nominativ versteckt! a. Nenne ihn und sortiere die übrigen Formen nach Genitiv und Ablativ.
b. Nenne Lernform und Bedeutung.
senis – dominis – mercatoris – cibus – locis – furibus – doloris – filiis – sacris – aris – signis – vocis – adulescentis

5. Womit kann man Rufus helfen? Setze die Bezeichnungen für Dinge, die Rufus im Versteck braucht, in den Ablativ.
fabulae – amor – verba – cibi – clamor – gladius – otium – aqua – sacra – dolores

6. Marcus und Quintus verfolgen den Täter. Aber Rufus ist besorgt. Übersetze.
1. Scintilla: „Amicis crede, Rufe." 2. Rufus: „Non ignoras, Scintilla: Cicatricosus auctor incendii est. 3. Si curiam flammis incendere potest, certe etiam Marcum et Quintum gladio petere et doloribus afficere potest. *4. Was können die Freunde tun? 5. Mit Worten können sie nicht siegen.*

6. Etiam gladiis Cicatricoso resistere non possunt. 7. Cur non Tironi verba Cicatricosi dicunt? 8. Cur non auxilio[1] Tironis Cicatricosum comprehendere student?"

1) **auxilium**, -ī n: die Hilfe

G₂ **7. Kampftraining. Bestimme jeweils die Funktion des Ablativs und übersetze.**
1. Gladiatores armis se exercent. 2. Subito Verus doloribus clamat. 3. Medicum vocat: „Libera me doloribus, medice!" 4. Medicus Verum medicamento curat. 5. Nunc Verus doloribus caret.

8. Ein Gladiator für jede! a. Übersetze und ordne jedem Mädchen den Richtigen zu.
1. Claudia: „Gannicum amo. Populus Gannicum honoribus afficit. Nam semper fuscina vincit." 2. Flavia: „Priscum amo, nam me gaudio afficit. Secutor est. Amore Prisci gaudeo." 3. Drusilla: „Adulescentes me amant, sed ego amo Verum. Timore[1] caret. Etiam me timoribus[1] liberare potest."

1) **timor**, -ōris m: die Angst, die Furcht

a   b   c

b. Zwei der Mädchen lieben jeweils auch einen bestimmten Ablativ. Eines ist unentschieden. Erkläre, inwiefern.

Z **9. Zeitvertreib im Versteck. a. Vokalquiz. Bilde aus dem dir bekannten Wortschatz je fünf korrekte Formen auf -a, -e, -i und -o. Lasse einen Lernpartner sie bestimmen.**
b. Rolle rückwärts. Übertrage deine deutsche Übersetzung von Ü 6 zurück ins Lateinische; prüfe dann deine Lösung anhand des ursprünglichen Textes.

Einem Gladiator auf den Fersen

*Die Kinder beschließen, den Mann mit den Narben auf eigene Faust zu
suchen. Sie vermuten, wegen seiner vielen Narben könne er Gladiator sein.
Marcus und Quintus gehen deshalb zur Gladiatorenschule. Es öffnet
ein freundlicher Herr, der gar nicht aussieht wie ein Gladiator.*

a. Sammle aus dem Text Begriffe, die zum Sachfeld (→ S. 157) „Gladiator" gehören (Z. 1–13).
b. Sammle aus dem Text Begriffe, die zum Sachfeld (→ S. 157) „Medizin" gehören (Z. 14–26).

„Salvēte! Quid cupitis?"
Quīntus: „Salvē! Lūdum gladiātōrum spectāre cupimus.
Gladiātōrēs enim amāmus. Sī licet, …"
„Certē licet! Intrāte, adulēscentēs! Spectāte lūdum!
5   Ego sum Philippus. Sī rogāre cupitis, rogāte! Ego respondeō."
Quīntus: „Spectā, Mārce: Hīc gladiātōrēs gladiīs sē exercent!"
Philippus: „Nōn solum gladiīs sē exercent, sed etiam fuscinīs."
Tum Mārcus Philippum rogat: „Philippe, ibi quoque gladiātōrēs sunt:
Quid faciunt?" Philippus respondet: „Aquā et cibīs sē recreant."
10   Quīntus: „Ego quoque gladiātor esse cupiō!
Gladiātōrēs enim populum gaudiō afficiunt.
Populus autem gladiātōrēs praemiīs et honōribus afficit!"
Philippus: „Hem[1]. Populus gladiātōrēs etiam suppliciō afficit!"

Tum Mārcus rogat: „Philippe, num tū quoque es gladiātor?"
15   Philippus verbīs gaudet et rīdet: „Ha, ha! Minimē[2]!
Ego sum medicus. Corpora gladiātōrum cūrō.
Semper enim dolōribus labōrant. Gladiātor rārō vulnere caret.
Sed ego gladiātōrēs dolōribus līberō.
Medicāmentīs et ferrō vulnera cūrō." Subitō Philippus tacet:
20   Intrat Cicātrīcōsus! Mārcus et Quīntus timent.
Philippus autem: „Salvē, Cratīne! Quid agis?
Ego adulēscentibus arma et labōrēs gladiātōrum explicō."
Tum Cratīnus: „Tū nārrā fabulās, Philippe, ego domum dēcēdō."
Tum dēcēdit. Statim Mārcus Philippum rogat: „Quis est Cratīnus?"
25   Philippus: „Num Cratīnum īgnōrās? Gladiātor est:
Puellae Cratīnum amant!"

1) **hem!**: hm!   2) **minimē**: keineswegs

*c. Gruppenarbeit: Spielt die Szene in der Gladiatorenschule auf Latein
oder Deutsch – mit dem Lesestück als „Spickzettel".*
d. Diskutiere mit deinen Lernpartnern: Möchtet ihr Gladiatoren sein?

Toga, Tunika und Stola: Die Kleidung der Römer

Frau in Tunika und Stola mit Papyrusrolle.
Römische Wandmalerei, 1. Jh. n. Chr.

Kleider machen Leute. In Rom war es besonders wichtig, wie man gekleidet war, denn schon an der Kleidung **(vestis, -is)** zeigte sich, wer man war, z. B. Bürger, Sklave oder hoher Beamter. Als Untergewand trugen Römerinnen und Römer eine Tunika **(tunica)**. Sie bestand aus zwei rechteckigen Stoffstücken, die an den Schultern und Seiten zusammengenäht waren und über den Hüften durch einen Gürtel zusammengehalten wurden. Bei den Männern reichte die Tunika bis zum Knie, bei den Frauen bis zu den Knöcheln. Eine Tunika mit breitem Purpurstreifen war das Kennzeichen der Senatoren. Noch wichtiger war, was man über der Tunika trug: Nur römische Bürger durften die Toga **(toga)** tragen, ein großes halbkreisförmiges Stück Stoff (ca. 6 Meter lang, 2 Meter breit), das kunstvoll um den Körper geschlungen wurde. Um es richtig anzulegen, brauchte man die Hilfe eines Sklaven. Man trug die Toga nur zu besonderen Anlässen, denn bequem war sie nicht. Sie war üblicherweise weiß, bei hohen Beamten wie etwa einem Konsul **(cōnsul, -is)** hatte sie einen Purpursaum. Auch Jungen trugen eine Toga mit Purpurstreifen **(toga praetexta)**. Mit Erreichen der Volljährigkeit erhielten sie dann die weiße Männertoga **(toga virīlis)**. Verheiratete, vornehme Frauen trugen über der Tunika die Stola **(stola)**, ein langes Gewand. Auch bei ihnen sorgten Sklavinnen dafür, dass der Faltenwurf stimmte.

Schnell nach Hause! – Phila muss ihrer Herrin beim Ankleiden helfen.
Phila serva domum properat. **Currit**, nam Terentia domina servam iam exspectat. Phila Palātium petit: Ibi enim familia Cicerōnis **habitat**. Nunc intrat. Sed sē recreāre nōn potest: Iam domina Philam vocat et **vestem** pōscit: „Phila, **curre**! Ubī est **stola**? Ades dominae!" Phila: „Iam adsum, domina. Hīc est **stola**." Iam Cicerō vocat: „Venī, Terentia! Properāre dēbēmus."

Magischer Schutz. Neugeborene Kinder wurden in einer feierlichen Zeremonie dem Schutz der Götter anvertraut. Dabei wurde ihnen ein Amulett, die **bulla**, umgehängt. Diese konnte – je nach Vermögen der Eltern – aus Gold oder aus billigerem Material hergestellt sein. Sie sollte vor Krankheit und Unglück schützen. Man trug sie bis zum 14. Lebensjahr.

Bulla aus Pompeji,
1. Jh. n. Chr.

1. Benenne die auf den Illustrationen im Buch abgebildeten Kleidungsstücke.
*2. Amtsbewerber, die sich in ein politisches Amt wählen lassen wollten, trugen eine stark gebleichte, leuchtendweiße Toga, die **toga candida**. Davon ist ein deutsches Fremdwort abgeleitet. Nenne es.*
3. Kleider machen Leute – gilt das auch heute? Begründe deine Meinung.

Viel los in der Gladiatorenschule

> **Cum** amīcīs mē exerceō.
> Rārō dolōribus careō, nam
> rārō **sine** vulnere sum.
> **Post** labōrēs mē recreāre cupiō.

Gladiātor	**Ad** lūdum venit; tum **ad** lūdum est.	**Super** tabernam **habitat**.
dē Ēsquiliīs **currit**.	**Per** portam lūdum intrat.	Ibi gladiātor amīcae **dē** labōre
	Post portam amīcōs videt et salūtat.	nārrat.
	Ex lūdō domum properat.	

a. Erschließe die Bedeutungen der markierten Wörter und gib deren Wortart an.
Achtung: Drei Wörter kommen je zweimal in unterschiedlicher Bedeutung vor!
b. Nenne den Kasus, den alle blau markierten Wörter im Lateinischen verlangen.
c. Nenne den Kasus, den alle rosa markierten Wörter im Lateinischen verlangen.

G2 **Was macht die Maus im Wirtshaus?**

In tabernam properat.

Nam **in** tabernā cibum petit.

Tum **cum** cibō **sub** mēnsam fugit.

Sub mēnsā cibum cēnat.

*d. Die Wörter **in** und **sub** kommen jeweils mit zwei Kasus vor. Erschließe jeweils*
die Bedeutung und ordne die Kasus den Fragen „wo?" und „wohin?" zu.

W
G1

1. Präpositionen nach vorn! Suche alle Präpositionen heraus und gib die Kasus an, mit denen sie (a) im Deutschen bzw. (b) im Lateinischen stehen.

a. nachher – nach – nachdem – hinten – ohne – aber – wegen – während – durch

b. vix – ex – se – ad – cum – solum – post – forte – per – quoque – de – sine – nuper – iterum – super – rārō

2. Modenschau. a. Statte diese Personen mit Kleidung und Zubehör aus: Ordne zu.

senator – gladiator – domina – adulescens – Marcus – puella

> vestis – toga – arma – tunica – bulla – stola – gladius – toga – ferrum

b. Verbinde nun vier der Paare aus (a) mit **gaudere** und **vincere** zu Ablativ-Sätzen, z. B.: **Tullia, vestis → Tullia veste gaudet**.

c. Sklaven haben vieles nicht: Bilde in gleicher Weise zwei Sätze mit **servus** und **carere**.

3. Welcher Kasus passt zu wem? Ordne zu und übersetze die Verbindungen.

ad – e – cum – per – post – sine	portam – labores – populo – templo – adulescentibus – forum

4. Mal so, mal so. Übersetze; achte dabei auf die Wiedergabe der Präpositionen.

1. Ad portam venimus. – Ad portam sumus. 2. De Capitolio curro. – De Capitolio narro. 3. Marcus post templum sedet. – Rufus post incendium timet.

5. „mit" – im Lateinischen gibt es dafür zwei Ausdrucksweisen.

a. Erkläre den inhaltlichen Unterschied.

1. Gladiator armis se exercet.
2. Gladiator cum amicis se exercet.

b. Mit oder ohne? Entscheide selbst.

Quintus ??? Marco forum petit.
Cratinus gladiatorem ??? gladio petit.

6. Scintilla kauft Essen für Rufus. Ergänze und übersetze.

1. Scintilla ad tabernam properat et intrat. 2. Ibi autem gladiatorem cum amicis videt. 3. Gladiatores timet et sine cibis ▆▆ taberna fugit. 4. Post tabernam mercator est. 5. ▆▆ mercatorem currit et cibos emit. 6. Tum ▆▆ forum ad Rufum properat: „Vide! Cibos et aquam habeo." 7. Rufus gaudet: „Cum amicis labores vincere possumus. 8. ▆▆ amicis desperamus."

> per – ad – sine – e

G2

7. Kleine Wörter flitzen schnell. Übersetze und achte dabei auf **in** und **sub**.

1. Tullia in cubiculo[1] est. Subito mus sub vestem Tulliae currit. 2. Statim Tullia in mensam salit[2] et clamat: „Sub veste mus est!" 3. Serva clamorem audit. Venit et rogat: „Ubi mus est? Sub tunica? Sub stola?" Subito mus e veste in lectum currit. Ibi dormit.

1) **cubiculum**, -ī n: das Schlafzimmer
2) **salīre**: springen

mus

Z

8. Tullia wirft die Maus hinaus. Welchen Weg nimmt sie nun durch Rom? Spielt in der Lerngruppe ein Würfelspiel.

a. Mögliche Orte sind: **Palatium, forum, Subura, taberna, Capitolium, templum**.

b. Je nachdem, wie viele Augen du würfelst, sagst du auf Latein und verwendest dabei Präpositionen …

Augen	Du sagst …	Präpositionen
1/2	… wohin die Maus läuft	in (!), sub (!), ad, post, super
3/4	… wo sie ist und was sie macht	in (!), sub (!), ad, post, super
5	… woher sie kommt	ex, de
6	**Joker!**	cum, sine

c. Legt einen Plan an, in den ihr bei jedem Würfeln die neue Station einzeichnet.

In Toga auf Verbrecherjagd

Marcus und Quintus verabschieden sich schnell von Philippus, um die Verfolgung aufzunehmen. Sie wollen herausfinden, wo Cratinus wohnt, um dort vielleicht Beweise für seine Beteiligung am Brand der Kurie zu finden.

a. *Schreibe alle Präpositionalausdrücke heraus und entwickle Vermutungen, warum sie in der Geschichte vorkommen könnten (Z. 1–13).*
b. *Vergleiche die Jungen auf dem Bild mit den anderen Personen und erläutere, inwiefern sie in der Subura auffallen (Z. 14–26).*

Mārcus et Quīntus ē lūdō gladiātōrum currunt.
Cratīnum vident: Adhūc ad portam lūdī stat
et cum amīcō sermōnem habet.
Mārcus et Quīntus post portam sē abdunt et exspectant.
5 Tandem Cratīnus dēcēdit. Quīntus ad Mārcum:
„Properā, Mārce! Cratīnum ex oculīs āmittere nōn dēbēmus!"
Cratīnus per vīcōs properat.
Mārcus Quīntum rogat: „Ubī sumus? Vīcōs īgnōrō!"
Quīntus: „Hīc plēbs habitat, togās rārō hīc vidēs!"
10 Dēnique tabernae appropinquant. Cratīnus intrat.
Mārcus: „Quid nunc?" Quīntus: „Īgnōrō ..."
Subitō autem Quīntus Cratīnum ad fenestram[1] videt:
„Spectā, Mārce, ibi est! Cratīnus super tabernam habitat!"

Quīntus: „Audī, Mārce, cūr nōn in tabernam intrāmus? Vidē!
15 In tabernā senēs sedent. Certē dē Cratīnō nārrāre possunt ..."
Mārcus cessat. Subitō autem senēs ē tabernā veniunt.
Mārcum et Quīntum vident. Rīdent et clāmant:
„Spectāte togās!" „Certē cōnsulēs sunt!" „Hahaha!"
„Sed cūr sine līctōribus[2] sunt?"
20 Tum ūnus[3] ē senibus Mārcō appropinquat et dīcit:
„Certē pecūniam sub togā habet."
Mārcus et Quīntus statim fugiunt et per vīcōs
in forum properant. In forō enim semper turba est.
Amīcī sub portam basilicae[4] properant.
25 Ibi ē timōre sē recreant. Dēnique Mārcus: „Audī, Quīnte:
Sī Cratīnum convincere cupimus, vestēs mūtāre dēbēmus!"

1) **fenestra**, -ae f: das Fenster 2) **līctor**, -ōris m: → S. 38
3) **ūnus**: einer 4) **basilica**, -ae f: → S. 38

c. *Beschreibe auf Latein, wo sich die Menschen auf dem Bild befinden.*
d. *Ein Gegenstand auf dem Bild ist modern. Nenne ihn.*

Sklaven in Rom – ein Leben als „Sache"

Sklavenarbeit in Rom. In der Antike war es normal, Sklaven zu besitzen **(possidēre)**. Man konnte sie auf Sklavenmärkten kaufen. Die Preise waren sehr unterschiedlich und richteten sich nach Gesundheit und Aussehen, aber auch nach der Ausbildung des Sklaven. Sklaven verrichteten verschiedene Arbeiten: Viele mussten auf den Feldern oder im Bergwerk arbeiten. In einem Haushalt Sklave zu sein, war das bessere Los: Die Arbeit war weniger hart, und manchmal bekam man Trinkgeld oder ein Geschenk **(dōnum)**. Ausgebildete Sklaven, die oft aus Griechenland stammten, waren als Arzt, Bäcker, Koch, Masseur, Handwerker, Schauspieler oder Lehrer tätig. Doch Sklaven hatten keine Rechte. Nach dem Gesetz waren sie „Sachen" und ihrem Herrn ausgeliefert. Dieser konnte sie nach Belieben mit einer Strafe **(poena)** belegen oder sogar töten. Aber nicht alle Herren waren grausam: Cicero etwa pflegte mit seinem Sklaven Tiro ein fast freundschaftliches Verhältnis. Tiro unterstützte als Sekretär Cicero bei dessen politischen Aufgaben und wissenschaftlicher Beschäftigung **(studium)**. Er schrieb Ciceros Reden auf und erfand dafür eine Kurzschrift, für die er heute noch bekannt ist.

Ausgebremst! Marcus, Quintus und die Freilassungsfeier für Tiro
Mārcus et Quīntus domum properant. Terentia: „Tandem venīte! Nunc ..." Sed amīcī **nihil** audiunt. Mārcus Quīntō dīcit: „Properāre dēbēmus. Vestēs mūtāre dēbēmus. Nōn toga, sed tunica **convenit**." Terentia: „Quid? Nunc toga **convenit**. Nam familia ad dominum **convenīre** dēbet: Līberī et **parentēs** adesse dēbent. Nunc enim Cicerō Tīrōnī **lībertātem** dat."

Oben: Sklavenplakette, 4. Jh. n. Chr.
Unten: Freilassungsszene, ca. 2. Jh. n. Chr.

Schluss mit dem Sklavendasein. Hatte ein Sklave Glück, dann konnte er im Laufe der Zeit genügend Geld sparen, um sich freizukaufen, oder wurde wie Tiro zum Dank für treue Dienste von seinem Herrn freigelassen. Dies geschah, indem ihm eine Filzkappe **(pīlleus)** als Symbol der Freiheit aufgesetzt wurde. Der Freigelassene **(lībertus)** war nun römischer Bürger und bekam einen vollen römischen Namen (z. B. Marcus Tullius Tiro → L 1), arbeitete aber oft weiterhin für seinen Herrn **(patrōnus)**.

1. Auf der Sklavenplakette oben steht: „Halte mich, damit ich nicht fliehe, und gib mich meinem Herrn Viventius auf dem Gut des Callistus zurück." Stelle eine Vermutung an, was die Funktion der Plakette war.
2. Stellt euch vor, ihr seid als Sklave bzw. Sklavin weggelaufen. Ihr werdet gefasst und müsst eurem Herrn bzw. eurer Herrin über die Gründe für die Flucht Auskunft geben: Entwerft in Partnerarbeit eine kurze Szene und spielt diese vor.

W Ich heiße Fortuna – wofür bin ich zuständig?

Ich bin eine Göttin, und was ich bringe, das braucht ihr
ständig: Mit **fortūna** gewinnst du beim Würfeln und beim
Sport, auch bei Prüfungen geht es nicht ganz ohne mich.
Doch ich bin nicht immer gerecht! Manche Menschen sind
reich, manche arm; manche sind frei, manche Sklaven:
Sie können nichts dafür, es ist einfach – **fortūna**.
a. Erschließe die beiden Bedeutungen von fortūna.

dolor
gaudium
lībertās
pecūnia

G₁ Ohne „uns" geht es nicht.

(1) Ego dominus sum – tū servus es.
(2) **Nōs** dominī sumus – **vōs** servī estis.
b. Erschließe die Bedeutung von nōs und vōs.
c. Nenne den Kasus der Pronomina in Satz (1) und (2).
d. Im Lateinischen steckt normalerweise die Person in der Endung des Prädikats.
Erkläre, warum in den Sätzen oben trotzdem die Personalpronomina verwendet werden.

Servī: „Sī **nōbīs** imperātis, pārēmus. Sī **nōs** vocātis, properāmus.
Sine **nōbīs** negōtia agere nōn potestis."

Servus servae dīcit: „Crēde **mihi**: Dominum effugere possumus!"
Serva respondet: „**Tibi** crēdō, **tē** amō, sine **tē** esse nōn possum: **Tēcum** fugere cupiō!"
e. Erstelle mit Hilfe der Sätze und der Formen, die du bereits kennst, eine Übersicht
zu ego, tū und nōs in allen Kasus (ohne Genitiv).
f. Bilde die Formen von vōs entsprechend denen von nōs.

G₂ „Diese" oder „sie"?

Ea serva nōn labōrat.
Domina **eam** monet.
Diese Sklavin arbeitet nicht.
Die Herrin ermahnt sie.

g. Vergleiche Latein und Deutsch; beschreibe, welche Funktion das Pronomen is, ea, id erfüllt.
h. Schlage in der Grammatik die übrigen Formen nach. Gib an: Welche Formen gehören
zur a-/o-Deklination, welche zur kons. Deklination, und welche zu keiner von diesen?

Domina servam monet. Sed serva verba **eius** nōn audit.
i. Erschließe eine geeignete Übersetzung für die Genitivform.

W **1. Wortartwechsel. a. Verwandle die Verben in die dazu gehörenden Substantive.**

liberare – studere – laborare – timere – incendere

b. Nenne zu drei Wörtern ein deutsches Fremdwort und erkläre dessen Bedeutung.

2. In Lektion 7 ist dir der Wagenlenker Fortunatus begegnet. Jetzt weißt du, warum er sich so nennt. Erkläre.

G₁ **3. Personensuche.**

Nenne alle Personalpronomina.

tu – ibi – mihi – quis – vos – nobiscum – cum – ego – ago – de – se – si – bene – sub – vobis – vocis – vico – me – tum – tecum – sine – ad – adhuc – raro – sto

4. Herr und Sklave: Wer gehorcht wem?
a. Erschließe den Inhalt des Gesprächs und nenne den Beruf des Sklaven.
b. Ergänze die Personalpronomina.

1. Dominus cum servo sermonem habet:
2. „▧ dominus sum, ▧ servus es.
3. Si mihi parere cessas, ▧ licet te poenis afficere." 4. Servus: „▧ licet ▧ poenis afficere. 5. Sine ▧ autem doloribus laboras. Pare mihi et os[1] aperi!"

1) **ōs**, ōris n: der Mund

Z **c. Setze das Gespräch in den Plural.**

G₂ **5. Genau dieses. Bilde Paare.**

is – eorum – id – eam – eum – ei – iis – eius – ea	plebem – studia – libertatis – orator – auctorem – gaudium – gladiis – donorum – fortunae

6. Was Scintilla über Freunde sagt. Übersetze und achte auf die passende Wiedergabe von is, ea, id.

1. „Rufus amicus est. Eum servare debemus. – Eum amicum servare debemus."

2. „Quintus et Marcus amici sunt, Rufe. Eis credere debes. – Eis amicis credere debes."

7. Befreie die Landsklavin Sita und ihren Freund Protus.
a. Ersetze Sita jeweils durch die passende Form von ea.
b. Ersetze Protus jeweils durch die passende Form von is.
c. Ersetze beide Namen gemeinsam durch die passenden Formen von ei/ii.

1. Phila: „Sita et Protus amici sunt. 2. Vobis de Sita et Proto narro: 3. Semper in campis[1] laborare debent. 4. Proto et Sitae se recreare raro licet. 5. Dominus Proti et Sitae Protum et Sitam non ex oculis amittit. 6. Cupiunt vitam mutare et laboribus eius vitae se liberare. 7. Sed fugere non possunt. Pecuniam enim non habent: Nihil possident."

1) **campus**, -ī m: das Feld

d. Übersetze Satz (2)–(6) nach (c) und achte auf die Wiedergabe von is, ea, id.

Z **e. Erkläre, warum Protus und Sita nicht fliehen können.**

8. Wessen Leben ist besser? Übersetze und achte auf die Genitive von is, ea, id.

1. Tiro servus est. Libertate caret, sed gaudio non caret. Nam dominus eius eum bene curat. 2. Scintilla libertate non caret, sed Scintilla et parentes eius in Subura habitant. 3. In vita eorum gaudia non sunt; nam ii pecunia carent: 4. Quid melius[1] est? Responde tu!

1) **melius**: besser

H **9. Was passt? Übersetze convenire jeweils treffend.**

1. Senes in tabernam **conveniunt**. 2. Ad portam Quintus et Marcus Terentiam **conveniunt**. 3. Toga **convenit**. 4. Cicero Tironi libertatem dat, nam ei servo libertas **convenit**.

Freiheit ist nicht gleich Freiheit

Marcus und Quintus müssen ihre Verfolgungsjagd erst einmal aufschieben.
Denn heute findet im Hause Ciceros eine Feier statt, zu der viele Gäste
eingeladen sind: Der Sklave Tiro wird freigelassen. Cicero spricht Tiro an:

a. Beschreibe das Bild und formuliere eine Vermutung, was im Text passieren könnte.
b. Stelle aus dem Text (Z. 1–13) Gründe zusammen, warum Cicero Tiro freilässt.

„Ego tibi lībertātem dō! Nam videō:
Fortūna servī tibi nōn convenit. Tū enim nōn solum domī,
sed etiam in forō mihi ades – nōn ut servus, sed ut amīcus.
Sine tē negōtia agere vix possum,
5   sine tē studiīs vix gaudeō.
Sed nunc nōn iam servus es, Mārce Tullī Tīro!
Nunc tibi, sī cupis, ā mē dēcēdere licet."
Tīro: „Grātiās tibi agō, Cicerō!
Libenter tēcum negōtia agō et tibi adsum in studiīs.
10   Tē et Terentiam et līberōs colō et dīligō.
Itaque vōbīs dīco: Vōs relinquere nōn cupiō!"
Mārcus rīdet: „Nōs relinquere tibi nōn licet!
Nunc enim nōbīscum cēnāre dēbēs!"

Tum Mārcus et Quīntus cum Tīrōne cēnant.
15   Eī dōna dant et sermōnem cum eō habent.
Mārcus eum rogat: „Tīro, sī dēcēdere nōn cupis,
quid tandem tibi prōdest lībertās?" Tīro eī respondet:
„Ego dēcēdere nōn cupiō, tamen lībertāte gaudeō.
Sed haud rārō servī dominōs etiam fugiunt.
20   Iī servī semper labōrāre dēbent, nihil possident.
Nōn īgnōrātis: Dominō licet servum nōn solum poenā,
sed etiam suppliciō afficere!"
Quīntus: „Etiam Scintilla et eius parentēs semper labōrant
et paene nihil possident."
25   Tīro: „Vīta eōrum paene est vīta servōrum.
Tamen lībertāte nōn carent."

c. „Freiheit bedeutet, gut zu leben!" Formuliere, wie sich Tiro, Marcus,
Quintus, Scintilla oder die Sklavin Phila zu diesem Satz äußern könnten.
d. Was meint ihr dazu? Diskutiert die bei (c) formulierte Aussage in der Lerngruppe.

Leben in Rom (II)

Forum Romanum

Das Forum Romanum war der Mittelpunkt des öffentlichen Lebens in Rom. Deshalb stand hier neben vielen Denkmälern und Tempeln die Kurie, der Versammlungsort des Senats. In der Nähe befand sich auch die Rednerbühne. Der Platz und die Basiliken ringsum dienten als Markt. Auch Gerichtsverhandlungen fanden auf dem Forum statt.

1. Gestalte Ciceros Terminkalender: Trage Orte auf dem Forum ein, die er nacheinander aufsuchen könnte.

Kleidung

Das Alltagsgewand in Rom für alle war die Tunika. Römische Männer trugen oft darüber die Toga; Senatoren und andere wichtige Männer erkannte man an Purpurstreifen auf Tunika und Toga. Auch die Jungen trugen eine Toga mit Purpursaum. Vornehme Frauen waren in Tunika und Stola unterwegs.

2. Möchtest du dich wie ein Römer oder eine Römerin kleiden? Begründe deine Meinung.

Circus Maximus

Der Circus Maximus war die größte Pferderennbahn in Rom. Hier fanden, wenn Spiele waren, die sehr beliebten Wagenrennen statt. Siebenmal mussten die Wagenlenker mit ihren Gespannen die beiden Wendepunkte umrunden.

3. a. Der Circus hat seinen Namen vom Wort circum. Recherchiere (→ S. 142) dessen Bedeutung und erkläre den Zusammenhang.
b. Vergleiche den römischen Circus mit einem heutigen Zirkus.

Gladiatoren

Sehr beliebt waren auch die Gladiatorenkämpfe. In der Kaiserzeit wurden dafür eigens Amphitheater mit einer Arena erbaut, z. B. das Kolosseum. Im Kolosseum konnte man angeblich sogar nachgestellte Seeschlachten bewundern.

4. Du hast bereits drei Gladiatorentypen kennengelernt. Recherchiere weitere (→ S. 142) und stelle sie in der Lerngruppe vor.

Sklaven

Sklaven gehörten selbstverständlich zum Alltag der Römer, sie waren Teil der Familie. Sklaven waren Eigentum ihres Herren, konnten aber auch wie Ciceros Sekretär Tiro in die Freiheit entlassen werden. Als Sklave wurde man geboren, oder man geriet als Kriegsgefangener oder durch Armut in die Sklaverei.

5. a. Du hast in diesem Buch bereits einige Berufe kennengelernt, die von Sklaven ausgeübt wurden. Stelle diese Berufe zusammen.
b. Gibt es Berufe, bei denen du dich wunderst, dass es Sklavenberufe waren? Nenne sie.

Triumph! – Volksfeststimmung in Rom

Krieg und Triumph. Die Römer führten oft Kriege. Nach einem großen Sieg durfte der Feldherr, später der Kaiser, einen Triumph abhalten. Den Triumphzug bildeten der Feldherr und sein ganzes Heer. Sie zogen vom Marsfeld über das Forum Boarium, den Circus Maximus, dann die Heilige Straße (Via sacra) entlang über das Forum Romanum zum Kapitol, wo der Triumphator dem Jupiter ein Opfer darbrachte. Auch Kriegsgefangene wurden mitgeführt und Beutestücke und Bilder des Sieges gezeigt. Der ganze Weg war gesäumt von begeisterten Menschenmassen.

1. *Vollziehe den hier beschriebenen Weg auf dem Stadtplan im Einband nach.*
2. *Erkläre, warum das Opfer gerade auf dem Kapitol stattfand.*
3. *Entwickle Vermutungen, was nach dem Triumphzug mit den Kriegsgefangenen geschah.*

Von rechts nach links erkennst du: (1) geschmückte Opfertiere mit (2) dem Opferpriester, (3) Senatoren und Liktoren mit Rutenbündeln, (4) die Quadriga mit dem Triumphator selbst. Silberbecher von Boscoreale, 1. Jh. v. Chr.

Einmal fast wie Jupiter sein. Die Erscheinung des Triumphators erinnerte an Jupiter und auch an die Könige Roms: Sein Gesicht war rot geschminkt, und er trug eine purpurne Toga, eine mit Gold bestickte Tunika und einen Lorbeerkranz; in der linken Hand hielt er einen Elfenbeinstab, in der rechten einen Lorbeerzweig. Hinter ihm stand ein Sklave. Dieser hielt ihm die schwere goldene Eichenlaubkrone aus dem Jupitertempel über das Haupt; dabei sagte er immer wieder: „Sieh dich um; denke daran, dass du ein Mensch bist!"

4. *Zeige möglichst viele der beschriebenen Attribute des Triumphators auf dem Becher.*
5. *Purpur war etwas ganz Besonderes. Stelle aus dem Buch zusammen, wer Purpur tragen durfte.*
6. *Zu Ciceros Zeit gab es keine Könige mehr. Dennoch ist dir in diesem Buch schon einer begegnet. Nenne die Seite und vergleiche die Darstellung mit dem Triumphator.*

Ewiger Triumph. In der Kaiserzeit kamen die Triumphbögen in Mode. Durch sie sollten die Triumphe des jeweiligen Kaisers für immer in Erinnerung bleiben (→ S. 269). Hier abgebildet ist der Bogen des Kaisers Konstantin beim Kolosseum in Rom.

7. *Recherchiere (→ S. 142) nach dem Brandenburger Tor in Berlin und dem Siegestor in München und begründe, welches dieser Bauwerke dem Konstantinsbogen nachempfunden ist.*

Satzdetektive gesucht: So knackst du jeden lateinischen Satz

Ähnlich wie bei unseren Freunden, die der Spur eines Brandstifters folgen, ist beim Übersetzen dein detektivischer Spürsinn gefragt.

Der lateinische Satz – dein ‚Tatort':
In Lektion 5 wurden im Theater Händler bestohlen. Doch was passiert mit der Beute?

> In theātrō fūr senī pecūniam mercātōrum dat.

Wenn du auf einen ‚Tatort', also auf einen lateinischen Satz triffst, dann beachte Folgendes.

1. Spuren sichern:
Detektive achten auf jede Einzelheit. Schau dir die **Endungen** der Wörter genau an.
Die Checkliste hilft dir dabei, keine Spur zu übersehen:
- **Was ist ausgesagt?** → Prädikat
- **Wer/Was?** → Subjekt im Nominativ
- Objekte:
  Wen?/Was? → Objekt im Akkusativ
  Wem? → Objekt im Dativ
- Folge dann weiteren Spuren:
  Wessen? → Attribut im Genitiv
  Wo?/Wann?/Wie? → Adverbiale, z.B. Adverb
  Womit? / Aus welchem Grund? / Wovon? → Adverbiale im Ablativ

2. Spuren auswerten:
Um sich einen Überblick zu verschaffen, ordnen Detektive ihre Erkenntnisse an einer Pinnwand an. Auch bei der Erschließung eines Satzes hilft es dir, wenn du dir die Zusammenhänge verdeutlichst.

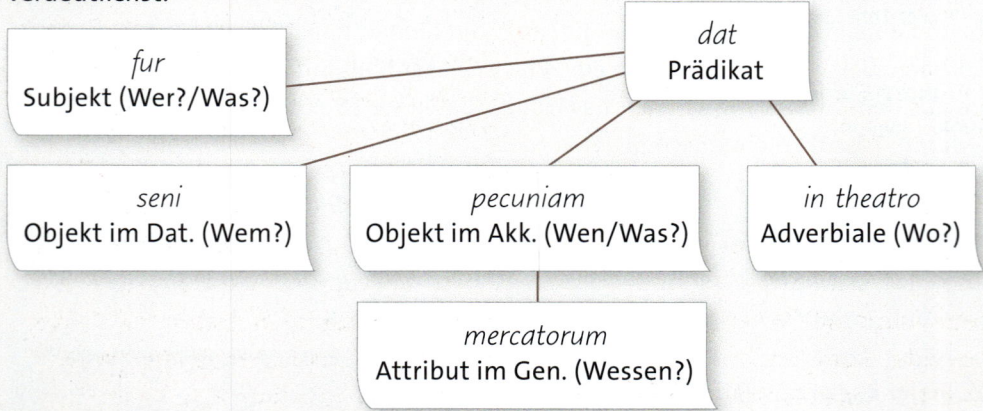

3. Erkenntnisse zusammenfügen:

> Im Theater gibt der Dieb das Geld der Händler einem alten Mann.

Werde nun selbst zum Satzdetektiv: Wende die Schritte bei dem folgenden Satz an.
Statim senex cum pecunia furis e theatro properat.

Lektionen 6–7

1. Was ist der Fall? Wähle die Dative aus und gib die Lernform und die Bedeutung an.
filio – tabernae – oratori – subito – vocibus – quaeso – praemio – seni – veni – vitae – liberis – studetis – resistis – puellis – adulescentis

2. Dativ oder Genitiv? Unterscheide und gib jeweils Lernform und Bedeutung an. Eine Form ist nicht eindeutig.
Quinto – servis – vocis – amico – honori – signi – servae – amori – furis – locorum

3. Wer kann was? a. Bilde sinnvolle Sätze und übersetze sie.

Scintilla – liberi – Romanus – tu – ego – tu et ego	fabulas narrare – amicis adesse – praemium poscere – arae appropinquare – furem retinere – Ciceroni occurrere – Severo parere – gladiatori resistere

possum – potes – potest – possumus – possunt

b. Bestimme jeweils den Kasus der Substantive in der rechten Spalte.

4. Auf alle Fälle Brandstiftung! Ergänze die Genitiv-, Dativ- und Akkusativformen und übersetze.
1. Senex amicus Cicatricos___ est.
2. Senex gladiator___ dicit: „Audi, amice! Praemium te exspectat, si mihi[1] ades:
3. Mitte senator___ Vulcanum!" 4. Subito tacet; nam Ruf___ videt. Rufus voc___ sen___ audire potest. 5. Senex Cicatricos___ imperat: „Comprehende adulescent___!"
6. Sed Rufus effugit. Tum Cicatricosus sen___ dicit: 7. „Adulescent___ videre non iam possum. Abest. 8. Certe autem verb___ intellegere non potest."

1) **mihī** *(Dat.)*: mir

Lektionen 8–9

5. Eine muss draußen bleiben. a. Wirf die Formen in die passende Amphore und bestimme die Form, die übrig bleibt.
senum – populi – vicis – gladiatoribus – gladium – labore – corpus – vulnera – vocis – plebi – oratoris – servae – gaudio

Gen.   Akk.   Abl.

b. Nenne jeweils die Lernform und die Bedeutung.

6. Akkusativ oder Ablativ – was ist hier der Fall? Ergänze im Singular und, soweit sinnvoll, im Plural.
per vic___ – cum consul___ – sine gaudi___ – in lud___ (!) – ad amic___ (!) – post port___ – de equ___ – e vit___ – super templ___ – sub for___ (!)

**7. Verus, ein Gladiator für alle Ablative. a. Übersetze.
b. Bestimme die Funktionen der fett gedruckten Ablative.**
1. Raro Verus **vino** gaudet. Solum **aqua** se recreat; nam corpus semper exercere studet. 2. Servus est, sed **honore** non caret. 3. Semper enim **armis** vincit et populum **gaudio** afficit. 4. Nunc autem in lecto iacet[1], nam **vulnere** laborat.
5. Verus amicae dicit: „Iterum pugnare[2] et **ferro** vincere cupio; in lectum me abdere non cupio!" 6. Amica respondet: „Nunc pugnare[2] tibi[3] non licet. 7. Tu non times; sed ego **timore** non careo. 8. Libera me **timore**! 9. Si in lecto iaces[1] et dormis, non timeo."

1) **iacēre**: liegen   2) **pūgnāre**: kämpfen
3) **tibi**: dir *(Dat.)*

Lektionen 6–10

8. Gegensätze ziehen sich an. Stelle Gegensatzpaare zusammen und nenne zu jedem Wort die Bedeutung.

ab – adulescens – poena – in – possidere – imperare – cessare – liberi – sine – comprehendere	ex – carere – properare – parentes – cum – ad – senex – praemium – liberare – parere

9. Wer tanzt aus der Reihe? Begründe.

a. furum – vestium – vulnerum – possum

b. amittis – vocis – decedis – abdis – das

c. eo – vobis – te – eis – eius – nobis – me

d. de – ex – post – cum – sine

e. tibi – vico – aquae – eae – plebi

10. Dieses muss es sein! Hilf Tullia beim Einkaufen, indem du die passende Form von is, ea, id ergänzt.

1. Tullia: „▮ vestem emo. 2. ▮ vino gaudeo. 3. ▮ equum possidere haud cupio, nam corpus ▮ equi gratia caret. 4. Specta ▮ vulnera, mercator!"

11. Eindeutig mehrdeutig. Übersetze; achte dabei besonders auf die Wiedergabe der fett gedruckten Wörter.

1. Cratinus arma in ludo **relinquit**. – Drusilla Verum **relinquit**, nam Priscum nunc amat. 2. Fortunatus equum **mittit**. Domina servos domum **mittit**.
3. Fortunatus equum **agit**. Consul vitam in urbe[1] Roma **agit**. 4. Gladiator vincere **studet**. Scintilla fabulam audire **studet**. Mercator negotiis **studet**.
5. Senatores in curiam **conveniunt**. Toga eis **convenit**. Cicero ibi amicos **convenit**.

1) **urbs**, urbis f: die Stadt

12. Bestimme die Satzglieder und gib an, von welchem Wort der Genitiv abhängt.

1. Senator arma Cratini timet. 2. Cicero filium amici exspectat. 3. Rufus verba senis amicis narrat. 4. Amici verba Rufi cum timore audiunt.

13. Was ist erlaubt – wer darf was? Bilde sinnvolle Sätze und lasse einen Lernpartner sie übersetzen.

Tibi	servos possidere	licet
Mihi	vinum emere	
Nobis	libertate gaudere	non
Vobis	forum incendere	licet
Servis	pecuniam amici petere	
Amicae	donum mihi dare	
Amico	fures convincere	
Romanis	ludos facere	

14. Befreie auch Phila und Lydia aus der Sklaverei: Ergänze die Rede und übersetze sie.

1. „▮, Phila, ▮ semper ades. 2. Etiam ▮, Lydia, laudo. 3. Itaque ▮ libertatem do: Nunc ▮ servae non iam estis, Phila et Lydia! 4. ▮, Lydia, a ▮ decedere cupis, ut credo. Nunc ▮ decedere licet."

mihi – me – tu (2) – te – tibi – vos – vobis

15. Bilde alle Formen, die möglich sind, und bestimme sie.

ven	-co -do -o -io -ia
vin	

16. 3 mal 3. Ordne jedem Wortfeld (→ S. 157) drei Wörter zu und gib deren Bedeutung an.

curia – vestis – medicus – senator – toga – vulnera – tunica – orator – dolor

`Medizin` `Politik` `Kleidung`

Eine Vestalin erzählt

Scintilla und Quintus sind auf dem Forum. In der Nähe des Hauses der Vestalinnen
macht sich Scintilla Gedanken über das geheimnisvolle Leben der heiligen Frauen.
Was sie nicht weiß: Eine der Vestalinnen ist Fabia, eine Verwandte von Quintus.

a. *Scintilla ist entsetzt über das Verhalten von Quintus.*
Arbeite heraus, warum (Z. 1–14).
b. *Die Vestalin erläutert ihr Leben (Z. 15–18).*
Entwickle eine Vermutung, was sie erzählen könnte.

Vestalin aus dem Haus der Vestalinnen auf
dem Forum Romanum, 2. Jh. v. Chr.

Quintus et Scintilla per forum currunt.
Subito Quintus: „Specta, Scintilla!
Vestalis cum lictore[1] templum relinquit.
Cur non cum ea sermonem habemus?"
5 Scintilla: „Quinte, non licet! Ea est serva deae!"
Sed Quintus Vestalem salutat: „Salve!"
Scintilla: „Sssssst, tace! Quid facis?"
Quintus autem non audit, sed vocat: „Salve, Fabia!"
Vestalis ad Quintum spectat, consistit[2], salutat:
10 „Salve et tu! Te non ignoro: Es Quintus, Tullii filius."
Quintus: „Sum! Et ea est Scintilla amica.
Scintilla vitam Vestalium intellegere cupit …"
Scintilla: „Quid? Quinte!
Da veniam, domina … Ego …"

15 Fabia autem ridet: „Audi, puella! Nos Vestales flammam in templo Vestae curamus.
Si flamma in templo deficit[3], pontifex maximus[4] nos poena afficit.
Sed ego ea vita gaudeo. Populus nobis locum dat in foro, in theatro, in circo[5];
nos diligit et honore afficit. Vitam sine maritis[6] agimus." Tum decedit.

Quintus rogat: „Et tu, Scintilla? Vestalis esse cupis?"
20 Scintilla: „Quid mihi prodest vita Vestalium? Vestalis semper parere debet.
Licet ei honorem habere, gaudia habere non licet.
Libertate caret. Ego libertate gaudeo."

1) **līctor**, -ōris m: → S. 38   2) **cōnsistere**, -ō: stehen bleiben   3) **dēficere**, -iō: ausgehen
4) **pontifex** (-icis m) **maximus**: der Oberpriester   5) **circus**, -ī m: → S. 58   6) **marītus**, -ī m: der Ehemann

c. *Überprüfe deine Vermutung aus (b).*
d. *Scintilla hat eine klare Meinung zum Leben als Vestalin. Würdest du ihr zustimmen?*
Begründe deine Meinung.

Auf ins Bad! – Die römischen Thermen

Öffentliche Bäder. Nur wenige Privathäuser sehr reicher Römer verfügten über eigene Bäder, und selbst diese waren oftmals nur klein und ungemütlich. Dafür waren öffentliche Badeanlagen **(thermae, -ārum)** sehr beliebt. Die niedrigen Eintrittspreise ermöglichten Römern aller Schichten den regelmäßigen Besuch. Zu Ciceros Zeit gab es zwar schon einige öffentliche Thermen in Rom, diese waren aber nicht so groß und so reich ausgestattet wie die riesigen Thermenanlagen aus der Kaiserzeit, deren Überreste man heute noch sehen kann (z. B. Caracalla-Thermen). Mit großem Aufwand wurden die Thermen mit Wasser versorgt, das täglich erneuert wurde: Aquädukte (Wasserleitungen → S. 269) leiteten Quellwasser von weit außerhalb in die Stadt. Über ein technisch raffiniertes unterirdisches Heizungssystem, die sog. Hypokausten, konnten Becken, Fußboden und sogar Wände erwärmt werden. Die Thermen waren aber nicht nur zum Baden da: Außer den verschiedenen Baderäumen und der Umkleide, wo man Toga oder Tunika ablegen konnte, gab es unter anderem auch einen Sportplatz **(palaestra)**, auf dem man Ball spielen oder mit Hanteln aus Blei **(plumbum)** trainieren konnte. Man konnte auch Essen und Getränke kaufen. Sogar Bibliotheken gab es.

Thermen – ein Ort der Entspannung?

Tīro in **thermīs** amīcum convenit. Is Tīrōnem salūtat: „Salvē, Tīro! Quid agis?"
Tīro: „Haud bene. Nam Mārcus, fīlius dominī, in **perīculō** est. Semper timeō.
Timēre **dēsinere** nōn possum." Amīcus eī respondet: „Cūr semper timēs? **Dēsine** timēre!
Dēpōne timōrem! Nunc lībertātem habēs. Sed quid tibi lībertās prōdest, sī vītam
ut servus agis? Hīc **thermae** sunt! Hīc ōtium est!"

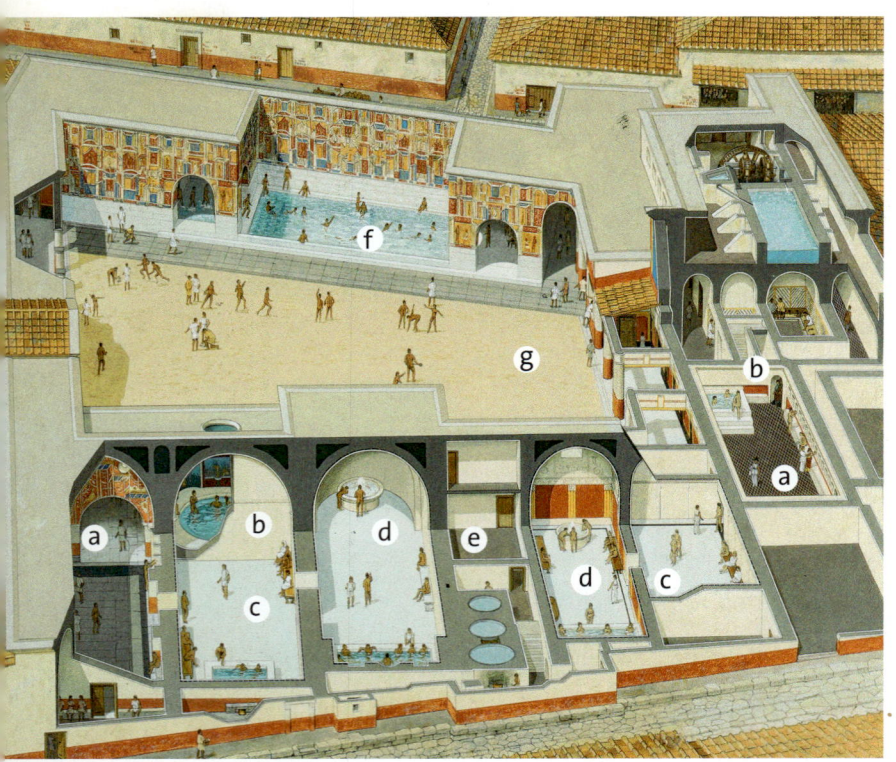

So luxuriös waren Thermen in der Kaiserzeit: Die Stabianer Thermen in Pompeji.

So sah es in den Thermen aus.
a. Umkleide **(apodytērium)**,
b. Kaltbad **(frīgidārium)**,
c. Wärmeraum von mittlerer Temperatur **(tepidārium)**,
d. Warmbad **(caldārium)**,
e. Sauna **(sūdātōrium)**,
f. Schwimmbecken **(natātiō, -ōnis)**,
g. Sportplatz **(palaestra)**.
Die Bereiche a–d gibt es doppelt: links für Männer, rechts für Frauen.

1. Vergleiche, was du hier über die römischen Bäder erfährst, mit den Freizeitbädern, die du kennst. Nenne Gemeinsamkeiten und Unterschiede.
2. Beschreibe, was man in den Thermen alles machen kann.

W1
G1 **Eigenschaften gesucht!**

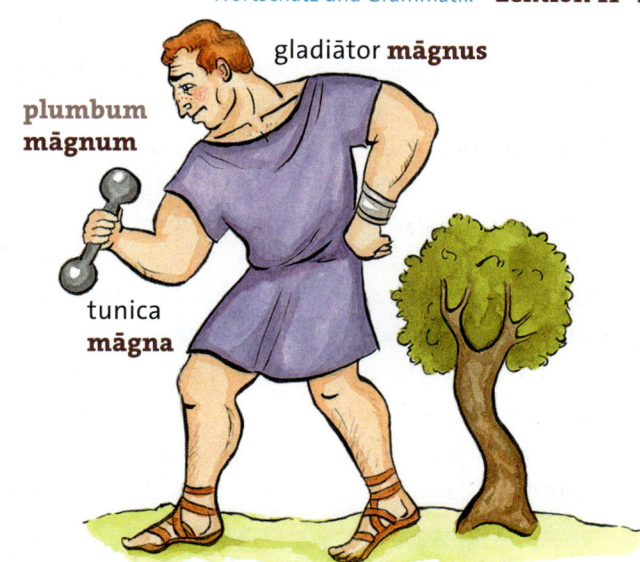

gladiātor **mägnus**

plumbum
mägnum

tunica
mägna

gladiātor
parvus

plumbum
parvum

tunica
parva

a. *Erschließe die Bedeutung von **mägnus** und **parvus** und bestimme deren Wortart.*
b. *Gib an, wonach sich die Endungen der neuen Wortart richten.*

Gladiātor **bonus** semper sē exercet et semper vincit.
Gladiātor **malus** sē nōn exercet.
Gladiātor **bonus** gladiātōrem **malum** vincit.

c. *„Gut" oder „schlecht"? Ordne diese Bedeutungen den neuen Wörtern zu.*
d. *Vergleiche deren Stellung im lateinischen Satz mit der im deutschen Satz.*

 W2
G2 **Die r-Wörter kommen – mit ihrem ganz persönlichen Basisteil**

(1) Cicerō **vir** est. Mārcus **puer** est, **vir** nōndum est.
Etiam Quīntus **puer** est.
Mārcus et Quīntus **puerī** sunt, **virī** nōndum sunt.
Cratīnus **vir malus** est. **Puerī virum malum** timent.
Timor **puerōrum mägnus** est.

e. *Erschließe die Wortart und die Bedeutung der markierten Wörter aus dem Zusammenhang.*
f. *Gib an, zu welcher Deklination die Wörter gehören, und nenne den Basisteil.*

Sevērus **magister** est: **Puerōs** docet.
Puerī magistrō nōn pārent. **Magistrum** fugiunt: **Thermās** petunt.

g. *Erschließe die Bedeutung von **magister** und nenne den Basisteil.*
h. *Beschreibe den Unterschied zu **puer** und **vir**.*

(2) Venus dea **pulchra** est. Vulcānus deus **pulcher** nōn est.
Sed Vulcānus deam **pulchram** amat.
Vulcānus **miser** est. Nam Venus eum nōn amat.
Venus Vulcānum **miserum** nōn amat.

i. *Ordne **pulcher** und **miser** die Bedeutungen zu und nenne die Wortart: unglücklich – schön.*
j. *Gib jeweils den Basisteil an und beschreibe den Unterschied zwischen **pulcher** und **miser**.*

W **1. Wer tanzt aus der Reihe? Begründe.**

a. desinis – diligis – doloris – deponis

b. pericula – vulnera – supplicia – gratia

c. ab – domi – libenter – paene

d. parentes – labores – prodes – timores

 W₁ **2. Chaos im Bad – wo sind die Adjektive?**
G₁ **Ordne die in KNG passenden Adjektive zu.**

puellae – oratores – parentibus –
praemia – clamore

magna – malos – parvae –
magno – bonis

3. Gut oder schlecht, groß oder klein?
Verteile nun selbst passende Eigenschaften
und achte dabei auf KNG.

fortuna – verba – populi – cum gaudio –
in periculo – honoris – senibus – furum –
labores (!) – auctori – cum consule

bonus – malus – magnus – parvus

 4. Erholung für den einen – Stress für den
anderen. a. Übersetze.

1. **Thermas** intrat Severus. Ibi se recreare
cupit. 2. Servus **vestem** eius servare debet.
3. Sed **servus** eam non servat. 4. Subito
vestis abest. Ubi est? Num **fur** eam habet?
5. Tum servus vestem sub **lecto** videt et
magno cum gaudio clamat: 6. „Nunc
poenam non iam timeo!"

b. Stelle allen fett gedruckten Substantiven
ein passendes Adjektiv zur Seite.

c. Beschreibe, was dir bei der Stellung von
magno in Satz (5) auffällt.

5. Vorsicht – Langweiler in den Thermen!
Übersetze und erkläre die Verwendung der
fett gedruckten Adjektive.

1. Severus etiam in thermis docere non
desinit: 2. „Adulescentes bonos amamus,
adulescentes malos non amamus. 3. Nam
boni bona faciunt, **mali mala** faciunt."

W₂ **6. (E)r in den Thermen: Wer ist wer?**
G₂ **Ersetze die maskulinen Substantive durch**
die entsprechende Form von vir, puer
oder magister.

Severi – filium – oratori – puellae –
fures (!) – servarum – senatorum

7. Ersetze die maskulinen Pronomina
jeweils durch vir, puer oder magister.

ei – eum – eam – earum – ea – eius – id

8. Wer ist wie? a. Ordne die Adjektive
passenden Badegästen aus Ü 6 zu; achte
dabei auf KNG-Kongruenz.

malo – pulchrae – miseros – bonorum

b. Statte nun alle übrigen Badegäste aus
Ü 6 mit Adjektiven aus, die du dafür in
die richtige Form bringen musst.

miser – pulcher – magnus – parvus

9. Kein Mann vieler Worte – Cratinus prahlt
in den Thermen. a. Übersetze.

1. Ego corpus magnum et pulchrum
habeo, vos corpora parva et misera.
2. Me puellae bonae et pulchrae
diligunt, vos malae et miserae.
3. Me puellae libenter spectant,
ego puellas pulchras.

b. Notiere die Wörter, die man
im zweiten Teil jedes Satzes
sinngemäß ergänzen muss.

10. Schau genau. Bestimme die Satzglieder
und übersetze.

1. Corpora gladiatorum domina spectat.
2. Pueris malis in thermis esse non licet.
3. Senatori liberi parvi occurrunt.

Z **11. Rolle rückwärts. Übertrage deine**
Übersetzung von Ü 9 zurück ins
Lateinische; prüfe dann deine Lösung
anhand des ursprünglichen Textes.

Ein Kraftprotz in den Thermen

Die Kinder lauern dem Gladiator Cratinus vor seiner Wohnung auf.
Er verlässt das Haus. Rufus und Scintilla wollen seine Wohnung
nach Beweisen durchsuchen. Marcus und Quintus folgen Cratinus:
Er verschwindet in einer Thermenanlage, wo er hoffentlich lange bleibt ...

a. Suche alle Adjektive mit ihrem jeweiligen Bezugswort heraus und entwickle
Vermutungen, warum diese Ausdrücke im Text vorkommen könnten (Z. 1–14).
b. In Z. 15–26 kommt eine neue Person hinzu. Nenne sie und entwickle eine
Vermutung, welche Rolle sie in der Geschichte spielt.

Etiam Mārcus et Quīntus thermās intrant
et togās dēpōnunt. Quīntus: „Cratīnus nōs certē
nōn cōgnōscit, sī nōs sine togīs videt.
Gladiātōrēs memoriam bonam nōn habent."
5 Intus Cratīnum vident: Cum adulēscentibus
sermōnem habet. Cratīnus māgnā vōce docet:
„Adulēscentēs parvī parvīs plumbīs corpora exercent,
gladiātōrēs māgnī māgnīs plumbīs!" Tum tunicam dēpōnit
et plumbum māgnum sūmit. Subitō autem dolōre clāmat:
10 „Ei[1]! Nōndum corpus exercēre possum,
adhūc ē vulnere malō mē recreō. Domum dēcēdere dēbeō."
Statim Quīntus ad Mārcum: „Eum retinēre dēbēmus!
Scintilla et Rūfus māgnō in perīculō sunt!" Mārcus:
„Cūr nōn tunicam eius abdimus? Spectā! Ad aquam iacet."

15 Amīcī tunicam Cratīnī petunt. Subitō autem custōs adest
et eōs comprehendit: „Quid facitis, puerī? Num fūrēs estis?"
Quīntus statim respondet: „Minimē[2]! Mitte nōs!
Malum nōn facimus!" Mārcus: „Vidē: tunica pulchra
paene in aquā iacet, nōs ... " Custōs autem clāmat:
20 „Ō tempora, ō mōrēs! Hodiē multī puerī malī sunt.
Magistrī enim nōn bene eōs docent. Miserī parentēs!"
Cratīnus clāmōrem virī nōn cūrat, sed tunicam sūmit
et thermās relinquit. Vir autem clāmāre nōn dēsinit.
Tandem Mārcus et Quīntus virum effugere possunt.
25 Togās sūmunt et ē thermīs currunt.
Tum Mārcus: „Cratīnus certē iam domī est!"

1) **ei!**: aua!   2) **minimē**: keineswegs

c. Nenne deutsche Adjektive, die den Charakter des „Bademeisters" beschreiben.
*d. Formuliere für seinen Ausspruch **O tempora, o mores!** (Z. 20) zeitgemäße Übersetzungen.*

Mietshaus oder Stadthaus? Wohnen im alten Rom

Rom wird größer. Rom war zur Zeit Ciceros zu einer Millionenstadt angewachsen. Die meisten Bewohner konnten sich kein Privathaus leisten. Sie hatten eine Wohnung **(habitātiō, -ōnis)** in einem mehrstöckigen Mietshaus **(īnsula)** in dem Stadtteil Subura. Familien wohnten hier auf engstem Raum zusammen und teilten sich oft sogar nur ein Zimmer. Im Erdgeschoss gab es „tabernae", also Läden oder Gaststätten, in denen man essen und trinken **(bibere, -ō)** konnte. Diese Häuser waren oft sehr schlecht gebaut; nicht selten kam es zum Einsturz von ganzen Wohnblöcken.

Modell eines römischen Mietshauses

Tratsch im Treppenhaus: Zwei Nachbarinnen reden über Cratinus.
Annia: „Cratīnus semper in tabernā sedet, semper **bibit**." – Fannia: „Nōn semper **bibit**, **saepe bibit**." – A.: „Haud multum dīcit. Nōn salūtat. Vir **mīrus** est." – F.: „Multī eum amant. Cratīnus māgnam **cōpiam** amīcōrum habet. Nam gladiātor **mīrus** est!" – A.: „Certē malum facere studet. Certē **scelus** facere **parat**." – F.: „**Ita** dē eō dīcis, ut dē virō malō!" – A.: „Ssst, tacē, Fannia! Cratīnus venit. Dē **habitātiōne** in tabernam **dēscendit**. Semper **bibit**." – F.: „**Saepe**!"

Modell eines römischen Stadthauses

Das römische Stadthaus. Wohlhabende Römer wie Cicero und seine Familie wohnten in großzügigen ein- bis zweistöckigen Stadthäusern. Diese betrat man über einen Eingangsbereich **(vestibulum)** und gelangte dann in den Hauptraum, das Atrium **(ātrium)**. Um das Atrium herum lagen Wohnräume, etwa Schlafzimmer **(cubiculum)** und Speisezimmer **(triclīnium → L 2)**. Das Atrium erhielt sein Licht nicht durch ein Fenster **(fenestra)**, sondern durch eine Öffnung im Dach. Der Regen wurde von einem Regenbecken **(impluvium)** aufgefangen. An das Atrium schlossen sich oft ein Durchgangsraum und ein Innenhof mit Garten an, der von einem Säulengang umgeben war. Wie in einer heutigen Stadt gab es auch in Rom bessere und schlechtere Gegenden: Die beste lag am Palatin (Palātium), wo auch Cicero sein Haus hatte. Der Palatin war so vornehm, dass später die römischen Kaiser auf ihm ihre Häuser erbauten; davon hat das Wohnhaus eines Herrschers noch heute den Namen: „Palast".

1. Beschreibe das Bild auf S. 15 und verwende dabei Begriffe aus dem obigen Sachtext. Beschreibe dann das Modell des römischen Stadthauses auf dieser Seite.
2. Vergleiche die damaligen Wohnverhältnisse mit denen bei uns: Was ist für uns selbstverständlich, wovon arme oder sogar reiche Römer nur hätten träumen können?

W **Im Gassengewirr: Wo wohnt Cratinus?**

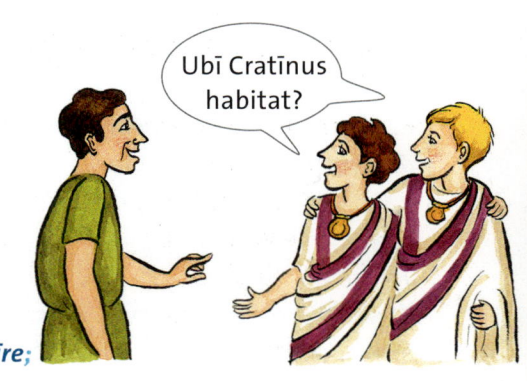

Mārcus et Quīntus **habitātiōnem** Cratīnī **quaerunt**.
Sed eam **invenīre** nōn possunt.
Itaque ē virō **quaerunt**: „Ubī Cratīnus habitat?"
a. Ordne den neuen Verben die Bedeutungen zu:
suchen/fragen – finden
b. Erkläre die Begriffe „Synonym" und „Antonym" anhand
folgender Aussage: quaerere m. Akk. ist ein Antonym für invenīre;
quaerere mit ex/ē ist ein Synonym für rogāre.

G₁ **Alles ist relativ!**

Quīntum vidēmus. Quīntus amīcus Scintillae est.

Quīntum, qui amīcus Scintillae est, vidēmus.
Wir sehen Quintus, ▬ ein Freund Scintillas ist.

Scintillam vidēmus. Scintilla amīca Quīntī est.

Scintillam, quae amīca Quīntī est, vidēmus.
Wir sehen Scintilla, ▬ eine Freundin von Quintus ist.

Scintilla dōnō gaudet. Quīntus eī dōnum dat.

Scintilla dōnō, quod Quīntus eī dat, gaudet.
Scintilla freut sich über das Geschenk, ▬ Quintus ihr gibt.
c. Das neue Wort ist ein Relativpronomen. Es leitet einen Relativsatz ein.
Erschließe, wie du das Relativpronomen jeweils übersetzen musst.
d. Gib an, wonach es sich in Numerus und Genus richtet.

Vīcus,   quem līberī quaerunt,   in Subūrā est.

         cui amīcī appropinquant,

         in quō Cratīnus habitat,

         cuius īnsulae malae sunt,

e. Übersetze und bestimme jeweils den Kasus des Relativpronomens.
f. Schlage im Grammatik-Teil die übrigen Formen im Singular nach. Gib an: Welche Formen
gehören zur a-/o-Deklination, welche zur kons. Deklination und welche zu keiner von diesen?

G₂ **Ordnung muss sein.**

quōrum, quārum, quōrum   quibus, quibus, quibus   quōs, quās, quae

quī, quae, quae   quibus, quibus, quibus

g. Ordne die Bausteine mit den Pluralformen nach ihrem Kasus und gib an, welche Formen
zur a-/o-Deklination, welche zur kons. Deklination und welche zu keiner von diesen gehören.

W   **1.** *Latein international.*
Ordne die Bedeutungen zu und gib die lateinischen Ursprungswörter an.

descent – to invent – miracle – to copy

> Wunder – vervielfältigen – Abstieg – erfinden

G₁   **2.** *Sprachenwirrwarr in der Taverne.*
a. *Ergänze die Lücken auf deutsch.*
b. *Ordne die lateinischen Relativpronomina zu (eins bleibt übrig!).*

1. Cratinus, ▬ die Kinder fürchten, ist Gladiator. 2. Die Taverne, ▬ Cratinus oft betritt, ist in der Subura. 3. Cratinus, ▬ Fannia oft begegnet, wohnt über der Taverne. 4. Ist etwa Cratinus, ▬ viele Böses erzählen, ein böser Mann?

> cui – quem – quae – de quo – quam

3. *Der Genitiv hat es in sich. Setze sinnvoll zusammen und übersetze.*

Cratinus properat ...

... ad senem	**cuius** templa pulchra sunt.
... ad amicam	**cuius** mores mali sunt.
... ad forum	**cuius** parentes in Subura habitant.

4. *Viel zu sehen in der Subura – Fannia erzählt. Übersetze oder gib den Text mit einer beschrifteten Zeichnung wieder.*

1. Vita, quam in Subura agimus, misera est: 2. Hic est vicus, qui parvus et malus est. 3. Ibi vides custodem malum, quem pueri timent. 4. Vides tabernam, in qua fur est, qui pecuniam domini sumit. 5. Tamen etiam gaudia adsunt: Hic puer sedet, cui puella fabulam narrat. 6. Ibi puella sedet, cui puer donum dat. 7. Senex in taberna sedet et vinum emit, quod libenter bibit.

G₂   **5.** *Der alte Mann trinkt zu viel – er sieht die Subura schon doppelt. Setze die Relativpronomina aus Ü 4, Satz (2)–(7), mit ihren Bezugswörtern in den Plural.*

6. *Mädchen und Gladiatoren – doppelt verlinkt.* **a.** *Gib jeweils das Bezugswort an und übersetze beide Sätze.*

1. Puellae corpora pulchra gladiatorum, quos/quae in arena[1] vident, laudant. 2. Arma mira gladiatorum, quibus/qui semper vincunt, spectant. 3. Post ludos puellae insulas gladiatorum, qui/quae in Subura sunt, petunt. 4. Vicos Suburae, cuius/quorum pericula magna sunt, non timent: Amor vincit timorem.

1) **arēna**, -ae f: die Arena; der Sand

b. *Setze, wo möglich, die Relativpronomina und ihre Bezugswörter in den Singular.*

Z   **7.** *Welches* **QUAE** *quakt denn hier? Setze die Relativsätze aus dem Kasten sinnvoll ein und übersetze.*

QUAE

1. Rufus Scintillam, ▬, videt. 2. Hodie Scintilla vestes, ▬, sumit. 3. Arma, ▬, mira sunt. 4. Templa, ▬, liberi intrant. 5. Multa, ▬, mala sunt. 6. Ea, ▬, bona sunt.

> quae mercator vendit – quae Cratinus parat – quae puella pulchra est – quae pulchrae sunt – quae magna sunt – quae gladiatores possident

8. *Übersetze den Text von Ü 2 ins Lateinische.*

H   **9.** *Gefängnisreif. Erschließe das unbekannte Wort und übersetze die fett gedruckten Wendungen passend.*

1. Marcus e Scintilla quaerit: „Num Cratinum **in vincula dare** possumus?“ 2. Scintilla respondet: „**Ita est!**“

Einbrecher im Mietshaus

Scintilla und Rufus stehen vor Cratinus' Wohnung und überlegen,
wie sie hineinkommen können. Plötzlich kommt eine Frau die
Treppe herauf – es ist Fannia, die den Gladiator bewundert ...

a. Entwickle anhand von Text und Bild eine Vermutung, wie die
beiden wohl in Cratinus' Wohnung gelangt sind (Z. 1–13).
b. Sammle aus Text und Bild Informationen über
Cratinus' Wohnung (Z. 14–25).

„Num quaeritis eum virum, quī hīc habitat?"
Statim Scintilla: „Ita est. Num abest Cratīnus avunculus[1]?"
Mulier: „Ō, propinquī estis Cratīnī!" Tum Rūfum spectat:
„Tū certē es eius nepōs, dē quō saepe nārrat."
5 Rūfus respondet: „Sum ..."
Scintilla: „Est is, quem Cratīnus ut fīlium dīligit!"
Mulier rīdet et dīcit: „Cratīnus nōndum adest.
Cūr eum nōn exspectātis in tabernā, quae īnfrā[2] est?"
Scintilla: „Ibi senex vīnum bibit, cui occurrere nōn cupiō ..."
10 Mulier: „Id, quod dīcis, puella, intellegō. Audīte:
Ego clāvem[3] habeō, quā cubiculum Cratīnī aperīre possum!"
Clāvem[3] sūmit et cubiculum aperit. „Vōs hīc exspectāte!
Ego dēscendere dēbeō ad marītum, cuius vōcem iam audiō."

Rūfus et Scintilla in cubiculō Cratīnī sunt. Vident lectum,
15 mēnsam, vestēs. Rūfus: „Ea, quae videō, mīra nōn sunt."
Scintilla: „Spectā māgnās cistās[4], quae post lectum sunt!
Cūr eās nōn aperīmus?" In cistīs[4], quās aperiunt,
amīcī māgnam cōpiam armōrum inveniunt.
Rūfus: „Cratīnus gladiātor est, sed arma, quae hīc vidēs,
20 nōn sunt arma, quibus gladiātōrēs pūgnant.
Gladiātōrēs, quōs ego sciō, nōn ēiusmodī armīs pūgnant."
Scintilla: „Iī, quī ēiusmodī arma habent, scelera parant.
Rūfe, virōs arcessere dēbēmus, quibus crēdimus
et quī Cratīnum in vincula dare possunt!"
25 Subitō Rūfus: „Scintilla! Cratīnī vōcem audiō!"

1) **avunculus**, -ī m: der Onkel   2) **īnfrā**: unten   3) **clāvis**, -is f: der Schlüssel
4) **cista**, -ae f: die Kiste

c. Passt die Überschrift zum Text? Begründe deine Meinung.
d. Wie könnte es weitergehen? Schreibe zusammen mit einem Lernpartner
auf Deutsch eine kurze Fortsetzung; stellt diese dann in der Lerngruppe vor.

Sei gegrüßt, Senator!

Cicero als Senator. Die Mitglieder des Senats, des obersten Rats des römischen Reiches, werden Senatoren genannt. Senat bedeutet eigentlich „Versammlung alter Männer". Man musste jedoch nicht alt sein, um Senator zu werden: Wer in ein wichtiges Staatsamt gewählt wurde, war damit auch Senator. Die Senatoren hatten besondere Rechte: Sie hatten z. B. Ehrensitze im Theater und durften eine Tunika mit breitem Purpurstreifen und auch rote Senatorenschuhe tragen. Jeden Morgen war auf der Straße **(via)** vor dem Hause des Senators viel los, da seine Klienten ihn zur Begrüßung **(salūtātiō, -ōnis)** besuch-

Senatoren. Relief am „Friedensaltar" (Ara Pacis), 13–9 v. Chr.

ten. Ein Klient **(cliēns, -entis)** war jemand, der sich mit Anliegen an einen mächtigeren Mann, einen Schutzherrn **(patrōnus → L 10)**, wandte. Die Klienten warteten im Atrium und durften dann nacheinander – immer nur einer **(ūnus, -a, -um)** – zur Begrüßung an ihren Patron herantreten **(accēdere, -ō)**. Je mehr Klienten ein Patron hatte, desto angesehener war er. Die Klienten begleiteten ihn dann auch bei öffentlichen Auftritten, zum Beispiel, wenn er auf das Forum ging, um eine Rede **(ōrātiō, -ōnis)** zu halten. Sie spendeten ihm Beifall und machten bei Wahlen Werbung für ihn. Es profitierten also **(ergō)** beide Seiten von diesem Verhältnis.

Eine geheime Botschaft für den großen Redner Cicero

Cliēns ad Cicerōnem **accēdit** et dīcit: „Māgnō in perīculō est Rōma **urbs** post incendium in forō. Gladiātor cum amīcīs scelus māgnum et malum facere parat. Sciō: Tū verbīs Rōmam servāre potes! **Compōne ōrātiōnem!** Convince malōs!" – Cicerō: „Sciō dē scelere et dē eius auctōribus. Sed **quōmodo** eōs convincere possum? **Indicia** enim nōn habeō. Sine **indiciīs** verba, quae faciō, nōn sunt **ōrātiō**, sed fābula."

Römische Sonnenuhr, Pompeji.

Am Morgen – wann war das eigentlich? Die **salūtātiō** fand in den ersten beiden Stunden des Tages statt. Da die Römer eine von den Jahreszeiten abhängige Stundeneinteilung hatten, war dies im Winter später als im Sommer, denn man war bei der Zeitmessung durch Sonnenuhren ja vom Sonnenaufgang abhängig. Der Tag und die Nacht waren in je 12 Stunden unterteilt, die je nach Jahreszeit länger oder kürzer waren: So dauerte der längste Tag in Rom etwa 15, der kürzeste etwa 9 heutige Stunden.

*1. Das Verhältnis zwischen Patron und Klient kann man mit dem lateinischen Sprichwort **manus manum lavat** („eine Hand wäscht die andere") beschreiben. Erkläre diese Aussage.*
2. Erkläre, warum ein Termin „zur 6. Stunde" im Sommer später stattfand als im Winter.

W₁ *Animus* – damit fühlt und denkt der Mensch.

Die Klienten sagen über Ciceros **animus**: „Cicero hat nur
Gutes im  " – „Ich schätze Ciceros freundliche  gegenüber
uns Klienten." – „Ich schätze Ciceros  in Gefahren." –
„Die Größe von Ciceros  zeigt sich aber vor allem
in seinen Büchern!"
a. *animus bedeutet „Geist", „Sinn", „Gesinnung" und „Mut".*
Ergänze jeweils den passenden deutschen Begriff.

W₂ Weiter geht's!

Ein besonders verschlafener Senator braucht eine
Extra-Aufforderung:
„**Perge** ad forum! **Perge viam**! Cūr nōn **pergis**?"
b. *Bestimme, zu welcher Konjugation das Verb **pergere**, **pergō** gehört.*
c. *Ordne die Bedeutungen zu: weiter machen – aufbrechen – fortsetzen.*
d. *Formuliere eine treffende Übersetzung für: **„Perge nārrāre!"***

G₁ „Perfekte" Formen

(1) spectāv-ī (1. P. Sg.) – amāv-istī (2. P. Sg.) – clāmāv-istis – audīv-it – scīv-imus – cūrāv-ērunt

(2) monu-imus – docu-ī – pāru-ērunt – tacu-istī – exercu-istis – iacu-it

e. *Das sind lateinische Perfektformen. Gib jeweils die Konjugation an.*
f. *Das Perfekt hat einen eigenen Stamm. Gib an, welches Signal im Perfektstamm*
den Konjugationen in (1) und welches der in (2) gemeinsam ist.
g. *Erschließe, welche Endung für welche Person steht, und bringe die Formen in die richtige*
Reihenfolge. Übersetze jede Form (Beispiel: ich habe gebaut; du bist gelaufen).

G₂ Noch mehr Formen, die „perfekt" sind

colu-it   arcessīv-imus   petīv-ī   cupīv-ērunt

h. *Gib die Konjugation der Verben und die Art des Perfektstamms an.*
i. *„petere, petō, petīvī" – diese Formenreihe nennt man Stammformen. Erkläre,*
wieso du bei Verben dieser Konjugation jetzt immer die Stammformen mitlernst.

potuit   fuimus

j. *Das sind Perfektformen von **posse** und **esse**. Gib jeweils den Perfektstamm an.*
k. *Bilde nun mit den Personalendungen des Perfekts die übrigen Formen.*

W   **1. Spiele activitas mit den Wörtern, die in dieser Lektion neu sind.**

2. Wer ist ein guter Patron? Übersetze und wähle den guten Patron.

Bonus is est,

? qui non animum, sed corpus curat.

? qui animum malum habet.

? qui clienti prodesse in animo habet.

G1   **3. Turbulentes Wiedersehen.**

a. Suche alle Perfektformen heraus.

clamaverunt – pugnamus – parentibus – properavistis – curatis – filiis – paruimus – mulieris – monuit – maritis – rogavit – pergitis – desperavisti – exspectavi

b. Ergänze mit Hilfe der gefundenen Formen in jedem Satz das Prädikat.

Rufus Marcum et Quintum ▬▬: „Cur non ▬▬? Ego vos ▬▬." Amici ▬▬: „Rufe, num ▬▬?" Cicero nos ▬▬, nam ei non ▬▬.

c. Ordne die Substantive aus (a) einem Wortfeld zu.

4. Schließe mit dem Schlechten ab! Setze Verben mit negativem Sinn ins Perfekt und übersetze sie dann.

times – desperatis – laudatis – laboro – dormimus – sollicitat – amant

5. Die vier Kinder treffen sich am nächsten Morgen wieder – Marcus und Quintus haben viel zu erzählen.
Übersetze und achte dabei auf eine passende Wiedergabe der Perfektformen.

1. Scintilla et Rufus gaudent, nam tandem amicos vident. Statim ea, quae Marcus et Quintus de Cratino sciunt, cognoscere cupiunt. 2. Pueri narrant: „In thermis[1] Cratinum spectavimus, sed is subito doloribus laboravit. 3. Non cessavimus: Vestem eius abdere studuimus. 4. Sed custos nos retinuit – et Cratinus domum properavit. 5. Tum de vobis timuimus;

paene desperavimus. 6. Nunc autem gaudemus. 7. Ciceroni de scelere narrare cupimus. 8. Nam scimus: Cicero, qui orator bonus est, Romam orationibus servare potest."

1) **thermae**, -ārum f Pl.: → S. 64

G2   **6. Setze ins Perfekt und übersetze.**

colis – arcessunt – peto – cupitis

7. Salutatio bei Cicero – Tiro zieht Bilanz.
a. Wer war bei Cicero, wer nicht? Füge sinnvoll zusammen.

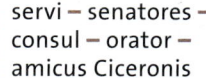

servi – senatores – consul – orator – amicus Ciceronis	venire non potuit – affuit – afuerunt – affuerunt – afuit

b. Nun erzählen die Besucher selbst von ihrer An- oder Abwesenheit. Bilde die entsprechenden Formen.

8. Dieser Klient ist zu bescheiden, um auf die eigenen Leistungen hinzuweisen.
a. Hilf ihm: Ergänze seine Forderungen an den Patron.

Beispiel: „Ego te curavi – nunc tu me curare debes."

1. ▬▬ nunc tu mihi adesse debes. 2. ▬▬ nunc tu cessare non debes. 3. ▬▬ nunc tu mihi multos amicos arcessere debes. 4. ▬▬ nunc tu abesse non debes. 5. ▬▬ nunc tu mihi parere debes. 6. ▬▬ nunc tu amicitiam[1] colere debes.

1) **amicitia**, -ae f: die Freundschaft

b. Jetzt sind es mehrere Klienten. Ändere die Sätze entsprechend.

Z   **9. Doppelrolle rückwärts. Tu dich mit einem Lernpartner zusammen: Einer übersetzt die Sätze aus Ü 7a, der andere die aus Ü 8a. Tauscht dann eure Übersetzungen aus und übertragt sie zurück ins Lateinische.**

Was Rufus und Scintilla erlebt haben

Marcus und Quintus konnten sich tags zuvor nicht mehr mit ihren Freunden treffen. Erst am nächsten Morgen sehen sich die vier bei Marcus wieder. Nachdem Marcus und Quintus ihre Erlebnisse erzählt haben, sind sie sehr gespannt auf den Bericht von Scintilla und Rufus.

a. Arbeite anhand des Tempusgebrauchs heraus, an welchen Stellen über die bisherigen Erlebnisse gesprochen wird (Z. 1–13).
b. Arbeite heraus, warum Cicero die Kinder schimpft und lobt (Z. 14–27).

   Mārcus: „Sed quōmodo vōs servāvistis?
   Cratīnus certē ē thermīs[1] statim domum properāvit."
   Rūfus: „Ita! Eum audīvī, sed ..." Quīntus: „Quid? Eum audīvistī!
   Nōn timuistis?" Scintilla: „Timuimus, sed Cratīnus cubiculum[2]

5 nōn statim intrāvit. Mulier enim, quae īnfrā[3] eum habitat,
   eum vocāvit. Sed tū perge nārrāre, Rūfe!"
   Rūfus pergit: „Ergō: Mulier eum salutāvit
   et multīs verbīs retinuit. Nōs autem cessāre nōn dēbuimus:
   Clam in viam properāvimus. Ita nōs servāvimus."

10 Mārcus: „Ea, quae scīmus, statim patrī nārrāre dēbēmus.
   Senātor et ōrātor clārus est, certē Cratīnum convincere potest."
   Quīntus autem monet: „Exspectāte!
   Adhūc māgna cōpia clientium adest."

   Tandem clientēs absunt.

15 Amīcī ad Cicerōnem et Tīrōnem accēdunt
   et eīs dē Cratīnō nārrant. Cicerō diū tacet.
   Dēnique dīcit: „Māgnō in perīculō fuistis.
   Itaque vōs reprehendō! Sed ...
   Rōma urbs quoque māgnō in perīculō fuit – et est:

20 Vōs urbī affuistis, ut ego semper urbī adsum.
   Itaque vōs laudō! Cratīnus enim ūnus est ex eīs,
   quī urbem perdere in animō habent.
   Eōs scelerātōs convincere cupīvī, sed adhūc nōn potuī.
   Āfuērunt indicia, quae vōs invenīre potuistis.

25 Mihi prōfuistis; sed Rōmae magis quam mihi prōfuistis."
   Amīcī gaudent. Tum Cicerō: „Tīro, mēcum venī,
   ōrātiōnem compōnere dēbēmus ..."

1) **thermae**, -ārum f Pl.: → S. 64   2) **cubiculum**, -ī n: → S. 68   3) **īnfrā** *(Präp. m. Akk.)*: unter

c. Partnerarbeit: Wie könnte Cicero seine Rede beginnen?
Diktiert Tiro die ersten Sätze der Rede auf Latein und stellt sie in der Lerngruppe vor.

75

Nicht immer aus Liebe. Die Ehe bei den Römern

Porträt eines Paares. Fresko aus Pompeji, 1. Jh. n. Chr.

Die Ehe. Römer und Römerinnen heirateten früh und meist einen Partner, den die Eltern aufgrund der Macht- oder Geldinteressen der Familie bestimmten. Für das Mädchen bedeutete die Hochzeit, dass sie von da an als erwachsene Frau galt. Sie war zwar auch als Ehefrau **(coniūnx, -iugis** f) ihrem Vater oder ihrem Ehemann **(coniūnx, -iugis** m) untergeordnet. Trotzdem stellte sie eine Autoritätsperson in der Familie dar: Auch wenn sie sich meist im Haus **(tēctum)** aufhielt, war sie viel mehr als eine „Hausfrau". Sie hatte die Aufsicht über die Haussklaven, etwa wenn ein Gastmahl **(cēna)** gegeben wurde, weil man etwas zu feiern **(celebrāre)** hatte. Eine verheiratete, vornehme Dame **(mātrōna)** wie etwa Terentia verfügte auch über eigenes Vermögen. Terentia war sehr angesehen und unterstützte ihren Mann auch tatkräftig bei seinen öffentlichen Aufgaben. Das gilt auch für Pomponia, die Frau von Ciceros Bruder Tullius. Pomponia und Tullius waren übrigens nicht immer einer Meinung, wie wir aus den Briefen Ciceros wissen. Cicero versuchte dann zu vermitteln.

Ciceros Geschenk für Marcus und Quintus

C.: „Vōbīs, puerī, dōnum dāre in animō habeō, **quia** Rōmam ā scelerātīs servāvistis: Perīcula nōn timuistis, sed perīcula māgnō animō **sustinuistis.**" – M.: „Quid est dōnum, pater?" – C.: **„Cēna!**" – M.: „Quid? **Cēna**?" – C.: **„Nōnne cēnam** amātis?" – Qu.: „**Cēnam** amāmus! **Cēna** nōbīs **placet!** Nōbīs **placet** cum **hospitibus** cēnāre et bibere. Cibōs cupiō, **famem** vix **sustineō!**" C.: „Exspectāre dēbēs, **quia cēnam** nōn in urbe Rōmā parāmus, sed ... in **tēctō** Pompōniae et Tulliī."

Die Hochzeit. Eine römische Hochzeit war meist ein großes Fest. Man schmückte die Braut und legte ihr den feuerfarbenen Brautschleier an. Von diesem Ritual leitet sich das lateinische Wort für „heiraten" **(nūbere, -ō)** ab: Denn dieses Wort bedeutet „den Brautschleier für den Ehemann anlegen"; deshalb wird es nur für die Frau verwendet. Am Hochzeitstag wurde die Braut in feierlicher Prozession zum Haus ihres Bräutigams geleitet und über die Schwelle getragen. Dann fragte er sie, wie sie heiße, und sie gab die traditionelle Antwort: **Ubī tū Gāius, ibi ego Gāia.** Viele religiöse Bräuche begleiteten die Zeremonie, an die sich ein fröhliches Festmahl anschloss.

1. Beschreibe, wie sich das Paar auf dem Bild darstellen lässt, und vergleiche dies mit den Informationen aus dem Text.
2. Heute darf sich in Deutschland jeder seinen Partner selbst wählen. Nimm aus der Sicht eines Römers oder einer Römerin dazu Stellung.

W1 Dreimal Wollen

velle	–	lieber wollen
nōlle	nōn	wollen
mālle	magis	nicht wollen

a. Ordne den Verben in der linken Spalte die richtige Bedeutung zu. Die Elemente in der rechten Spalte helfen dir dabei.

G1 Sie will nach Rom, er nicht – Streit auf dem Landgut in Arpinum

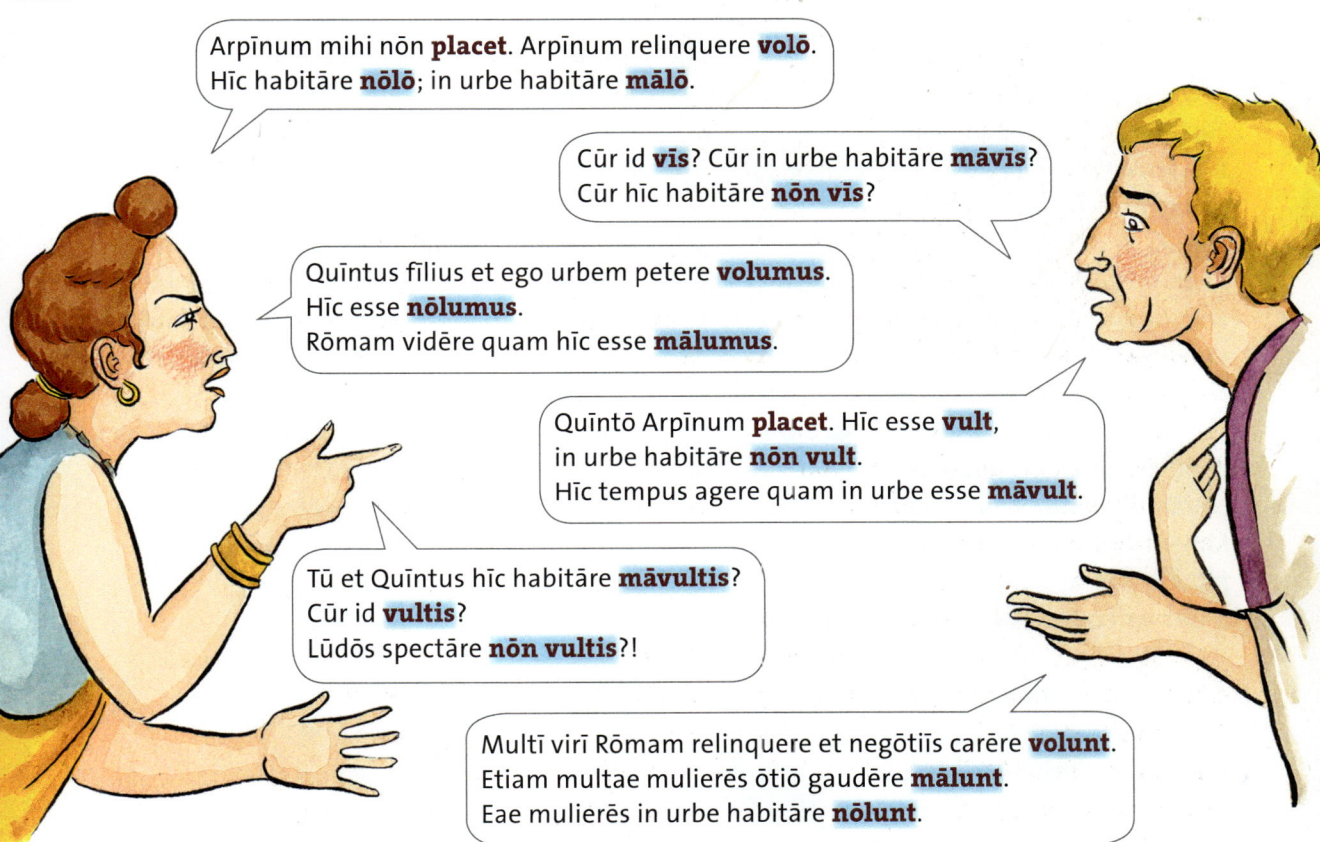

Arpīnum mihi nōn **placet**. Arpīnum relinquere **volō**.
Hīc habitāre **nōlō**; in urbe habitāre **mālō**.

Cūr id **vīs**? Cūr in urbe habitāre **māvīs**?
Cūr hīc habitāre **nōn vīs**?

Quīntus fīlius et ego urbem petere **volumus**.
Hīc esse **nōlumus**.
Rōmam vidēre quam hīc esse **mālumus**.

Quīntō Arpīnum **placet**. Hīc esse **vult**,
in urbe habitāre **nōn vult**.
Hīc tempus agere quam in urbe esse **māvult**.

Tū et Quīntus hīc habitāre **māvultis**?
Cūr id **vultis**?
Lūdōs spectāre **nōn vultis**?!

Multī virī Rōmam relinquere et negōtiīs carēre **volunt**.
Etiam multae mulierēs ōtiō gaudēre **mālunt**.
Eae mulierēs in urbe habitāre **nōlunt**.

*b. Alle markierten Wörter sind Formen von **velle**, **nōlle** und **mālle**. Ordne die Formen dem richtigen Verb zu und bestimme auch die Person und den Numerus.*

G2 Noch mehr Wollen

Tullius: „Dēsine tandem clāmāre, Pompōnia: **Nōlī** clāmāre!"
*c. Formuliere eine passende Übersetzung für den Satz mit dem Imperativ **nōlī**.*
*Übersetze entsprechend: **nōlī dormīre! – nōlī mē reprehendere! – nōlīte dēspērāre!***

voluimus – voluī – māluērunt – nōluit – nōluistis – māluistī
*d. Erschließe, wie das Perfekt von **velle**, **nōlle** und **mālle** gebildet wird.*
e. Ergänze die fehlenden Formen.

W **1. Für die Feste nur das Beste!**

a. Wähle alle Wörter aus, die zu einem Festmahl passen.

hospes – vulnus – cena – timor – bibere – sceleratus – cibus – arma – vinum – pater – coniunx – supplicium – fames – equus – otium – sermo – cenare

b. Ergänze das Sachfeld „Festmahl" mit weiteren Begriffen.

W₁
G₁ **2. Formen des Wollens.**

a. Ersetze durch Formen von velle.

cupit – cupiunt – cupis – cupitis – cupio

b. Ersetze nun durch die entsprechenden Formen von nolle und malle.

3. Tauscht euch auf Latein darüber aus, was ihr wollt, was ihr lieber wollt und was ihr nicht wollt. Dabei könnt ihr die folgenden Bausteine verwenden.

cenare – diu tacere – magistro placere – amicos videre – scelerato adesse – equum possidere – cenam parare – famem sustinere – deos colere – fabulas audire – multum laborare – multa verba facere – pecuniam perdere

4. Scintilla und Marcus denken über die Zukunft nach. Übersetze.

1. Scintilla Marco dicit: „Nolo coniunx esse." 2. Marcus rogat: „Cur non vis? Num vis semper puella esse?" 3. Scintilla: „Ita est. Coniuges maritis semper parere debent, sed ego serva mariti esse nolo."

4. Marcus: „Willst du lieber ohne Ehemann sein?" 5. Scintilla: „Ich will lieber die Freiheit. Und du?"
6. Marcus: „Bis jetzt will ich keine Gattin haben. 7. Aliquando[1] puellam pulchram invenire volo. 8. Eam ut deam amare et multos liberos habere volo – ut Iuppiter, pater multorum deorum et dearum."

1) **aliquandō:** eines Tages

 G₂ **5. Befiehl das Gegenteil und übersetze.**

Beispiel: Veni! → Noli venire!
Venite! → Nolite venire!
Bibe! – Reprehendite! – Ades! – Cena! – Dormite! – Narra! – Intrate! – Resiste!

6. Setze die Formen aus Ü 2a/b ins Perfekt.

 7. Verbotene Liebe.

a. Übersetze.

1. Pyramus et puella pulchra in tectis contiguis[1] habitaverunt. 2. Puella Pyramo nubere voluit, Pyramus nihil maluit quam coniunx puellae esse. 3. Sed patres noluerunt. 4. Pater puellae dixit: „Noli Pyramum convenire!". 5. Pater Pyrami monuit: „Noli puellae appropinquare!" 6. Pyramus et puella autem, quia patribus parere noluerunt, per rimam parietis[2] clam sermones habuerunt.

1) **contiguus, -a, -um:** aneinandergrenzend
2) **rīma (-ae f) parietis:** Riss in der Wand

b. Recherchiere, wie das Mädchen heißt und wie die Geschichte ausgeht.

Z **9. Einfach göttlich.**

a. Nenne den lateinischen Götternamen im Nominativ.

Iunonis – Iovi – Venerem – Vulcano – Mercurium

b. Ordne den oben genannten Göttern ihre Zuständigkeiten und ihre Attribute zu.

dea amoris – deus mercatorum et furum – coniunx patris deorum – clarus pater deorum – deus flammarum

Tante Pomponia ist sauer

*Nach den aufregenden Ereignissen in der Stadt begeben sich Marcus
und seine Eltern auf Reisen. Auf dem Landgut von Quintus' Vater Tullius
will die ganze Familie das Fest der **Floralia** feiern. Doch am Eingang
hören sie bereits Tante Pomponias Stimme. Sie klingt sehr aufgebracht.*

*a. „**Nōlō!**" ruft Tante Pomponia. Arbeite heraus, was genau
sie nicht will und was der Grund dafür ist (Z. 1–12).*
*b. Sammle Informationen über das Floraliafest (Z. 13–25);
ziehe dazu auch das Eigennamenverzeichnis heran.*

„Nōlō, Tullī! Ego famem sustinēre mālō quam vōbīscum
cēnāre. Rogā servōs, iī certē vōbīscum cēnāre volunt!
Ego hīc, ut crēdō, nōn domina, sed hospes sum."
Tum dēcēdit. Mārcus et Terentia intrāre cessant,
5 sed Cicerō statim ad frātrem accēdit et: „Salvē, frāter,
nōlumus ..." – „Salvēte! Gaudeō! Venīte! Ecce vīnum et aqua;
sūmite, sī vultis!" Terentia: „Nārrā nōbīs, sī vīs:
Cūr Pompōnia nōbīscum cēnāre nōn vult? Cūr tam saeva est?"
Tullius: „Vae[1]! Ego servīs cēnam parāre imperāvī,
10 sed Pompōniae id nōn placuit." Mārcus: „Num cēnam cūrāre
quam ōtiō gaudēre māvult?" Terentia: „Nōs mātrōnae
domī dominae esse volumus, nōn hospitēs!"

Tullius: „Cum hospitibus Flōrālia agere[2] voluimus.
Cēnāre, bibere, rīdēre māluī quam cum coniuge certāre!
15 Nōnne Rōmānīs quondam placuit Flōrālia īnstituere,
quia pācem et amōrem celebrāre voluērunt?
Nōs autem certāmus!" Tum Cicerō: „Nōlī dēspērāre!
Nōnne coniugēs saepe certant?
Nōnne etiam deī et deae saepe certant?
20 Interdum[3] etiam coniūnx patris deōrum nōn parcit īrae."
Subitō Mārcus: „Etiam māter interdum[3] īrae nōn parcit!"
Statim Terentia: „Mārce! Quid tū dīcere voluistī?"
Mārcus: „E-e-ego nōluī ..." Cicerō et Terentia rīdent.
Tullius autem monet: „Nōlīte multa verba facere!
25 Flōrālia agere[2] volumus!"

1) **vae!**: wehe!, oje!   2) **agere**, -ō *hier:* feiern   3) **interdum**: manchmal

c. Erläutere Pomponias Verhalten mit Hilfe von Terentias Erklärung (Z. 11–12) und S. 76.
d. Erkläre anhand von Ciceros Aussage (Z. 19–20), wie sich ein Römer offenbar Götter vorstellte.

Reisen – ein Vergnügen?

Ein Kind reist mit seinen Eltern in einem Wagen. Detail auf einem römischen Sarkophag, 2. Jh. n. Chr.

Ohne Strom und Benzin. Die Römer reisten auf vielfältige Art: Schiffsreisen konnte man in Ostia beginnen, wo der Hafen von Rom lag. Auf den Fernstraßen waren Reisende zu Pferd oder im Wagen **(raeda)** unterwegs; auch viele Fußgänger konnte man erblicken **(cōnspicere, -iō)**, die sich kein Transportmittel leisten konnten. Jede Reise **(iter, itineris)** war ein gefährliches Unterfangen, da Überfälle durch Räuber oder auf dem Meer durch Piraten drohten. Dennoch reisten Römer wie Cicero oft, zum Beispiel, um Besuche zu machen oder auch aus geschäftlichen Gründen. An den Fernstraßen lagen bescheidene Gasthäuser, in denen man übernachten oder die Pferde wechseln konnte. Vornehmere Leute wie Cicero nächtigten aber entweder auf den eigenen Landgütern oder bei Verwandten und Freunden. Gerne verbrachten sie auch längere Zeit auf dem Land, um dem Lärm und Gestank der Großstadt zu entkommen.

Eine Panne

Tullia et Mārcus cum parentibus viam **raedā** faciunt. Tullia: „**Iter** facere mihi nōn placet! In **itinere** sunt multī …" Subitō **raeda** stat. Servī equōs vōcibus saevīs agunt. Servī equīs nōn parcunt, sed **raeda** sē nōn **movet**. Tullia clāmat: „Ego **iter** facere nōluī!" Tum Cicerō in viā virum **cōnspicit**, quī trēs equōs **dūcit**. Statim dīcit: „Ecce, vir cum equīs! **Fortāsse** nōbīs adesse potest." Virum vocat: „Quaesō, **hūc** venī! Nōbīs ades!" Vir accēdit, Tulliam **cōnspicit**, tum dīcit: „Dominae tam pulchrae libenter adsum." Tum Tullia: „Nunc **iter** facere mihi placet."

Straßennetz. In der Kaiserzeit hatte Rom als Hauptstadt der Welt ein sehr gut ausgebautes Straßennetz, so dass auch die fernsten Provinzen schnell erreichbar waren. Römische Straßen hatten einen Unterbau aus mehreren Schichten, auf den das Pflaster gelegt wurde. Dadurch waren sie so gut befestigt, dass man auch heute noch zahlreiche Überreste davon sehen kann. Die Römer legten ihre Straßen stets möglichst gerade an, überwanden daher Flüsse und Täler oft durch Brücken. Zur Orientierung standen Meilensteine in regelmäßigen Abständen an Fernstraßen. In Italien konnte man ihnen entnehmen, wie weit es nach Rom war.

Via Appia Antica am südlichen Stadtrand von Rom.

1. Vielleicht kennst du das Sprichwort: „Alle Wege führen nach Rom". Erkläre es anhand dieser Seite und der Straßenkarte im Einband.
2. Die bedeutendste römische Straße ist die Via Appia. Suche sie auf der Karte und zeige ihren Anfangs- und Endpunkt.

W Viel zu sehen auf der Reise

Mārcus et Quīntus in **itinere cōnspiciunt** …

… **caelum – terram –
montem altum –**
aquam **altam.**

*a. Gib auf Deutsch an, was Marcus
und Quintus alles sehen.*
*b. Nenne den Basisteil und das Genus von **mōns**.*
*c. Erkläre, welche Besonderheit die Bedeutung
des Adjektivs **altus, -a, -um** aufweist.*

G₁ Ein Sklave mit Reise-Angst

Kurz vor Reisebeginn:

Dāvus servus **iter** timet.
Ad lectum currit.
Sub lectum sē abdit.

Tum Phila serva accēdit:
Dāvum quaerit.
Sed eum nōn **cōnspicit.**

Nach der Ankunft erzählt Marcus:

Audī! Dāvus servus **iter** timuit.
Ad lectum cucurrit.
Sub lectum sē abdidit.

Tum Phila serva accessit:
Dāvum quaesīvit.
Sed eum nōn **cōnspexit.**

d. Nenne die Konjugation, zu der die markierten Prädikate gehören.
e. Gib jeweils den Präsens- und den Perfektstamm an.
*f. Ordne den beiden Perfektbildungsarten die Benennungen **Reduplikations-** („Verdoppelungs"-)
Perfekt und **s-Perfekt** zu; begründe deine Entscheidung.*

G₂ Die Geschichte geht weiter …

Dēnique Phila Dāvum sub lectō invĕnit.
Serva verba mala făcit.

Tum Dāvum comprehendit.
Eum reprehendit: „Mihi adesse dēbēs!"

Dēnique Phila Dāvum sub lectō invēnit.
Serva verba mala fēcit.

Tum Dāvum comprehendit.
Eum reprehendit: „Mihi adesse dēbēs!"

g. Nenne auch hier die Konjugation, zu der die markierten Prädikate gehören.
h. Gib jeweils den Präsens- und den Perfektstamm an.
*i. Ordne den beiden Perfektbildungsarten die Benennungen **Dehnungsperfekt** und
Perfekt ohne Veränderung (Stammperfekt) zu; begründe deine Entscheidung.*

1. *Landschaftsmalerei. Gestalte ein Bild aus dem vorgegebenen Wortmaterial und beschrifte es auf Latein.*

terra – aqua – mons – caelum – equus
in – ad – super
altus – magnus –
parvus – pulcher – multi

2. *Schau genau.*
a. *Nenne, wo möglich, jeweils Grundform und Bedeutung.*
fortuna, forte – itinerum, iterum –
hic, huc – matre, marite – pergis, perdis –
ducere, docere, dicere
b. *Notiere die Wörter, die zum Sachfeld „Reisen" passen, und nenne weitere.*

G1 **3.** *Blinde Passagiere.*
a. *Nenne die Formen im s- und Reduplikationsperfekt, übersetze sie und gib die Lernform an.*
dixistis – acceditis – risisti – instituo –
conspexerunt – dederunt – cucurrit
b. *Bilde zu den vorgegebenen Formen die entsprechenden von* **velle**, **nolle**, **malle**.

4. *Zeitreise. Verwandle das Perfekt ins Präsens und umgekehrt. Übersetze dann.*
quaerimus – desinit – sumo – vult –
fuistis – componunt – parcis – duxistis

5. *Ausflug zum Vesuv.*
a. *Fasse zusammen, was du über Vulcanus weißt, und entwickle Vermutungen, warum Marcus während der Reise zum Vesuv an ihn denkt.*
b. *Übersetze.*
1. Marcus dixit: „Adhuc verba sceleratorum, quae Rufus in taberna audivit, me movent. 2. Scelerati de Vulcano, qui deus flammarum est, narraverunt. 3. Multi credunt: Vulcanus sub Vesuvio monte habitat." 4. Quintus dixit: „Ita non est. 5. Vulcanus non sub Vesuvio, sed sub Aetna est. 6. Ei flammae parent. 7. Quondam deus saevus fuit: Ei e monte flammas mittere placuit. Populo non pepercit. 8. Itaque multi iram dei timuerunt." 9. Marcus: „Nunc Vulcanus pacem servat. Sed si tam saevus est ..." 10. Quintus: „Tace – noli eum sollicitare!"
c. *Erkläre den Begriff „Vulkan".*

G2 **6.** *Perfekt verpackt. Was gehört in welchen Reisesack?*
a. *Ordne zu.*

comprehendit – vidit – vicit – reprehendis – invenisti – fecimus – movetis – movistis
b. *Bestimme jeweils die Art der Perfektbildung.*

7. *Wer tanzt aus der Perfekt-Reihe? Begründe.*
a. dedimus – fecimus – animus – diximus
b. audire – parare – petere – abdere
c. veni – vidi – reprehendi – feci
d. paruit – deposuit – licuit – monuit

Z **8.** *Diese Verben kennst du noch nicht, kannst aber ihre Konjugation und ihre Perfektbildung bestimmen. Nenne sie.*
iubēre, iubeō, iussī –
trādere, trādō, trādidī –
suscipere, suscipiō, suscēpī

9. *Ein berühmtes Perfekt.* **a.** *Übersetze.*
Caesar dixit: „Veni, vidi, vici!"
b. *Stelle dir nach Caesars Vorbild aus drei Verben selbst ein Motto zusammen:*
volui – quaesivi – timui – clamavi –
sustinui – audivi – inveni – conspexi –
dixi – laudavi – scivi – dedi – feci –
accessi – potui – affui – afui – risi

Auf dem Weg in eine andere Welt

*Marcus ist mit seinen Eltern und Quintus im Pferdewagen zu einem
kleinen See nahe dem Vesuv unterwegs, wo Cicero eine Villa besitzt.
Marcus sieht die sagenhafte Landschaft zum ersten Mal.*

*a. Cicero erzählt im Text einen Mythos. Erschließe dessen Inhalt, indem du die
Perfektformen sammelst und jeweils Subjekt und Objekt dazu findest (Z. 7–13).*
b. Entwickle mit Hilfe des Bildes Vermutungen über den Inhalt von Z. 14–25.

Cicerō: „Ecce mōns! Vesuviō montī appropinquāmus.“
Mārcus: „Hercule[1]! Ego nōndum cōnspēxī
montem tam altum et tam pulchrum!
Paene caelum tangit. Quid, pater, in monte est?“
5 Cicerō fīliō explicat: „In monte, fīlī, nihil est,
sub monte autem Gigantēs invenīre potes, fīliōs terrae!“
Mārcus: „Cūr sub monte sunt?“ Cicerō: „Gigantēs quondam
caelum invāsērunt; potentiam enim deōrum rīsērunt.
Sed deī Herculem, fīlium Iovis, arcessīvērunt.
10 Is arma sūmpsit et cum deīs scelerātōs superāvit.
Nōn pepercit eīs: Multōs in vincula dedit
et sub montem abdidit. Adhūc Gigantēs resistunt.
Interdum[2] sē movent; tum etiam māter eōrum sē movet ...“

Subitō equī cōnsistunt. Nam in viā mulier mīra stat
15 et clāmat: „Cūr hūc vēnistis? Nōnne sīgna vīdistis?
Nihil audīvistis?“ Cicerō: „Quid vīs? Nōs nihil vīdimus,
nihil audīvimus, ergō nōbīs locum dā!“ Mulier autem:
„Gigantēs sē mōvērunt! In multīs locīs flammās vīdī.
Vōcēs īnferōrum audīvī.“ Cicerō verba mulieris neglegit
20 et iter pergit. Mārcus autem rogat: „Quid mulier dīxit?
Verba eius nōn comprehendī.“
Tum Quīntus: „Prope Vesuvium via dūcit ad īnferōs.“
Mārcus: „Sciō. Sed quis mulier fuit?“
Cicerō rīdet: „Sibylla quoque, ut dīcunt, hīc habitat.
25 Fortāsse vīdimus Sibyllam ...“

1) **hercule!**: Beim Herkules!   2) **interdum**: manchmal

*c. Ob die Frau wirklich die Sibylle war? Vergleiche sie mit der
Sibylle in Lektion 4.*
*d. Gib an, welches Naturereignis durch die Sage von den Giganten
erklärt werden soll. Sammle ähnliche Erklärungsversuche.*

Leben in Rom (III)

Thermen

Die großen kaiserzeitlichen Thermenanlagen bestanden aus einer Vielzahl verschiedener Bade- und Saunaräume, daneben gab es Sportplätze und unterschiedliche Angebote zur Körperpflege. Aquädukte führten den Thermen stets frisches Wasser zu. Geheizt wurden die Bäder durch die sogenannten Hypokaustanlagen.

1. Recherchiere nach den römischen Thermen in Weißenburg und Kempten und stelle die Informationen zusammen (→ S. 142).

Wohnen in Rom

In der Großstadt Rom gab es viele mehrstöckige Wohnblöcke *(insulae)*, in denen Ärmere auf engstem Raum wohnten. Oftmals waren die Häuser nicht sehr stabil und stürzten ein. Reichere Familien wohnten in großen Häusern mit einem Atrium und oft auch einem Garten.

2. Gestalte dein eigenes Atrium-Haus (Skizze oder Modell).

Ehe und Familie

Meist suchten die Eltern den Ehepartner für ihre Kinder aus. Die Frauen waren ihrem Ehemann, dem Oberhaupt der ganzen Familie, untergeordnet, sie konnten aber durchaus in bestimmten Bereichen Einfluss nehmen. Sie durften jedoch weder Ämter ausüben noch wählen.

3. Stelle zusammen, welche Aufgaben einer römischen Ehefrau du bereits an Terentia kennengelernt hast.

Der Tag eines Senators

Für einen bedeutenden Patron wie Cicero begann der Tag mit dem Morgenbesuch zahlreicher Klienten, die von ihm Hilfe erwarteten. Der Patron freute sich darüber, denn je mehr Klienten ihm verpflichtet waren, desto mehr Macht und Ansehen hatte er. Der Tag begann immer mit der ersten Stunde, das heißt bei Sonnenaufgang, also je nach Jahreszeit früher oder später.

4. Im Lateinischen gibt es keinen Begriff für einen pünktlichen Menschen. Erkläre dies mit Hilfe der Art, wie die Römer die Tageszeit maßen.

Reisen

Reiche Römer besaßen Landgüter, die sie oft aufsuchten, um sich vom Lärm der Großstadt zu erholen. Auch hier hatten sie Sklaven, die für ihren Komfort sorgten und Landwirtschaft betrieben. Auf gut ausgebauten, gepflasterten Straßen kamen die Römer auf Reisen rasch vorwärts. Auch zu Schiff konnte man reisen. Der nächstgelegene Hafen von Rom aus war Ostia. Hierher brachten Schiffe Waren aus der ganzen antiken Welt, die dann den Tiber hinauf nach Rom transportiert wurden.

5. Durch Bayern führt die Via Claudia Augusta. Recherchiere ihren Verlauf. Wähle dir dann einen Streckenabschnitt und beschreibe, wie dieser heute genutzt wird.

Die Hafenstadt Ostia

Der Hafen Roms. Die an der Tibermündung gelegene Stadt Ostia (heute: Ostia antica) war Roms Hafenstadt. Hier wurden die Waren, die über das Meer angeliefert wurden, auf Lastkähne umgeladen, die den Fluss entlang nach Rom fuhren. Sie brachten zum Beispiel Wein aus Syrien, Keramik aus Griechenland oder Getreide aus Afrika. Vor allem das Getreide war für

Ein Frachtschiff wird beladen. Fresko aus Ostia, 2.–3. Jh. v. Chr.

Rom lebenswichtig: Ohne den Hafen von Ostia hätte die Großstadt Rom zur Zeit Ciceros schon längst nicht mehr existieren können.

Theke in einer typischen Gaststätte (Thermopolium).

Fast wie neu – Ostia heute. Das antike Ostia ist gut erhalten, und man kann viele typische Gebäude sehen, in denen sich das römische Leben abspielte: Mietshäuser, Atriumhäuser, ein Theater, Thermen, eine Bäckerei, Imbissbuden, Getreidespeicher und Lagerhallen, Tempel, einen großen Marktplatz, sogar Latrinen (öffentliche Toiletten). In der Umgebung sind auch Überreste eines Aquädukts zu sehen. Dies alles gewährt uns einen Einblick in das Alltagsleben einer antiken Stadt.

Warum ist Ostia so gut erhalten? In der Kaiserzeit versandete der Hafen allmählich. Deshalb wurde nordwestlich von Ostia ein neuer Seehafen mit einem großen Hafenbecken angelegt und durch einen Kanal mit dem Tiber verbunden. Allmählich zogen die Menschen in die neue Hafenstadt um, und das alte Ostia leerte sich. Die Häuser wurden daher nicht überbaut, sondern blieben einfach stehen, wie sie waren.

Seefahrer am Hafen von Ostia. Römisches Relief, 1. Jh. vor Chr.

1. *Einige der im Text genannten Gebäudearten kennst du schon. Nenne die Gebäude aus dem Text, zu denen folgende Begriffe passen: Komödie – Subura – Hypokausten – **taberna** – **impluvium**.*
Sammle weitere Begriffe zu einem Gebäude und lasse einen Lernpartner das Gebäude erraten.
2. *Auf einem Bild ist der Leuchtturm von Ostia abgebildet. Recherchiere, wie er errichtet wurde.*
3. *Der Aquädukt von Ostia war mit 14 km einer der kürzesten. Viel länger waren die Aqua Claudia bei Rom oder der Pont du Gard bei Nîmes. Stellt in Gruppen Informationen darüber zusammen.*
4. *Du bist ein reicher Getreidehändler und Stadtrat in Ostia oder dessen Ehefrau: Beschreibe dein Haus und deinen Tagesablauf. Die Texte und Bilder auf dieser Doppelseite helfen dir dabei.*

Vor der Prüfung: Ab ins Trainingslager!

Mittlerweile hast du schon viel gelernt: Du kennst viele lateinische **Wörter** und **Formen** und weißt auch einiges über das **Leben in Rom**. Aber hast du das alles immer parat? Ein Training vor einer Prüfung macht dich fit und hilft dir, an deine ersten Lernerfolge anzuknüpfen.

Tag 1: Ankunft im Trainingslager

- **Überblicke den Stoff:** Kläre mit Hilfe deines Lehrbuches, welche Lektionen seit der letzten Prüfung behandelt wurden.

> Welcher Stoff wurde eigentlich behandelt?

- **Stelle deinen Übungsbedarf fest:** Notiere Themen, bei denen du noch unsicher bist. Suche dir dann zu den notierten Punkten Übungen heraus. Seite 34 hilft dir, genau die Übungen zu finden, die zu dir passen.

> Was sollte ich vertiefen?

- **Erstelle einen Trainingsplan:** Nimm die Inhalte und die ausgewählten Übungen **in kleinen Portionen** in deinen Plan auf. Teile dir die Zeit sinnvoll ein: Berücksichtige deinen Wochenablauf (Nachmittagsunterricht, Hobbys, Termine) und plane einen **Puffer** ein.

Tag 2–9: Trainingseinheiten

Ein Lernplan, der die Lektionen 11–15 sowie Wiederholungsthemen aus früheren Lektionen enthält, könnte so aussehen:

	Wortschatz	Grammatik	Kultur	Übungen	Unklarheiten
Tag 2	WS 1 + 9	Relativsätze		12 G1, Ü2.	S.3: cui?
Tag 3	WS 2 + 10		Wohnen in Rom		
Tag 9	WS 15	Redupl.-, s-Perfekt		15 G1, Ü4.	4.): parcis?

1. Erstelle deinen Trainingsplan zur Vorbereitung auf die nächste Latein-Schulaufgabe.

Tag 10: Abschluss

Der Tag vor der Prüfung steht im Zeichen der Entspannung!

Deine persönliche Auswertung

Fertige nach der Herausgabe der Prüfung eine Fehler-Übersicht an, um deine Fortschritte im Lauf des Schuljahres zu beobachten. Benenne deine Schwierigkeiten dabei möglichst genau:

	Wortschatz	Grammatik
Satz 1 (...)	periculum, -i (n.)	convincere potest: Infinitiv; dixisti: Tempus (Perfekt)
Aufg. 1:	Senator: <u>Patron</u> für <u>Klienten</u> → unterstützen sich gegenseitig (Grundwissen!)	

2. Passe mit Hilfe deiner Prüfungsarbeit den nächsten Trainingsplan an deine aktuellen Stärken und Schwächen an.

Lektionen 11–12

1. Partner gesucht. a. Ordne jedem Adjektiv ein passendes Substantiv zu.

templum – mulieri – sermonum – vici – bestias – vitam – moribus – parentes – oculos	miseram – miris – magnum – miserae – bonos – malas – pulchros – parvi – multorum

b. Setze die Wortverbindungen in den Nominativ und übersetze sie.

2. Relativ-Schlange. Suche alle Relativpronomina heraus und bestimme sie nach KNG.

suequecrorumquinququorumh
diequemmagcuiuslaudquaedroo
gnaquoaquaquibus

3. Nenne die lateinischen Bestandteile jedes Fremdworts und erkläre seine Bedeutung.

Multivitaminsaft – temporales Adverb – Mülldeponie

4. Wer ist wer?

a. Ergänze die Sätze mit Hilfe der Substantive im Kasten sinnvoll.

b. Nenne die Funktion der Substantive beim Hilfsverb esse.

1. Cicero ██ est. 2. Scintilla ██ est.
3. Marcus et Quintus ██ sunt. 4. Terentia ██ est. 5. Tiro ██ non iam est. 6. Marcus ██ est. 7. Cratinus ██ est.

puella – gladiator – domina – pueri – filius viri magni – orator – servus	

c. Relative Satzteile. Baue die Relativsätze sinnvoll in die Sätze aus Ü 4a ein und übersetze dann.

quam Cicero amat – quorum parentes Romani sunt – quem Cicero diligit – cuius amici scelera faciunt – quae in Subura habitat – qui amicos bonos habet – quem multi senatores laudant

Lektionen 13–14

5. Alles Perfekt?

a. Nenne die Perfektformen und übersetze sie.

instituunt – iacuerunt – audi – sustinui – vocavistis – pergitis – affuerunt

b. Ergänze richtig und finde so die Perfektformen. Übersetze diese.

fu██ti – plac██t – plac██it – libera██sti – po██sunt – po██████unt – dorm██us

c. Ergänze mit Perfektformen aus (a) und (b), was ein Klient zu Cicero sagt. Übersetze dann.

Ego multa mala ██. Sed amici mihi non ██. Tu autem, vir clare, multos timore ██. Itaque mihi ██ ad te venire.

6. Wer tanzt aus der Reihe? Begründe.

a. noluisti – maluit – voluerunt – volunt
b. noli – nolui – noluimus – noluistis
c. malis – maluimus – malo – malui
d. arcessere – quaerere – colere – petere

7. Flora erzählt, wie sie die Gattin des Gottes Zephyrus wurde.

a. Vervollständige die Perfektformen.

b. Übersetze; achte dabei auf die passende Wiedergabe der Perfektformen.

1. Zephyrus me voca██it: „Flora, amo te! Et tu ama me!" 2. Eiusmodi verba autem mihi haud plac██nt. 3. Fugere vol██i, sed effugere non pot██i. 4. Me retin██it et clama██it: 5. „Cur amorem fugere stud██ti? 6. Noli timere! Adhuc sine coniuge fu██ti. Nunc coniugem habes. 7. Specta donum, quod tibi para██i: Hortum[1] pulchrum!" 8. Tum ei resistere non iam pot██i: In horto mille flores[2] fu██nt, quorum domina nunc sum.

1) **hortus**, -ī m: der Garten 2) **flōs**, flōris m: die Blume

c. Recherchiere, warum Zephyrus und Flora so gut zusammenpassen.

Lektionen 11–15

8. Mache es „perfekt"!
a. Bringe ins Perfekt und übersetze.
abdis – curro – colunt – paras – facit – tangimus – neglegitis – ducis – datis

b. Gib jeweils die Perfektbildungsart an.

c. Nenne zu jedem Verb ein weiteres mit derselben Perfektbildungsart und bringe es in die entsprechende Form.

9. Perfekt einpacken, perfekt auspacken.
a. Ordne die Formen passend zu.

Präsens
Perfekt
Präsens + Perfekt

reprehendit – comprehendistis – vidimus – aperitis – venis – moverunt – invenimus

b. Öffne den Präsens-Sack: Setze die hier eingeordneten Formen ins Perfekt.
c. Übersetze dann alle Perfektformen.

10. Sinnsuche. Verwandle unpassende Aufforderungen in Verbote und umgekehrt.
Es saevus! – Da sceleratum in vincula! – Noli parcere irae! – Agite gratias! – Time inferos! – Noli pacem amare!

11. Latein international. Diese italienischen Wörter bedeuten dasselbe wie ihre lateinischen Ursprungswörter. Nenne diese und ihre Bedeutung.

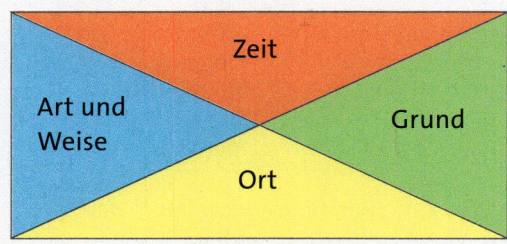

a. terra – madre – marito – buono – muovere
b. piacere – cielo – chiaro – molti

12. Geh in die richtige Sinn-Richtung!
a. Nenne die Bedeutung dieser Vokabeln.
huc – tam – quia – quam – ibi – magis – ergo – hic – diu – clam – prope – ita – hodie – itaque – quondam – adhuc

b. Ordne die Wörter der passenden Sinnrichtung zu.

	Zeit	
Art und Weise		Grund
	Ort	

13. Eindeutig mehrdeutig. Gib die passende Bedeutung der fett gedruckten Wörter an.
1. Amicum **quaero**. – Ex amico **quaero**: „Quid agis?" 2. **Copiae** Romanorum urbem **petunt**. – **Copia** Romanorum urbem **petit**. 3. Cratinum cicatricibus[1] **cognosco**. – In **itinere** multas terras **cognosco**.

1) **cicātrīx**, -īcis f: die Narbe

14. Ciceros eindeutige Redetipps. Übersetze; achte dabei auf die Bedeutung der fett gedruckten Wörter.
1. Noli verba saeva facere! In oratione **modum** habe! 2. Ea, quae dicere vis, comprehende **memoria**! 3. Is, qui orator bonus esse vult, **mores** bonos habere debet.

15. Einer Verbrecherbande auf der Spur! Bilde sinnvolle Sätze und gib dann an, wer der Dieb ist.
1. quondam – invadere – curia – fur – clam.
2. quomodo – invadere – posse? 3. esse – quis?
4. propinquus – Cratinus – fortasse – esse.
5. Ita – esse. Cratinus – nepos – esse.

16. Wortschatz innovativ: Diese Substantive kennst du noch nicht, aber du kannst schon ihre Bedeutung erschließen. Nenne sie.
saevitia bestiarum – **certamen** gladiatorum – **celebratio** ludorum

Ein Tag am Hafen

Cicero ist zum ersten Mal mit Marcus in die Hafenstadt Ostia gereist.
Nun gehen die beiden am Hafenbecken entlang und betrachten das rege Treiben.

a. Nenne die Waren, die Marcus im Hafen sieht (Z. 1–6). Gib mögliche Herkunftsländer
dieser Waren an; ziehe dazu auch S. 85 heran.
b. Suche alle Prädikate im Perfekt mit ihrem Subjekt heraus und entwickle Vermutungen,
was der Kaufmann erlebt hat (Z. 7–18).

Marcus gaudet: „Ecce, tam multae naves[1], tam multi viri: servi, nautae[2], mercatores.
Hic servi frumentum[3] de nave[1] portant[4], ibi vinum. Etiam ferrum video in ea nave[1],
quae ex Hispania vēnit. Multa et mira video. Gratias tibi ago, pater!
Tandem mecum huc iter fecisti. Mihi placet hic esse." Cicero ridet: „Id bene scio."
5   Marcus: „Ecce, magna copia bonorum, quae per Ostiam in urbem Romam veniunt!
Bona sunt, sine quibus Romani vix vitam agere possunt."

Subito consistunt: Nam turbam vident; magnum clamorem audiunt.
Mercator clamat: „Ah, miser sum! Ah, despero!"
Tum narrat: „Nuper huc a Graecia nave[1] iter feci. Subito piratas[5] conspeximus.
10   Eos effugere frustra studuimus: Viri saevi accesserunt, navem[1] intraverunt,
gladiis nos petiverunt. Ego clamavi: ‚Pugnate, nautae[2]!'
Sed nautae[2] non sunt gladiatores: Haud diu pugnaverunt; statim resistere desierunt.
Scelerati nos in vincula dederunt et bona sumpserunt."
Sed unus e turba dixit: „Noli desperare! Piratae[5] tibi pepercerunt:
15   Bona absunt, sed vitam servavisti."
Marcus Ciceronem rogat: „Nonne Pompeius piratas[5] superavit?"
Cicero: „Ita est. Eos, quos comprehendit, ad supplicium dedit.
Tamen naves[1] et nautae[2] semper in periculo sunt."

1) **nāvis**, -is f: das Schiff   2) **nauta**, -ae m: der Seemann   3) **frūmentum**, -ī n: das Getreide
4) **portāre**: tragen   5) **pīrāta**, -ae m: der Pirat

Drei römische Handelsschiffe auf einem Sarkophag, spätes 3. Jh. n. Chr.

c. Fasse zusammen, was der Kaufmann erlebt hat.
d. Beschreibe die Abbildung und nenne weitere Gefahren, denen man auf See begegnen konnte.

Die Welt des Mythos

In dieser Sequenz tauchst du in eine neue Welt ein, die Welt des Mythos. Mythen sind sagenhafte Erzählungen über die Götter und die Welt.

1. Links siehst du die Welt, wie sie im antiken Mythos beschrieben wird: eingeteilt in Himmel, Erde und Unterwelt. Vergleiche sie mit deiner eigenen Vorstellung von der Welt.

2. Auf der gesamten Doppelseite siehst du auch die zwölf Götter, die den umwölkten Olymp bewohnen, und die Herrscher der Unterwelt (Jupiter, Juno, Neptun, Ceres, Apollo, Diana, Mars, Venus, Merkur, Vulcanus, Vesta, Minerva, Pluto, Proserpina). Ordne ihnen mit Hilfe der Übersicht auf S. 268 die Namen zu und gib an, wofür sie zuständig sind.

3. Neben den Göttern spielen im Mythos Ungeheuer, Helden und Halbgötter eine große Rolle. Sammle im Laufe der folgenden Kapitel Informationen, die Aufschluss darüber geben, wer auf den Bildern (a) und (b) dargestellt ist.

a Vasenbild auf einer Hydria (Wasserkrug), um 525 v. Chr.
b Kylix (Trinkschale) aus Sparta, Mitte des 6. Jh. v. Chr.

Die Entstehung der Welt

Vom Chaos zur Weltordnung. Die Griechen **(Graecī)** erzählen in ihren Mythen, dass der Kosmos („Ordnung") aus dem Chaos (griech.: Chaos: „Leere") hervorging. Aus dem Chaos entstand als erste aller Göttinnen die Erdmutter (Terra, griech.: Gaia). Gaia brachte das Meer und den Himmel (griech.: Uranos) hervor und dann mit Uranos die Giganten und die Titanen. Der Titan Saturn (griech.: Kronos) stürzte seinen Vater. Doch Saturn war seinerseits geweissagt worden, eines seiner eigenen Kinder werde ihn stürzen. Daher verschlang Saturn alle seine Kinder, gleich nach-

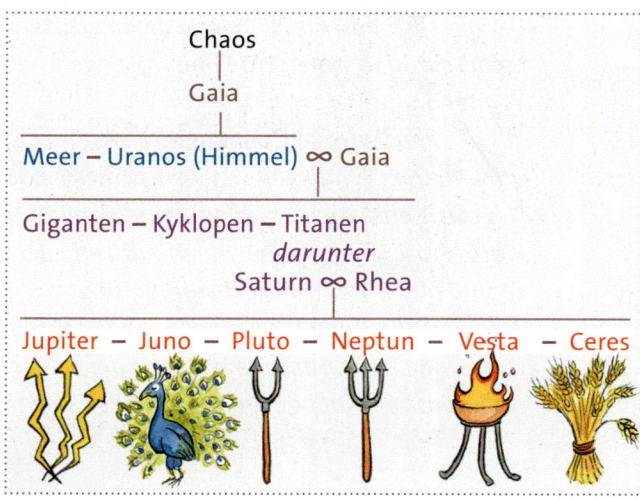

Chaos
|
Gaia
———————————————
Meer – Uranos (Himmel) ∞ Gaia

Giganten – Kyklopen – Titanen
darunter
Saturn ∞ Rhea

Jupiter – Juno – Pluto – Neptun – Vesta – Ceres

Stammbaum der Götter

dem seine Gattin Rhea sie geboren hatte. Rhea gelang es aber, eines der Kinder zu retten: Jupiter. Jupiter entmachtete Saturn, zwang ihn, alle Kinder wieder auszuspeien, und verbannte die Titanen und auch die aufrührerischen Giganten in den Tartarus. Dann teilte er sich mit seinen Brüdern die Herrschaft über die Welt: Neptun erhielt das Meer, Pluto die Unterwelt, Jupiter selbst den Himmel und damit die Oberherrschaft. Die Erde gehört ihnen gemeinsam. Aber zwischen den Göttern herrschen oft Streit und Krieg **(bellum)** – sie sind zwar unsterblich, aber ansonsten nicht viel besser als der Mensch **(homō, -inis)**.

Ein Titan hilft den Menschen.
Graecī eam fābulam **trādunt**: Deī **hominēs** fēcērunt; eōs ē terrā **fīnxērunt**. Deī autem **hominēs** nōn cūrāvērunt, sed eōs neglēxērunt. Eōs nōn docuērunt perīcula vītae superāre. Sed ūnus ē Tītānis amīcus **hominum** fuit. **Nōmen** eius fuit Promētheus. Promētheus dīxit: „**Hominēs** semper timent, quia nihil sciunt. Flammae caelī et aquae Ōceanī eōs **terrent**. Ego dōnum ē caelō arcessere et eīs **trādere** parō: Eō dōnō vītam sine timōre agere possunt."

Gigant. Römisches Marmorrelief, 2. Jh. n. Chr.

Woher kommt alles? Schon die Griechen dachten über diese Frage nach und suchten nach Erklärungen. Die ersten Antworten gab der Mythos, das heißt mündlich überlieferte Geschichten über die Götter und die Welt. Die Römer übernahmen von den Griechen diese Mythen über die griechischen Götter, die sie mit ihren eigenen gleichsetzten. Deshalb haben viele Götter sowohl einen griechischen als auch einen lateinischen Namen.

1. Nicht alle Götter stammen von Saturn und Rhea ab. Ermittle die Abstammung von Minerva, Merkur und Vulcanus.
2. Beschreibe, wie die Weltentstehung in der Bibel dargestellt wird, und vergleiche dies mit der Vorstellung der Griechen und Römer.

W Aus Chaos wird ...   ... Ordnung

īgnōrāre

vīta

pāx

nescīre

vīvere, -ō

velle

voluntās, -ātis

bellum

> ▬ ist ein Antonym für ▬ und bedeutet ▬ (1x)
> ▬ ist ein Synonym für ▬ und bedeutet ▬ (1x)
> ▬ gehört zur selben Wortfamilie wie ▬ und bedeutet ... (2x)

a. *Schaffe aus dem Chaos der vier bekannten und vier neuen Wörter Ordnung.*
Setze dazu die Wörter passend in den Kasten ein (das neue Wort steht immer am Anfang).

G₁ Prometheus hatte immer ein Herz für Menschen

Prōmētheus **hominēs** spectāvit et Epimētheō frātrī dīxit:

> „Saepe **hominēs** spectā-ba-m. Semper eīs adesse
> cupi-ēba-m. Nam diū **hominēs** paene nihil habē-ba-nt:
> Vestēs **nesci-ēba-nt**; vītam miseram ag-ēba-nt.
> Nunc vestēs habent; tamen eīs adhūc adesse cupiō ...“

b. *Die markierten Formen stehen im Imperfekt; dieses wird mit dem deutschen Präteritum übersetzt. Die Imperfektformen sind alle an demselben Signal zu erkennen. Nenne es.*
c. *Untersuche nun die Formen genauer: Bestimme die einzelnen Bausteine je nach Konjugation.*
d. *Nur eine Personalendung weicht von der entsprechenden im Präsens ab. Nenne sie.*
e. *Übersetze jetzt den Text.*
f. *Konjugiere* **spectāre** *und* **nescīre** *im Imperfekt.*

Prōmētheus diū **hominēs** spectābat; tum subitō Epimētheus accessit et frātrem salūtāvit.
g. *Erschließe mit Hilfe der rosa markierten Wörter, wie das Imperfekt im Unterschied zum Perfekt verwendet wird.*

G₂ Prometheus war stets ein Menschenfreund

> Semper amīcus **hominum** eram.
> Saepe **hominibus** adesse poteram.

> Ita est. Semper amīcus **hominum** erās.
> Saepe **hominibus** adesse poterās.

> Deī nōn semper nōbīs aderant. Sed Prōmētheus
> nōbīs aderat. Saepe nōbīs adesse poterat.

Epimētheus

hominēs

h. *Erschließe, von welchen Verben diese Imperfektformen gebildet sind.*
Beschreibe die Bildung der Imperfektformen und übersetze die Sätze.

W **1. Urzeit-Ungeheuer.**
a. Zerlege in Wörter und gib deren Lernform und Bedeutung an.

nescistradiditerraterreremontesaquarum

bellumsaevoruminferideideaefinxeruntho

miniviverepepercicoluntvestesignis

b. Erzähle von der Erschaffung der Welt; baue dabei einige lateinische Wörter aus (a) in deinen deutschen Text ein.

G1 **2. Fit im Deutschen?**
Setze ins deutsche Präteritum.
wir ordnen, lachen, lernen; er/sie ist, flieht, schläft, trägt, schreit, bittet

3. Das war einmal. Suche alle Imperfekt-formen heraus und übersetze sie.
tango – tradebam – turbam – invasistis – parcebatis – intellexi – mittebamus – sustinebas – superavimus – constitit – componebant – aperuistis – descendebat

4. Erschaffe deine Formen selbst.
Bilde aus den Elementen sieben Formen mit Übersetzung und lasse sie von einem Lernpartner korrigieren.

ride-
inveni- negleg-
col- pugna- tang-
iace- propera-
cessa- cena-
dormi-
narra-

-ba-
-eba-

-m -s -t
-mus
-tis -nt

5. Jupiter und die Kyklopen. Übersetze.
1. Cyclopes, qui unum oculum habent, filii Terrae sunt. 2. Quondam Saturnus eos in Tartarum misit. Ibi apud[1] inferos vivebant. 3. Sed Iuppiter, qui cum Saturno patre pugnabat, in Tartarum descendit et eos liberavit. 4. Nam Iuppiter potentiam Saturni petebat. Itaque Cyclopibus dixit:

5. „Saturnum superare cupio. Mihi adeste! Mihi parete! Potentiam Saturni neglegite!"
6. Cyclopes verbis paruerunt et multa arma fecerunt, quibus Iuppiter patrem vincere studebat.

1) **apud** (Präp. m. Akk.): bei

G2 **6. Formen-Schöpfung. Bilde die entsprechende Form von esse, posse und velle.**
dabas – superabatis – vivebamus – sciebam – reprehendebant – carebat

7. Göttlich wahr oder gigantisch falsch?
a. Übersetze, entscheide und begründe.
1. Diu Chaos **erat**. 2. Terra mater caelum **fecit**. 3. Saturnus erat filius Iovis.
4. Iuppiter, pater hominum et deorum, caelum et terram **finxit**. 5. Rhea Iovem **abdidit**. 6. Dei diu cum Gigantibus **pugnabant**. 7. Gigantes mulieres pulchrae erant. 8. Neptunus frater Iovis erat; Iuno soror[1] Iovis erat. 9. Prometheus semper homines perdere **cupiebat**. 10. Dei homines bene **curabant**.

1) **soror**, -ōris f: die Schwester

b. Erkläre den Tempusgebrauch der fett gedruckten Formen.

Z **c. Rolle rückwärts. Übertrage deine Übersetzung von Satz (1)–(2), (5)–(6) und (9)–(10) zurück ins Lateinische.**

8. Auf dieser Seite wird erklärt, wie nach dem Mythos Blitze entstehen.
a. Nenne die Stelle im lateinischen Text.
b. Denke dir selbst eine Geschichte über die Entstehung einer Naturerscheinung aus.

Gegen den Willen der Götter

Die Götter nehmen es hin, dass Prometheus die Menschen unterstützt.
Doch eines Tages geht er zu weit.

a. Nenne die Prädikate im Imperfekt und die im Perfekt; gliedere danach den Text (Z. 1–8).
b. Suche die Namen der Götter heraus und nenne ihre Zuständigkeiten (Z. 19–30).

Hominēs iam vestēs et tēcta habēbant.
Iam agrōs colēbant et pecora alēbant.
Etiam vīnum nōn īgnōrābant.
Tamen vītam miseram agēbant:
5 Carēbant enim īgne. Eum Iuppiter hominibus
trādere nōlēbat. Promētheus autem,
amīcus hominum, īgnem ē caelō rapuit
et hominibus trādidit et eōs docuit
īgnem servāre. Hominēs gaudēbant:
10 „Anteā in timōre vīvēbāmus,
nunc paene ut deī vīvimus!"
Sed Iuppiter Promētheum arcessīvit et
reprehendit: „Quid fēcistī, scelerāte?
Num nesciēbās voluntātem deōrum?"
15 Promētheus respondit: „Sciēbam.
Sed nōnne vōs, quī in Olympō estis,
perīcula vidēbātis,
in quibus hominēs vīvēbant?"

Iuppiter statim Vulcānum fīlium petīvit et
20 eī dē scelere Promētheī nārrāvit:
„Quondam nōs erāmus dominī īgnis; hominēs
īgne terrēre poterāmus. Quis nunc nōs timet?
Semper, fīlī, mihi aderās, ut ego tibi semper aderam. Etiam nunc mihi ades!
Comprehende Promētheum et dā eum in vincula!"
25 Sed deī hominēs quoque poenā afficere volēbant. Itaque dolum invēnērunt:
Vulcānus ē terrā mulierem fīnxit. Minerva mulierī animum dedit, Venus grātiam;
Mercurius eam ad hominēs dūxit. Nōmen eius erat Pandōra.
Vās habēbat, in quō multa mala ut morbus et bellum erant,
quae tum hominēs īgnōrābant. Epimētheus, frāter Promētheī,
30 dolum deōrum nōn intellēxit: Pandōram salūtāvit et vās aperuit …

Prometheus bringt den Menschen das Feuer.
Gemälde von Heinrich Friedrich Füger, 1817

c. Erkläre, warum sich die Menschen über Prometheus' Tat so freuen und Jupiter sich so ärgert.
d. Beschreibe, wie Prometheus und der Mensch auf dem Bild dargestellt sind, und vergleiche dies
mit dem Text.

Götter und Menschen – ein schwieriges Verhältnis

Die Strafe des Sisyphus. Attische Amphore, um 500 v. Chr.

Menschenfreundliche Götter? Griechen und Römer glaubten an viele Götter, die jeweils in ihrem Bereich die Macht in Händen halten (**tenēre**) sollten. Die Götter waren Teil des täglichen Lebens: Es gab nicht nur große religiöse Feste, die öffentlich begangen wurden, sondern es wurden auch viele Tätigkeiten des Alltags von Opfern und Gebeten begleitet. Viele Menschen waren überzeugt: Es gehört sich (**oportet**), dass man die Macht der Götter anerkennt und dies auch deutlich zeigt. Andernfalls würden die Götter ihre Macht zum Schaden der Menschen einsetzen: So konnte Jupiter die Menschen beschützen, aber auch Blitze schleudern, Neptun konnte für eine sichere Seefahrt sorgen, aber auch einen Seesturm verursachen. Im Mythos wird vor allem Hochmut (griech.: Hybris) gnadenlos bestraft: Wenn Menschen ihre Grenzen überschreiten und sich gegen die Götter erheben, werden sie nach ihrem Tod (**mors, mortis**) den Göttern der Unterwelt übergeben, die sie mit ewigen Strafen foltern (**torquēre**) sollen.

König Sisyphus und der Tod

Sīsyphus: „Deī semper vīvunt, hominēs autem **mortem** timent: Ergō servī **Mortis** sunt; **Mortī servīre** dēbent. Sed ego **rēx** sum, nōn servus. Ego **Mortī servīre** nōlō. Ego ut deus imperāre et **iubēre** vōlō." Ecce! **Mors** ad Sīsyphum vēnit; Sīsyphus autem **Mortem** dolō superāvit et vinculīs **tenuit**. Itaque deī eum māgnā poenā affēcērunt: Adhūc eum in Tartarō **torquent**.

Strafen für Frevler. Die Unterwelt war ein finsterer Ort, bewacht von dem dreiköpfigen Hund Cerberus, der aufpasste, dass niemand wieder herauskam. Dort erlitten Übeltäter wie Sisyphus und Tantalus ewige Strafen. Ihnen war gemeinsam, dass sie sich während ihres Lebens den Göttern gegenüber hochmütig verhalten und sich gegen ihre Macht aufgelehnt hatten. Als ein Beispiel dafür gilt auch Prometheus. Da er als Titan unsterblich war, wurde er zu einer ewigen Strafe auf Erden verurteilt: Er wurde an das Kaukasusgebirge geschmiedet, und jeden Tag kam ein Adler, um seine Leber zu fressen, die dann bis zum nächsten Tag wieder nachwuchs.

1. Auch heute kennt man die „Sisyphusarbeit" und die „Tantalusqualen". Erkläre diese Begriffe; benutze dazu auch das Eigennamenverzeichnis.
2. Beschreibe und erkläre die Darstellung auf der Vase.

W *Vīs – das dreiköpfige Monster:*
drei Buchstaben, drei Singularformen, drei Bedeutungen

Īnferī **vim** Cerberī timent.
Sīsyphus saxum[1] māgnā **vī** movēre dēbet.
In Tartarō māgna **vīs** poenārum est.

1) **saxum**, -ī n: der Fels

a. vīs bedeutet: „Kraft, Gewalt, Menge".
Ordne den obigen Sätzen die richtige Bedeutung
zu und bestimme jeweils den Kasus.
b. Im Singular bildet das Substantiv vīs nur
drei Formen, im Plural hingegen alle Kasus.
Dekliniere den Plural: vīrēs, vīrium ...

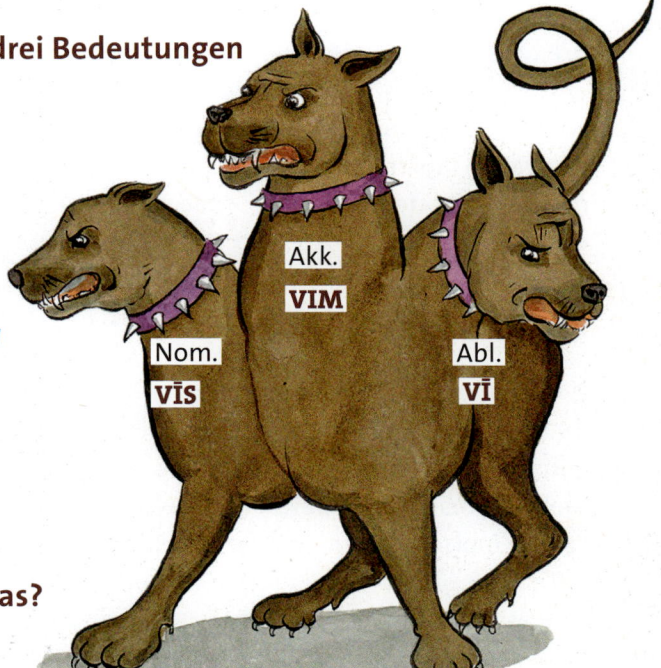

Akk.
VIM

Nom.
VĪS

Abl.
VĪ

G₁ In der Unterwelt: Ich sehe, ich sage – was?

(1) Videō Sīsyphum.
(2) Videō Sīsyphum labōrāre.
(3) Dīcō Sīsyphum labōrāre.

c. Übersetze Satz (1) und (2).
d. Satz (3) kann nicht wörtlich übersetzt werden. Erschließe eine passende Übersetzung.
e. Beschreibe, wie sich die markierten Formen bei der Übersetzung ins Deutsche ändern.

Deī vident	Die Götter sehen,
Sīsyphum nōn pārēre.	dass Sisyphus nicht gehorcht.
Deī viderunt	Die Götter sahen,
Sīsyphum nōn pārēre.	dass Sisyphus nicht gehorchte.

f. Der lateinische Infinitiv Präsens drückt aus, dass eine Handlung gleichzeitig mit der des
Prädikats stattfindet. Erkläre, inwiefern man dies bei der deutschen Übersetzung berücksichtigen
muss; vergleiche dazu die lateinischen mit den deutschen Sätzen.

G₂ Der Fall des Besitzers

Deī māgnam potentiam habent.
Deīs māgna potentia est.

g. Die beiden Sätze haben die gleiche Bedeutung. Erkläre den Unterschied in der lateinischen
Formulierung und erschließe eine treffende Übersetzung für esse + Dativ.

W **1. Adlerauge gefragt.**
a. Picke Wörter heraus, die etwas mit Prometheus' Schicksal zu tun haben, und begründe deine Wahl.
torquere – rapere – oportet – oculus – mors – ignis – tenere – dolus – pecus – pecunia – tectum – poscere
b. Nenne für möglichst viele Wörter entweder ein Synonym oder ein Antonym.

2. Götter und Menschen – zwei Welten.
a. Ordne die Wörter den beiden Welten zu.
potentia – servire – timor – imperare – caelum – magnus – parere – morbus – labor – mors – sacrum – iubere – miser
b. Nenne weitere Wörter, die du Göttern oder Menschen zuordnen kannst.

3. Trenne die Kräfte von den Männern.
viris – viribus – virorum – viros – vires

G₁ **4. Keine Sisyphusarbeit.**
a. Gib die Wörter an, die gemeinsam den AcI bilden, und übersetze.
1. Graeci tradunt deos in Olympo esse.
2. Dicunt deos non semper bonos esse.
3. Credunt deos haud raro homines suppliciis afficere. 4. Narrant: Iuppiter saepe videt homines potentiam deorum neglegere. 5. Iuppiter: „Oportet homines deos timere."
b. Forme aus den folgenden Bausteinen je einen AcI und übersetze weiter.
6. Iuppiter vult Vulcanus   vincula Promethei   facit . 7. Nam cupit Prometheus   multis doloribus   laborat .

5. Wer die Götter herausfordert ...
a. Übersetze und achte dabei auf die Tempora im Deutschen.
1. Deis non placuit Sisyphum potentiae Mortis resistere. 2. Scimus deos Sisyphum adhuc torquere.
b. Sisyphus klagt in der Unterwelt zu den Göttern. Achte besonders auf das Subjekt des AcI, das meist ein Pronomen ist.

3. „Videtis me nimis[1] laborare. 4. Non ignoro vos saevos esse. 5. Nunc scio me Mortem superare non posse!" 6. Dei: „Oportet te doloribus malis laborare!"

1) **nimis**: allzu sehr

6. Eine gerechte Strafe für Tantalus?
a. Nenne alle Infinitive, die zu einem AcI gehören.
b. Übersetze.
1. Tantalus homo erat. Tamen ei licebat in Olympo deis cibos parare. 2. Sed superbus[1] erat: Dolum finxit; credidit enim deos dolum hominis cognoscere non posse.
3. Filium mactavit[2] et corpus eius pro cibo[3] deis dedit. 4. Sed dei intellexerunt cenam Tantali sceleratam esse. 5. Itaque deis placuit eum hominem ad inferos mittere.
6. Scimus ibi Tantalum adhuc in aqua sub malo[4] stare et fame laborare: 7. Cibum et aquam petit, sed frustra petit.

1) **superbus**, -a, -um: hochmütig
2) **mactāre**: schlachten   3) **prō cibō**: als Speise
4) **mālus**, -ī f: der Apfelbaum

G₂ **7. Wer hat was? Bilde sinnvolle Sätze und lasse einen Lernpartner sie übersetzen.**

Tantalo	cibi	est
Prometheo	pecunia	sunt
deis	ignis	non est
gladiatori	gladius	non sunt
furibus	arae	
hominibus	agri	

Z **8. Göttliches Gericht. Gruppenarbeit: Stellt zusammen, was man Tantalus und Sisyphus vorwerfen konnte. Spielt dann die Gerichtsverhandlung.**

Was haben die Götter gegen die Menschen?

Prometheus hängt angeschmiedet am Kaukasus. Zu Unrecht, wie er meint.
Er schreit in Richtung des Olymp und klagt Jupiter an.

a. Entwickle Vermutungen, warum Prometheus sich ungerecht behandelt fühlt (Z. 1–15).
b. Arbeite heraus, von wem und warum Prometheus Besuch bekommt (Z. 16–30).

„Cūr sīc mē torquēs, Iuppiter?
Cūr dīcis mē scelerātum esse?
Hominibus īgnem dedī. Nōn negō.
Sed cūr id scelus est? Nōn putō
5 vōs in Olympō nunc īgne carēre!
Cūr hominēs īgnem habēre nōn vīs?
Num putās hominēs Olympum
incendere velle? Nōnne vidēs
hominēs vōbīs ārās incendere?
10 Anteā vōbīs sacra nōn faciēbant!
Vōs mihi grātiās agere oportet!
Num mē torquēs, quia nunc hominēs
paene ut deī vīvunt? Cūr hominibus
invidēs? Nōnne memoriā tenēs
15 mortem eīs īnstāre?"

Ein Adler zerreißt die Leber des Prometheus. Druckgrafik, 1914

Promētheus nōn perrēxit, nam iuvenem
appropinquāre vīdit et: „Salvē, hospes!
Quis es? Cūr hūc vēnistī?" Tum iuvenis:
„Salvē, Promētheu[1]! Herculēs sum,
20 Iovis fīlius. Māla aurea quaerō.
Ego Eurystheō rēgī servīre dēbeō,
cui mōrēs malī sunt: Is mē
māla Hesperidum arcessere iussit.
Locum autem, ubī ea māla sunt, mihi nōn dīxit! Sed mihi explicā, quaesō:
25 Cūr ibi pendēs?" Promētheus: „Āh! Iuppiter mē torquet. Certē scīs
mē amīcum hominum esse. Deōs autem hominibus invidēre putō.
Audī, Herculēs: Tū fīlius Iovis es. Sed tē quoque amīcum hominum esse sciō.
Et videō tibi māgnam vim corporis esse. Līberā mē ā vinculīs, amīce!
Ego tibi locum, quem quaeris, dīcere possum ..."
30 Tum Herculēs rīsit et Promētheum līberāvit.

1) **Promētheu** *(griech. Vokativ):* Prometheus

c. Diskutiert: Hättet ihr in Herkules' Lage Prometheus auch befreit?

Herkules – mehr als nur ein Muskelprotz?

Herkules und Eurystheus.
Attische Amphora, um 500 v. Chr.

Heldentaten. Herkules (gr. Herakles) musste im Dienste des Königs Eurystheus viele Arbeiten auf sich nehmen **(suscipere, -iō)**: Vor allem hatte er wilde Tiere und gefährliche Ungeheuer unschädlich zu machen. Seine erste Aufgabe war es, den Löwen von Nemea zu töten **(necāre)**; seitdem trug er über seiner Schulter **(umerus)** das Löwenfell und als Helm den Löwenkopf. Er bestand aber nicht alle Abenteuer allein: So half ihm sein Neffe Iolaus als Gefährte **(socius)** im Kampf gegen **(contrā)** die vielköpfige Hydra, eine besonders gefährliche Wasserschlange. Diesem Ungeheuer **(mōnstrum)** musste man nämlich nicht nur die Köpfe abschlagen, sondern auch rasch die Hälse ausbrennen, sonst wuchsen für jeden Kopf zwei weitere nach. Außerdem erlegte Herkules den Erymanthischen Eber **(aper, aprī)**, fing eine der Diana heilige Hirschkuh, beseitigte die menschenfressenden stymphalischen Vögel, reinigte die Ställe des Augias, die seit Jahrzehnten nicht ausgemistet worden waren, und zähmte die menschenfressenden Rosse des Diomedes. Dies sind nur einige **(nōnnūllī, -ae, -a)** seiner berühmten Heldentaten. Es steht fest **(cōnstat)**, dass ihn mancher Dichter **(poēta)** als einen Wohltäter der Menschen rühmte, da er sie von so vielen Ungeheuern befreite.

Der König im Fass

Eurystheus Herculī multōs labōrēs **imposuit**. Iussit Herculem **contrā mōnstra** saeva, quae hominēs terrēbant, pūgnāre. Herculēs labōrēs sine timōre **suscēpit** et superāvit. Eī enim fuit māgna vīs corporis. Multa **mōnstra necāvit**. **Nōnnūlla** mōnstra Herculēs ad Eurystheum dūxit, quia rēx ea vidēre voluit. Ūnus ex eīs fuit **aper** Erymanthius: Herculēs **aprum** in **umerō posuit** et ad Eurystheum properāvit. Rēx **mōnstrum** cōnspēxit – et statim māgnō cum clāmōre fūgit et in vās sē abdidit.

Herkules damals und heute. Heute gilt Herkules vor allem als Muster des starken Mannes. In der Antike war er aber viel mehr: Neben Prometheus galt er als der große Menschenfreund des Mythos; deshalb erzählte man auch, dass er Prometheus von seiner Strafe befreite. Als starker, aber auch hilfreicher Held war Herkules weit über die Antike hinaus ein Vorbild vieler Herrscher.

1. Man spricht auch heute noch von „Herkulesaufgaben", die man erledigen muss. Erkläre, was damit gemeint sein könnte.
2. Beschreibe die beiden Bilder und erkläre sie.

Die stymphalischen Vögel. Gemälde von Edgard Maxence, um 1893

W Eurystheus meint: „Herkules wird überschätzt!"

ūnus → **paucī** → **nōnnūllī** → multī

> **Pauca mōnstra** vīcit!

> Nicht mehr als eine **hōra**!

Die Frau des Eurystheus fragt ihn:
„Wie viele Ungeheuer hat Herkules besiegt?"

Frau: „Wie lange wird er wohl berühmt sein?"

Frau: „Ich glaube eher: mehr als ein **saeculum***!"*
a. Erschließe die Bedeutung von **paucī***.*
b. Wähle für **hōra** *und* **saeculum** *jeweils die richtige*
Bedeutung aus: Jahrhundert – Kilo – Stunde – Meter – Nasenlänge.

G₁ Das gefällt jederzeit: Ein Held schafft Großes

(1) Māgnōs labōrēs superō.   Māgnōs labōrēs superāre mihī placet.
(2) Māgnōs labōrēs superāvī.   Māgnōs labōrēs superāv-isse mihī placet.
c. Nenne den Stamm von **superāvisse***.*
d. Vergleiche Satz (1) mit Satz (2) und erschließe die Bedeutung des neuen Infinitivs.

Eurystheus audit   Herculem Hydram superāvisse.
Eurystheus audīvit   Herculem Hydram superāvisse.
e. Der neue Infinitiv drückt aus, dass eine Handlung zeitlich vor der des übergeordneten Verbs
stattgefunden hat. Übersetze entsprechend.

G₂ Was lange währt ...

Herculēs multās **hōrās** cum Hydrā pūgnābat.
f. Übersetze den Satz zunächst ohne den markierten Ausdruck.
g. Erschließe dann eine geeignete Übersetzung für den markierten Akkusativ und gib an,
auf welche Frage dieser Akkusativ antwortet.

W **1. Ein Eber im Palast – da bleibt nichts heil!**
Setze die zerbrochenen Wörter zusammen
und nenne ihre Bedeutung.

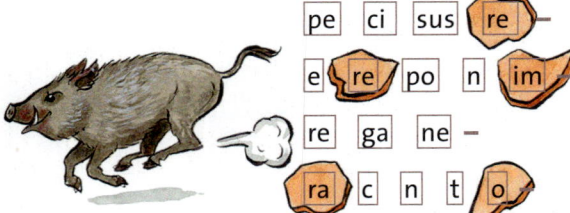

pe | ci | sus | re –
e | re | po | n | im
re | ga | ne –
ra | c | n | t | o

2. Führe die Fremdwörter auf ihren lateini-
schen Ursprung zurück und erkläre sie.
Das konstant unsoziale Verhalten des
Eurystheus fällt negativ auf. Er nutzt
seine Position schamlos aus.

G1 **3. Zeitlose Heldentaten. Verbinde die Teile**
zu deutschen Sätzen mit „dass"; entscheide
dich dabei für Gleich- oder Vorzeitigkeit.
a. Iolaus weiß ...
b. Iolaus wusste ...
1. Herkules tötet jetzt die Hydra. 2. Vorher
besiegt Herkules einen Eber. 3. Linus lehrt
den kleinen Jungen Herkules Musik.

 4. Vorzeitig oder gleichzeitig? a. Setze die
passenden Infinitive ein und übersetze.
Iolaus dicit ...
1. ... Herculem iam antea bestias saevas
(superare/superavisse). 2. ... Herculi
magnam vim corporis (esse/fuisse).
3. ... Herculem iam multas mulieres
(amare/amavisse). 4. ... etiam Herculi
mortem (instare/institisse).
b. Ersetze den Hauptsatz durch Iolaus dixit
und übersetze erneut.

5. Auch ein Held wird manchmal schwach.
Übersetze.
1. Quondam Apollo deus Herculem iussit
Omphalae, reginae[1] pulchrae, servire.
2. Scimus Herculem statim ad Omphalam
properavisse et labores suscepisse:
3. Nonnullas bestias, quae ibi erant,
necabat. 4. Sed post paucos menses[2]

Omphala: „Non ignoro me tibi placere.
5. Si me amas, servire mihi debes – ut ...
serva. 6. Volo te vestes mutare et lanam
facere[3]." 7. Constat Herculem statim
vestes mutavisse et lanam fecisse[3].
8. Multi eum riserunt: „Vis viri vicit
monstra – nunc virum vincit vis amoris!"
9. Denique autem Hercules amorem vicit
et Omphalam reliquit.

1) **rēgīna**, -ae f: die Königin
2) **mēnsis**, -is m: der Monat
3) **lānam facere**: Wolle spinnen

G2 **6. Wie lange? Setze passende Zeitangaben**
ein und übersetze.
1. ▰ poetae fabulas de Hercule narrabant.
2. Etiam ▰ multi homines libenter
fabulas, quas poetae de Hercule narrant,
audiunt. 3. Rufus: „▰ magister fabulas
miras de Hercule narravit." 4. Hercules
iuvenis libenter ▰ bibebat et cenabat.

nuper – nonnullas horas –
multa saecula – hodie

Z **7. Übersetze die Sätze aus Ü3 ins**
Lateinische. Verwende dazu, falls nötig,
folgende Vokabelhilfen:
1. Hercules, Herculis – Hydra, -ae
2. antea – aper, apri – vincere
3. Linus, -i – docere – puer – musica, -ae

8. Deine Meinung ist gefragt! Bilde Sätze,
die du zutreffend findest.

Puto Nego	Herculi magnam vim corporis – Herculi magnam vim animi – Herculem adhuc in memoria multorum hominum – Herculem virum saevum	esse fuisse

Wer hält den Himmel?

Herkules weiß von Prometheus, dass die goldenen Äpfel
ganz im Westen zu finden sind, dort, wo der Titan Atlas den Himmel trägt.

a. Wie soll man sich diesen Ort vorstellen? Zeichne ihn anhand von Informationen aus Z. 1–2.
b. Benenne die Personen auf der Abbildung und gib die dargestellte Szene im Text an (Z. 10–28).

Herculēs Atlantem procul cōnspēxit: In terrā stābat ut mōns altus,
umerīs tenēbat caelum. Poētae nārrant Atlantem quondam
socium Gigantum fuisse et cum eīs contrā Iovem frūstrā pūgnāvisse.
Itaque Iuppiter eum poenā affēcit: Eum iussit caelum tenēre.
5 Herculēs ad Atlantem accessit: „Salvē, Atlās! Promētheus mē ad tē mīsit.
Quaerō enim locum, ubī māla Hesperidum sunt. Promētheus dīxit
tē mihi eum locum dīcere posse." Atlās: „Possum! Sed dracō[1] saevus
māla custōdit. Eum iam multōs iuvenēs necāvisse sciō.
Sī vīs, ego tibi māla arcessere possum. Intereā tū tenē caelum!"

10 Cōnstat Herculem Atlantī crēdidisse
et caelum suscēpisse.
Herculī māgna vīs corporis erat.
Minervam deam tum eī tamen affuisse
nōnnūllī dīcunt. Herculēs paucās hōrās
15 labōrem sustinēbat. Tum Atlantem vīdit:
Profectō Atlās māla aurea tenēbat.
Herculēs gaudēbat – sed Atlās caelum
nōn iam suscipere voluit:
„Audī, Herculēs! Nōn īgnōrās
20 mē multa saecula caelum tenuisse.
Nunc tē eum labōrem suscipere oportet!"
Tum Herculēs: „Libenter labōrem suscipiō,
sed mihi pulvīnum[2] in umerīs pōnere volō.
Intereā tū tenē caelum!"
25 Atlantem dolum Herculis nōn intellēxisse
scīmus: Māla dēposuit et sub caelō cōnstitit.
Herculēs eī caelum imposuit, māla sūmpsit,
iter perrēxit.

1) **dracō**, -ōnis m: die Schlange; der Drache
2) **pulvīnus**, -ī m: das Kissen

Herkules und die Äpfel der Hesperiden. Sog. Atlas-
Metope vom Zeustempel in Olympia, um 456 v. Chr.

c. Beschreibe die Abbildung rechts auf Latein; nimm dafür das Lesestück als „Spickzettel".
d. Zeige in einem „Atlas" das Gebirge „Atlas" und erschließe, was die Ortsangabe in der
Einleitung „ganz im Westen" über das antike Weltbild aussagt.
e. Erkläre die Abbildungen (a) und (b) auf S. 91; du hast nun alle dafür nötigen Informationen.

Herkules – wie alles begann

Herkules als Kind. Fresko aus Pompeji, 1. Jh. n. Chr.

Heldentaten als Auftragsarbeit. Ursprünglich vollbrachte Herkules seine Heldentaten nicht zu dem Zweck, seinen Ruhm zu vermehren **(augēre)**; diese Aufgaben waren vielmehr als eine Strafe gedacht. Und das kam so: Herkules war der Sohn des Jupiter und der Königin von Theben, Alkmene. Juno aber, die eifersüchtige Ehefrau des Göttervaters, hasste den Jungen von Anfang an und versuchte ihn zu beseitigen. Doch ihre Anschläge waren vergeblich, denn Herkules hatte schon als Kleinkind so viel Kraft und auch Verstand, dass er sich stets retten konnte. Andererseits war Herkules sehr jähzornig: So erschlug er seinen Musiklehrer Linus, als dieser ihn kritisierte. Dies brachte Juno auf eine neue Idee: Sie stürzte den jungen Helden in einen Wahnsinnsanfall, in dem er seine Frau und seine Kinder erschlug. Zur Buße für diese Tat musste er dann dem König von Mykene, Eurystheus, zwölf Jahre lang dienen. So kam es, dass Herkules den berühmten Löwen **(leō, -ōnis)** von Nemea und so manches andere Ungeheuer **(mōnstrum → L 18)** im Auftrag des Eurystheus besiegte.

Ein frostiger Empfang für Herkules

Eurystheus: „Tandem venīs, scelerāte! Putō deōs tē amāre: Poena enim, quā tē affēcērunt, parva est. Tantalus in Tartarō multa saecula labōrat, quia ūnum fīlium necāvit. Tē autem fīliōs et coniugem perdidisse cōnstat; tamen sōlum paucōs **annōs** labōrāre et servīre dēbēs. Ergō tibi labōrēs, quī etiam vīrēs fīliī Iovis superant, impōnere parō." – Labōrēs autem Herculem nōn superāvērunt, sed Herculēs labōrēs. Sīc Herculēs honōrem et **glōriam auxit**.

Lohn für die Mühen. Eigentlich war es Junos Plan, dass Herkules bei den zwölf Aufgaben ums Leben kommen sollte. Aber Herkules bewältigte sie alle, wurde aus dem Dienst des Eurystheus entlassen und vollbrachte danach noch viele weitere Taten. Doch schließlich wurde ihm von dem Kentauren Nessus, der ihn hasste, ein vergiftetes Gewand zugesandt. Als er es nichtsahnend anzog, wurde er so von Schmerzen gepeinigt, dass er sich auf einem Scheiterhaufen verbrennen ließ. Da wurde er unter die Götter in den Olymp aufgenommen – auch Juno war nun versöhnt.

1. *Erläutere, was für dich einen Helden ausmacht.*
2. *Vergleiche Herkules mit Helden, die du aus Büchern oder Filmen kennst.*
3. *Beschreibe das Bild und entwickle Vermutungen, welche Situation dargestellt sein könnte.*
Im Lesetext erfährst du mehr darüber.

W **Der Augiasstall**

Der Stall des Königs Augias war nicht nur groß,
er war **ingēns**. Ebenso **ingēns** war die Zahl der
Rinder – und die Berge von Mist im Stall. Wie sollte
Herkules diese jemals beseitigen? Herkules trödelte
nicht, sondern war **celer**. Zum Glück war er kein
einfacher **mortālis**, sondern ein Halbgott; und sein
Verstand war so **ācer** wie ein Schwert: Er leitete
zwei Flüsse durch den Stall, und nicht nur der
halbe, nein, der **omnis** Mist wurde weggespült.
Diese Leistung war **incrēdibilis**, aber wahr!
*a. Erschließe die Bedeutungen der lateinischen
Adjektive.*

G₁ **Neue Eigenschaften – neue Formen**

(1) Herculī animus **ingēns**, **glōria ingēns**, corpus **ingēns** erat.
b. Bestimme die markierten Adjektive nach KNG und gib an, welche Besonderheit dir auffällt.

(2) Pater Herculis **mortālis** nōn erat. Māter Herculis **mortālis** erat.
Hydra **mōnstrum mortāle** erat.
(3) Iūnōnis dolor **ācer** erat. Iūnōnis īra **ācris** erat. Herculis supplicium **ācre** erat.
c. Bestimme auch hier die markierten Formen nach KNG und nenne den Unterschied zu (1).
*d. Erkläre, warum diese Wörter stets nach einem der folgenden Muster im Wortverzeichnis
erscheinen:* **ingēns**, *ingentis bzw.* **mortālis**, *mortāle bzw.* **ācer**, *ācris, ācre.*

Eurystheus Herculī perīcula **ingentia** et labōrēs **ingentēs** parābat.
Eurystheus auctor perīculōrum **ingentium** erat: Herculī mala **ingentia** imposuit.
Sed Herculēs animō **ingentī** perīcula superāvit.
*e. Erschließe, welcher Deklination die neuen Adjektive angehören, und gib an,
welche Form abweicht.*

G₂ **So viele!**

quattuor – duo – septem – decem –
quīnque – octō – duōdecim – ūndecim
*f. Wie viele? Nenne mit Hilfe der italienischen Zahlen
alle lateinischen Zahlen von 1 bis 12.*

quīntus – tertius – secundus – quārtus – prīmus
*g. Der wievielte? Bringe mit Hilfe der französischen Ordinalzahlen
von 1. bis 5. die lateinischen in die richtige Reihenfolge.*

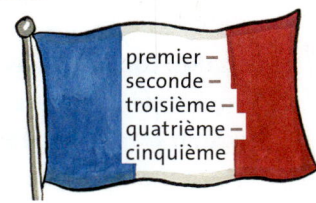

W **1. Glorreiche Wendungen.**
Erkläre, was diese Ausdrücke mit Herkules zu tun haben.

multos labores sustinere –
gloriam augere –
Olympum petere –
ibi cum deis vivere

2. Dieses Monster frisst Wörter. Nenne die Adjektive und gib ihre Bedeutung an.

stetiaceraureumproculingenspoposcitmodi
celerpaucaeoculoparvarumintereaincredibi
lispependistipostmultaaltaomnissaeviegit

G1 **3. Eins ist nicht immer genug. Nenne zu jedem Substantiv alle Adjektive, die nach KNG passen.**

a. bestia – timor – verbum

> acre – ingens – incredibilis – celeris – mortalis – omne – acer

b. mulieres – verbis – ira – flammas – viri

> ingentes – ingentis – acribus – acris – celeres – ingens – mortalis – incredibili

c. Wähle die sinnvollen Verbindungen aus (a) und (b) aus.

4. Was passt zusammen? Wähle für jedes Substantiv die passende Adjektivform.

> horas – laborum – viro – tempora – vulnus – equi   mortali – omnia – multas – ingentium – celeres – acre

5. Wer tanzt aus der Reihe? Begründe.

a. acrium – mirarum – unum – ingentium
b. omnium – celere – parvum – aureum
c. ingenti – incredibili – multi – acri
d. omnia – mortalia – indicia – celeria
e. Wähle aus (a)–(d) passende Ergänzungen für die Lücken:
1. Hercules copiam bestiarum ▄▄ necabat.
2. Hydra ▄▄ vi contra eum pugnavit.
3. Hydram gladio ▄▄ petivit.

6. Herkules bringt ein neues Biest.
a. Setze richtig ein und übersetze.
1. Hercules: „Salve, rex (magne/ incredibile)! Ecce cerva[1]! 2. Eam bestiam (celerem/celeris) comprehendi.
3. Iterum vi (miri/incredibili) periculum (mortalium/ingens) superavi.
4. Constat me (omnis/multis) et saevis bestiis animo (magni/acri) restitisse."
b. Ergänze durch passende Adjektive und übersetze weiter.
5. Eurystheus: „Nonne tu quoque monstrum ▄▄ es, Hercules? Nam liberos necavisti. 6. Te magis timeo quam bestias ▄▄ …"

1) **cerva**, -ae f: die Hirschkuh, die Hindin

G2 **7. Nenne die Zahlen auf Latein.**
I – V – VIII – X – III – II – IV – VI – XII

8. Latein international. Sortiere die spanischen Zahlen nach Ordinal- und Kardinalzahlen. Bringe sie jeweils in die richtige Reihenfolge.
uno – segundo – siete – primero –
nueve – ocho – cinco – cuarto –
diez – dos – seis – tercero – cuatro

Z **9. Wahr oder falsch? Entscheide und berichtige, wenn nötig, auf Deutsch oder Latein.**

1. Iuno mater Herculis est. 2. Eurystheus Herculi duos labores imposuit. 3. Hercules coniugem et liberos necavit. 4. Hercules Hydram amavit. 5. Iuno Herculi novem annos mala paravit.

H **10. Weg mit ihm – aber wohin? Erschließe die Bedeutungen von tollere, tollo, sustuli (!) und übersetze.**
1. Hercules stercus[1] e stabulo[2] **tollit**. –
2. Iuppiter Herculem post mortem a terra in caelum **sustulit**.

1) **stercus**, -oris n: Mist   2) **stabulum**, -ī n: Stall

Junos Hass auf Herkules

Die Göttin Juno hasst Herkules bereits seit seiner Geburt.

a. Sammle die Namen aus Z. 1–8 und entwickle eine Vermutung, wovon der Text handelt.
b. Arbeite anhand der im Text vorkommenden Zahlen heraus, wie viele Aufgaben Herkules schon bewältigt hat und was ihm noch bevorsteht (Z. 9–18).

Herculēs fuit fīlius Alcumēnae, mulieris mortālis, et Iovis. Itaque īra Iūnōnis,
quae coniūnx Iovis erat, ācris fuit. Iūnō puerum necāre voluit:
Eī dracōnēs[1] mortiferōs[2] mīsit. Sed puer mente ācrī celerīque perīculum intellēxit,
dracōnēs[1] comprehendit eōsque vī incrēdibilī necāvit. Tum omnēs vidērunt
5 Herculem profectō Iovis fīlium esse. Iūnō autem nōn dēsiit mortem Herculis cupere.
Multōs annōs frūstrā eum perdere studēbat. Dēnique Eurystheum rēgem iussit
eī impōnere labōrēs mortiferōs[2]. Rēx quidem deae pāruit
et Herculī ingentēs labōrēs imposuit, sed Herculēs omnēs labōrēs superāvit.

Iūnō: „Ūndecim labōrēs! Sed nūllus labor Herculem perdidit!
10 Immō iam prīmus labor glōriam eius auxit: Ad Nemeam Herculēs hominēs
ā leōne ingentī līberāvit; itaque adhūc eum celebrant. Secundum labōrem,
tertium, quārtum, quīntum, sextum, septimum, octāvum, nōnum, decimum –
omnia perīcula Herculēs superāvit. Nē ūndecimus quidem labor eum perdidit:
Māla aurea, quae dracō[1] ingēns custōdiēbat, arcessīvit. Iam omnēs hominēs
15 dē Hercule nārrant et ut deum eum colunt. Iuppiter eum in Olympum tollere vult!
Sed ego animum nōndum dēmīsī: Duodecimum enim labōrem Eurystheus invēnit:
Herculem iussit ad īnferōs dēscendere et Cerberum ad lūcem dūcere!
Nē Iovis quidem fīlius resistere potest tribus capitibus Cerberī!“

1) **dracō**, -ōnis m: die Schlange; der Drache
2) **mortifer**, -era, -erum: tödlich

c. Stelle alle berühmten Gestalten zusammen, denen Herkules in der Unterwelt sonst noch begegnen könnte.
d. Gruppenarbeit: Sammelt wichtige Stationen im Leben des Herkules. Jede Gruppe übernimmt die Ausgestaltung einer Station. Fügt die Stationen dann zu einem Lebenslauf des Herkules zusammen.
e. Beschreibe die Abbildung und gib an, woran man Herkules erkennen kann.

Attische Amphora, um 500 v. Chr.

Wie ein Apfel den Trojanischen Krieg auslöste

Zwei Gefährten des Paris schleppen Helena an Bord.
Etruskische Urne, 2./1. Jh. v. Chr.

Wer ist die Schönste? König Priamus und seine Frau Hekuba herrschten der Sage nach über die Stadt Troja, die im Nordwesten der heutigen Türkei lag. Einem ihrer Söhne, Paris, war geweissagt worden, dass er den Untergang Trojas verursachen werde. Eines Tages gerieten drei Göttinnen in Streit: Eris, die unsterbliche **(immortālis, -e)** Göttin der Zwietracht, hatte den Göttinnen einen goldenen Apfel mit der Aufschrift „Für die Schönste" zukommen lassen, und die drei konnten sich nicht einigen, wem er zustand. Paris sollte als Schiedsrichter urteilen. Jede Göttin versprach ihm nun etwas anderes: Juno Macht, Minerva Ruhm im Krieg und Venus die schönste Frau auf Erden. Paris entschied den Wettstreit zugunsten der Venus, und die beleidigten Göttinnen Juno und Minerva schworen daraufhin Paris' Heimatstadt Troja Rache. Damals galt Helena, die Ehefrau des Menelaus von Sparta, als schönste Frau der Welt. Paris segelte nach Sparta und entführte Helena. So erfüllte sich das Schicksal **(fātum)**, wie es geweissagt worden war: Denn Menelaus bat seinen Bruder Agamemnon um Hilfe **(auxilium)**, und dieser rief ganz Griechenland dazu auf, sich gegen Troja in den Krieg zu stürzen **(ruere, ruō)**.

Wird Helena schwach?

Paris: „Sine tē vīvere nōn possum, Helena. **Cēde** ē Graeciā et venī mēcum in Asiam!"
Helena: „Paris, pulcher es et verba pulchra fēcistī. Sed verbīs, quae fēcistī, **cēdere** mihī nōn licet: Coniūnx Menelāī sum." Paris: „Voluntās Menelāī nihil **valet. Valet** voluntās Amōris."
Helena: „Īram Menelāī timeō." Paris: „Ego nē arma quidem Menelāī timeō: Immō –
sī mē ferrō petere et **violāre** vult, eī resistere et tē **dēfendere** possum."
Helena: „Ō iuvenis, ego tibi resistere vix possum ..."

Goldmaske (sog. Maske des Agamemnon)
aus Agamemnons Heimatstadt Mykene

Das historische Troja. Der Trojanische Krieg, von dem antike Dichter erzählen, soll etwa 1000 Jahre vor der Zeit Ciceros stattgefunden haben. Mit Hilfe von Angaben bei den antiken Dichtern entdeckte der Archäologe Heinrich Schliemann tatsächlich eine antike Stadt, die vermutlich Troja ist. Sein spektakulärster Fund dort ist der „Schatz des Priamus" mit etwa 8000 Gold- und Silberstücken.

Mit dem Trojanischen Krieg verbinden sich heute noch einige Redewendungen. Erkläre, was sie bedeuten: „Das ist der Zankapfel", „schön wie Helena".

W1 **Krieg gegen Troja: Für meine Frau – für deine Frau!**
G1

> Paris coniugem **meam** rapuit.
> Quia rēx **vester** sum, pōscō: Adeste mihi!
> **Auxiliō vestrō** vincere possum!

> Paris coniugem **tuam** rapuit.
> Quia rēx **noster** es, tibi adsumus.
> **Auxiliō nostrō** vincere potes.

Menelāus

Graecī

a. Ordne den neuen Wörtern die Bedeutungen zu: mein – dein – unser – euer.

Menelāus coniugem **suam** domum dūcere vult. Graecī rēgī **suō** adsunt.
b. Für suus, -a, -um brauchst du im Deutschen zwei verschiedene Ausdrücke. Nenne sie.

Menelāus et Paris Helenam,	*Menelaus und Paris lieben Helena,*
coniugem Menelāī, amant:	*die Frau des Menelaus:*
(1) Menelāus Helenam, coniugem **suam**, amat.	*(1) Menelaus liebt Helena, seine Frau.*
(2) Paris Helenam, coniugem **eius**, amat.	*(2) Paris liebt Helena, seine Frau.*

c. Erkläre, inwiefern die markierten Pronomina im Gegensatz zum Deutschen eindeutig sind.

G2 **Helena gefällt nicht nur anderen**

Helena in **speculō sē** spectat.
Dīcit: „Mihi placeō.“
Helena **sibi** placet.

speculum

d. Erschließe die richtigen Übersetzungen für die hervorgehobenen Pronomina.

G3 **Zweifache Freude im Kampfgetümmel**

Menelaus und Agamemnon greifen Troja an.
(1) Menelaus glaubt, dass er siegen kann.
e. Gib an, wer mit dem markierten Personalpronomen gemeint sein kann.

Menelāus et Agamemnō Trōiam petunt:
(2) Menelāus putat **sē** vincere posse.
(3) Menelāus putat **eum** vincere posse.
f. Vergleiche den deutschen Satz (1) mit den beiden lateinischen Sätzen (2) und (3) und erkläre, inwiefern das lateinische Pronomen eindeutig ist.

W   *1. Stelle sinnvolle Paare zusammen.*
lux – violare – valere – non resistere –
vulnus – clara – cedere – potentia

W₁
G₁   *2. Die Trojaner sammeln „ihre" Wörter.*
a. Wähle die Possessivpronomina aus und
bestimme sie nach Person und Numerus.
nostrorum – vestium – tibi – menti – me –
nostras – mea – tu – tria – suis – sic
b. Ergänze mit den ausgewählten Formen
die Rede des trojanischen Feldherrn Hektor.
1. „Audite verba ▬: Graeci nobis gladiis
instant. 2. Agamemno cum viris ▬ in nos
ruit. 3. Sed animum demittere non
debemus! 4. Copia quidem virorum ▬
magna non est; tamen constat vires ▬
ingentes esse."

3. Beziehungsfragen. a. Gib an, auf wen
sich das Pronomen bezieht, und übersetze.
1. Venus praemio suo gaudebat. 2. Iuno
praemio eius non gaudebat. 3. Eius ira
in Paridem ingens fuit. 4. Urbi eius
parcere noluit.
b. Wähle aus und übersetze weiter.
5. Priamus Paridem, filium (eius/suum),
reprehendit. 6. Nam duae deae urbem
(eorum/suam) perdere voluerunt.
7. Troiani fato restiterunt. Decem annos
frustra urbem (eius/eorum/suam)
defendebant.

G₂   *4. Spiegelscherben. Die Reflexivpronomina*
der 3. Person sind aus dem Spiegel gefallen.
Setze sie wieder ein.

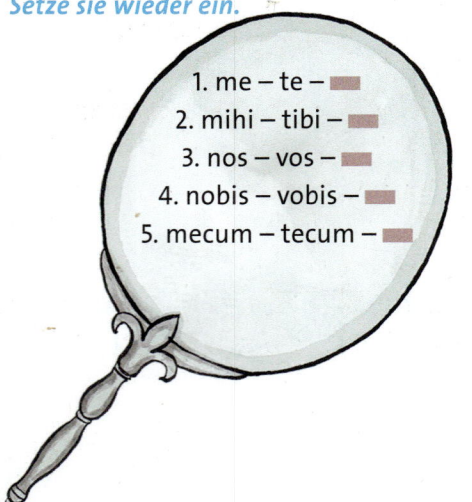

1. me – te – ▬
2. mihi – tibi – ▬
3. nos – vos – ▬
4. nobis – vobis – ▬
5. mecum – tecum – ▬

5. Ein Apfel für drei – Paris
steht vor einer schweren
Entscheidung. Übersetze.

1. Paris: „Parcite irae! Nunc
uni ex vobis malum aureum dare debeo.
2. Verba vestra audivi: Iuno, tu dixisti te
mihi potentiam dare velle. 3. Minerva, tu
mihi honorem gloriamque proposuisti[1].
4. Sed id malum non est vestrum, Minerva
et Iuno. 5. Immo malum tuum est, Venus!
Nam verbis tuis resistere non possum:
6. Iam nunc Helenam amo; iam nunc
caput eius pulchrum ante[2] oculos habeo.
7. Eam conspicere, eam cognoscere cupio!
8. Iam nunc nullam mulierem magis amo
quam Helenam. 9. Ne bellum quidem
me terret."

1) **prōpōnere**, -ō, prōposuī: versprechen
2) **ante** *(Präp. m. Akk.)*: vor

G₃   *6. Götter und Menschen. Übersetze und*
achte auf die Pronomina.
1. Mortales se viribus deorum resistere
non posse sciunt. 2. Nonnulli homines ut
dei esse cupiunt; nam eos semper vivere
credunt. 3. Pauci mortales etiam mentem
amittunt et se deos esse putant.

7. Herkules – sprachlos im Olymp. Wähle
du die richtigen Worte und übersetze.
1. In Olympo Hercules deas cognoscit. Non
ignorat (se/eas) multa saecula vitam
bonam egisse. 2. Memoria tenet (se/eas)
raro vulneribus caruisse. 3. Veneri
pulchrae de laboribus (earum/suorum/
suis) narrare cupit. 4. Scit autem
(eam/eas/se) fabulas (suas/eius/se)
audire nolle.

Z   *8. Hilf Hektor! Weise die Besitzansprüche*
Agamemnons und die der Griechen zurück,
indem du Sätze nach dem Beispiel bildest.
Beispiel: urbs → „Urbs tua/vestra non est,
Agamemno/Graeci! Urbs mea/nostra est!"
gladius – agri – pecunia – pecus –
templum – mulieres – tecta – Helena

Die verletzte Venus

Im Olymp erlebt Herkules, wie es dort so zugeht. Einmal wird Venus verletzt aus dem Krieg um Troja gebracht – die Verletzung ist in ihrem Fall natürlich nicht lebensbedrohlich.

a. Stelle zusammen, wer an dem Gespräch im Olymp teilnimmt (Z. 1–9), und zeichne die Anwesenden der Reihe nach. Lasse Platz für Sprechblasen, die du nach dem Übersetzen auf Deutsch hinzufügen kannst.
b. Arbeite heraus, zu wem Jupiter den Gott Apoll schickt und warum (Z. 10–17).

Venus rettet ihren verwundeten Sohn Aeneas vor Diomedes.
Gemälde von Arthur Fitger, 1905

Tum Venus clāmābat: „Spectāte vulnus meum! Dolōrēs vix sustineō!"
Herculēs autem ex eā quaesīvit: „Quis tē, Venus, violāvit?" Venus: „Diomēdēs,
iuvenis mortālis! Vīdī eum eiusque sociōs Aenēae, fīliō meō, īnstāre ferrō.
Itaque māgnā vōce iussī Diomēdem mihi fīliōque cēdere. Sed is nōn cessit,
5 immō in mē ruit!" Tum Minerva dea rīsit: „Nōnne omnēs virī in tē ruunt, Venus,
quia tam pulchra es ...?" Mārs autem dīxit: „Audī, Venus: Arma bellumque
mihi et Minervae sorōrī meae permitte! Pūgnāre et dēfendere nōn tua,
sed nostra negōtia sunt!" Statim Venus respondit: „Sī vestra negōtia sunt:
Tandem pūgnāte et dēfendite fīlium meum!"

10 Tum Iuppiter: „Num mortālēs putant sē immortālibus resistere posse?
Nōndum intellēxērunt vīrēs suās nihil contrā nōs valēre?
Num Diomēdēs putat sē deum esse? Ego quidem putō eum āmīsisse mentem!"
Tum ad Venerem accessit: „Nōlī timēre, Venus, dē vītā fīliī tuī!
Apollinem iam ad eum mīsī. Auxiliō eius Aenēās Diomēdem ā sē prohibēre potest.
15 Necesse enim est fīlium tuum mortem effugere. Num fātum īgnōrās?
Est enim fātum eius sē suōsque ē perīculīs servāre, in Italiam fugere,
novam Trōiam condere ..."

c. Begründe, welcher Satz im Text am besten zur Abbildung passt.
d. Sammle alle Stellen im Text, an denen der Charakter der Götter deutlich wird.
Beschreibe dann, wie die Götter hier dargestellt sind.

Von Göttern, Helden und Menschen

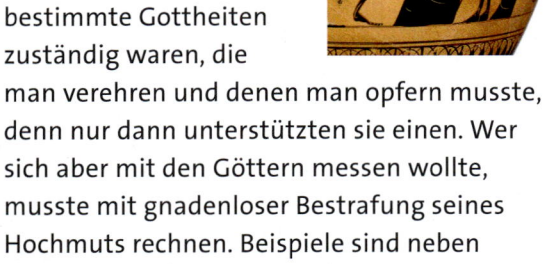

Schöpfungsmythos

Nachdem Himmel und Erde aus dem Chaos entstanden waren, lag die höchste Macht in der Hand des Titanen Saturn. Dieser wurde von seinem Sohn Jupiter entmachtet. Jupiter teilte sich mit seinen zwei Brüdern Neptun und Pluto die Herrschaft über die Welt: Pluto bekam die Unterwelt, Neptun das Meer und Jupiter den Himmel und damit die Oberherrschaft.

1. Die Entfernung der Himmelskörper Neptun, Jupiter und Pluto zur Sonne kann man sich mit dem Mythos merken. Erkläre, inwiefern.

Götter und Menschen

Die Römer glaubten, dass für jeden Lebensbereich bestimmte Gottheiten zuständig waren, die man verehren und denen man opfern musste, denn nur dann unterstützten sie einen. Wer sich aber mit den Göttern messen wollte, musste mit gnadenloser Bestrafung seines Hochmuts rechnen. Beispiele sind neben Prometheus auch Sisyphus und Tantalus, die in der Unterwelt ewige Strafen leiden.

2. Wer hat sich hochmütiger gegen die Götter verhalten, Tantalus oder Sisyphus? Begründe deine Meinung.

Ein menschenfreundlicher Held

Der Titan Prometheus stahl den Göttern das Feuer und brachte es den Menschen. Er erwies sich so als ein Menschenfreund, der dafür allerdings hart von Jupiter bestraft wurde, da er gegen dessen Willen gehandelt hatte. Von seiner Strafe befreite ihn Herkules, der ebenfalls ein Freund der Menschen war.

3. Erkläre, warum das Feuer für die Menschheit so wichtig ist.

Die Taten des Herkules

Juno versuchte Herkules schon als Kleinkind zu beseitigen, da er ein unehelicher Sohn ihres Gatten Jupiter war. Später sorgte sie dafür, dass er im Dienste des Königs Eurystheus die bekannten zwölf Taten vollbringen musste. So kam es, dass Herkules die Menschheit von zahlreichen Ungeheuern befreite. Am Ende wurde Juno versöhnt und Herkules unter die Götter aufgenommen.

*4. Ein römischer Dichter schreibt über den Lebensweg des Herkules: **Nōn est ad astra mollis ē terrīs via** („Es ist kein bequemer Weg von der Erde zu den Sternen"). Erkläre, inwiefern dies auf Herkules zutrifft.*

Ursprung des Trojanischen Krieges

Nachdem der trojanische Königssohn Paris den Schönheitswettbewerb unter den drei Göttinnen Juno, Minerva und Venus zugunsten der Venus entschieden hatte, entführte er die ihm von Venus versprochene schönste Frau, Helena, und brachte sie nach Troja. Das führte dazu, dass Menelaus, Helenas Ehemann, die größten Helden Griechenlands zu einem Rachefeldzug gegen Troja versammelte. Die Belagerung der Stadt dauerte zehn Jahre.

5. Du bist Paris! Nenne die Göttin, der du den Apfel gegeben hättest, und begründe deine Wahl.

Herkules – Stationen eines Heldenlebens

Hier siehst du künstlerische Darstellungen einiger Taten
des Herkules aus verschiedenen Zeiten: eine ist antik,
die anderen sind neuzeitlich.

I

II

1. *Ordne jeder der folgenden Beschreibungen eine Abbildung zu
und löse die Aufgaben.*

a. Herkules als Marmorstatue *auf dem Wiener Herkulesbrunnen.*

- *Erkläre, inwiefern die dargestellte Herkulestat gut zu
  einem Brunnen passt.*

b. Herkules auf einer griechischen Vase. *Hier kämpft er gegen
den Riesen Geryon.*

- *Beschreibe, was das Gefährliche an diesem Ungeheuer ist.*
- *Zeige, dass auf dieser Vase mehrere Taten gleichzeitig
  dargestellt sind.*

c. Herkules auf einem Teppich *(um 1566, heute in der
Residenz München).*

III

- *Du hast in diesem Buch bereits eine Darstellung dieser Tat
  gesehen. Finde sie und vergleiche sie mit der auf dieser Seite.*

d. Herkules auf einem Ölgemälde *(von Laurent de la Hyre, um 1626).*

- *Beschreibe die Haltung des Herkules und benenne das
  dargestellte Abenteuer.*
- *Amor ist als Gott dargestellt. Finde ihn und erkläre,
  was er mit dem Abenteuer zu tun hat.*

2. *Gestalte selbst ein Bild oder einen Comic zu einer Herkulestat
deiner Wahl.*

3. *Die Götter diskutieren, ob Herkules nach seinem Tod in den
Olymp aufgenommen werden soll. Spielt die Götterversammlung
nach, in der darüber entschieden werden soll.*

IV

Schritt für Schritt den Text verstehen

Auf dieser Seite lernst du, wie du am besten an einen lateinischen Text herangehst. Dabei kannst du bereits etliche Schwierigkeiten beseitigen, bevor du überhaupt mit der Übersetzung beginnst. Wir probieren das einmal am Wiederholungstext von S. 117 aus. Folge nun den vier Schritten:

1. Umgebung des Textes untersuchen

Anhand der **Überschrift**, des **Einleitungstextes** und der **Abbildung** kannst du bereits Erwartungen und Vermutungen über den Inhalt des Textes formulieren. Hilfreich sind außerdem die **Aufgaben** vor den Lesestücken.

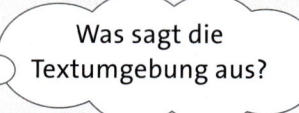

a. Lies die Überschrift und den Hinführungstext. Entwickle dann Vermutungen über den Inhalt des Textes.

b. Beschreibe das Bild. Stelle dann einen Bezug zu der Überschrift und dem Hinführungstext her. Erweitere nun deine Vermutungen über den Inhalt des Textes.

c. Bearbeite die Aufgaben über dem Text. Erweitere dann nochmals deine Vermutungen über den Inhalt des Textes.

2. Inhalt des Textes entschlüsseln

Jetzt solltest du gezielt nach den vorkommenden **Personen** und **Orten** der Geschichte suchen. Verwende hierzu auch das **Eigennamenverzeichnis** (→ S. 264).

d. Ermittle Hauptpersonen und -orte im Text.

e. Kläre unbekannte Personennamen mit Hilfe des Eigennamensverzeichnisses.

f. Ordne die Personen den Trojanern oder Griechen zu.

g. Nenne die Person, die sich weder der einen noch der anderen Gruppe zuordnen lässt. Entwickle Vermutungen, welche Rolle sie im Text spielen könnte.

3. Aufbau und Struktur erkennen

Neue **Absätze** gliedern einen Text inhaltlich. Anhand von Anführungszeichen kannst du **direkte Reden** erkennen und deren Sprecher finden.

h. Lies den Text durch und gliedere ihn in vier Absätze.

i. Gib alle direkten Reden und deren Sprecher im Text an.

4. Abschlusskontrolle nach der Übersetzung

Zum Schluss solltest du dein Ergebnis überprüfen, indem du kontrollierst:

• Lassen sich deine **Erwartungen** aus Schritt (1) bestätigen?

• Lies in Gedanken deine deutsche **Übersetzung** jemandem vor, der die Geschichte nicht kennt: Würde er alles verstehen?

j. Überprüfe deine Ergebnisse zu den Aufgaben aus Schritt (1) anhand deiner Übersetzung.

Lektionen 16–17

1. Nicht Perfekt. a. Nenne die Imperfekt-formen und übersetze sie.
instabam – estis – possunt – negavistis – audiunt – rapit – sciebant – iussi – puto – oportebat – aluit – tradidisti – proderam
b. Bringe die restlichen Formen ins Imperfekt und übersetze sie dann.

2. Fast dasselbe. Nenne Wörter mit ähnlicher Bedeutung.
perdere – amicus – putare – via – ita

3. Verben mit Köpfchen. Nenne aus Ü1 alle Verben, von denen ein AcI abhängen kann.

4. AcI-Split. Ergänze die Sätze links durch den passenden AcI und übersetze.

1. Epimetheus gaudebat	homines sine igne vivere non posse.
2. Prometheus putabat	Prometheum deis ignem rapere.
3. Epimetheus nesciebat	Prometheum amicum hominum esse.

5. Ursprünge. Was hatten die Menschen schon zu Beginn, was nicht? Kombiniere und übersetze.

| hominibus | cibi – pecunia – vestes – vinum – arae – templa – tecta – pecora – ignis – bella – pax – vasa aurea – agri | erat – erant – non erat – non erant |

6. Wer hat's? Übersetze; formuliere dann die lateinischen Sätze, wo möglich, mit einem Dativ des Besitzers um.
1. Pandora vas possidebat. 2. Pandora vas Epimetheo dedit: Tum is vas habuit.
3. Epimetheus vas aperuit: Itaque homines nunc morbos et dolores habent.

Lektionen 18–19

7. Musik mit Linus.
a. Nenne den Umfang der Tonintervalle.
b. Gib jeweils die Kardinalzahl und das Zahlzeichen an.
Sexte – Prime – Terz – Oktave – Quinte

8. Sagenhaftes mit Adjektiven.
a. Übersetze und ordne dabei die Aussagen den Sprechern zu:

| Herkules – Prometheus – Drache der Hesperiden – Jupiter |

1. „Ego mortalibus ignem dedi. Nunc Iuppiter me doloribus acribus torquet."
2. „Ego, rex omnium deorum, Alcumenam amavi." 3. „Ego caelum ingens umeris suscepi." 4. „Ego vi incredibili omnes, qui mala aurea rapere volunt, terreo."
b. Mache (1) und (3) von constat abhängig; z. B. Ego scio → constat me scire.

9. Arbeit nach Wahl. Wähle aus, welche Herkulesaufgabe(n) du bearbeiten willst.
a. AcI: Ergänze und übersetze.
1. Scimus Herculem liberos (necare/ necavisse). 2. Eurystheus sciebat filium Iovis scelus (facere/fecisse). 3. Iussit iuvenem labores (suscipere/suscepisse).

b. Adjektive: Gib zu allen Adjektiven im folgenden Text die Lernform und die Bedeutungen an.
Gib den Arbeiten des Herkules einen Sinn, indem du die fett gedruckten Adjektive in der richtigen Form an den richtigen Platz stellst. Übersetze dann.
1. Hercules **ingentes** labores timuit:
2. Immo leonem **incredibilem** superavit.
3. **Nulla** capita Hydrae gladio **saevo** sustulit. 4. Homines vi **celeri** liberavit ab apro[1] **omni**. 5. Etiam cervam[2] **acrem** Dianae comprehendit.

1) **aper**, aprī m: der Eber 2) **cerva**, -ae f: die Hirschkuh

Lektionen 16–20

10. *Andersherum. Bringe Perfekt ins Präsens und umgekehrt; übersetze die entstandenen Formen.*

vixerunt – ruo – constitit (!) – instituis – deceditis – torquet – poscimus – bibistis

11. *Deine Abenteuer sind gefragt.*
a. *Antworte mit einer lateinischen Zeitangabe.*

Wie viele Jahre warst du in der Grundschule? – Wie viele Stunden warst du gestern in der Schule? – Wie lange hast du letzte Nacht geschlafen?

b. *Denke dir ähnliche Fragen aus und lasse einen Lernpartner antworten.*

12. *Kampfgetümmel. Wähle inhaltlich passende Pronomina und übersetze.*

1. Diomedes Venerem vulnere affecit. Venus vulnere (eius/suo) laborat. 2. Ira Diomedis magna est: Auxilio dei Aeneas vitam (eius/suam) servavit. 3. Interea Troiani urbem (eorum/suam) a Graecis defenderunt. 4. Tamen Graeci urbem (eorum/suam) denique incenderunt.

13. *Kampfgetümmel mit AcI: Wähle das passende Pronomen aus und übersetze.*

1. Aeneas gaudet (eum/se) Diomedem effugisse. 2. Nonne intellexit deum (sibi/ei) affuisse? 3. Nonne scit fatum (suum/eius) esse novam Troiam condere? 4. Post multos annos etiam Graeci animum demittunt: 5. Nam credunt (eos/se) ne omnibus quidem viribus Troiam vincere posse.

14. *Wer tanzt aus der Reihe? Begründe.*

a. luce – mente – acre – pecore
b. conde – decede – permitte – necesse
c. unus – secundus – novem – decem
d. modo – ferro – dolo – profecto
e. nuper – procul – hodie – quondam

15. *Kriegerische Sagen.* **a.** *Erstelle ein Sachfeld zum Thema Krieg und Kämpfen.*
b. *Verfasse mit den Wörtern eine kurze Geschichte als Mischtext oder ganz auf Latein, in der einige der folgenden Sagengestalten und Götter vorkommen.*

Aeneas – Diomedes – Mars – Venus – Apollo – Minerva

16. *Mit Pronomina geht's los: Bestimme selbst, wie viele Aufgaben du dir zutraust.*
a. *Wirf alle Possessivpronomina in die Schatzkiste, indem du sie auswählst.*

tu – mihi – vobis – vestris – nostra – tibi – nobis – tuo – mecum – tuae – meorum – eis

b. *Ordne den Possessivpronomina aus (a) den nach KNG passenden Partner zu.*

urbe – viribus – sororis – auxilio – verborum

c. *Ordne folgenden Aussagen Sprecher zu und setze die Wortverbindungen aus (b) passend in die Aussagen ein.*

Odysseus (→ S. 117) – Aeneas – die Trojaner – Herkules

1. „▬▬, Venus mater, me sociosque e Troia servavi." 2. „Multos annos Graecos ab ▬▬ prohibuimus." 3. „O Iuppiter, propter[1] iram Iunonis, coniugis et ▬▬, mihi multi dolores fuerunt." 4. „Non ▬▬, Agamemno et Menelae, Troiam vicimus, sed vi ▬▬."

1) **propter** *(Präp. m. Akk.)*: wegen

17. *Partner gesucht. Ordne den Begriffen den passenden Partner zu und begründe.*

immortalis – leo – vas – invidere – poeta – mālum – custodire – Prometheus

bestia – deus – fingere – Cerberus – Iuno et Minerva – vinum – pendere – aureum

Ein Pferd erobert Troja

Die Griechen bemühten sich jahrelang vergeblich, Troja zu erobern. Schließlich hatte einer von ihnen, der listenreiche Odysseus (Ulixēs, -is), eine Idee.

a. Beschreibe die Abbildung und entwickle Vermutungen, was mit der Überschrift gemeint ist.
b. Nenne die Stelle im Text, an der die List des Odysseus beschrieben ist.

Decem annos Graeci contra Troianos pugnabant, sed eos vincere non poterant.
Itaque nonnulli Graeci clamaverunt se tandem domum decedere velle.
Tum Ulixes dixit: „Troianos, quos vi vincere non potuimus,
dolo superare possumus. Audite dolum meum: Constat omnes homines
5 arma timere, sed donis gaudere. Date ergo Troianis donum malum,
ut Pandora hominibus. Non ignoratis vas Pandorae, in quo multa mala erant.
Facite magnum equum ligneum[1], in quem multi milites[2] se abdere possunt."
Ergo Graeci equum fecerunt, in quo milites[2] posuerunt; eum ad Troiam duxerunt.
Tum se Troiam relinquere et Graeciam petere finxerunt.

10 Statim Troiani cum Priamo rege ad equum mirum accesserunt.
Sed non crediderunt equum donum esse; itaque eum in urbem ducere noluerunt.
Subito Sino Graecus affuit, cui magna vis orationis fuit. Statim Priamus
Troianos iussit Sinonem comprehendere. Sed Sinon fabulam finxit: „Heu![3]
Fugio acrem Ulixem, qui me necare vult. Servate me miserum a morte!"
15 Verba Sinonis animum Priami moverunt: „Tibi credo: Ulixem et omnes Graecos
saevos esse scio. Sed explica:
Cur Graeci equum fecerunt?"
Statim Sinon fabulam fingere
perrexit. Narravit Graecos
20 eo dono iram deorum
placare[4] voluisse. Dixit:
„Itaque ii bene vivunt,
in quorum urbe equus est."
Denique Troiani equum
25 in urbem duxerunt.

1) **līgneus, -a, -um**: hölzern, aus Holz
2) **mīles, -itis m**: der Soldat, der Krieger
3) **heu!**: ach!, o weh!
4) **plācāre**: glätten, besänftigen

c. Im Text wird das Trojanische Pferd mit der Büchse der Pandora verglichen. Erkläre die Gemeinsamkeiten.

Das Trojanische Pferd. Standbild aus dem Film „Troja", USA 2004, Regie: Wolfgang Petersen

Vom Mythos zur Geschichte

a **Die kapitolinische Wölfin.** Bronzeguss aus dem Mittelalter
b **Prozession von Frauen.** Etruskisches Fresko, 5. Jh. v. Chr.
c **Augustus.** Statue von Primaporta (bei Rom), ca. 17 v. Chr.

Angeblich war alles vorherbestimmt: Sibylle, die Seherin von Cumae, soll Aeneas lange vor der Gründung Roms den Weg in die Unterwelt gewiesen haben, wo ihm das Schicksal der Stadt geweissagt wurde. Manches davon wirst du in den folgenden Lektionen näher kennenlernen: Mythen, Sagen und Tatsachen über das frühe Rom.

1. Oben siehst du eine Rekonstruktion Roms in ältester Zeit. Auf einem Hügel steht der Jupitertempel. Zeige ihn und gib dann die Position des Forums an.
2. Beschreibe die Abbildungen (a) und (b) und recherchiere, was sie mit der Gründung Roms zu tun haben.
3. Der hier abgebildete Kaiser Augustus (c) kommt auch in der Weissagung vor, lebte aber viel später. Recherchiere mit Hilfe des Zeitstrahls, wieviel Zeit zwischen dem Trojanischen Krieg und Augustus lag.

Flucht aus Troja – Aeneas gibt nicht auf

Die Flucht des Aeneas aus Troja.
Gemälde von Federico Barocci, 1815

Von Troja ins Unbekannte. Nach zehn Jahren Belagerung griffen die Griechen zu einer List: Sie täuschten den Abzug ihres Heeres vor und ließen nur ein großes hölzernes Pferd zurück. Die Trojaner zogen das Pferd in die Stadt, ohne zu merken, dass sich darin Krieger verbargen. So wurde Troja in einer Nacht **(nox, noctis)** erobert und niedergebrannt. Als der trojanische Held Aeneas seine Stadt brennen **(ārdēre)** sah, entschloss er sich, die Penaten (→ L 4) zu nehmen **(capere, -iō)** und mit seinem Vater Anchises und seinem Sohn Ascanius zu fliehen. Seine Frau Krëusa kam noch in Troja um. Da die Götter Aeneas eine neue Heimat **(patria)** in Italien versprochen hatten, brach er dorthin auf, ohne genau zu wissen, wo Italien lag. Lange Jahre musste er mit seinen Gefährten auf dem Meer **(mare, -is)** umherirren **(errāre)**, seinen Vater Anchises sterben sehen und viele Gefahren erdulden, ehe sich sein Schicksal erfüllte.

Wo ist Krëusa?

Graecī Trōiam **capiunt**. Urbs **ārdet**. Aenēās Penātēs **capit** et cum patre, fīliō, coniuge fugit. Sē suōsque servāre studet. Per **noctem**, turbam, flammās **errat**. Ecce portae urbis! Iam Trōiam relinquit, iam **mare** cōnspicit. Sed ubī est coniūnx? Aenēās patrem et fīlium **ante** urbem relinquit et Creūsam coniugem in urbe quaerit. Profectō eam invenit – sed cōgnōscit eam nōn Creūsam, sed umbram[1] Creūsae esse. Cum **lacrimīs** clāmat: „Misera coniūnx!" Sed Creūsa: „Nōlī animum dēmittere! Dī mē prohibuērunt tēcum fugere. Sed volunt tē novam **patriam** novamque coniugem habēre."

1) **umbra**, -ae f: das Schattenbild

Die Aeneis – ein Epos für Rom. Von den Taten des Trojaners Aeneas erzählt der römische Dichter Vergil in seinem großen Heldengedicht oder Epos „Aeneis": wie Aeneas aus Troja flieht und nach langen Irrfahrten Latium in Italien erreicht, und welche weiteren Kämpfe er dort zu bestehen hat, ehe er die einheimische Königstochter Lavinia heiraten und zum Stammvater der Römer werden kann. Die Aeneis verbindet so die griechischen Sagen um Troja mit der Vorgeschichte Roms. Die Römer begeisterten sich rasch für Vergils Epos, das so zum ‚Nationalepos' wurde.

Vergil zwischen zwei Musen.
Römisches Mosaik, 3. Jh. n. Chr.

1. *Benenne die Personen auf dem oberen Bild und erkläre die dargestellte Szene.*
2. *Erläutere, warum man Rom auch das „neue Troja" nannte.*
3. *Das Mosaik zeigt Vergil mit zwei Musen, von denen eine eigentlich für das Theater zuständig ist. Erkläre, woran man das erkennt (→ L 5).*

W **Aeneas – wie war er?**

Aenēās **pius** erat,

... nam deōs colēbat,
... nam patrem et fīlium servābat,
... nam **patriam** amābat.

*a. Das Adjektiv **pius** bezeichnet die wichtigste Eigenschaft des Stammvaters der Römer. Die Grundbedeutung ist „pflichtbewusst". Beschreibe, wem gegenüber Aeneas pflichtbewusst ist, und erschließe weitere Übersetzungen.*

G₁ **Mehr als vergangen**

(1) Aenēās **patriam** relīquit,
quam Graecī anteā **cēp**-erant.
(2) In itinere Aenēās multa cōnspēxit,
quae anteā nōndum cōnspēx-erat.

b. Übersetze und achte dabei besonders auf das neue Tempus. Benenne das neue Tempus.
c. Erkläre, wie die Formen zusammengesetzt sind.
*d. Konjugiere im neuen Tempus: **cēp-eram**, ...*
*e. Bilde das neue Tempus zu **putō**, **prohibēs** und **servit**.*
*f. Konjugiere nun **esse**, **posse** und **velle** im neuen Tempus.*

G₂ **Relativ verbunden**

(1) Venus māter Aenēae, qui Trōiam novam condidit, fuit.

(2) Venus māter Aenēae fuit. Quī Trōiam novam condidit.
g. Beschreibe den Unterschied zwischen (1) und (2) und leite daraus ab, wie das Relativpronomen in (2) übersetzt werden muss.

G₃ **Alles zu seiner Zeit**

Post decem annōs Graecī Trōiam **cēpērunt**. Annō ūndecimō Graecī Trōiam **cēpērunt**.
h. Erschließe eine geeignete Übersetzung für den markierten Ablativ, formuliere die Frage nach diesem Ablativ und beschreibe seine Funktion.

(1) prīmā **nocte** – *zu Beginn der Nacht*
(2) multā **nocte** – ▬
(3) prīmā lūce – ▬
i. Erschließe die Bedeutungen der Ausdrücke (2) und (3).

W **1. Erkläre, was diese Wörter mit der Einnahme Trojas zu tun haben.**
mare – capere – incendium – nox – errare – prohibere – equus – necare

G₁ **2. Von Troja nach Italien. a. Finde den Weg durch das Formenmeer, indem du alle Formen im Plqupf. auswählst.**

ceperant – condidistis – violatis – rapuerant – vixisti – affecerunt – arserat – reliqueram – cedebam – augent – erraveramus – veneram

b. Erzähle mit den gefundenen Wörtern von der Reise des Aeneas – in einem Mischtext oder, wenn du es dir zutraust, auf Latein.

3. „Ich war dabei!" Ergänze und übersetze; achte dabei auf die zeitliche Reihenfolge.
1. Ascanius: „Graeci Troiam petiv(-erunt/-erant); nam antea Paris Helenam rapu(-it/-erat). 2. Priamus, qui diu omnia pericula a Troia suisque prohibu(-it/-erat), urbem servare denique non potu(-it/-erat). 3. Nos omnes lacrimas non retinebamus; nam patriam nostram amis(-imus/-eramus)."

4. Lasse die Gefahren schrittweise hinter dir: Bilde zu jeder Form Perf. und Plqupf.
pugno – torquent – sustinet – defendis – rapiunt – servitis – in periculo sumus

5. Der Seher Laokoon hatte doch recht! Ein Trojaner erzählt. Übersetze.
1. Graeci Troiam ceperunt, quia nos verbis Laocoontis non parueramus. 2. Is enim dixerat: „Nolite equum in urbem ducere!" Tamen equum arcessivimus. 3. Laocoon explicaverat equum non donum, immo dolum esse. Sed verba eius audire noluimus. 4. Clamaverat: „Vos mentem amisistis, Troiani! Quid facitis?" Sed nos verba eius neglexoimus. 5. Id, quod nos nondum cognoveramus, Laocoon intellexerat: 6. Graeci, qui decem annos contra nos pugnaverant, nullo modo nos gaudio afficere voluerunt. 7. Sed frustra Laocoon nos monuerat.

G₂ **6. Anschluss gesucht. Übersetze, wie es mit Laokoon weiterging.**
1. Laocoon Troianos monuit. Quem autem duo dracones[1] necaverunt. 2. Quos Minerva dea miserat. 3. Cuius auxilio Graeci Troiam denique ceperunt.

1) **dracō**, -ōnis m: die Schlange

G₃ **7. Das Pferd ist in der Stadt – das Unheil nimmt seinen Lauf. Suche die Ablative der Zeit heraus; übersetze dann.**
1. Graeci, qui in equum se abdiderant, nocte clam descenderunt et statim tecta incenderunt; tum viros Troianos necare et mulieres capere coeperunt. 2. Vires Graecorum magnae erant. Quibus Troiani resistere non potuerunt. 3. Aeneas autem prima luce effugere et suos servare potuit. 4. Quem octavo anno post ruinam[1] Troiae novam urbem condidisse scimus.

1) **ruīna**, -ae f: der Sturz, der Fall

Z **8. Flüchtige Formen. Ergänze die Tabelle.**

terrere	ducere		
terret			
			poteras
		inveni	
	duxerant		

Erfüllt Aeneas den Willen der Götter?

Bei seinen Irrfahrten strandet Aeneas in Libyen und wird von der dortigen Königin Dido freundlich empfangen. Bei einem Festessen bittet Dido Aeneas, seine Flucht aus Troja zu schildern.

a. *Entwickle anhand der Plusquamperfektformen Vermutungen über den Inhalt von Aeneas' Rede (Z. 1–8).*
b. *Zeige, wo im Text Götter eingreifen, und entwickle Vermutungen, wie die Begegnung zwischen Dido und Aeneas weitergehen könnte (Z. 10–18).*

Aeneas berichtet Dido vom Unglück Trojas.
Gemälde von Pierre Narcisse Guérin, 1815

Aenēās: „Ingentī, Dīdō, dolōre mē afficis, sī mē iubēs mala, quae vīdī, nārrāre.
Sed sī ea audīre cupis, audī: Trōiam relīquī, nam Graecī urbem cēperant.
Multōs virōs necāverant, mulierēs līberōsque comprehenderant, urbem incenderant.
Tum deī mē iussērunt mē meōsque servāre et patriam novam quaerere.
5　Ita cum patre, quem umerīs meīs imposueram, et cum fīliō et cum sociīs fūgī.
Et flammās et gladiōs effūgī, nōn effūgī labōrēs et dolōrēs.
Nam ex eō tempore per mare errō: Perīcula maris et famem et morbōs sustinuī,
pater meus dē vītā dēcessit. Sed fātum ..."
Dīdō autem verba nōn iam audīvit. Amor enim animum eius cēperat ...

10　Dīdō ācrī amōre ārdēbat. Quae nihil bibēbat, nihil cēnābat,
nocte nōn dormiēbat. Semper vōx hospitis eī in mentem veniēbat,
semper fōrmam[1] iuvenis ante oculōs habēbat.
Etiam Aenēam amor cēperat. Quī id, quod deī iusserant, iam neglegere coepit.
Itaque Iuppiter Mercurium ad eum mīsit. Quī ācribus verbīs Aenēam iussit
15　Dīdōnem relinquere et Italiam petere. Dēnique deō pāruit pius Aenēās:
Clam iter parābat. Dīdō autem, quae id cōgnōverat, ad eum accessit
et multīs cum lacrimīs clāmāvit: „Nōlī mē relinquere! Sine tē vīvere nōn possum!"
Quibus verbīs Aenēam retinēre studēbat. Sed is prīmā lūce Carthāginem relīquit.

1) **fōrma**, -ae f: die Gestalt; die Schönheit

c. *Sammle alle Stellen im Text, an denen Didos Gefühle erkennbar werden.*
d. *Diskutiert: Findet ihr Aeneas' Entscheidung richtig?*

Aeneas – ein Lebender will in die Unterwelt

Im Totenreich. Nachdem Aeneas Karthago verlassen hatte, landete er nach etlichen weiteren Schwierigkeiten endlich in Italien. Dort befragte er die Seherin Sibylle nach der Zukunft und stieg mit ihr gemeinsam in die Unterwelt hinab. Der Grund **(causa)** dafür war, dass sein verstorbener Vater Anchises ihn im Traum darum gebeten hatte. Auf dem Weg durch das Schattenreich sah Aeneas unter den übrigen **(cēterī, -ae, -a)** Verstorbenen manchen unglücklichen **(īnfēlīx, -īcis)**

Freund wieder, der in Troja umgekommen war. Er hörte auch die Schreie aus dem Tartarus, dem schlimmsten Teil der Unterwelt, wo Verbrecher wie der hochmütige **(superbus, -a, -um)** Sisyphus ihre Strafe erleiden (→ L 17). Bald **(mox)** aber gelangte er zum Elysium, einem schönen Ort mit Blumenwiesen und Wäldern, wo sich die Seelen auserwählter Helden aufhalten. Dort begegnete er dem Schatten **(umbra)** seines Vaters, der ihm das weitere Schicksal der Seelen erklärte: Nach einem langem Aufenthalt im Elysium werden sie aus der Lethe, dem Strom des Vergessens, trinken, um dann in der Welt der Sterblichen wiedergeboren zu werden.

Aeneas und die Sibylle von Cumae in der Unterwelt. Gemälde von Jan Brueghel d. Ä., 1598

Aeneas bei der Sibylle: Eine ungewöhnliche Bitte
„Ō Sibylla, viam quaerō, quae ad īnferōs dūcit." – „Dēsine, **superbe**! Cūr tū, quī vīvis, dēscendere vīs ad **umbrās**? Tibi intrāre nōn licet. Ibi ingentia perīcula īnstant.
Nōnne Cerberum timēs? Quem effugere mortālēs nōn possunt." – „Cerberus mē nōn terret: Nōnne Herculēs quoque eum superāvit? Sed **superbus** nōn sum. **Īnfēlīx** sum, quia patrem āmīsī. Nunc pater mē vocat. Sum pius Aenēās, et patrem quaerō **inter umbrās**.
Deī id volunt." – „Sī voluntās deōrum est, sī fāta pōscunt, ego tē dūcere nōn cessō."

Die Aeneis – eine Vorschau auf die Zukunft. Von seinem Vater erfuhr Aeneas mehr über die glanzvolle Zukunft seines Volkes. Anchises zeigte ihm die Seelen seiner Nachfahren, die bereits auf ihre Wiedergeburt warteten: So erblickte Aeneas die Könige der Stadt Alba Longa, die sein Sohn Ascanius gründen sollte, dann Romulus, den Gründer Roms, und eine lange Reihe von Helden aus der römischen Geschichte bis hin zu Augustus, dem ersten Kaiser – also bis zu der Zeit, in der Vergil, der Dichter der Aeneis, selbst lebte.

1. *Erläutere mit Hilfe des Textes, was auf dem Bild dargestellt ist.*
2. *Aeneas begegnet einigen Personen oder Wesen, die du schon kennst. Sammle sie auf dieser Seite und fasse zusammen, was du über sie weißt.*

W **Am Wendepunkt**

Dīdō ferrum in sē **vertit**.

Aenēās sē **vertit**. Oculōs **vertit**, sed nōn **vertit** iter.

*a. Die Grundbedeutung von **vertere**, **vertō** ist „wenden". Erschließe treffende Übersetzungen. Dabei erfährst du, wie die Beziehung von Dido und Aeneas endet.*

G1 **Zuversicht auf der Irrfahrt: Was heute nicht ist, wird morgen sein**

Sociī :
„Hodiē patriam novam quaerimus."

Aeneas:
„**Mox** patriam novam non iam quaerēmus."
„**Mox** patriam novam inveniēmus."

inveniam – invenient – quaeret – quaerēs – inveniētis – quaeram

b. Vergleiche den Satz in der linken mit denen in der rechten Spalte: Welches Tempus geben die Formen in der rechten Spalte an? Nenne es und übersetze dann die Sätze.
c. Nenne die Konjugationen der beiden Verben. Leite dann mit Hilfe der Formen im Kasten eine Regel ab, wie diese Konjugationen das neue Tempus bilden.

„Hodiē **īnfēlīcēs** sumus."
„Hodiē nōs recreāre nōn possumus."

„**Mox īnfēlīcēs** nōn iam erimus."
„**Mox** nōs recreāre poterimus."

*d. Konjugiere **esse** im neuen Tempus. Diese Formen helfen dir dabei: **erō, erit, erunt**.*
*e. Beschreibe, wie **posse** das neue Tempus bildet. Konjugiere dann **posse** im neuen Tempus.*

G2 **Die neue Zeit bringt noch mehr neue Formen**

„Hodiē terram novam nōn intrāmus."
„Hodiē patriam novam nōndum habēmus."

„**Mox** terram novam intrā**bi**mus."
„**Mox** patriam novam habē**bi**mus."

intrā**bi**tis – intrā**bō** – intrā**bis** – habē**bō** – habē**bunt** – habē**bis** – habē**bit**

f. Diese Sätze stehen ebenfalls im neuen Tempus. Übersetze sie und gib die Konjugationen der beiden Verben an. Ordne dann die Formen im Kasten und erschließe die fehlenden.
g. Leite eine Regel ab, wie diese Konjugationen das neue Tempus bilden. Nenne das Signal.

G3 **Wohin geht es? Eine stürmische Schifffahrt**

(1) Socius: „Cūr per mare errāmus? Quid nōbīs īnstat?"
(2) Socius: „Inveniēmus**ne** patriam novam?" Aenēās: „Num dēspērātis? Nōnne mihi crēditis?"
*h. Übersetze die Fragen. Das angehängte **-ne** bleibt unübersetzt.*
i. Die Fragen unter (1) und (2) unterscheiden sich. Erkläre den Unterschied.
Tipp: Achte auf die möglichen Antworten.

W **1.** *In der Tiefe. Wähle Wörter aus, die zur Unterwelt passen; begründe deine Wahl.*

umerus – umbra – mox – nox – infelix – inferi – lux – mors – mons – custos

G1 **2.** *Land voraus – Zukunft in Sicht! Wähle die Futurformen aus.*

claudemus – credetis – comprehenditis – effugiet – egit – videt – vincet – retinent – relinquent – dormiam – incipiebam

3. *Aeneas blickt nach vorn.*
a. *Nenne jeweils die Futurform.*

defendet/defendit – cedebam/cedam – poterant/poterunt – veniemus/venimus – vivimus/vivemus – eratis/eritis

b. *Bilde mit den Futurformen aus (a) Sätze, die Aeneas zu seinen Gefährten sagen könnte.*

> In Italiam – clari – periculis non – dea nos – in pace – Latini nobis resistere non

4. *Gestalte die Zukunft!*
Setze die Verbformen ins Futur.

aperis – desiit – potes – consistitis – sunt – occurro – relinquunt – prosum – poscebamus – cupiebant – faciebas – demisistis – neglexerunt – coepit

5. *Von Karthago nach Italien – was wartet noch alles auf Aeneas? Übersetze.*

1. Diu Aeneas et socii per mare errabant.
2. Denique etiam Aeneas animum demisit et multis cum lacrimis matrem vocavit:
3. „O dea mater, nonne pericula maris effugere poterimus? 4. Nonne Italiam conspiciam? 5. Nonne urbem novam condam? Num frustra Didonem reliqui?"
6. Dea quidem tacuit; sed nocte Aeneas imaginem[1] patris conspexit. Qui filium monuit: 7. „Terram patriae novae tanges.
8. Ibi Sibyllam convenies. Quae tecum ad

inferos descendet. 9. Ibi multa cognosces. 10. Noli desperare! Iuppiter tibi adesse non desinet; et ego adero."

1) **imāgō**, -inis f: das Bild, das Traumbild

G2 **6.** *Zukunft erwünscht! Wähle die Futurformen aus und übersetze sie.*

sollicitabamus – laborabo – gaudebitis – dormiebant – cessabunt – decedebat – debet – ardebit – parebimus – timebis – fugiebam – inveniebamus – inveniemus

7. *Alle an Bord? **a.** Weise die Verben dem richtigen Schiff zu.*

venire – capere – parare – pergere – sustinere – superare – audire – petere – cognoscere – possidere – tangere

b. *Bilde jeweils die 1. und 2. P. Sg. sowie die 3. P. Pl. Übersetze dann die Formen.*
c. *Sei selbst die Sibylle! Prophezeie mit Hilfe der Formen aus (b) und der Bausteine im Kasten Aeneas die Zukunft.*

> patriam novam – in Italiam – bellum – patrem tuum – multa et magna – multi Latini te gladiis – omnia pericula

G3 **8.** *Offene Fragen. **a.** Übersetze.*
b. *Antworte auf Latein, indem du passende Wendungen aus dem Kasten auswählst.*

1. Aeneas: „Num deis dolores mei placent?
2. Nonne semper pius fui? 3. Inveniamne Italiam? Perdentne me pericula maris?"

> fuisti – non fuisti – perdent – non perdent – invenies – non invenies – placent – non placent

Z **9.** *Auf Deutsch würdest du die Fragen aus Ü 8 mit Wörtern beantworten, die es im Lateinischen nicht gibt. Nenne diese deutschen Wörter.*

Aeneas im Reich der Schatten

Aeneas hält in der Unterwelt Ausschau nach seinem toten Vater Anchises.
Von ihm, so hofft er, wird er erfahren, was die Zukunft bringen wird.

a. *Sammle alle Futurformen und übersetze*
sie (Z. 1–15).
b. *Aeneas begegnet Dido wieder. Stelle*
zusammen, was du über ihre Beziehung
weißt, und formuliere eine Erwartung, wie
Aeneas wohl auf die Begegnung reagiert
(Z. 16–24).

Aeneas in den Elysischen Gefilden.
Gemälde von Pietro Bardellino, 1780/90

Inter umbrās Aenēās patrem
cōnspēxit. Quī procul fīlium vocāvit:
„Vēnistī tandem, fīlī! Iam diū tē
exspectō.“ Aenēās patrem tangere
5   voluit – sed umbram tangere nōn
potuit. Tum lacrimās nōn tenuit.
Anchīsēs autem:
„Nōlī animum dēmittere, fīlī! Audī:
Tibi dīcam futūra[1]; māgna audiēs.
10 Spectā umbrās! Ibi sunt umbrae
eōrum, quī adhūc nōn vīvunt,
sed mox vīvent: Ibi nepōtēs tuī sunt.
Quī mox in lūcem venient.
Urbem condent, cuius nōmen erit Rōma. Rōmānī autem bella ingentia suscipient,
15 miserīs parcent, superbōs vincent. Erunt dominī omnium terrārum.“

Umbra patris iam dēcesserat. Aenēās autem cēterās umbrās spectābat.
Inter quās Dīdō errābat. Aenēās statim eam cōnspēxit et cum lacrimīs dīxit:
„Īnfēlīx Dīdō, profectō mors tē rapuit! Egone causa fuī mortis tuae?
Quid dīcis? Nōnne mihi respondēbis? Nōnne mihi veniam dābis?
20 Per omnēs deōs deāsque iūrō mē haud libenter tē relīquisse! Num putās
mē libenter per mare errāre? Nōnne memoriā tenēs deōs mē iussisse Italiam petere?“
Quibus verbīs Aenēās frūstrā studēbat Dīdōnem movēre.
Quae nē vertit quidem oculōs, sed fūgit inter cēterās umbrās.
Tum Aenēās: „Valē, Dīdō! Tēne iterum vidēbō?“

1) **futūra**, -ōrum n Pl.: die Zukunft

c. *Benenne die Personen auf dem Bild und stelle zusammen, was du über sie weißt.*
d. *Überlegt in Gruppen eine Überschrift für den zweiten Abschnitt. Diskutiert dann,*
welche Gruppe die passendste gefunden hat.

Von Aeneas zu Romulus – eine Wölfin verändert die Welt

Die Sagen von Romulus und Remus.
Sog. Casali-Altar, ca. 160 n. Chr.

Sagen zu Roms Vorgeschichte. Aeneas hatte sich in Italien gegen die einheimischen Latiner in harten Kämpfen durchgesetzt, dann mit ihnen Frieden geschlossen und Lavinia, die Tochter des Latinerkönigs, geheiratet. So hatte er die Königsherrschaft **(rēgnum)** in Latium erlangt. Sein Sohn Ascanius gründete in den Albaner Bergen die Stadt Alba Longa. Nach etwa 300 Jahren herrschte dort König Numitor, ein Nachkomme des Aeneas. Aber sein machtgieriger Bruder Amulius vertrieb ihn vom Thron und zwang Numitors Tochter Rhea Silvia, Vestalin zu werden. So wollte Amulius verhindern, dass Numitor Nachkommen haben würde, die später Rache üben könnten. Aber dieser Plan ging nicht auf, denn Rhea Silvia wurde von dem Kriegsgott Mars schwanger und brachte Zwillinge zur Welt: Romulus und Remus. Amulius ließ Rhea Silvia bestrafen und die Kinder in einem Korb im Fluss Tiber aussetzen. Aber auch das nützte ihm nichts. Er hatte nicht mit der Wölfin **(lupa)** gerechnet, die zur Retterin der Zwillinge wurde …

Rhea Silvia ist verzweifelt.

„Amulius mihi omne gaudium sustulit: Prīmā lūce – adhūc dormiēbam – servus eius mihi fīliōs rapuit. Cuius vim adhūc memoriā teneō. Ex eō tempore lacrimās tenēre nōn possum. Cūr Amuliō in mentem vēnit mē dolōre tam ācrī afficere? Num scelus fēcī? Num templum Vestae violāvī? Haud negō mē et Vestālem et mātrem esse: Sed nōn voluntāte meā, immō voluntāte deī māter sum. Cūr ergō Amulius īrae nōn pepercit? Cūr mihi īnfēlīcī fīliōs parvōs rapuit? Ubī nunc sunt?"

Livius. Die Sagen über die Anfänge Roms erzählt der Geschichtsschreiber Livius in seinem Werk „Ab urbe condita", das die römische Geschichte von der Stadtgründung bis zu seiner eigenen Zeit, der Zeit des Augustus, behandelt. Livius macht dabei kaum einen Unterschied zwischen Sage und Geschichte. Aber die moderne Forschung hat bestätigt, dass Rom tatsächlich im 8. Jahrhundert v. Chr. entstanden ist: Damals schlossen sich die Stämme der Latiner und der Sabiner auf den Hügeln Palatin, Kapitol und Quirinal zu einer Stadt zusammen. Als die Stadt wuchs, kamen die übrigen vier Hügel dazu: Viminal, Esquilin, Caelius, Aventin (→ S. 268).

1. Erläutere, warum Amulius Rhea Silvia zur Vestalin machte (→ S. 38).
2. Erstelle einen Stammbaum zur Vorgeschichte Roms mit folgenden Personen: Aeneas, Amulius, Anchises, Ascanius, Numitor, Remus, Rhea Silvia, Romulus, Venus.
3. Das Relief erzählt in vier Szenen die Vorgeschichte Roms. Gib an, welche im Text erwähnten Szenen du erkennst.

W1
G1 **Sinnfindung**

(1) Numitor rēx erat, **dum** Amulius eum vīcit.

(2) Rhēa Silvia, **dum** Vestae serviēbat, marītum habēre nōn dēbēbat.

(3) **Dum** Rhēa Silvia dormit, Mārs eī appropinquāvit.

a. Erschließe, was die Subjunktion (unterordnendes Bindewort)
dum jeweils bedeutet: während – bis – solange.
b. Nenne bei dum in Satz (3) den Unterschied im
Tempusgebrauch zwischen Latein und Deutsch.

(4) **Lupa**, **postquam** līberōs cōnspēxit,
eōs aluit.
Nachdem die Wölfin die Kinder erblickt hatte,
säugte sie sie.
c. Nenne bei postquam den Unterschied im
Tempusgebrauch zwischen Latein und Deutsch.

(5) Rhēa Silvia, **quamquam** Vestālis erat, tamen māter erat.
d. Erschließe die Bedeutung von quamquam.
e. Mit dum, postquam und quamquam hast du nun drei neue Subjunktionen gelernt.
Du kennst bereits die Subjunktionen sī und quia. Ordne nun jeder der insgesamt fünf
Subjunktionen eine Sinnrichtung zu: temporal (zeitlich) – kausal (begründend) –
konzessiv (einschränkend) – konditional (eine Bedingung angebend).

G2 **Morgen ist heute schon gestern – Zukunftspläne**

Vincamne Numitōrem? Sī Numitōrem vīc-erō, rēx erō.

Servābitne Mārs līberōs meōs? Sī līberōs servāv-erit, gaudēbō.
Ō Mārs, servābisne līberōs nostrōs? Sī līberōs servāv-eris, gaudēbō.

Amulius Rhēa Silvia

f. Das neue Tempus heißt Futur II. Es beschreibt eine Handlung, die vor einem anderen Geschehen
in der Zukunft stattfindet. Zeige dieses Zeitverhältnis an den Sätzen.
g. Formuliere eine passende deutsche Übersetzung.
h. Erkläre, wie du dir die Zusammensetzung der neuen Formen leicht merken kannst
und inwiefern die Form vīc-erint (3. P. Pl.) abweicht.

W **1.** *Gründe eine Stadt.* **a.** *Baue die Wörter in deinen deutschen Text ein.*

populus – tectum – templum – regnum – multi – copia – forum – locus – mare – novus – mirus – magnus – pulcher

b. *Wer soll in deiner Stadt leben? Sammle lateinische Personenbezeichnungen (z. B.: viri). Wer die meisten findet, gewinnt!*

W₁ **G₁** **2.** *Ab ins Körbchen!*
a. *Wähle nur die Nebensatz-einleitungen aus.*

postquam – dum – tum – nam – itaque – quamquam – enim – quia – denique – si

b. *Gib die Bedeutungen aller Wörter an und ordne sie nach Sinnrichtungen.*
c. *Bilde mit den Subjunktionen deutsche Satzgefüge.*

3. *Was für Zeiten!? Übersetze und achte dabei auf die Tempora.*
1. Dum Numitor regnum tenebat, vita hominum bona erat. 2. Vita hominum bona erat, dum Amulius regnum vi cepit. 3. Amulius, postquam regnum cepit, multos torsit. 4. Dum Numitor procul a patria est, Amulius filios Rheae Silviae rapuit.

4. *Mars macht's möglich. Ordne die Subjunktionen zu und übersetze.*

> si – quamquam – quia

Mars: „Iuro: ▆ Amulius pueros necare vult, pueri vivent. Vivent, ▆ filii dei sunt. Vivent et urbem Romanorum condent. Romani, ▆ me semper colent, domini omnium terrarum erunt."

5. *Sätze zum Selberbasteln. Setze Haupt- und Nebensätze sinnvoll zusammen.*
1) quia liberi in periculo erant – 2) bestia tamen eos aluit – 3) lupa eos servavit – 4) dum in aqua erant – 5) postquam

clamorem audivit – 6) pueri magna voce clamabant – 7) quamquam homines erant – 8) lupa ad pueros cucurrit

6. *Numitor klagt in der Verbannung. Nenne die Nebensätze und übersetze dann.*
1. „Dum hic sedeo, frater meus populum torquet. 2. Is homo superbus me superavit, quia regnum petivit. 3. Postquam me expulit[1], miseram Rheam meam poena affecit. 4. Quamquam patriam amisi, animum non demisi. 5. Si dei volent, Amulium gladio tollam."

1) **expellere**, -ō, expulī: vertreiben

G₂ **7.** *Futur-II-Formen im Tiber ausgesetzt! Rette sie, indem du sie auswählst und jeweils Stammformen und Bedeutung angibst.*

iurabam – intellexerunt – sollicitaveris – cognoscent – violaverimus – fuit – ponis – exercetis – perdideratis – convenero

8. *Wer bin ich?* **a.** *Übersetze.*
b. *Ordne den Aussagen Sprecher zu: Mars – Rhea Silvia – Amulius.*
1. „Quid agam, si Amulius liberos necaverit?" 2. „Num Romani me colent, si liberos servavero?" 3. „Decedentne liberi, si eos in aquam misero?"

Z **9.** *Mach's lateinisch! Vervollständige die Sätze; achte dabei auf das Tempus.*
1. *Nachdem* Amulius Rheam Silviam *ergriffen hatte*, Numitor infelix erat.
2. *Falls* Amulius liberos *tötet (Fut. II)*, Rhea Silvia animum demittet.

H **10.** *Rhea Silvia staunt – Mars hat ihr die Zukunft prophezeit. Übersetze.*
1. **Incredibilia** dixisti, o Mars.
2. Sed **omnia**, quae dixisti, memoria tenebo. 3. Nam **unum** non ignoro: Dei fata sciunt.

Warum Rom nicht Remora heißt

Die im Tiber ausgesetzten Zwillinge hätten wohl nicht überlebt, wäre da nicht die Wölfin gewesen – und ein Hirte namens Faustulus.

a. Betrachte das Bild und entwickle Vermutungen, welche Rolle Faustulus spielen könnte (Z. 1–14).
b. Sammle die Zeitadverbien im Text und arbeite heraus, an welchen Stellen etwas Neues geschieht (Z. 15–25).

Gemälde von Pietro Berrettini, ca. 1643

Faustulus, dum pecora rēgis custōdit, subitō incrēdibilia cōnspēxit: Prope Tiberim lupa duōs puerōs cūrābat et alēbat. Quamquam Faustulus
5 bestiam timuit, tamen ad eam accessit. Lupa autem, postquam eum audīvit, caput vertit et eum spectāvit. Tum puerōs lambit[1] et – ab eīs dēcessit.
10 Statim Faustulus puerōs sustulit et cum eīs domum properāvit. Coniūnx eius, postquam omnia ā Faustulō audīvit, puerōs suscēpit et dīxit: „Puerōs, quōs invēnistī, ut meōs fīliōs alam, quia putō tē, Faustule, sīgnum deōrum vīdisse: Deī volunt nōs puerōs cūrāre et alere. Causam īgnōrō, sed ūnum sciō: Sī deīs pārēmus, certē nōn errāmus.“

15 Rōmulus et Remus multōs annōs putābant sē Faustulī fīliōs esse.
Tandem cōgnōvērunt sē nepōtēs Numitōris esse, cui Amulius rēgnum rapuerat.
Postquam Amulium rēgem ferrō sustulērunt, rēgnum Numitōrī trādidērunt.
Tum eīs placuit in eō locō, ubī lupa eōs aluerat, urbem novam condere.
Diū dē nōmine urbis certābant. Dēnique Rōmulus mūrum facere coepit.
20 Tum Remus: „Sī cēterī mūrum tuum parvum vīderint, rīdēbunt!“
Rōmulus autem: „Sī tū mūrum meum tetigeris, tē necābō!“
Quae verba Remus rīsit et mūrum frātris trānssiluit[2].
Rōmulus autem īrae nōn pepercit: Frātrem suum necāvit.
Tum clāmāvit: „Urbī, quam ego condiderō, dābō nōmen meum!
25 Rēx urbis novae erō.“

1) **lambere**, -ō, lambī: lecken 2) **trānssilīre**, -iō, trānssiluī: überspringen

c. Erkläre die Überschrift.
d. Vergleiche die Geschichte hier mit der biblischen Geschichte von Kain und Abel.

Die Anfänge Roms – Einwanderung erwünscht!

Romulus sucht Bürger. Remus hatte mit seinem Sprung über Romulus' Stadtmauer nicht nur den Bruder verspottet, sondern auch göttliches Recht verletzt: Eine Stadtmauer galt als heilig. Doch mit dem Brudermord hatte auch Romulus das Recht verletzt. Nun ging das Gerücht **(fāma)**, dass die Götter ihm und seiner Stadt zürnten. Daraufhin stellte Romulus neben seinem Thron einen zweiten auf: Damit wollte er zeigen, dass er seine Tat bereute und dass sein Bruder eigentlich mit ihm herrschen sollte. Dennoch hatte die neue Stadt keinen guten Ruf **(fāma)**. Auf Romulus' Aufruf hin strömten vor

Raub der Sabinerinnen. Gemälde von Pablo Picasso, 1962

allem Flüchtlinge und Verbannte nach Rom – fast nur Männer. Bei den Nachbarvölkern, den Sabinern, Latinern und Etruskern, ließ Romulus um Frauen bitten **(ōrāre)**, die die Römer heiraten sollten. Doch er stieß nur auf Ablehnung. Was tun? Ohne Frauen und Nachkommen würde Rom keine Zukunft haben. Da griff Romulus zu einer List: Er lud alle Nachbarn zu einem großen Fest ein, und sie kamen in Scharen, besonders die Sabiner mit ihren Familien. Als alle versammelt waren, ergriff auf ein Zeichen hin jeder Soldat **(mīles, -itis)** eines der Mädchen und entführte es. Die Mädchen mussten nun Römer heiraten. Dadurch war dann zwar der Fortbestand der Stadt gesichert, doch die Entrüstung der jungen Frauen war ebenso groß wie die ihrer Väter und Brüder …

Rachegedanken bei den Sabinern

Postquam Rōmānī Sabīnās rapuērunt, patrēs et frātrēs eārum īrā ācrī ārdēbant. Ē quibus ūnus dīxit: „Id, quod hominēs dē Rōmānīs dīcunt, **fāma** nōn est: Eōs omnēs scelerātōs esse nunc nōn īgnōrāmus. Itaque vōs **ōrō**: Patrēs, līberāte **fīliās** vestrās! Frātrēs, dēfendite **fāmam** sorōrum vestrārum! Capite arma et cum omnibus **mīlitibus** nostrīs petite Rōmam! Pūgnāte sine timōre, dum Rōmānōs vīcerimus! Sī **fīliās** sorōrēsque servāverimus, augēbimus glōriam populī nostrī."

Was steckt dahinter? Ursprünglich setzte sich die Bevölkerung Roms aus mehreren Stämmen zusammen, vor allem aus Latinern und Sabinern. Die Römer sprachen die Sprache der Latiner, nämlich Latein, übernahmen aber auch viel von den Sabinern. Noch in Ciceros Zeit nannten sich die Römer manchmal „Quiriten" – so hießen ursprünglich nur die Sabiner, die den Quirinal bewohnten. Auch dass Romulus nach seinem Tod den Beinamen Quirinus bekam, weist auf sabinische Ursprünge hin. Die Geschichten über die Frühzeit spiegeln, auch wenn sie nicht buchstäblich wahr sind, diese Tatsachen wider und versuchen zu erklären, wie das römische Volk aus mehreren Völkern trotz anfänglicher Konflikte zu einer Einheit zusammenwuchs.

Erschließe mit Hilfe des Textes, welche Personen und Personengruppen auf dem Bild dargestellt sind.

W   Ein Wort – viele Bedeutungen

gerere	negōtia
	bellum
	labōrēs
	vestem
	sē bene

a. *Die Grundbedeutung von **gerere** ist „tragen, (aus)führen". Erschließe, wie die Wendungen zu übersetzen sind.*

W₁ / G₁   Ein Ding mit E – die e-Deklination

RE	-s, -s, -s, -m, -rum, -ī, -ī, —, -bus, -bus

b. *Setze die Formen von **rēs**, Gen. **reī** (die Sache, das Ding; die Angelegenheit) zusammen und ordne sie nach Kasus und Numerus.*

 nox ↔ **diēs**

aciēs	gladiī
	oculī
	mentis

Aenēās omnia, quae dīxerat, fēcit.
Fidēs Aenēae māgna erat.

c. *Schärfe, Tag oder Zuverlässigkeit? Ordne den Wörtern der e-Deklination die richtige Bedeutung zu.*
d. *Gib jeweils den Genitiv an.*
e. ***aciēs mīlitum*** *heißt „Schlachtreihe". Erkläre, wie dies mit der Grundbedeutung zusammenhängt.*

W₂ / G₂   Ein etwas anderes Wort

| alterīus | – | alius, alia, aliud | – | aliō, aliā, aliō | – | aliī | – | alium, aliam, aliud |

f. ***alius*** *„ein anderer" wird im Sg. ganz ähnlich dekliniert wie **ūnus** und **nūllus**. Bringe die Formen in die richtige Reihenfolge und nenne die von **ūnus** und **nūllus** abweichenden Formen.*

Rōmānī Sabīnās capiunt.
Aliae fugiunt, **aliae** sē dēfendunt: *Die einen fliehen, die anderen verteidigen sich:*
Alia aliud facit.   *Jede macht etwas anderes.*
g. ***alius*** *im Doppelpack: Vergleiche die deutschen Sätze mit den lateinischen und beschreibe den Unterschied.*

W *1. Ein Verb, verschiedene Taten. Ergänze und übersetze.*

1. Mater filiam ▬ gerere frustra iussit.
2. Domina ▬ gerit. 3. Graeci cum Troianis diu ▬ gesserunt. 4. Mercatores in foro ▬ gerunt.

> bellum – se bene – vestem pulchram – multa et magna negotia

W1
G1 *2. Vokabel-Raub. Wähle alle Feminina aus und gib ihre Bedeutung an.*

caput – res – filia – mulier – fatum – mens – morbus – vir – acies – dies

3. Formen-Raub. Ordne jedem Substantiv ein passendes Pronomen zu.

> iis – ei (2) – ea – eius – eum – eorum – id – eae | dies – fratrem – regis – rei – militum – filiae – fides – rebus – indicium

*4. Zweifache **fides**. Übersetze.*

1. Sabina: „Serva me, pater!" Pater: „Te e periculis servabo." Pater filiae fidem dedit.
2. Filia dixit: „Certe me e periculis servabis." Filia verbis patris fidem habuit.

*5. Scharfe Sätze. Achte jeweils auf die passende Übersetzung von **acies**.*

1. Miles aciem gladii curat. 2. Milites in acie stant. 3. Seni acies oculorum parva est, sed acies mentis magna.

6. Wer passt zu wem?
a. Bilde nach KNG passende Paare.

diem – dies – re – rerum – res (4)

> ingentes – parva – infelicem – novas – multi – bonae – magnarum – ingens

b. Setze die Paare jeweils in den anderen Numerus. Bei einem Paar geht es nicht.

7. Römer suchen Frauen. Zwei Sabinerinnen lästern. Übersetze.

1. „Scisne Romulum urbem novam condidisse?" 2. „Certe! Nomen urbis Roma est. Iam multas res de ea urbe audivi.
3. Romulus multos dies frustra socios quaesiverat; tum sceleratos in urbem novam recepit[1]." 4. „Ita est. Sed mulieribus adhuc Romani carent. 5. Itaque Romulus patres nostros oravit: ‚Mittite nobis filias!'" 6. „Id certe non facient, quia Romulus vir malus est. 7. Qui fratrem suum necavit, quia irae parcere non potuit. 8. Patres nostri nos defendent. Immo contra Romanos pugnabunt, si necesse erit."

1) **recipere**, -iō, recēpī: aufnehmen

W2
G2 *8. Verbinde die Substantive aus Ü 3 mit passenden Formen von **alius**.*

*9. Es ist viel los in Rom. Übersetze und achte auf die Verwendung von **alius**.*

1. Servi, postquam in foro cibos et alias res emerunt, domum properant. 2. Alii, quamquam domini eos exspectant, cessant. 3. Ante muros milites sunt: Alii se exercent, alii se recreant. 4. Pueri ludum faciunt: Alius aliud nomen sibi dat et quaerit: „Quis sum?"

Z *10. Was machen die einen, was die anderen? a. Bilde sinnvolle Sätze und lasse einen Lernpartner sie übersetzen.*

alii …	ager	ingens	cupiunt
alii …	mulier	magnus	gerunt
	res	parvus	habitant
	tectum	pulcher	colunt

b. Denke dir selbst weitere Sätze aus.

11. Scherzfrage. Erkläre: „Wer Rom rückwärts betrachtet, findet die Liebe."

H *12. Nicht durch „durch". Übersetze die Ablative passend.*

1. Amicum meum voce cognosco.
2. Senatorem veste cognosco.
3. Militem armis cognosco.

Romulus wird zum Mythos

Die Sabiner lassen sich den Raub ihrer Töchter nicht gefallen und rüsten zum Krieg gegen die Römer und ihren König Romulus. Die Schlacht hat schon begonnen, als etwas völlig Unerwartetes geschieht.

a. Erschließe anhand des Textes und der Abbildung, worin dieses Unerwartete besteht (Z. 1–20).
b. Lies die direkte Rede in Z. 29–30 und entwickle Vermutungen, was passiert sein könnte (Z. 21–30).

Eō diē rēx Sabīnōrum cōpiās suās contrā aciem Rōmānōrum dūxerat. Postquam mīlitēs
5 cōnstitērunt, subitō inter aciēs mulierēs Sabīnae accucurrērunt! Cum lacrimīs patrēs et virōs ōrāvērunt: „Sī pūgnāre
10 vultis, in nōs vertite arma! Cōnstat nōs causam bellī, nōs causam vulnerum esse! Mortuae esse mālumus quam sine patribus, sine
15 virīs vīvere." Quae rēs omnēs mōvit. Sabīnī enim suās fīliās, Rōmānī suās coniugēs faciē cōgnōvērunt.

Die Sabinerinnen. Gemälde von Jacques-Louis David, 1799

Diū omnēs tacēbant. Dēnique mīlitēs arma dēposuērunt.
20 Rēgēs autem convēnērunt et pācem fēcērunt et fidem inter sē dedērunt.

Dum Rōmulus rēgnābat, Rōmānī alia quoque bella gerēbant et glōriam urbis augēbant. Aliquandō, dum Rōmulus ōrātiōnem habet dē rēbus mīlitāribus, subitō tempestās cum imbre et nūbibus lūcem diēī rapuit.
Postquam nūbēs dēcessērunt, Rōmānī mīram rem vīdērunt: Rēx nōn iam affuit!
25 Cuius reī causam omnēs īgnōrābant. Alius aliud putābat. Paucī clam dīxērunt:
„Senātōrēs, quī rēgī iam diū invidēbant, eum necāvērunt corpusque eius abdidērunt!"
Multī autem crēdidērunt aliī fāmae: Exclāmāvit enim ūnus ē iuvenibus, quī aderant:
„Deī Rōmulum in caelum sustulērunt!" Tum paene omnēs oculōs in caelum vertērunt
et Rōmulum ut deum salūtāvērunt: „Salvē, Rōmule, pater urbis nostrae,
30 nōs tē semper sacrīs colēmus, tū semper prōtege patriam nostram!"

c. Die Römerinnen waren stolz darauf, von den Sabinerinnen abzustammen. Begründe, warum.
d. Vergleiche Romulus' Ende mit dem des Herkules.

Geht es auch ohne Krieg? Ein König mit neuen Ideen

Münze (Sesterz) des Kaisers Nero,
um 65 n. Chr.

Der Nachfolger des Romulus. Der Krieg gegen die Sabiner endete mit einer Einigung: Von nun an herrschten Romulus und der Sabinerkönig Titus Tatius gemeinsam, bis Tatius starb. Romulus führte aber noch viele andere Kriege. Der Einfluss **(auctōritās, -ātis)** Roms wuchs dadurch rasch. Erst unter seinem Nachfolger Numa Pompilius konnten die Römer auf mehr Frieden hoffen **(spērāre)**. Numa fand es vor allem wichtig, Ordnung und Sitten durch das Gesetz **(lēx, lēgis)** und durch Religion zu stärken. Er soll unter anderem den Brauch eingeführt haben, den Tempel des Gottes Janus, des Gottes von Anfang und Ende, immer bei Beginn eines Krieges zu öffnen und am Ende zu schließen. Numa soll auch den Kalender reformiert und das Jahr in zwölf Monate eingeteilt haben. Damals begann das Jahr am 1. März; erst Jahrhunderte später wurde der Jahresanfang auf den 1. Januar vorverlegt. So also trugen die ersten beiden Könige, einer im Krieg, der andere im Frieden dazu bei, dass der Staat wachsen konnte.

War Romulus ein guter König? Zwei Senatoren unterhalten sich.
„Lacrimās tenēre nōn possum: Rōmulus, rēx noster, mortuus est! Māgna **auctōritās** eī fuit. Urbem condidit, mulierēs nōbīs dedit. **Brevī** tempore multās et māgnās rēs gessit." – „Tamen etiam malās rēs gessit: Frātrem necāvit, dolō Sabīnās rapuit." – „Sed auxit **auctōritātem** et potentiam Rōmānōrum, quia multōs **hostēs** vīcit. Potentia urbis **indicat** potentiam rēgis." – „Ita est. Tamen **spērō** Rōmānōs tandem pācī magis quam potentiae studēre. Nunc Numam Pompilium, virum Sabīnum, arcessēmus et eī rēgnum Rōmānum dābimus. Quī urbī nostrae, quam Rōmulus vī condidit et armīs auxit, **lēgēs** et pācem dābit."

Sieben Könige. Insgesamt soll es sieben Könige in Rom gegeben haben. Mit dem fünften, Tarquinius Priscus (→ S. 27), begann eine neue Ära: die Etruskerherrschaft. Die Tarquinier waren eine etruskische Familie, die tatsächlich in Rom herrschte. Der Name verweist auf die Stadt Tarquinii in der heutigen Toskana. Die hochentwickelte etruskische Kultur prägte Rom ganz besonders: Rituale wie die Leberschau (→ S. 24), aber auch Zirkus- und Gladiatorenspiele gehen auf die Etrusker zurück. Der letzte Etruskerkönig in Rom, Tarquinius Superbus, machte sich sehr unbeliebt und wurde schließlich mit Gewalt vertrieben.

Tänzer. Etruskisches Fresko aus Tarquinia, um 470 v. Chr.

1. *Numa Pompilius wird auch als „zweiter Gründer" Roms bezeichnet. Begründe diese Bezeichnung.*
2. *Die Münze wurde von Kaiser Nero geprägt. Sie zeigt den Janustempel mit verschlossenen Türen. Erkläre, was Nero damit stolz zum Ausdruck bringen wollte.*
3. *Der Beiname des letzten Königs verrät dir, was die Römer ihm vorwarfen. Erkläre den Namen.*

W₁
G₁ **Die *u*-ltimative Deklination**

fīlius

Exercitus māgnus ante urbem est. **Hostēs** cum **exercitū** nōs petunt. **Exercitum** timeō; nam vīs eius **exercitūs** māgna est. Ingentī **exercituī** resistere nōn poterimus.

pater

Iam saepe **exercitūs** māgnī ante urbem erant. Saepe **hostēs** cum **exercitibus** nōs petēbant. Eōs **exercitūs** nōn timēbāmus, quamquam vīs eōrum **exercituum** māgna erat. Ingentibus **exercitibus** resistēbāmus.

a. Erschließe die Bedeutung von exercitus.
b. Bestimme Kasus und Numerus jeder Form von exercitus im Text.
c. Dekliniere exercitus.

Ecce **exercitus** māgnus! Vidēsne māgnam **manum** mīlitum? Mīlitēs in **manibus** arma habent, **vultūs** eōrum saevī sunt.

Corpora nōn colunt: **Cultum** corporis neglegunt. Certē etiam **cultum** deōrum neglegunt.

d. Ordne den neuen Wörtern die Bedeutungen zu: Verehrung –
Gesicht – Hand – Pflege – Schar. Manus und cultus haben jeweils
zwei verschiedene Bedeutungen.
e. Eines dieser Wörter ist im Gegensatz zu den übrigen der u-Deklination feminin. Nenne es.

W₂
G₂ **Das Ausnahme-Haus**

Iam **exercitus domuī** meae appropinquat. In **domō** coniūnx et līberī sunt!

Domōs nostrās dēfendere dēbēmus. Claudite portās **domōrum**!

f. Das Substantiv domus, -ūs bedeutet „Haus". Gib das Genus an und nenne die Formen,
die von der Bildung der übrigen Substantive der u-Deklination abweichen.

G₃ **Klarer Fall von Zugehörigkeit**

(1) Rēgnum nōn iam Rōmulī est, sed Numae.
(2) Rēx bonus hominēs cūrat.
    Nam rēgis bonī est hominēs cūrāre.
(3) Rēgis piī est deōs colere.
g. Die markierten Genitive mit est geben an, zu wem etwas gehört:
ein Besitz, eine Eigenschaft oder eine Aufgabe. Erschließe passende Übersetzungen.

W *1. König nach Wunsch. **a.** Wähle aus, was die Römer wohl von ihrem neuen König erwarteten.*

vis – leges – auctoritas – ira – potentia – fides – pax – animus pius – mens – bellum – labor – libertas – poena – timor
b. Wähle aus, was du mit einem guten Herrscher verbindest.

W₁
G₁ *2. Paarweise. **a.** Kombiniere.*
militaris – regnare – facies – imber – miles – protegere – regnum – mors – custos – vultus – nubes – mortuus
b. Beschreibe, wie die Paare jeweils zusammengehören.

3. Wer tanzt aus der Reihe? Begründe.
a. morbus – manus – murus – modus
b. bellum – exercitum – vultum – cultum
c. exercitui – cultui – manui – valui

4. Neuzugänge. Nenne die Lernform und weise jeweils das passende Haus zu.
filiarum – noctes – horas – dies – pecora – manuum – vulnus – vultibus – virum – tempestas – tempus – umerum – corpus

a-Dekl. — o-Dekl. — e-Dekl. — kons. Dekl. — u-Dekl.

*5. Doppelter Verrat. Im Krieg mit den Römern bat der Sabinerkönig Titus Tatius die Vestalin Tarpeia um Hilfe. **a.** Übersetze.*
1. Tatius Tarpeiam oravit: „Brevi Romam petemus. 2. Tu mortem multorum prohibere poteris, si portas urbis aperies." 3. Tarpeia, quae armillas[1] aureas Sabinorum viderat, respondit: 4. „Praemium spero: Eas res, quas manibus laevis[2] geritis, cupio." 5. Tatius

Tarpeiae fidem dedit. Quae et famam suam et cultum Vestae deae neglexit et nocte portas aperuit.
b. Ob das gut geht? Erschließe mit Hilfe der fett gedruckten Wörter den Ausgang. Prüfe dein Ergebnis durch Übersetzen.
6. Sed **Tatius**, postquam manus militum eius urbem ita ceperunt, **cum vultu saevo** exclamavit: 7. „Nunc tibi praemium damus: Ea, quae manibus laevis[2] gerimus, tibi sunt." 8. Sed **manibus laevis**[2] Sabini non solum **armillas**[1], **sed etiam scuta**[3] gerebant. 9. Ea in Tarpeiam miserunt. Ita **eam necaverunt**.

1) **armilla**, -ae f: der Armreif   2) **laevus**, -a, -um: der linke   3) **scūtum**, -ī n: **der** Schild

W₂
G₂ *6. a. Wer tanzt aus der Reihe? Begründe.*
domui – domo – domi – domos – domorum – domus (!)
b. Bilde, wo möglich, die entsprechenden Formen von vultus – dies – orator.

G₃ *7. Klatsch und Tratsch – zwei Römer im Gespräch. Übersetze.*
1. „Videsne novam domum, quae in Aventino monte est? 2. „Ea domus mercatoris est. Ingens quidem est; sed eam pulchram esse non puto." 3. „Domum tam magnam possidere non mercatoris, sed senatoris est." 4. „Immo malorum morum est magna domo se iactare[1]."

1) **sē iactāre** (m. Abl.): angeben (mit etw.)

8. Zugehörigkeiten gesucht. Bilde sinnvolle Sätze und übersetze sie.

Puellarum est	multas res	ducere
Mercatoris est	deos	vendere
Regis est	ludum	colere
Hominis pii est	exercitum	facere

Z *Erkläre das Sprichwort.*
Parva domus, parva cura[1].
1) **cūra**, -ae f: die Sorge

König Numa und sein Geheimnis

Romulus' Nachfolger Numa Pompilius gilt bei den Römern schon bald als zweiter Gründer Roms – und als äußerst merkwürdig ...

a. Sammle Substantive im Text, die zu Romulus, und solche, die zu Numa passen (Z. 1–18).
b. Auf dem Bild spielt ein Waldgott Flöte. Erschließe mit Hilfe des Textes, wer die anderen beiden Figuren sind (Z. 19–28).

Numa rēx urbem, quam Rōmulus vī et
armīs condiderat, lēgibus et mōribus
iterum condere parāvit. Vidēbat enim
animōs Rōmānōrum multīs bellīs
5 saevōs esse. Itaque Rōmānōs docēbat
pācem dīligere et cultum deōrum nōn
neglegere. Rēx, postquam Iānō deō
templum fēcit, cum sevērō vultū
ōrātiōnem habuit: „Portae eius templī,
10 Rōmānī, pācem bellumque
indicābunt: Dum exercitus noster
cum hostibus bellum geret, portae
apertae erunt. Sī pācem cum fīnitimīs
fēcerimus, portās claudēmus. Spērō
15 nōs mox eās claudere posse!“
Tum omnēs sustulērunt manūs et
rēgis verba laudāvērunt. Profectō
Numa brevī tempore cum omnibus fīnitimīs pācem fēcit et templī portās clausit.

Gemälde von Nicolas Poussin, 1624–27

Rōmānī hūmānitātem et pietātem Numae dīligēbant. Tamen multī dīcēbant
20 mōrēs eius mīrōs esse. Noctibus enim saepe nōn domī dormiēbat,
sed domō dēcēdēbat et lacum, quī prope urbem situs erat, petēbat.
Aliquandō, postquam rēx domum vēnit, ūnus ē ministrīs ad eum accessit
eumque rogāvit: „Numa, quid noctibus ad lacum facis?“ Numa eī respondit:
„Ibi domus est Ēgeriae nymphae. Quae mihi indicat voluntātem deōrum.
25 Nōnne rēgis bonī est voluntātem deōrum cōgnōscere?“
Fāmam dē nymphā brevī paene omnēs Rōmānī audīverant.
Aliī putābant Ēgeriam dīvam coniugem Numae esse, aliī dīxērunt
rēgem auctōritātem suam augēre voluisse et sermōnēs cum nymphā fīnxisse.

c. Der Text gibt zwei Meinungen über Numa und Egeria wieder (Z. 27–28). Entscheide dich für eine und begründe deine Wahl.
d. Recherchiere Informationen (→ S. 142) über den Gott Janus.

Die Anfänge Roms

Aeneas

Nach der Eroberung Trojas durch die Griechen floh der Trojaner Aeneas, Sohn der Venus, mit seinem Sohn, seinem Vater und den Penaten. Auf seiner Flucht über das Mittelmeer machte er Station in Karthago bei der Königin Dido. Er stieg sogar in die Unterwelt. Aeneas nahm alle Gefahren auf sich, weil es der Wille des Schicksals *(fatum)* war, dass er eine neue Heimat in Italien gründete und so zum Urahn der Römer wurde.

1. Venus gilt als Stammmutter der Römer. Begründe diese Aussage.

Vergil und die Aeneis

Vergil, einer der bedeutendsten Dichter Roms, verfasste das Epos (Heldengedicht) „Aeneis". Darin erzählt er von den Irrfahrten des Aeneas und den Kriegen, die Aeneas in Italien zu bestehen hatte. Dieses Werk war für die Römer sehr wichtig, denn sie konnten darin vom mythischen Ursprung ihrer Geschichte lesen; zudem stand darin, dass die Herrschaft Roms über die Welt dem Willen der Götter entspreche.

2. Jupiter sagt in der Aeneis zu Venus: „Ich habe ihnen (den Römern) Herrschaft ohne Ende gegeben." Erläutere diesen Satz.

Roms sagenhafte Gründung

Romulus und Remus waren die Zwillingssöhne der Rhea Silvia und des Mars. Da Rhea Silvia als Vestalin keine Kinder haben durfte, wurden diese in einem Körbchen im Tiber ausgesetzt. Eine Wölfin fand sie dort und nährte sie. Als junge Männer beschlossen Romulus und Remus, an dem Ort ihrer Rettung durch die Wölfin eine Stadt zu gründen. Doch sie gerieten dabei in Streit; Romulus erschlug seinen Bruder und gründete dann Rom allein.

3. Erkläre, warum sich die Römer als das „Marsgeschlecht" bezeichneten.

Romulus als erster König

Romulus wurde der erste König Roms. Doch in seiner neuen Stadt ließen sich zunächst hauptsächlich Männer nieder. Da Frauen fehlten, ließ Romulus die Sabinerinnen entführen. Zwar begannen die Sabiner daraufhin Krieg, doch dieser wurde durch den Protest der Frauen, die ihre Entführer inzwischen liebgewonnen hatten, beigelegt. Romulus führte noch viele Kriege, um die Macht Roms zu vergrößern.

4. Frauen zeigten in der römischen Frühzeit immer wieder ihren Heldenmut, z. B. Cloelia und Tanaquil. Recherchiere nach diesen Frauen.

Die Königszeit

Der Nachfolger des Romulus hieß Numa Pompilius. Im Gegensatz zu dem kriegerischen Romulus war Numa ein friedlicher Herrscher. Dies zeigte sich auch darin, dass er den Janustempel errichten ließ, dessen Tore in Friedenszeiten geschlossen waren. Außerdem soll er den Kalender reformiert haben. Insgesamt herrschten sieben Könige in Rom (→ S. 268); der letzte war der Etrusker Tarquinius Superbus. Danach begann die Republik.

5. Die römische Geschichte lässt sich in drei große Abschnitte einteilen. Benenne diese Abschnitte (auch mit Hilfe des Zeitstrahls).

Die Leistungen der Könige

Über die beiden ersten Könige, Romulus und Numa Pompilius, hast du schon einiges erfahren.

1. *Sammle lateinische Begriffe für Tugenden; weise diese dann Romulus und Numa zu.*
2. *Die römischen Monate hießen* **Martius**, *Aprilis,* **Maius,** *Iunius,* **Quintilis, Sextilis, September,**
October, November, December, Ianuarius, *Februarius. Die hervorgehobenen sind entweder nach Zahlen oder nach Göttern benannt, die du kennst. Erkläre diese Namen.*

Auch die anderen Könige sollen für die Stadt Rom
Bedeutendes geleistet haben: Tullus Hostilius,
Ancus Marcius, Tarquinius Priscus, Servius Tullius
und sogar der verhasste Tarquinius Superbus.

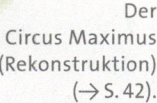

Der
Circus Maximus
(Rekonstruktion)
(→ S. 42).

Der Jupitertempel auf dem Kapitol.

Die Curia heute (→ S. 38).

Die alte Stadtmauer Roms soll ebenfalls auf einen der Könige
zurückgehen. Tatsächlich sind die erhaltenen Überreste nicht
ganz so alt (4. Jh. v. Chr.).

3. *Recherchiere (→ S. 142), auf welchen König welches der Bauwerke auf dieser Seite zurückgehen soll.*
4. *Gruppenarbeit: Jede Gruppe wählt eines der folgenden Themen:*
Curia – Ostia – Kapitol – Circus Maximus – Stadtmauer Roms.
Stellt zusammen, was im ganzen Lateinbuch zu dem Thema gelernt wurde, und tragt dies der Lerngruppe vor. **Tipp:** *Die Bilder auf dieser Seite erleichtern euch das Suchen im Buch. Für das letzte Thema müsst ihr außerhalb des Buches recherchieren (→ S. 142).*
5. *Diskutiert: Welche Könige findet ihr am wichtigsten? Vergebt Gold, Silber und Bronze und begründet eure Wahl.*

Ostia, der Hafen Roms.

Gewusst wo – Informationen beschaffen

Dein Lateinbuch bietet dir zahlreiche Informationen zum Leben in und um Rom. Wie du schon weißt, helfen dir die **Karten** im Einband, das **Eigennamenverzeichnis** (S. 264) und der **Zeitstrahl** (S. 270), dich zu orientieren. Wenn du aber noch mehr über ein bestimmtes Thema wissen willst, lohnt es sich, selbstständig nach weiteren Hinweisen zu recherchieren.

Ein Rechercheauftrag könnte zum Beispiel so aussehen:

Wie du in Lektion 23 erfahren hast, wurde Rhea Silvia gezwungen, eine Vestalin zu werden. Recherchiere Informationen über die Stellung und die Aufgaben der Vestalinnen.

Gerade bei großen Rechercheaufträgen ist es hilfreich, verschiedene Quellen schrittweise auszuwerten:

1. Nach Hinweisen zum Thema fischen
- **Sachbücher** und **Lexika**: Bücher findest du nach Fächern geordnet in deiner Schulbibliothek oder in der Stadt- oder Gemeindebibliothek.

- **Internet**: Mit Hilfe von Suchmaschinen gewinnst du unzählige Informationen zu deinen Suchbegriffen. Je weiter du deine Suche durch **eindeutige Stichworte** einschränkst, umso besser passen die Treffer zu deiner Anfrage.

2. Die Ergebnisflut beherrschen
- Übertrage nur wichtige Informationen in eine **Mindmap**.
- Wenn du **widersprüchliche Angaben** zu einem Thema findest, stelle sie in der Lerngruppe zur Diskussion.

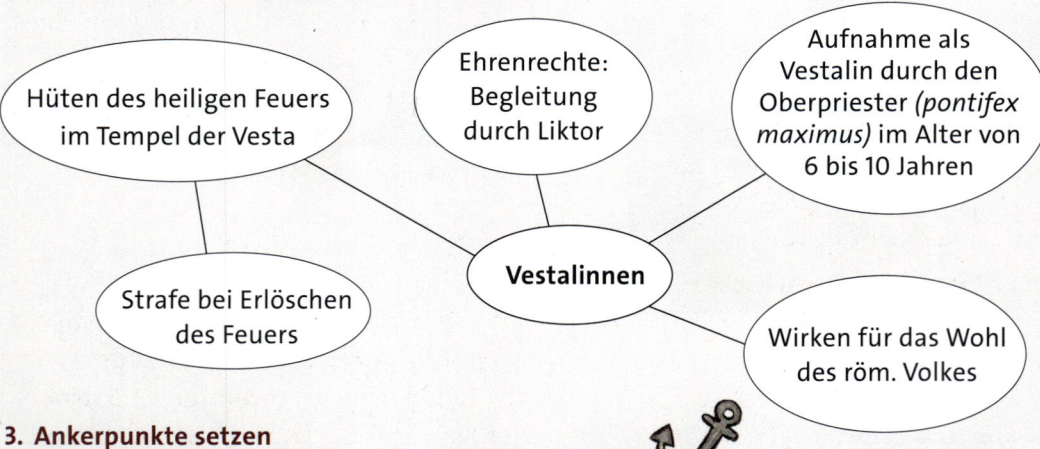

3. Ankerpunkte setzen
- Fasse deine Notizen **in eigenen Worten** zusammen.
- Hebe wichtige Punkte farblich hervor.
- Wenn du deine Ergebnisse deiner Lerngruppe vorstellst, kannst du in einer digitalen Präsentation, auf einem Übersichtsblatt oder einem Plakat **das Wichtigste** festhalten.

In Lektion 21 und 22 hast du einiges über Dido erfahren. Recherchiere weitere Informationen zu Dido und stelle deine Ergebnisse dar.

Lektionen 21–22

1. *Blick in die Zukunft. Sortiere nach der Art der Futurbildung und übersetze.*
tollent – sedebo – emam – sustinebunt – accedam – perges – convenietis – bibam

2. *Verben auf Zeitreise.*
a. *Setze alle Plusquamperfekt-Formen ins Futur und umgekehrt.*
b. *Übersetze die entstandenen Formen.*
arserant – capiam – errabat – coeperas – iurabant – permiseramus – defendent – possident – cognoverat – vertet – venio – instituetis – sustuli – auxeram – amittes

3. *Was gewesen war. Setze die Verben im Plusquamperfekt in der passenden Person ein und übersetze.*
1. Graeci Troiam (capere); ex eo tempore Aeneas per maria errabat. 2. Aeneas, quia umbra patris eum multa nocte (monere), iter perrexit. 3. Cui Dido, quam (amare), saepe in mentem venit. 4. Interea infelix Dido, quam (relinquere), ferrum in se vertit.

4. *Was sein wird. Setze die Verben im Futur in der passenden Person ein und übersetze.*
1. Aeneas sciebat: „Nos patriam novam (invenire). 2. Mox terram Italiae (tangere). 3. Ibi post multa bella (vincere). 4. Troiani, ut antea, agros (colere), pecora (alere), vitam bonam (agere). 5. Filius meus rex (esse) et populo (imperare). 6. Nepotibus dei saecula aurea (dare)."

5. *Wichtige Fragen. Antworte auf Latein; übersetze dann Fragen und Antworten.*
1. Nonne Dido Aeneam amavit?
2. Conspexitne Aeneas Italiam?
3. Quis eum inter inferos exspectavit?
4. Num Aeneas infelix fuit?

6. *„O-Ton" Cicero. Übersetze und erkläre.*
Ubi bene (est), ibi patria (est).

Lektionen 23–24

7. *Schau genau. Bestimme und übersetze jeweils beide Formen.*
protexerunt; protexerint – defenderit; defendit – cesseris; cessaveris – fueram; fuero

8. *Versteckte Dinge. Sammle die Wörter, die der e-Deklination angehören, bestimme sie und nenne ihre Bedeutung.*
a. rebus – geres – acies – acres – agri – faciem – faciam – famam – fames – fides – vertes – imbres – rerum – regum
b. diem – deum – dei – diu – duo – diei – decem – dedi – deae – diebus – debet

9. *Aeneas lässt den Kopf nicht hängen. Übersetze und wähle die passende Bedeutung für* **dum***.*
1. Postquam Aeneas patriam amisit, Venus mater ei dixit: 2. „Noli desperare, dum in periculis eris!" 3. Aeneas per multas terras iter fecit, dum aliam patriam invenit. 4. Aeneas, dum bella gerebat, infelix fuit.

10. *Mache es „anders": Ergänze jeweils alle nach KNG passenden Formen von* **alius***.*

▬ res – ▬ filiae – ▬ mulieris – ▬ diem – ▬ muro – ▬ sacrum – cum ▬ sorore – ▬ aciei

11. *Fehlende Verbindung.*
Ergänze und übersetze.
1. Romulus: „▬ ludos paravero, Sabini venient." 2. Romani, ▬ mulieribus carebant, Sabinos vocaverunt. 3. Sabini, ▬ urbem intraverunt, ludos spectabant. 4. ▬ ludi sunt, Romani filias Sabinorum rapuerunt.

dum – postquam – si – quia

12. *Eine Klosterregel. Übersetze.*
Ora et labora!

Lektionen 21–25

13. *Wer tanzt aus der Reihe?*
Begründe.
a. aperto – sito – domo – severo
b. tempus – corpus –
cultus – pecus
c. manuum – mortuum –
vultuum
d. pietate – acie – fide – luce – dive

14. *Sachfeld mal drei. Sortiere die Wörter*
nach Sachfeldern.
caput – hostis – tempestas – vultus –
exercitus – corpus – nubes – oculus –
vi et armis – militaris – lacus – facies –
manus (!) – aqua – umerus – imber –
acies – lacrima – miles

15. *„Perfekte" Freunde.*
a. *Übersetze und nenne die Stammformen.*
clauserat – rapuerunt – tradidit – cepisti –
dilexero – possedi – oraverat – verterint
b. *Sortiere die Verben nach der Art ihrer*
Perfektbildung und nenne zu jeder
Perfektbildungsart zwei weitere dir
bekannte Verben.

16. *Ein Stamm – drei Tempora.*
a. *Erstelle zu jeder Form eine Reihe, z. B.*
amat – amabat – amabit *bzw.*
amavit – amaverat – amaverit.
b. *Nenne den Infinitiv und dessen*
Bedeutung.
moverit – alunt – gessi – coeperamus –
egisti – bibebas – instituo – accessistis

17. *Wer war wer im frühen Rom?*
Ergänze die Lücken sinnvoll und übersetze.
1. Romulus, qui regnum tenuit, primus ▬
Romanorum fuit. 2. Senes, qui in curiam
conveniebant, ▬ fuerunt. 3. ▬ in foro
orationes habuerunt. 4. ▬ rem militarem
gesserunt. 5. ▬ in campo Martio se
exercebat.

18. *Mein Haus.* **a.** *Stelle dir vor, du wohnst*
in Rom. Beschreibe dein Haus, indem du
die Sätze richtig in KNG ergänzt.
1. Domus, in qu▬ habito, ▬ (parvus/
magnus/ingens/pulcher/clarus/aureus/
novus) est. 2. Domus ▬ (in/prope/ad/
ante/procul ab) ▬ (forum/curia/
templum/lacus) sit▬ est. 3. In mea
dom▬ cum ▬ (unus, duo, tres, …)
▬ (frater/soror/amicus/amica) habito.
b. *Natürlich kannst du jeweils mehr als*
eine Ergänzung auswählen. Benutze
dafür die Konjunktionen
***et**, **et … et …** und **-que**.*
c. *Lasse einen Lernpartner*
deine Sätze übersetzen.

19. *Pflicht oder nicht? Entscheide selbst,*
wie viele Aufgaben du lösen willst.
a. *Kombiniere sinnvoll und übersetze;*
achte auf die Wiedergabe des Genitivs.
Romuli regis erat … / Numae regis erat … /
Egeriae nymphae erat …

> voluntatem deorum indicare – multa bella
> gerere – auctoritatem regis augere –
> mores legesque instituere – portas templi
> Iani claudere – rem militarem curare –
> potentiam Romanorum augere

b. *Auch andere Könige haben viel geleistet*
(→ S. 141). Weise ihnen nach dem Muster
von (a) die Aufgaben zu.

> curiam instituere – Circum Maximum
> instituere – Ostiam condere – murum
> magnum instituere – Iovem templo colere

c. *Nun darfst du Aufgaben verteilen.*
Ergänze die Sätze auf Latein und lasse
einen Lernpartner sie übersetzen.
1. Amici/amicae est … 2. Hominis pii est …
3. Senatoris boni est … 4. Scelerati mali
est … 5. Romanorum erat … 6. Oratoris clari
est … 7. Servorum erat … 8. Hostis saevi
est … 9. Parentum est …

Ein bitterer Sieg für Aeneas

In Italien musste Aeneas noch viele Kämpfe bestehen, bis er seinen Hauptgegner, Turnus, besiegen konnte. Einheimische Verbündete unterstützten ihn dabei. Besonders Pallas, ein sehr junger Mann aus der Gegend des späteren Rom, brannte darauf, ihm zu helfen.

a. Sammle dir bekannte Figuren im Text und erkläre kurz, wer sie sind.
b. In einem antiken Epos bestimmen sowohl Menschen als auch Götter die Handlung. Belege, dass dies auch auf diesen Text zutrifft.

Der Kampf zwischen Aeneas und Turnus. Gemälde von Giacomo del Po, ca. 1700

Postquam Aeneas aciem instituit,
Pallas statim Turnum, ducem[1] exercitus
hostium, gladio petivit. Qui risit:
„Tune me vincere posse putas, puer?
5 Si ad me accesseris, uno ictu[2] te necabo."
Ad ea verba superba adulescens nihil
respondit. Tacite[3] autem oravit:
„Te voco, Hercules, te oro: Quondam
ab Hesperidibus huc veneras
10 in patriam domumque nostram;
hospes fuisti patris mei.
Antea ingentes bestias necaveras multorumque mortalium vitam servaveras.
Itaque tibi fidem habeo: tu, si me audiveris, mihi aderis. Tu mihi auxilium dabis!"
Profecto Hercules ea verba audivit. Sed Iuppiter eum retinuit: „Fata prohibent."
15 Et Hercules divus, quamquam lacrimas tenere non potuit, tamen patri deorum paruit.
Dum Pallas ad hostem accedit, Hercules, quia caedem[4] videre noluit, oculos vertit.

Pallas autem, qui verba Iovis non audiverat, magno animo hosti respondit:
„Corpus ingens vultusque saevus tibi est, sed mihi est vis et acies mentis.
Si me petiveris, tibi non cedam!" Vix ea verba fecerat: Iam Turnus affuit et,
20 ut antea dixerat, brevi tempore adulescentem superavit et necavit.

Interea Aeneas alio loco pugnaverat. Postquam amicum mortuum esse cognovit,
dolor iraque acris animum eius cepit. Statim Turnum quaesivit; mox eum petivit
et vicit et necavit. Sic fata voluerunt.

1) **dux**, ducis m: der Führer   2) **ictus**, -ūs m: der Hieb   3) **tacitē**: im Stillen   4) **caedēs**, -is f: das Gemetzel

c. Erkläre, welche Rolle das Schicksal in dem Text spielt. Vergleiche das mit dem, was du bisher über das Schicksal des Aeneas erfahren hast.
d. Beschreibe das Bild: Zeige Aeneas und Turnus und erkläre, inwiefern der Künstler auch das „fatum" dargestellt hat.

Wortschatz 1 ✓

S. 12	**familia**	die Familie	*die Familie*
	servus m	der Diener, der Sklave	*servieren*
	serva f	die Dienerin, die Sklavin	
	domina f	die Herrin; die Hausherrin	
	dominus m	der Herr; der Hausherr	*dominant*
	negōtium n	die Aufgabe; das Geschäft	
	est	er/sie/es ist; es gibt/findet statt	
	amīcus m	der Freund	*ital. amico*
	et	und; auch	
	amīca f	die Freundin	*ital. amica*
	ubī?	wo?	
	nōn	nicht	
	hīc	hier	

S. 13	**properāre**	eilen, sich beeilen	
	labōrāre	arbeiten; leiden	*das Labor*
	clāmāre	(laut) rufen, schreien	
	sedēre	sitzen, dasitzen	
	gaudēre	sich freuen, froh sein	*die Gaudi*
	sunt	sie sind; es gibt/findet statt	

S. 15	**nam**	denn, nämlich	
	etiam	auch; sogar	
	ibi	dort	
	dēbēre	müssen; schulden	
	nunc	nun, jetzt	
	sed	aber, doch; sondern	
	cūr?	warum?	
	ōtium n	die Freizeit, die Ruhe, die Muße	→ *negotium*

	forum n	das Forum, der (Markt-)Platz, das Stadtzentrum
	nōmen n	der Name

Handwritten margin notes: *Dienstag, Mittwoch, Donnerstag, Freitag, Samstag*

properāre **labōrāre** **clāmāre** **sedēre** **gaudēre**

S.16	**lectus** m	das Bett, die Liege	
	mēnsa f	der Tisch	*die Mensa*
	cibus m	die Speise, das Essen; die Nahrung	
	cēnāre	essen, speisen	
	vīnum n	der Wein	*ital. vino*
	aqua f	das Wasser	*das Aquarium*
	vocāre	rufen	*der Vokal*
	quid?	was?	
	rīdēre	lachen (über); auslachen	

S.17	**imperāre**	befehlen, anordnen; herrschen (über)	*der Imperativ, der Imperator*
	pārēre	gehorchen, folgen	*parieren*
	cessāre	zögern (zu tun), sich Zeit lassen	
	salūtāre	grüßen, begrüßen	*salutieren*
	salvē!	sei gegrüßt! / grüß dich!	
	venīre	kommen	
	audīre	hören, anhören	*die Audiodatei, die Audienz*
	dormīre	schlafen	

S.19	**dēspērāre**	verzweifeln, die Hoffnung aufgeben	
	tum	dann, darauf, da; damals	
	iam	schon, bereits	
	subitō	plötzlich	
	num?	etwa?	
	aperīre	öffnen; aufmachen	
	intrāre	betreten, eintreten (in)	
	nōn dēbēre	*nicht müssen; nicht dürfen*	
	salvēte!	*seid gegrüßt! / grüßt euch!*	

	cēna f	die (Haupt-)Mahlzeit, das Essen
	garum n	die Fischsoße
	glīs m	die Haselmaus
	gūstus m	die Vorspeise
	triclīnium n	der Speiseraum, das Speisezimmer

Salvē!

Wortschatz 3

verbum n	das Wort	*verbal*
tacēre	still sein, schweigen; verschweigen	
rogāre	fragen; bitten (um)	
respondēre	antworten	
docēre	lehren, beibringen, unterrichten	*der Dozent*
fābula f	die Geschichte, die Erzählung; das Theaterstück	*fabula docet, die Fabel*
laudāre	loben	*die Laudatio*
bene	gut	*nota bene („merke gut!")*
tū	du	
tabula f	die (Wachs-)Tafel, das Brett	*tabula rasa („reiner Tisch"), engl. table*

amāre	lieben, (gerne) mögen	*ital. amare*
cūrāre	sich kümmern (um), sorgen (für); pflegen	*die Kur*
ego	ich	*egoistisch*
spectāre	(an)schauen, betrachten	*das Spektakel*
monēre	(er)mahnen, erinnern	*das Monument*
amīcōs fābulam docēre	*die Freunde eine Geschichte lehren*	

S. 23

tandem	endlich, schließlich
puella f	das Mädchen
quis?	wer?
autem (nachgestellt)	aber, jedoch
semper	immer
nārrāre	erzählen, berichten
quaesō/quaesumus	(ich) bitte / wir bitten
enim (nachgestellt)	denn, nämlich

grammaticus m	der Literaturlehrer, der (Sprach-)Gelehrte
magister m	der Lehrer

amāre

S. 24	**Rōmānus** m	der Römer	
	dea f	die Göttin	
	deus m	der Gott	*deus ex machina („Gott aus der (Theater-)Maschine")*
	sacrum n	das Opfer(tier), *Pl.* die Opferhandlung	*das Sakrament*
	āra f	der Altar	
	templum n	der Tempel	
	īgnōrāre	nicht wissen, nicht kennen	*ignorieren*
	nōn īgnōrāre	*genau wissen, gut kennen*	
	habēre	haben; halten	
	timēre	fürchten, sich fürchten; Angst haben	

S. 25	**colere, colō**	bewirtschaften, bebauen, pflegen; verehren	*kultivieren, die Kultur*
	emere, emō	kaufen	
	vendere, vendō	verkaufen	
	dīcere, dīcō	sagen, sprechen, reden; nennen	*dichten, diktieren*
	facere, faciō	tun, machen, ausführen	*das Fazit, der Faktor*
	sacra facere	*opfern*	
	cupere, cupiō (m. Inf.)	wünschen (zu tun), (haben) wollen, begehren	

S. 27	**novem**	neun	
	mīlle	tausend	*das Millennium, der Millimeter*
	nummus m	die Münze	
	pōscere, pōscō	fordern	
	trēs	drei	*das Trio, ital. tre*
	incendere, incendō	entflammen, in Brand setzen	
	sex	sechs	*das Sextett, ital. sei*
	iterum	wiederum, ein zweites Mal	
	certē (Adv.)	sicher, gewiss	
	sī	wenn, falls	

auspicium n	die Vogelschau	
ōrāculum n	das Orakel	

īgnōrāre

Wortschatz 5

S. 28	**theātrum** n	das Theater	
	vidēre, videō	sehen	*das Video*
	lūdus m	das Spiel; die Schule; *Pl.* die (Zirkus-)Spiele	
	incipere, incipiō	anfangen, beginnen	
	fīlius m	der Sohn	
	effugere, effugiō (m. Akk.)	(jemandem) entkommen	
S. 29	**mercātor** m	der Händler, der Kaufmann	
	senātor m	der Senator	
	gladiātor m	der Gladiator	
	fūr m/f	der Dieb / die Diebin	
	clāmor m	der Schrei; das Geschrei; der Lärm	→ *clamare; die Reklame*
	esse, sum	sein	
	adesse, adsum	da sein; helfen	→ *esse*
	abesse, absum	fort sein, weg sein; fehlen	→ *esse; absent, die Absenz*
S. 31	**retinēre, retineō**	zurückhalten, behalten, festhalten	
	intus	innen, im Inneren	*„intus"*
	turba f	die (Menschen-)Menge; das Durcheinander, das Gedränge	*turbulent*
	amor m	die Liebe	→ *amare; ital. amore*
	dolor m	der Schmerz	*ital. dolore*
	vīta f	das Leben, die Lebensweise	*vital, das Vitamin*
	bestia f	das (wilde) Tier	*die Bestie*
	līberī m (Pl.)	die Kinder	
	porta f	die Tür, das Tor, der Eingang	*die Pforte, das Portal*
	claudere, claudō	schließen, einschließen, versperren	*die Klausur*
	nōn iam	*nicht mehr*	→ *non, iam*
	lārva f	das Gespenst	
	persōna f	die Maske; die Rolle (im Schauspiel)	
	scaena f	die Bühne	

mercātor

Da steckt Latein drin! – Latein und andere Sprachen

*In der deutschen Sprache gibt es viele Wörter, die aus fremden Sprachen stammen. Sehr viele davon kommen aus dem Lateinischen. Man merkt diesen Wörtern oft an, dass sie fremd klingen: Deshalb nennt man sie **Fremdwörter**. Ein Beispiel für ein Fremdwort ist **Aquarium**. Wusstest du aber, dass unser Wort **Mauer** auch aus dem Lateinischen entlehnt ist? Es stammt von dem Wort **murus** und hat sich so stark an die deutsche Sprache angepasst, dass man seine fremde Herkunft nicht mehr spürt. Diese Wörter heißen ‚**Lehnwörter**'.*

das Dormitorium – die Pforte – der Ignorant – das Biest – der Kurator – der Wein

a. *Nenne zu jedem Wort das lateinische Ausgangswort und gib dessen Bedeutung an.*
b. *Ordne die Wörter nach Fremd- und Lehnwörtern.*

Das Englische gehört wie das Deutsche zu den germanischen Sprachen.
Über die Hälfte des englischen Wortschatzes ist aber lateinischer Herkunft.

desperate – certain –	Gottheit – hineingehen – zurückhalten –
enter – retain – deity	gewiss – verzweifelt

c. *Ordne den englischen Wörtern die passende Bedeutung zu. Begründe deine Zuordnung, indem du das lateinische Ausgangswort und dessen Bedeutung angibst.*

Bei den romanischen Sprachen (siehe Sprachenbaum) stammt fast der ganze Wortschatz aus dem Lateinischen:

Italienisch	Französisch	Spanisch
amore – dolore – amico	ami – amour – douleur	dolor – amor – amigo

d. *Ordne die Wörter nach ihrer Abstammung zu drei Gruppen und erschließe ihre Bedeutung.*

1. *Ergänze die Aussagen durch das passende Fremdwort aus (a) und begründe.*
1. Der Mann, der sich in einem Museum um die Ausstellungen kümmert, heißt ▬. 2. Der Fachausdruck für den Schlafsaal der Mönche ist ▬. 3. Eine dumme, unwissende Person bezeichnet man auch als ▬.

2. *Ordne die deutschen Lehnwörter zu und erschließe so die Bedeutung der lateinischen Wörter.*

fenestra – caseus –	Öl – Ziegel – Wall –
vallum – tegula –	Käse – Fenster
oleum	

3. *Latein und romanische Sprachen. Erschließe die Bedeutung dieser Wörter, indem du sie auf die lateinischen Ausgangswörter zurückführst.*

Italienisch	Spanisch	Französisch
ridere	reír	rire
rispondere	responder	répondre
vedere	ver	voir
vendere	vender	vendre

Z **4.** *Familie und Freunde international. Übersetze.*

Französisch: Marcus et Quintus sont les amis de Rufus.
Italienisch: Scintilla è l'amica di Quintus.
Spanisch: Rufus es el amigo de Quintus y Marcus.

Wortschatz 6

S. 38	**forum** n	das Forum, der (Markt-)Platz, das Stadtzentrum	
	occurrere, occurrō	entgegenlaufen, -treten, begegnen	
	cūria f	die Kurie, das Rathaus	
	ōrātor m	der Redner	
	flamma f	die Flamme	
	mē (Akk.)	mich	
	fugere, fugiō (m. Akk.)	fliehen (vor); meiden	→ *effugere*
	locus m	der Ort, der Platz, die Stelle	*lokal, das Lokal, lokalisieren*
	dare, dō	geben	*das Datum, die Daten, der Dativ*
	locum dare	*Platz machen*	
	appropinquāre, appropinqō	sich nähern, näher kommen	
	relinquere, relinquō	verlassen, zurücklassen	*das Relikt*
S. 39	**agere, agō**	tun; handeln, verhandeln; treiben	*aktiv, die Aktion*
	negōtia agere	*Geschäfte betreiben*	
	bestiam agere	*ein (wildes) Tier jagen*	
	fābulam agere	*ein (Theater-)Stück aufführen*	
	quid agis?	*wie geht es dir?*	
	vītam agere	*sein Leben verbringen*	
	mittere, mittō	schicken; loslassen, laufen lassen; werfen	*die Mission*
	posse, possum	können; vermögen	→ *esse*
S. 41	**nōndum**	noch nicht	→ *non*
	exspectāre, exspectō	warten (auf), erwarten	
	statim	sofort, auf der Stelle	
	venia f	die Nachsicht, die Verzeihung	*sit venia verbo! („Nachsicht sei dem Wort!")*
	veniam dare	*verzeihen*	
	resistere, resistō	sich widersetzen, Widerstand leisten	*resistent*
	adhūc	bis jetzt, immer noch	
	explicāre, explicō	erklären	
	nūper	neulich	
	basilica f	die Basilika; die Markthalle; die (Gerichts-)Halle	
	lictor m	der Liktor (öffentlicher Diener eines hohen Beamten, Träger der Rutenbündel; Leibwächter der Vestalinnen)	
	rōstrum n; Pl. **rōstra**	der Schiffsschnabel, der Schnabel; *Pl.* die Rednerbühne	

ōrātor

S. 42	**sīgnum** n	das Zeichen; das Feldzeichen	*das Signal*
	vincere, vincō	siegen, besiegen	*Vinzenz*
	praemium n	die Belohnung, der Lohn; der Preis	*die Prämie*
	honor m	die Ehre; das Ehrenamt	*das Honorar*
	studēre, studeō	sich bemühen, (tun) wollen; sich (wissenschaftlich) beschäftigen mit, studieren	*der Student, studieren, engl. to study*
	vincere studēre	*siegen wollen*	
	amīcō studēre	*sich um den Freund bemühen*	
	vix	kaum, nur mit Mühe	
	equus m	das Pferd	
	frūstrā	vergeblich, umsonst	*frustriert, die Frustration*
	dēnique	schließlich	
S. 43	**petere, petō**	(er)bitten; verlangen, haben wollen, streben nach, erreichen wollen; aufsuchen; angreifen	*die Petition*
	senex, senis m	der alte Mann, der Greis	*der Senior, senil*
	adulēscēns, adulēscentis m; Gen. Pl. **adulēscentium**	der Jugendliche, der junge Mann	*die Adoleszenz*
	vōx, vōcis f	die Stimme; das Wort	→ *vocare; der Vokativ*
S. 45	**crēdere, crēdō**	glauben; vertrauen	→ *dare; das Credo, der Kredit*
	incendium, -ī n	der Brand, das Feuer	→ *incendere*
	auctor, auctōris m	der Urheber, der Gründer, der Schriftsteller	*der Autor, ital. autore*
	taberna, -ae f	der Laden; das Wirtshaus	*die Taverne*
	forte	zufällig	
	intellegere, intéllegō	erkennen, verstehen, einsehen	*die Intelligenz, intelligent*
	comprehendere, comprehendō	ergreifen, festnehmen; erfassen	
	servāre, servō	retten (vor); bewahren, beschützen	*konservieren, konservativ*
	sollicitāre, sollicitō	beunruhigen, erregen	
	convincere, convincō	überführen	→ *vincere*
	aurīga m	der Wagenlenker	
	circus m	die Rennbahn, der Zirkus	
	mēta f	der Wendepunkt (im Circus Maximus)	
	quadrīga f	der Vierspänner	
	spīna f	der Mittelstreifen (im Circus Maximus)	

vincere

S. 46	**gaudium, -ī** n	die Freude	→ *gaudere; die Gaudi*
	gladius, -ī m	das Schwert	*der Gladiator*
	arma, -ōrum n (Pl.)	die Waffen	*die Armee*
	supplicium, -ī n	die Strafe; die Todesstrafe, die Hinrichtung; das Gebet	
	populus, -ī m	das Volk	*die Population, populär*
	exercēre, exerceō *sē exercēre*	üben, trainieren *sich üben, trainieren*	*exerzieren*
	medicus, -ī m	der Arzt	*Medizin*
	carēre, careō	entbehren, nicht haben; frei sein (von)	
	ferrum, -ī n	das Eisen; die Waffe, das Schwert	*chem. Symbol FE*
	līberāre, līberō *servum līberāre*	befreien *einen Sklaven freilassen*	*liberal*
	sē	sich *(Akk.)*	

S. 47	**afficere, afficiō** (m. Abl.) *dolōribus afficere* *gaudiō afficere* *honōre afficere* *suppliciō afficere*	versehen (mit) *Schmerzen zufügen* *erfreuen* *Ehre erweisen* *hinrichten*	→ *facere; der Affekt*

S. 49	**licet** (m. Dat. und Inf.)	es ist (jemandem) möglich (, zu tun); es ist (jemandem) erlaubt (, zu tun)	*die Lizenz*
	sōlum *nōn sōlum ..., sed etiam ...*	nur *nicht nur ..., sondern auch ...*	
	quoque (nachgestellt)	auch	
	recreāre, recreō *sē recreāre ē vulnere*	erholen *sich von einer Wunde erholen*	
	corpus, corporis n	der Körper; der Leichnam	*das Corpus Delicti, korpulent*
	rārō (Adv.)	selten	*rar*
	vulnus, vulneris n *vulnus cūrāre*	die Wunde *eine Wunde behandeln*	
	labor, labōris m	die Arbeit, die Mühe	→ *laborare; das Labor*
	domum	heim, nach Hause	
	dēcēdere, dēcēdō	(weg-)gehen; sterben	

fuscina, -ae f	der Dreizack
hoplomachus, -ī m	„der Schwerbewaffnete" (Gladiator bewaffnet mit Schwert, Lanze, einem Armschutz und einem runden, stark gewölbten Schild)
medicāmentum, -ī n	die Medizin
pūgiō, -ōnis m	der Dolch
rēte, -is n	das Wurfnetz
rētiārius, -ī m	„der Netzkämpfer" (Gladiator bewaffnet mit Wurfnetz, Dreizack und Dolch)
secūtor, -ōris m	„der Verfolger" (Gladiator bewaffnet mit Kurzschwert und großem rechteckigen Schild)

S. 50	**vestis, vestis** f; Gen. Pl. **vestium**	das Kleid, die Kleidung	*die Weste*
	tunica, -ae f	die Tunika	
	toga, -ae f	die Toga	
	cōnsul, -is m	der Konsul	*das Konsulat*
	currere, currō	laufen, rennen	→ *occurrere; curriculum vitae („Lebenslauf"), der Kurs*
	habitō, habitō	wohnen, bewohnen	→ *habere; das Habitat*

S. 51	**dē** (m. Abl.) *dē amīcō nārrāre* *dē amīcīs timēre*	von … herab; von, über; um/wegen *vom/über den Freund erzählen* *um die Freunde Angst haben*	
	ad (m. Akk.)	zu (… hin); bei, an; nach	→ *ad-esse*
	per (m. Akk.)	durch (… hindurch); über	
	post (m. Akk.)	nach; hinter	
	ē/ex (m. Abl.)	aus, aus … heraus; von … her; seit	→ *ex-spectare; der Export*
	super (m. Akk.)	über	
	cum (m. Abl.)	(zusammen) mit	
	sine (m. Abl.)	ohne	
	in	*(m. Akk.)* in (… hinein); auf; nach (… hin); gegen *(wohin?)*; *(m. Abl.)* in, an, auf, bei *(wo?)*	
	sub	*(m. Akk.)* unter *(wohin?)*; *(m. Abl.)* unter *(wo?)*	

S. 53	**stāre, stō**	stehen, dastehen	
	sermō, sermōnis m *sermōnem habēre (cum)*	das Gespräch; die Sprache *ein Gespräch führen (mit)*	*der Sermon*
	abdere, abdō *in lectum sē abdere*	verstecken, verbergen *sich im Bett verstecken*	→ *dare*
	oculus, -ī m	das Auge	*das Monokel*
	āmittere, āmittō	verlieren	→ *mittere*
	vīcus, -ī m	die Gasse; das Dorf	
	plēbs, plēbis f	das (einfache) Volk	
	pecūnia, -ae f	das Geld	
	timor, timōris m	die Angst, die Furcht	→ *timere*
	mūtāre, mūtō	ändern, wechseln, verwandeln	*die Mutation*

bulla, -ae f	das Amulett
stola, -ae f	die Stola, das (lange) Frauenoberkleid
toga praetexta, togae praetextae f	die Toga mit Purpurstreifen
toga virīlis, togae virīlis f	die Männertoga

vestēs

S.54	**possidēre, possideō**	besitzen	
	dōnum, -ī n	das Geschenk	
	poena, -ae f	die Strafe	*die Pein*
	poenā/poenīs afficere	*bestrafen*	
	studium, -ī n	die Bemühung, das Streben; die (wissenschaftliche) Beschäftigung	→ *studere; das Studium, engl. study*
	nihil	nichts	*der Nihilist, der Nihilismus*
	convenīre, conveniō	passen; zusammenkommen; treffen	→ *venire; die Konvention*
	amīcam convenīre	*eine Freundin treffen*	
	amīcae convenit	*es passt (zu) der Freundin*	
	in tabernam convenīre	*im Wirtshaus zusammenkommen*	
	parentēs, parent(i)um m (Pl.)	die Eltern	*engl. parents*
	lībertās, lībertātis f	die Freiheit	→ *liberare, liberi*
S.55	**fortūna, -ae** f	das Schicksal; das Glück	*ital. fortuna*
	nōs	*Nom.* wir; *Akk.* uns	
	vōs	*Nom.* ihr; *Akk.* euch	
	is, ea, id	dieser; der(jenige); er	*i. e. (id est; „d. h.: das heißt")*
S.57	**domī**	daheim, zu Hause	
	ut	wie	
	ā/ab (m. Abl.)	von, von … her, von … weg	
	grātia, -ae f	der Dank; die Anmut	*deo gratias!, die Grazie, graziös, ital. grazie*
	grātiās agere	*danken*	
	libenter	gern	
	dīligere, dīligō	lieben, (sehr) schätzen	
	itaque	daher, deshalb	
	prōdesse, prōsum, aber: **prōdes** (-d- nur vor Formen, die mit -e- beginnen)	nützen	→ *esse; Prosit!*
	tamen	dennoch, jedoch	
	haud	nicht	
	paene	beinahe, fast	
	lībertus, -ī m	der Freigelassene	
	patrōnus, -ī m	der (Schutz-)Herr, der Anwalt	
	pīlleus, -ī m	die Filzkappe	

parentēs

Wie man Vokabeln leichter lernt

Auf dieser Seite erfährst du, wie du leichter Vokabeln lernen kannst und diese besser behältst.
Dafür gibt es einige Regeln, die du immer beachten solltest.
Unten im Übungsteil findest du außerdem hilfreiche Lerntipps.
Probiere diese Tipps aus und finde heraus, welche bei dir am besten funktionieren.

careo – sto – venio – studeo – fugio – amitto – diligo – afficio

a. *Nenne jeweils den Infinitiv und lies die gesamte Lernform laut vor.*

b. *Nenne die Konjugation und die Bedeutung der Verben.*

c. *Gib an, woran du die Konjugation jeweils erkennst.*

Das solltest du immer tun:

(1) Lies die Vokabeln beim Lernen laut vor.

(2) Lerne immer alle Angaben mit, die bei einem Wort stehen. Nur dann kannst du die Formen beim Übersetzen sicher erkennen. Zur Lernform gehören
– bei den Verben die 1. Person Singular,
– bei den Substantiven der Genitiv und das Genus.

(3) Beachte im Lernwortschatz die Hinweise auf verwandte Wörter (Beispiel: lat. *servus* – dt. *servieren*).

(4) Schreibe dir Wörter, die du dir nicht merken kannst, auf Merkzettel und hänge sie an einen Ort, wo du sie immer siehst.

---

1. *Schreibe alle Vokabeln auf Karteikarten und wiederhole sie regelmäßig.*

2. *Erfinde eine Eselsbrücke.*
Beispiel: „Ein ludus ist lustig."
Wende das auf mindestens fünf Vokabeln der Lektion 11 an.

3. *Erfinde eine kurze Geschichte, in der die neuen Vokabeln vorkommen. Wende das auf die ersten zehn Vokabeln der Lektion 11 an.*

4. *Male Bilder zu Vokabeln. Wende das auf die Wörter* **oculus** *und* **pecunia** *an.*
Beispiel:

amor

5. *Stelle Vokabeln pantomimisch oder schauspielerisch dar. Wende das auf diese Wörter an:* **senex – orator – decedere – abdere – comprehendere**.

6. *Stelle Wörter, die zu einem Thema gehören, zu einem „Sachfeld" zusammen.*
Beispiel: „Schule":
ludus, docere, laudare …
Wende das an: Erstelle aus den Vokabeln der Lektionen 6–10 ein Sachfeld „Gladiatoren und Spiele".

7. *Stelle Wörter der gleichen Wortart zu einem „Wortfeld" zusammen.*
Beispiel „Bauwerke": forum, taberna, templum, porta …
Wende das an: Erstelle aus den Verben der Lektionen 6–10 ein Wortfeld „Gehen, sich fortbewegen".

8. *Stelle Gegensatzpaare zusammen.*
Beispiel:
imperare – parere
Wende das an: Nenne Gegensatzpaare in den Lektionen 6–10.

S. 64	**perīculum, -ī** n	die Gefahr	
	dēsinere, dēsinō	ablassen, aufhören	
	timēre dēsinō	*ich höre auf, mich zu fürchten*	
	dēpōnere, dēpōnō	ablegen, niederlegen	*deponieren, das Depot*

S. 65	**māgnus, -a, -um**	groß; wichtig	*magna cum laude („mit großem*
	māgnā vōce	*mit lauter Stimme*	*Lob")*
	parvus, -a, -um	klein; gering	
	parvā vōce	*mit leiser Stimme*	
	bonus, -a, -um	gut	*der Bonus*
	bonum, -ī n	*das Gute*	
	bona, -ōrum n (Pl.)	*die Güter*	
	malus, -a, -um	böse, schlecht, schlimm	*die Malaria („schlechte Luft")*
	malum, -ī n	*das Böse, das Übel, das Leid*	
	vir, virī m	der Mann	
	puer, puerī m	der Junge	→ *puella*
	magister, magistrī m	der Lehrer	
	pulcher, pulchra, pulchrum	schön	
	miser, misera, miserum	arm, unglücklich, erbärmlich	*die Misere, miserabel*

S. 67	**cōgnōscere, cōgnōscō**	kennenlernen, erkennen; erfahren	*inkognito*
	memoria, -ae f	die Erinnerung; das Gedächtnis	*in memoriam, die Memoiren,*
	memoriā comprehendere	*im Gedächtnis behalten*	*das Memory(spiel)*
	sūmere, sūmō	nehmen	*konsumieren, der Konsum*
	iacēre, iaceō	liegen	
	custōs, custōdis m	der Wächter	*der Küster*
	tempus, temporis n	die Zeit	*ex tempore („unvorbereitet, aus dem Stegreif"), s. t. (sine tempore)/ c. t. (cum tempore), das Tempus, das Tempo*
	mōs, mōris m	die Sitte, der Brauch; *Pl. auch:* der Charakter	*die Moral, moralisch*
	hodiē	heute	
	multī, -ae, -a	viele	*die Multiplikation, ital. molto*

apodytērium, -ī n	der Umkleideraum
caldārium, -ī n	das Warmbad
frīgidārium, -i n	das Kaltbad
natātiō, -ōnis f	das Schwimmbecken
palaestra, -ae f	der Sportplatz
plumbum, -ī n	das Blei
sūdātōrium, -ī n	die Sauna
tepidārium, -ī n	Wärmeraum als Übergang zwischen **frīgidārium** und **caldārium**, oft mit einem Kaltwasserbecken
thermae, -ārum f (Pl.)	die Thermen, die öffentlichen Badeanlagen

S. 68	**bibere, bibō**	trinken	
	saepe	oft	
	mīrus, -a, -um	erstaunlich, sonderbar, wunderbar	
	cōpia, -ae f	die Menge, der Vorrat; *Pl. auch:* die Truppen	*die Kopie, ital. copia*
	cōpia amīcōrum	*eine Menge (an) Freunde(n)*	
	scelus, sceleris n	das Verbrechen; der Frevel	
	scelus facere	*ein Verbrechen begehen*	
	parāre, parō	bereiten; vorbereiten; erwerben; (*m. Inf.*) vorhaben (, zu tun)	*parat, präparieren*
	cēnāre parō	*ich habe vor, zu essen*	
	ita	so	
	ita est	*so ist es, ja*	
	dēscendere, dēscendō	herabsteigen, hinabsteigen	
S. 69	**quaerere, quaerō**	suchen; *(ē/ex)* (jemanden) fragen	
	amīcum quaerere	*den Freund suchen*	
	ex amīcō quaerere	*den Freund fragen*	
	invenīre, inveniō	finden, auffinden; erfinden	→ *venire; die Inventur, das Inventar*
	quī, quae, quod	der, die, das; welcher, welche, welches	
S. 71	**mulier, mulieris** f	die (erwachsene) Frau	
	propinquus, -a, -um	nahe, benachbart; *Subst.* der Verwandte	→ *appropinquare*
	nepōs, nepōtis m	der Neffe, der Enkel; der Nachfahre	*engl. nephew*
	marītus, -ī m	der Ehemann, der Gatte	
	pūgnāre, pūgnō	kämpfen	
	scīre, sciō	wissen, kennen	*engl. science*
	modus, -ī m	die Art, die Weise; das Maß	*das Modell, die Mode, modal*
	ēiusmodī	*derartig, solche*	
	ēiusmodī arma	*solche Waffen*	
	arcessere, arcessō	herbeirufen, holen, holen lassen	
	vinculum, -ī n	die Fessel	
	in vincula dare	*fesseln, in Fesseln legen*	
	ātrium, -ī n	das Atrium (der Hauptraum im Haus)	
	cubiculum, -ī n	das Schlafzimmer	
	fenestra, -ae f	das Fenster	
	habitātiō, habitātiōnis f	die Wohnung	
	impluvium, -ī n	das Regenbecken, das Auffangbecken für Regen	
	īnsula, -ae f	die Insel; das (mehrstöckige) Mietshaus	
	vestibulum, -ī n	der Eingangsbereich, der Eingang	

QUAE

S.72	**via, -ae** f	der Weg, die Straße	*ital.* via
	viam facere	*eine Reise machen*	
	ūnus, -a, -um; Gen. **ūnīus,** Dat. **ūnī**	ein(er), ein einziger	*ital.* uno
	ūnus ē virīs	*einer von den Männern / der Männer*	
	accēdere, accēdō	herbeikommen, herantreten, sich nähern	→ *decedere*
	ōrātiō, ōrātiōnis f	die Rede	→ *orator*
	ergō	also, folglich	
	urbs, urbis f; Gen. Pl. **urbium**	die Stadt, die Großstadt; die Hauptstadt	urban, die Urbanisierung
	compōnere, compōnō	zusammenstellen; verfassen; ordnen	→ *deponere*; komponieren, das Kompositum
	quōmodo	wie; auf welche Weise	→ *modus*
	indicium, -ī n	der Beweis	das Indiz

S.73	**animus, -ī** m	der Geist, die Gesinnung; der Sinn; der Mut	reanimieren, Animation
	in animō habēre	*im Sinn haben, beabsichtigen*	
	māgnō animō	*mit großem Mut*	
	pergere, pergō	fortsetzen (zu tun), weitermachen; aufbrechen	

*Hier findest du die **unregelmäßigen Perfektformen** von Verben, die du schon gelernt hast.*

colere, colō, coluī	bewirtschaften, bebauen, pflegen; verehren
arcessere, arcessō, arcessīvī	herbeirufen, holen, holen lassen
petere, petō, petīvī	(er)bitten; verlangen, haben wollen, streben nach, erreichen wollen; aufsuchen; angreifen
cupere, cupiō, cupīvī (m. Inf.)	wünschen (zu tun), (haben) wollen, begehren
posse, possum, potuī	können; vermögen
esse, sum, fuī	sein
abesse, absum, āfuī	fort sein, weg sein; fehlen
adesse, adsum, affuī	da sein; helfen
prōdesse, prōsum, prōfuī	nützen

S.75	**clam**	heimlich	*klamm*heimlich
	pater, patris m	der Vater	*ital.* padre
	clārus, -a, -um	berühmt; klar	*ital.* chiaro
	diū	lange (Zeit)	
	reprehendere, reprehendō	tadeln, kritisieren	→ *comprehendere*
	perdere, perdō	vernichten, umbringen; verderben; verlieren	→ *dare*
	scelerātus, -a, -um	verbrecherisch, frevelhaft; *Subst.* der Verbrecher	→ *scelus*
	magis	mehr	
	quam (bei Vergleichen)	als	
	magis ... quam	*mehr ... als*	
	verba facere	*sprechen, reden*	

| **cliēns, clientis** m | der Klient |
| **salūtātiō, salūtātiōnis** f | die Begrüßung; die Salutatio |

*Du weißt, wie das **v-** und das **u-Perfekt** in der Regel gebildet werden (z. B. vocāvī, monuī, audīvī). Du hast aber auch schon Verben mit **unregelmäßiger Perfektbildung** kennengelernt (z. B. petīvī, cupīvī). Nun bilden aber noch weitere Verben, die du schon kennst, ebenfalls **unregelmäßige Perfektformen**. Diese findest du ab jetzt in Portionen zum Nachlernen **vor jedem Lektionswortschatz** (außer in L 15). Meist kommen einige der Formen auch gleich in der jeweiligen Lektion vor.*

compōnere, compōnō, composuī	zusammenstellen; verfassen; ordnen
dēpōnere, dēpōnō, dēposuī	ablegen, niederlegen
dēsinere, dēsinō, dēsiī	ablassen, aufhören
quaerere, quaerō, quaesīvī	suchen; (ē/ex) (jemanden) fragen

S.76	**coniūnx, coniugis** m/f	der Ehemann / die Ehefrau, der Gatte / die Gattin	*die Konjunktion*
	cēna, -ae f	die (Haupt-)Mahlzeit, das Essen; das Gastmahl	→ *cenare; ital. cena*
	celebrāre, celebrō	feiern	*zelebrieren*
	quia	weil	
	sustinēre, sustineō	aushalten, ertragen	→ *retinere*
	nōnne?	etwa nicht?, denn nicht?	→ *non*
	placēre, placeō *mihī placet*	gefallen *mir gefällt / ich beschließe*	
	hospes, hospitis m	der Gast; der Gastgeber	*das Hospital, das Hospiz, das Hotel*
	famēs, famis f	der Hunger	*ital. fame*
S.77	**velle, volō, voluī**	wollen	*der Volontär, ital. volere*
	nōlle, nōlō, nōluī	nicht wollen	→ *velle*
	mālle, mālō, māluī	lieber wollen	→ *magis, velle*
S.79	**frāter, frātris** m	der Bruder	*ital. fratello*
	ecce!	sieh da!, schau!/seht da!, schaut!	
	tam (bei Adj.)	so	
	saevus, -a, -um	wild, wütend, grimmig	
	certāre, certō	streiten, kämpfen	*das Konzert*
	quondam	einmal, einst	
	īnstituere, īnstituō	unterrichten; einführen; errichten	*die Institution, das Institut*
	pāx, pācis f	der Friede	*der Pazifist, engl. peace*
	parcere, parcō (m. Dat.) *īrae parcere* *furī parcere* *pecūniae parcere*	(ver)schonen, sparen *(seinen) Zorn zurückhalten* *den Dieb verschonen* *Geld sparen*	
	īra, -ae f	der Zorn, die Wut	
	māter, mātris f	die Mutter	*ital. madre*
	tempus agere	*seine Zeit verbringen*	

mātrōna, -ae f	die ehrbare Frau, die vornehme Dame
nūbere, nūbō (m. Dat.)	(einen Mann) heiraten
tēctum, -ī n	das Haus
Ubī tū Gāius, ibi ego Gāia.	Wo du Gaius bist, bin ich Gaia. (Antwort der Braut bei der Hochzeit)

S.80	**cōnspicere, cōnspiciō**	erblicken, sehen	→ *spectare*
	iter, itineris n *iter facere*	die Reise; der Weg, der Marsch *reisen*	
	movēre, moveō	bewegen; erregen	*der Motor, engl. to move*
	dūcere, dūcō	führen, ziehen	*Aquädukt (aqua + ducere)*
	fortāsse	vielleicht	
	hūc	hierher	→ *adhuc*

S.81	**caelum, -ī** n	der Himmel	
	terra, -ae f	das Land; die Erde	*das Terrarium, das Territorium*
	mōns, montis m; Gen. Pl. **montium**	der Berg	*ital. monte*
	altus, -a, -um	hoch; tief	*die Altstimme*

currere, currō, cucurrī	laufen, rennen
dare, dō, dedī	geben
abdere, abdō, abdidī	verstecken, verbergen
parcere, parcō, pepercī (m. Dat.)	(ver)schonen, sparen
accēdere, accēdō, accessī	herbeikommen, herantreten, sich nähern
cōnspicere, cōnspiciō, cōnspēxī	erblicken, sehen
dīcere, dīcō, dīxī	sagen, sprechen, reden; nennen
dūcere, dūcō, dūxī	führen, ziehen
rīdēre, rīdeō, rīsī	lachen (über); auslachen
sūmere, sūmō, sūmpsī	nehmen

facere, faciō, fēcī	tun, machen, ausführen
movēre, moveō, mōvī	bewegen; erregen
venīre, veniō, vēnī	kommen
invenīre, inveniō, invēnī	finden, auffinden; erfinden
vidēre, videō, vīdī	sehen
vincere, vincō, vīcī	siegen, besiegen
comprehendere, comprehendō, comprehendī	ergreifen, festnehmen; erfassen
reprehendere, reprehendō, reprehendī	tadeln, kritisieren

S.83	**tangere, tangō, tétigī**	berühren; erreichen	*der Takt, die Tangente*
	invādere, invādō, invāsī	eindringen; angreifen	*die Invasion*
	potentia, -ae f	die Macht	
	superāre, superō	überwinden; besiegen	
	cōnsistere, cōnsistō, cōnstitī	stehen bleiben; sich aufstellen	→ *resistere; die Konsistenz*
	īnferī, -ōrum m	die (Bewohner der) Unterwelt	*das Inferno*
	neglegere, néglegō, neglēxī	vernachlässigen, gering schätzen, nicht beachten	
	prope	*(Adv.)* nahe, in der Nähe; *(Präp. m. Akk.)* nahe (bei), in der Nähe von	→ *appropinquare, propinquus*
	ut dīcunt	*wie man sagt*	
	raeda, -ae f	der (Reise-)Wagen	

Eng verbunden – Wortfamilie, Sachfeld und Text

Wenn du Wörter nach Wort- oder Sachfeldern zusammenstellst, einen Textzusammenhang herstellst oder Wortfamilien zusammenbringst, hilft dir das, diese Wörter im Gedächtnis zu behalten. Wort- und Sachfelder kennst du schon:

aqua – cena – bibere – hospes – cibus – vinum – taberna

a. Nenne das Thema, das diesen Wörtern gemeinsam ist.

b. Ist dies ein Wort- oder ein Sachfeld? Entscheide und begründe.

In der rechten Spalte im Lernwortschatz findest du Hinweise auf → lateinische „Verwandte" einer Vokabel. Sie sind von derselben Wurzel abgeleitet. Gemeinsam bilden sie sogenannte Wortfamilien:

amare – amor – amicus – amica – **amicitia**

studere – studium   vita – **vivere**   orator – oratio

c. Nenne die Bedeutung der dir bekannten Wörter. Die fett gedruckten Wörter kennst du noch nicht: Erschließe, was sie bedeuten könnten.

d. Beschreibe innerhalb jeder Wortfamilie die Unterschiede in Form und Bedeutung.

e. Bei allen Wörtern derselben Wortfamilie ist ein unveränderter Bedeutungsträger zu erkennen. Nenne diesen für jede Wortfamilie.

1. Viele Wörter, die du kennst, gehören zum Sachfeld „Stimme und Sprechen":
vox – orator – dicere. *Ergänze dieses Sachfeld.*

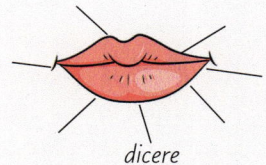

dicere

2. Wer tanzt inhaltlich aus der Reihe?

cognoscere – scire – iacere – intellegere

a. Nenne das Wortfeld und überlege dir, welches Wort nicht dazu passt.

b. Nenne weitere Wörter zu diesem Wortfeld.

3. Stelle aus dem Lernwortschatz der Lektionen 1–15 ein Sachfeld „Zeitangaben" zusammen; finde mindestens zehn Wörter.

4. Reisen – ein Abenteuer! Auf der Reise zum Vesuv gibt es viel zu erleben: Marcus und Quintus sehen neue Landschaften und begegnen fremden Menschen. Erzähle in einem Mischtext von der Reise: Schreibe einen deutschen Text, in den du möglichst viele lateinische Ausdrücke einbaust.

5. Familienähnlichkeit.

a. Ordne die Wörter nach Wortfamilien und nenne jeweils den Bedeutungsträger.

cena – libertas – laborare – posse – gaudium – cenare – potentia – timor – labor – liberare – timere – gaudere

Z *b. Diese Wortfamilien enthalten unbekannte Wörter. Erschließe deren Bedeutung.*

dolor; dolere, -eo – vulnus; vulnerare – custos; custodire – ludus; ludere, -o – servus; serva; servire

aperīre, aperiō, aperuī	öffnen; aufmachen	
dēscendere, dēscendō, dēscendī	herabsteigen, hinabsteigen	
intellegere, intéllegō, intellēxī	erkennen, verstehen, einsehen	
mittere, mittō, mīsī	schicken; loslassen, laufen lassen; werfen	
respondēre, respondeō, respondī	antworten	

S.92	**bellum, -ī** n	der Krieg	
	homō, hominis m	der Mensch	
	trādere, trādō, trādidī	übergeben; überliefern	→ dare; die Tradition
	fingere, fingō, finxī	formen, gestalten; sich ausdenken, erfinden	engl. (science) fiction
	nōmen, nōminis n	der Name	das Nomen, ital. nome
	terrēre, terreō	(jemanden) erschrecken	der Terror, der Terrorist

S.93	**voluntās, voluntātis** f	der Wille	→ velle; das Volontariat
	nescīre, nesciō	nicht wissen, nicht kennen	→ scire
	vīvere, vīvō, vīxī	leben	→ vita; ital. vivere

S.95	**tēctum, -ī** n	das Haus	
	ager, agrī m	der Acker, das Feld; Pl. das Land	die Agrarwirtschaft
	pecus, pecoris n	das Vieh; Pl. die Viehherde	Pecorino
	alere, alō, aluī	aufziehen, (er)nähren	die Alimente
	īgnis, īgnis m	das Feuer	
	rapere, rapiō, rapuī	rauben	
	anteā	vorher, früher	
	dolus, -ī m	die List, die Täuschung	
	vās, vāsis n; Pl. **vāsa, vāsōrum**	das Gefäß	die Vase
	morbus, -ī m	die Krankheit	morbide

īgnis

afficere, afficiō, affēcī (m. Abl.)	versehen (mit)	
crēdere, crēdō, crēdidī	glauben; vertrauen	
perdere, perdō, perdidī	vernichten, umbringen; verderben; verlieren	
pergere, pergō, perrēxī	fortsetzen (zu tun), weitermachen; aufbrechen	

S. 96	**tenēre, teneō** *(in) memoriā tenēre*	halten, festhalten *in Erinnerung haben,* *im Gedächtnis behalten*	
	oportet, oportuit	es gehört sich, man muss	
	mors, mortis f	der Tod	*ital. morte*
	torquēre, torqueō, torsī	foltern, quälen; drehen	*die Tortur*
	servīre, serviō	dienen, Sklave sein	→ *servus, serva;* *servieren*
	rēx, rēgis m	der König	*die Regierung, ital. re*
	iubēre, iubeō, iūssī (m. Akk.)	befehlen, anordnen	
S. 97	**vīs, –, –, vim, vī** f; Pl. **vīrēs, vīrium**	die Kraft, die Gewalt; die Menge; *Pl. auch:* die Streitkräfte	
S. 99	**sīc**	so, auf diese Weise	
	negāre, negō	leugnen; *(m. AcI)* sagen, dass nicht	*negativ*
	putāre, putō	glauben, meinen	
	invidēre, invideō, invīdī (m. Dat.)	beneiden	→ *videre*
	īnstāre, īnstō, īnstitī	bevorstehen, drohen, bedrängen	→ *stare; die Instanz*
	iuvenis, iuvenis m	der junge Mann	
	mālum, -ī n	der Apfel	
	aureus, -a, -um	golden; vergoldet	
	pendēre, pendeō, pependī	hängen	*pendeln*

mālum aureum

agere, agō, ēgī	tun; handeln, verhandeln; treiben
fugere, fugiō, fūgī (m. Akk.)	fliehen (vor); meiden
effugere, effugiō, effūgī (m. Akk.)	(jemandem) entkommen
relinquere, relinquō, relīquī	verlassen, zurücklassen
resistere, resistō, restitī	sich widersetzen, Widerstand leisten
stāre, stō, stetī	stehen, dastehen

S. 100	**suscipere, suscipiō, suscēpī**	aufnehmen; auf sich nehmen; unternehmen	
	necāre, necō	töten	
	umerus, -ī m	die Schulter	
	socius, -ī m	der Gefährte, der Kamerad; der Bundesgenosse	*die Sozialisation, sozial*
	contrā (m. Akk.)	gegen	
	nōnnūllī, -ae, -a	einige, manche	→ *non*
	cōnstat, cōnstitit	es steht fest, es ist bekannt	*konstant*
	poëta, -ae m	der Dichter	*der Poet*
	impōnere, impōnō, imposuī *umerīs impōnere*	hineinstellen, auferlegen *(jemandem etwas) auf die Schulter legen, aufbürden*	→ *componere, deponere; imponieren, imposant*
	pōnere, pōnō, posuī (in m. Abl.**)**	setzen, stellen, legen (auf)	→ *componere, deponere, imponere; der Posten, die Position, positiv*

S. 101	**paucī, -ae, -a**	wenige	*ital. un poco*
	hōra, -ae f	die Stunde	*ital. ora*
	saeculum, -ī n	das Jahrhundert; das Zeitalter	*säkular*

S. 103	**procul**	in die Ferne, aus der Ferne, fern	
	custōdīre, custōdiō	bewachen, behüten	→ *custos*
	intereā	inzwischen	
	profectō	in der Tat, tatsächlich	

aper, aprī m	der Eber
mōnstrum, -ī n	das Ungeheuer

umerus

āmittere, āmittō, āmīsī	verlieren
bibere, bibō, bibī	trinken
convenīre, conveniō, convēnī	passen; zusammenkommen; treffen
convincere, convincō, convīcī	überführen
pōscere, pōscō, popōscī	fordern

augēre, augeō, auxī	vermehren, vergrößern	→ *auctor; die Auktion*
leō, leōnis m	der Löwe	*engl. lion*
annus, -ī m	das Jahr	*a. D. (anno Domini)*
glōria, -ae f	der Ruhm, die Ehre	*glorifizieren*

S.104

ingēns; Gen. **ingentis**	riesig, gewaltig	
celer, celeris, celere	schnell	
mortālis, mortāle	sterblich; *Subst.* der Sterbliche, der Mensch	→ *mors; Salto mortale*
ācer, ācris, ācre	scharf; heftig, wild	
omnis, omne	jeder; all; ganz	*der Omnibus, omnipräsent*
incrēdibilis, incrēdibile	unglaublich	→ *credere*

S.105

mēns, mentis f	der Geist, der Verstand	*die Mentalität, mental*
-que	und	→ *ita-que*
quidem	zwar, freilich	
nūllus, -a, -um; Gen. **nūllīus,** Dat. **nūllī**	kein	*die Null*
immō	im Gegenteil; ja sogar	
nē ... quidem	nicht einmal	
tollere, tollō, <u>sustulī</u>	hochheben, aufheben, erheben; beseitigen, wegnehmen; vernichten	
gladiō tollere	*mit dem Schwert töten*	
dēmittere, dēmittō, dēmīsī	hinabschicken, sinken lassen	→ *mittere*
animum dēmittere	*den Mut sinken lassen*	
lūx, lūcis f	das Licht, das Tageslicht	*Luzifer, ital. luce*
caput, capitis n	das Haupt, der Kopf	*das Kapitel*

S.107

Rūfus celer

dēcēdere, dēcēdō, dēcessī	(weg-)gehen; sterben	
incendere, incendō, incendī	entflammen, in Brand setzen	
īnstituere, īnstituō, īnstituī	unterrichten; einführen; errichten	
occurrere, occurrō, occurrī	entgegenlaufen, -treten, begegnen	
vendere, vendō, vendidī	verkaufen	

S.108 **immortālis, immortāle**	unsterblich; *Subst.* der Unsterbliche, der Gott	→ *mors, mortalis*
fātum, -ī n	das Schicksal; der Schicksalsspruch, der Götterspruch; das Verhängnis	*fatal*
auxilium, -ī n	die Hilfe	
ruere, ruō, ruī	(sich) stürzen, eilen, rennen	*die Ruine*
cēdere, cēdō, cessī	(weg-)gehen, weichen; nachgeben	→ *accedere, decedere*

valēre, valeō
  valē!/valēte!
  nihil valēre
	gesund sein; vermögen; Einfluss haben
	  lebe wohl!/lebt wohl!
	  keinen Einfluss haben, nichts vermögen
		Valentin

violāre, violō	verletzen, misshandeln	
dēfendere, dēfendō, dēfendī (ā/ab)	verteidigen (gegen)	*die Defensive, defensiv*

S.109 **meus, -a, -um**	mein	
vester, vestra, vestrum	euer	
tuus, -a, -um	dein	
noster, nostra, nostrum	unser	

suus, -a, -um
  suī, -ōrum m (Pl.)
	sein, ihr
	  die Seinen / die Ihren	

S.111 **soror, sorōris** f	die Schwester	*ital. sorella*
permittere, permittō, permīsī	erlauben, überlassen	→ *mittere*
prohibēre, prohibeō (m. Abl.)	abhalten (von), hindern (an), verhindern	→ *habere*
necesse est	es ist nötig	
novus, -a, -um	neu, neuartig	*renovieren*
condere, condō, condidī	gründen	→ *dare*
mentem āmittere	*den Verstand verlieren*	

speculum, -ī n	der Spiegel

immortālis

„Fiese Wörter" leichter behalten – Vokabeln lernen mal anders

Beim Wörterlernen kommt es darauf an, die Wörter im Langzeitgedächtnis zu speichern. Das gelingt am besten, wenn du selber aktiv wirst und etwas mit den Wörtern machst. Auf dieser Seite lernst du, wie du auch besonders schwer zu behaltende Wörter in den Griff bekommst. Probiere alle Möglichkeiten aus und entscheide, welche für dich die beste ist.

hic – huc – tum – bene – subito – ergo – ecce – ibi – ita – itaque – tam – tandem – tamen – antea – quoque – autem – profecto – ut – iterum – si – adhuc – nondum – nuper – raro – paene – haud – saepe – diu – procul – quidem – magis – immo – vix

a. Teste dich selbst: Gib an, zu wie vielen dieser Wörter du noch die Bedeutung kennst.
b. Schlage die übrigen Wörter im alphabetischen Vokabelverzeichnis nach und schreibe ihre Bedeutung auf.
c. Erkläre, warum es so schwierig ist, sich gerade diese Wörter zu merken.

1. Das Auge lernt mit.
Fertige zu fünf der obigen Wörter eine kleine Zeichnung an, die mit ihrer Bedeutung in Verbindung steht oder das Wort in seiner Gestalt abbildet.
Beispiel:

2. Ohr und Mund lernen mit.
a. Sprich die Vokabeln in ein Aufnahmegerät (z. B. Smartphone). Lasse dabei immer zwischen dem lateinischen Wort und der deutschen Bedeutung eine Pause. Nenne beim Wiederanhören nach jedem Wort die Bedeutungen. Du hörst dann sofort, ob du richtig liegst.
b. Singe die Vokabeln mit ihren Bedeutungen auf eine bekannte Melodie, z. B. „Hänschen klein".

3. Baue dem Gedächtnis „Eselsbrücken": Verbinde die Vokabel mit etwas, das dir spontan dazu einfällt.
Beispiele:
ita: So gut gefällt mir **Ita**lien.
haud: Milch mit **Haut** mag ich **nicht**.

4. Geordnetes hält länger. Stelle Vokabeln mit ähnlicher und solche mit gegensätzlicher Bedeutung zusammen.
Beispiel:
„Merke dir das Ähnliche":
ita ≈ tam

„Merke dir das Gegenteil":
hic ⟷ ibi

5. Die Phantasie lernt mit: Baue die Vokabeln in einen selbst erfundenen Mischtext ein. Gehe dabei von einer für dich besonders „fiesen" Vokabel aus und baue noch mehr lateinische Wörter ein.
Beispiel: Als ich **nuper** *neulich* von der Schule kam – war ich **ita** *so* in Gedanken – dass ich **haud** *nicht* merkte, wie **subito** *plötzlich* eine Fee erschien. „**Ecce** *schau,* du hast drei Wünsche frei!" **Statim** *sofort* überlegte ich. **Antea** *vorher* hatte ich **tam** *so* viele Wünsche – jetzt **autem** *aber* waren alle **procul** *weit weg*! „**Hic** und **nunc** *hier* und *jetzt,*" sagte die Fee, „gleich bin ich wieder weg!" **Vix** *kaum* hatte sie das gesagt, war sie **profecto** *tatsächlich* verschwunden.

incipere, incipiō, **coepī**	anfangen, beginnen
cōgnōscere, cōgnōscō, cōgnōvī	kennenlernen, erkennen; erfahren; *Perf. auch:* wissen, kennen

S.120	**nox, noctis** f; Gen. Pl. **noctium**	die Nacht	*ital. notte*
	multā nocte	*tief in der Nacht*	
	prīmā nocte	*zu Beginn der Nacht*	
	ārdēre, ārdeō, ārsī	brennen, glühen	
	amōre ārdēre	*vor Liebe brennen*	
	īrā ārdēre	*vor Zorn glühen*	
	capere, capiō, cēpī	nehmen, fangen, ergreifen; einnehmen	*kapern, kapieren*
	patria, -ae f	das Vaterland, die Heimat	→ *pater; der Patriot*
	mare, maris n; Abl. Sg. **marī,** Nom./Akk. Pl. **maria,** Gen. Pl. **marium**	das Meer	*die Marine, ital. mare*
	errāre, errō	sich irren, (umher)irren	
	ante (m. Akk.)	vor	→ *antea*
	lacrima, -ae f	die Träne	
	cum lacrimīs	*unter Tränen*	
S.121	**pius, -a, -um**	fromm; verantwortungsbewusst, pflichtbewusst	*Pius, Pia; die Pietät*
S.123	*nūllo modō*	*auf keine Weise*	
	meī, -ōrum m (Pl.)	*die Meinen; meine Leute*	
	et … et …	*sowohl … als auch …*	
	ex eō tempore	*seit dieser Zeit*	
	dē vītā dēcēdere	*aus dem Leben scheiden, sterben*	
	in mentem venīre	*in den Sinn kommen*	
	prīmā lūce	*bei Tagesanbruch*	

ārdēre

emere, emō, ēmī	kaufen	
sedēre, sedeō, sēdī	sitzen, dasitzen	
possidēre, possideō, possēdī	besitzen	

S. 124	**causa, -ae** f	der Grund, die Ursache; der Fall, der (Gerichts-)Prozess	*kausal*
	cēterī, -ae, -a	die übrigen, die anderen	*etc. = et cetera*
	īnfēlīx; Gen. **īnfēlīcis**	unglücklich	
	superbus, -a, -um	hochmütig; stolz	
	mox	bald; dann	
	umbra, -ae f	der Schatten	

	inter (m. Akk.)
	   inter sē
		zwischen; während
		   untereinander
			→ *interea, international*

S. 125	**vertere, vertō, vertī**
	   ferrum in sē vertere
	   oculōs vertere (in)
		drehen, (um)wenden
		   das Schwert gegen sich (selbst) richten
		   seinen Blick wenden, seinen Blick richten (auf)
			die Version

	-ne	– *(unübersetzte Fragepartikel)*	

S. 127	**iūrāre, iūrō**
	   per deōs iūrāre
	   lacrimās tenēre
		schwören
		   bei den Göttern schwören
		   die Tränen zurückhalten	

ferrum in sē vertere

claudere, claudō, clausī	schließen, einschließen, versperren	
dīligere, dīligō, dīlēxī	lieben, (sehr) schätzen	

S. 128	**rēgnum, -ī** n
	   rēgnum tenēre
		die Herrschaft, die Königsherrschaft; das Reich
		   die Herrschaft erlangen, innehaben
			→ *rex*

S. 129	**dum**	(solange) bis; solange; *(m. Ind. Präs.)* während	
	postquam (m. Ind. Perf.)	nachdem	→ *post*
	quamquam	obwohl	

S. 131	**mūrus, -ī** m
	   procul ab urbe
		die Mauer
		   weit entfernt von der Stadt, fern der Stadt	

	lupa, -ae f	die Wölfin	

S. 132	**fāma, -ae** f	das Gerücht; der (gute oder schlechte) Ruf	*famos*
	ōrāre, ōrō	beten (zu), bitten	→ *oratio, orator;* *das Oratorium*
	mīles, mīlitis m	der Soldat	*das Militär*
	fīlia, -ae f	die Tochter	→ *filius*

S. 133	**gerere, gerō, gessī**	tragen; führen, ausführen	*die Geste,* *gestikulieren*
	negōtia gerere	*seinen Geschäften nachgehen*	
	bellum gerere (cum)	*Krieg führen (mit)*	
	vestem gerere	*ein Kleidungsstück tragen*	
	sē gerere	*sich benehmen*	
	rēs, reī f	die Sache, das Ding; die Angelegenheit	*real*
	diēs, diēī m	der Tag	*die Diät*
	fidēs, fideī f	das Vertrauen; die Treue, die Zuverlässigkeit	*engl. faith*
	fidem dare	*sein Wort geben*	
	fidem habēre	*Vertrauen schenken*	
	aciēs, acieī f	die Schärfe; der Scharfsinn; die Schlachtreihe	→ *acer*
	aciēs mentis	*der Scharfsinn, die Aufmerksamkeit*	
	aciem īnstituere	*eine Schlachtreihe aufstellen*	
	alius, alia, aliud; Gen. **alterīus**, Dat. **aliī**	ein anderer, eine andere, ein anderes	*alias, alibi*
	aliī … aliī …	*die einen … die anderen …*	
	Alius aliud facit.	*Jeder macht etwas anderes.*	

S. 135	**accurrere, accurrō, accucurrī**	hinzulaufen, herbeieilen	→ *ad, currere*
	mortuus, -a, -um	tot	→ *mors*
	faciēs, facieī f	das Gesicht, das Aussehen	*Fassade, engl. face*
	faciē cōgnōscere	*am Gesicht erkennen*	
	rēgnāre, rēgnō	König sein, herrschen, regieren	→ *rex*
	aliquandō	einst, (irgendwann) einmal	
	mīlitāris, mīlitāre	militärisch, soldatisch	→ *miles*
	rēs mīlitāris	*das Kriegswesen, die Kriegskunst*	
	tempestās, tempestātis f	das Unwetter, das Gewitter	→ *tempus*
	imber, imbris m; Gen. Pl. **imbrium**	der Regen, der Regenguss	
	nūbēs, nūbis f; Gen. Pl. **nūbium**	die Wolke	
	exclāmāre, exclāmō	ausrufen; aufschreien	→ *ex, clamare*
	prōtegere, prōtegō, prōtēxī	bedecken, schützen	→ *tectum;* *engl. to protect*
	ōrātiōnem habēre	*eine Rede halten*	
	pācem facere	*Frieden schließen*	

S.136	**auctōritās, auctōritātis** f	das Ansehen, der Einfluss	→ *auctor; die Autorität*
	spērāre, spērō	hoffen, erhoffen	→ *desperare*
	lēx, lēgis f	das Gesetz	*legal, legitim*
	brevis, breve	kurz	
	brevī (tempore)	*in Kürze, in kurzer Zeit*	
	hostis, hostis m/f	der (Landes-)Feind, die Feindin	
	indicāre, indicō	anzeigen, melden, verraten	→ *indicium; der Indikativ, der Indikator*

S.137	**exercitus, exercitūs** m	das Heer	→ *exercere*
	manus, manūs f	die Hand; die Schar	*manuell*
	vultus, vultūs m	das Gesicht; die Miene, der Gesichts-ausdruck; *Pl.* die Gesichtszüge	
	cultus, cultūs m	die Pflege, die Verehrung	→ *colere; die Kultur, der Kult, kultiviert*
	domus, domūs f	das Haus	→ *domi, domum; der Dom, das Domizil*
	domō	*von zu Hause weg*	

S.139	**sevērus, -a, -um**	ernst, streng	*ital. severo*
	apertus, -a, -um	offen, offenkundig	→ *aperire*
	fīnitimus, -a, -um	benachbart; *Subst.* der Nachbar	
	hūmānitās, hūmānitātis f	die Menschlichkeit, die Bildung	→ *homo; die Humanität*
	pietās, pietātis f	die Frömmigkeit; das Pflichtgefühl, das Verantwortungsbewusstsein	
	lacus, lacūs m	der See	*die Lache, die Lagune, ital. Lago di Garda*
	situs, -a, -um	gelegen	*die Website*
	minister, ministrī m	der Diener	*der Minister, der Ministrant*
	nympha, -ae f	die Nymphe	
	dīvus, -a, -um	göttlich	→ *deus; die Diva*
	vī et armīs	*mit Waffengewalt*	

manūs

Der Wort-Baukasten: Wortbildung mit Vorsilben (Präfixen)

mortalis – in-mortalis → immortalis
a. Nenne das Präfix und die deutsche Vorsilbe, der es entspricht.
b. Beschreibe die Veränderung, die bei dem Präfix entstanden ist.
c. Erschließe die Bedeutung des unbekannten Substantivs: **amicus – inimicus**.
Beschreibe die Veränderung, die hier bei der Wortzusammensetzung entstanden ist.

Auch Verben haben Präfixe. Diese Zusammensetzungen nennt man Komposita:
convenire – adesse – abesse – decedere
d. Trenne die Präfixe ab und nenne ihre Bedeutung.
e. Viele Präfixe sind zugleich Präpositionen. Nenne die Präpositionen aus den Beispielen und erschließe, aus welcher Präposition das Präfix **con-** *entstanden ist.*
f. Zum Weiterdenken: Diese Verben hast du noch nicht gelernt, aber du kannst ihre Bedeutung jetzt schon erschließen. Nenne sie.
inesse – advenire – convocare – evocare – excedere – deducere

1. *Ins Gegenteil gekehrt. a. Erschließe die Bedeutung dieser lateinischen Adjektive.*
impius – felix – credibilis
b. Nenne auf Deutsch das Gegenteil.
unglücklich – ungern – freundlich
c. Nenne das Gegenteil zu diesen Fremdwörtern.
human – kompetent – intolerant

2. *Gut zerlegt ist halb gelernt.*
a. Zerlege die Komposita von **ponere** *und erkläre ihre Bedeutung aus den Bestandteilen.*
componere – deponere – imponere
b. Bilde nun die gleichen Komposita zu **ducere** *und nenne jeweils ihre Bedeutung.*

3. *Hier versteckt sich Bekanntes.*
a. Dies sind Komposita, in denen dir bekannte „einfache Verben" stecken. Nenne sie.
afficere – retinere – abdere
b. Diese Komposita kennst du noch nicht – aber auch hier kennst du die einfachen Verben, die in ihnen stecken. Nenne sie und übersetze.
excludere – includere – corruere – eripere

c. Beschreibe die Veränderungen, die bei der Wortzusammensetzung entstanden sind; unterscheide dabei zwischen Veränderungen des Präfixes und des Wortstammes.

4. *Perfekt vereinfacht. Wenn du weißt, welche Komposita zusammengehören, kennst du meistens auch schon die Stammformen. Ordne die Verben nach Komposita und prüfe dein Ergebnis mit der Stammformentabelle (→ ab S. 247).*
abdere – accedere – capere – cedere – condere – constat – convincere – credere – dare – decedere – instare – stare – suscipere – tradere – vendere – vincere

Z **5.** *Verben zum Selberbasteln.*
a. Bilde aus den Präfixen und den Infinitiven Komposita.

con-	currere – ducere –
re-	cedere – mittere
ex-	

b. Lasse einen Lernpartner die Bedeutung deiner Komposita angeben.

G1, G2 usw. zeigt dir, auf welchen **G-Schritt der Lektion** des Schülerbuchs sich der Abschnitt bezieht. **G+** erklärt ein **grammatisches Thema**, das nicht verpflichtend ist.

Bei **F** geht es immer um **Formenlehre**, bei **S** um **Satzlehre**.

Alles, was **fett** gedruckt ist, ist neu, eine Ausnahme oder beides.

In der Rubrik **Geschafft!** findest du **Übersichten und Zusammenfassungen** von Themen, die du in vorherigen Lektionen gelernt hast.

Am Rand findest du **Lerntipps**, die dir das Lernen erleichtern, **Übersetzungstipps (Ü)** und **Hinweise auf Stolperfallen (!)**.

Der **Verweis** gibt an, wo du im Schülerbuch genau dieses Thema üben kannst (**Ü, H**) oder wo es in der Begleitgrammatik behandelt wird (**G**).

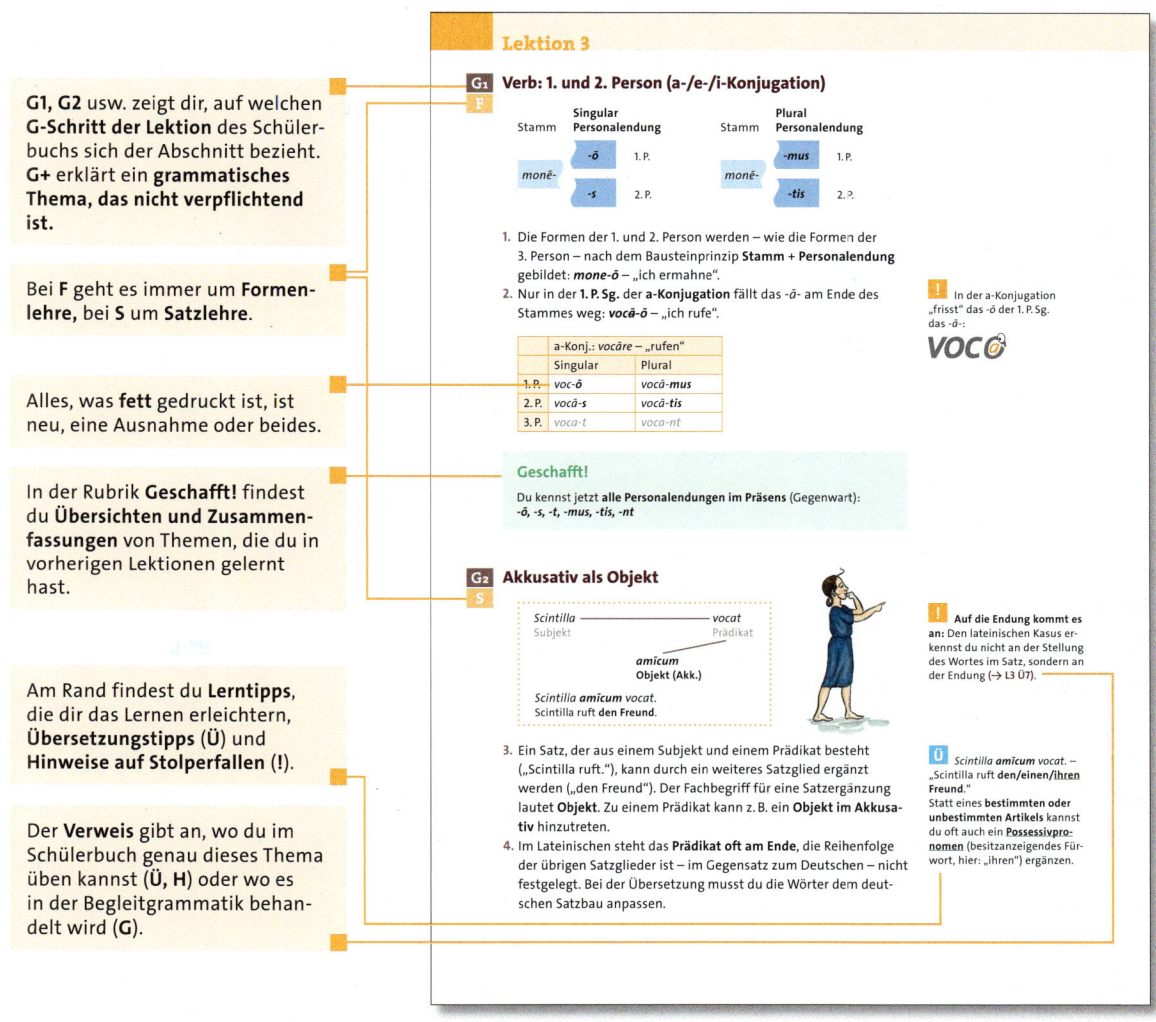

Lektion 3

G1 **Verab: 1. und 2. Person (a-/e-/i-Konjugation)**

	a-Konj.: *vocāre* – „rufen"	
	Singular	Plural
1. P.	*voc-ō*	*vocā-mus*
2. P.	*vocā-s*	*vocā-tis*
3. P.	*voca-t*	*voca-nt*

1. Die Formen der 1. und 2. Person werden – wie die Formen der 3. Person – nach dem Bausteinprinzip **Stamm + Personalendung** gebildet: *mone-ō* – „ich ermahne".
2. Nur in der **1. P. Sg.** der **a-Konjugation** fällt das *-ā-* am Ende des Stammes weg: *vocā-ō* – „ich rufe".

! In der a-Konjugation „frisst" das *-ō* der 1. P. Sg. das *-ā-*:

Geschafft!

Du kennst jetzt **alle Personalendungen im Präsens** (Gegenwart): *-ō, -s, -t, -mus, -tis, -nt*

G2 **Akkusativ als Objekt**

Scintilla amicum vocat.
Scintilla ruft den Freund.

! **Auf die Endung kommt es an:** Den lateinischen Kasus erkennst du nicht an der Stellung des Wortes im Satz, sondern an der Endung (→ L3 Ü7).

Ü *Scintilla amicum vocat.* – „Scintilla ruft den/einen/ihren Freund." Statt eines **bestimmten oder unbestimmten Artikels** kannst du oft auch ein **Possessivpronomen** (besitzanzeigendes Fürwort, hier: „ihren") ergänzen.

3. Ein Satz, der aus einem Subjekt und einem Prädikat besteht („Scintilla ruft."), kann durch ein weiteres Satzglied ergänzt werden („den Freund"). Der Fachbegriff für eine Satzergänzung lautet **Objekt**. Zu einem Prädikat kann z. B. ein **Objekt im Akkusativ** hinzutreten.
4. Im Lateinischen steht das **Prädikat oft am Ende**, die Reihenfolge der übrigen Satzglieder ist – im Gegensatz zum Deutschen – nicht festgelegt. Bei der Übersetzung musst du die Wörter dem deutschen Satzbau anpassen.

1 Geschichte

In der Antike war die lateinische Sprache die meist gesprochene
Sprache – vergleichbar mit dem Englischen heute –, da sich das
imperium Romanum („Römisches Reich") über einen großen Teil
Europas und sogar bis nach Asien und Afrika erstreckte. Nach
seinem Zerfall entwickelte sich die lateinische Sprache weiter,
sodass sich im Laufe der Zeit Sprecherinnen und Sprecher aus
verschiedenen Gebieten nicht mehr verstehen konnten. Aus Latein
waren neue Sprachen geworden: Spanisch, Französisch, Italienisch,
Portugiesisch, Rumänisch.
In Kirche, Wissenschaft und Schule blieb die lateinische Sprache der
Antike die bestimmende Sprache bis zum 19. Jahrhundert, als sie
zunächst durch Französisch, später durch Englisch abgelöst wurde.

2 Aussprache

Lateinische Wörter werden immer **auf der vorletzten Silbe betont,**
wenn diese **lang** ist: *Latína, Románi*. Dass ein **Vokal lang** gesprochen
wird, erkennst du am **Längenzeichen auf diesem Vokal**: *Latīna,
Rōmāni*.
Ist die **vorletzte Silbe kurz**, wird die **drittletzte Silbe betont**: *dómina,
dóminus*. Einen **kurzen Vokal** erkennst du immer daran, dass **kein
Längenzeichen** darauf ist. Ein **kurz gesprochener Vokal** wird nur
dann extra markiert, wenn dies **zur Unterscheidung** wichtig ist.
In bestimmten Fällen zeigt dir ein **Akzent**, wie das Wort **betont** wird.

G1 Verb: Infinitiv (a-/e-Konjugation)

F

1. Lateinische **Verben** sind aus einzelnen **Bausteinen** zusammen-
gesetzt:

Stamm	Endung
sedē-	*-re*
sitz-	-en

2. Sie bestehen aus mindestens zwei Teilen:

► Der **Stamm** enthält die **Wortbedeutung**: *sedē-* → „sitz-.

► Die **Endung** zeigt an, um welche **Form** es sich handelt: *-re* → „-en".

3. Der lateinische Fachbegriff für die **Grundform des Verbs** lautet
Infinitiv. Er wird gebildet, indem an den Stamm die Endung *-re*
angefügt wird: *clāmā-re* – „rufen", *sedē-re* – „sitzen". Auch im
Deutschen hat der Infinitiv eine Endung, nämlich „-en": ruf**-en**.

4. Die Verben werden in verschiedene Gruppen, die **Konjugationen**,
eingeteilt. Der **letzte Buchstabe des Stammes** gibt an, zu welcher
Konjugation ein Verb gehört (→ L1 Ü1b):

a-Konjugation		**e-Konjugation**	
Stamm	Endung	Stamm	Endung
clāmā-	*-re*	*sedē-*	*-re*
ruf-	-en	sitz-	-en

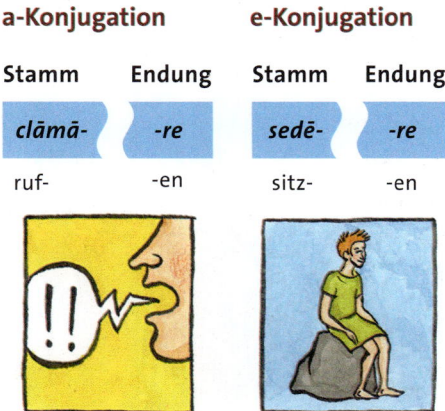

Ü „er will **gehen**"
„er überlegt, **zu gehen**"
Im Deutschen benötigt der
Infinitiv in einigen Fällen
ein „zu".

Lerntipp

► *clāmā-* → **a**-Konjugation
► *sedē-* → **e**-Konjugation

G2 Substantiv: Nominativ Singular (a-/o-Deklination)

1. Im Lateinischen bezeichnet man ein Hauptwort (Nomen) als
Substantiv. Wie im Deutschen kann man Substantive **flektieren**
(beugen). Wenn man **Substantive flektiert**, sie also in die
verschiedenen **Kasus** (Fälle) setzt, nennt man das **deklinieren**.

2. Auch die Substantive gehören zu verschiedenen Gruppen, den
Deklinationen, z. B. zur a- und o-Deklination.

3. Du lernst zunächst die Substantive im **Nominativ** (1. Fall, Frage:
„Wer oder was?") und im **Singular** (Einzahl) kennen.

4. Auch die lateinischen **Substantive** sind nach dem **Bausteinprinzip** aufgebaut:

Basisteil   **Endung**
(Wortstock)

domin-   *-a*

die/eine Herrin

5. Sie bestehen aus **Basisteil** und **Endung**:

▸ Der **Basisteil** ist der Teil, an den die Endungen angefügt werden. Er enthält die **Wortbedeutung**: *domin-* → „Herr-. Bei den **Substantiven der a- und o-Deklination** bezeichnet man den **Basisteil** auch als **Wortstock**.

▸ Die **Endung** zeigt **Kasus** (Fall) und **Numerus** (Anzahl) an: *-a* → **Nom. Sg.** Oft erkennt man an der Endung auch das **Genus** (Geschlecht). **Im Deutschen** erkennt man Kasus, Numerus und Genus vor allem am **Artikel**: „die/eine Herrin".

6. In der **a-Deklination** endet der **Nominativ Singular** auf den Buchstaben *-a*: *domin-a*. Die Substantive dieser Deklination sind in der Regel **feminin** (weiblich).

7. In der **o-Deklination** endet der **Nominativ Singular** auf *-us* oder *-um*: *domin-us* – „der/ein Herr", *negōti-um* – „die/eine Aufgabe". Die Substantive auf *-us* sind in der Regel **maskulin** (männlich), diejenigen auf *-um* **neutrum** (sächlich).

Deklination	Nominativ Singular		Genus
a-Deklination	*domin-a*	die/eine Herrin	f
o-Deklination	*domin-us*	der/ein Herr	m
o-Deklination	*negōti-um*	die/eine Aufgabe	n

Ü   *domina* – „**die** Herrin/**eine** Herrin"
Im Lateinischen gibt es keinen Artikel, im Deutschen musst du einen bestimmten oder unbestimmten Artikel passend ergänzen (→ **L1 Ü6**).

Lerntipp

Auf die **Endung** kommt es an: Hier erkennst du im Lateinischen **Kasus**, **Numerus** und oft das **Genus**.

!   *negōtium* **(n)** – „**die** Aufgabe" **(f)**
Das Genus kann im Deutschen und Lateinischen unterschiedlich sein (→ **L1 Ü2a**).

dominus   *domina*

G₃
F

Verb: 3. Person (a-/e-Konjugation)

Singular (er/sie/es)   **Plural (sie)**

Stamm   **Personal-**   Stamm   **Personal-**
      endung   **endung**

clāma-   **-t**   *clāma-*   **-nt**

er/sie/es ruft   **sie** rufen

1. Wie im Deutschen kann man Verben **flektieren**. Wenn man Verben flektiert, also ihre **Personalformen** im **Singular** und **Plural** (Mehrzahl) bildet, nennt man das **konjugieren**.

2. Auch die **Personalformen** des Verbs bestehen aus **Bausteinen**: Stamm + Personalendung (*clāma-* + *-t*). Die **Personalendung** zeigt **Person** und **Numerus** an; **im Deutschen** wird dafür zusätzlich das **Personalpronomen** (persönliches Fürwort) verwendet:

➤ *-t* → 3. P. Singular: *clāma-t* – „**er/sie/es** ruft"

➤ *-nt* → 3. P. Plural: *clāma-nt* – „**sie** ruf**en**"

	a-Konj.: *clāmāre* – „rufen"	
	Singular	Plural
3. P.	*clāma-t*	*clāma-nt*

	e-Konj.: *sedēre* – „sitzen"	
	Singular	Plural
3. P.	*sede-t*	*sede-nt*

> **!** *clāma-nt* – „**sie** rufen"
> Im Lateinischen steckt die Person in der Endung, im Deutschen musst du das Personalpronomen ergänzen.

G₃ Subjekt und Prädikat

S

> *Mārcus* ——————— *clāmat.*
> **Subjekt**   **Prädikat**
>
> Marcus   ruft.

3. Jeder Satz besteht in der Regel aus **Subjekt** und **Prädikat**.

4. Das **Subjekt** steht im **Nominativ**. Das **Prädikat** ist in der Regel ein **konjugiertes Verb** und spielt im Satz als Satzkern die Hauptrolle: Es beschreibt, was das Subjekt macht oder was mit ihm geschieht.

5. Subjekt und Prädikat sind **kongruent**, d. h. sie **stimmen im Numerus** immer **überein**.

> *Mārcus*   *clāma-t.*   *Mārcus et Quīntus*   *clāma-nt.*
>
> Subjekt Sg.   Prädikat Sg.   Subjekt Pl.   Prädikat Pl.
> Markus ruft.   Markus und Quintus rufen.

Wenn das Subjekt im Singular (hier: eine Person, Marcus) steht, muss auch das Prädikat im Singular stehen; wenn das Subjekt im Plural (hier: zwei Personen, Marcus und Quintus) steht, muss auch das Prädikat im Plural stehen.

6. Im Lateinischen kann ein vollständiger Satz auch nur aus einem Prädikat bestehen. Das Subjekt kann nämlich in der Personalendung des Prädikats stecken. Im Deutschen muss das entsprechende Personalpronomen ergänzt werden.

> *Tīrō properat. Labōrat.*   Tiro beeilt sich. **Er** arbeitet.
> *Phila properat. Labōrat.*   Phila beeilt sich. **Sie** arbeitet.
> *Tīrō et Phila properant. Labōrant.*   Tiro und Phila beeilen sich. **Sie** arbeiten.

> **Ü** Im Lateinischen kann das Verb fehlen, das die wörtliche Rede einleitet:
> *Mārcus:*   „*Servus labōrat.*"
> Marcus **sagt**: „Der Sklave arbeitet."

> **!** *Labōra-t.*
> ➤ „**Er** arbeitet."
> ➤ „**Sie** arbeitet."
> ➤ „**Es** arbeitet."
> Die Personalendung *-t* kann im Deutschen „er", „sie" oder „es" bedeuten.

G3 Verb: 3. Person (*esse*)

7. Das lateinische Verb *esse* bildet wie das deutsche Verb „**sein**"
seine Formen **unregelmäßig**.

	esse – „sein"			
	Singular		Plural	
3. P.	**est**	er/sie/es ist	**sunt**	sie sind

G4 Substantiv: Nominativ Plural (a-/o-Deklination)

1. Auch der **Nominativ Plural** der Substantive wird nach dem
Bausteinprinzip gebildet:

Basisteil   **Endung**
(Wortstock)

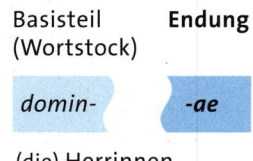
domin-   *-ae*

(die) Herrinnen

2. Die Substantive bilden den **Nominativ Plural**, indem **folgende
Endungen** an den Basisteil angefügt werden:

a-Deklination	o-Deklination (m)	o-Deklination (n)
-ae	**-ī**	**-a**

	a-Deklination			
	Singular		Plural	
Nominativ	*domin-a*	die/eine Herrin	*domin-ae*	die Herrinnen/Herrinnen

	o-Deklination (m)			
	Singular		Plural	
Nominativ	*domin-us*	der/ein Herr	*domin-ī*	die Herren/Herren

	o-Deklination (n)			
	Singular		Plural	
Nominativ	*negōti-um*	die/eine Aufgabe	*negōti-a*	die Aufgaben/Aufgaben

G1 **Substantiv: Vokativ (a-/o-Deklination)**
F

1. Der lateinische **Vokativ** ist ein eigener **Kasus für die Anrede** einer Person: *Salvē,* **Terentia**. – „Sei gegrüßt, **Terentia**."; *Ubī est aqua,* **Phila**? – „Wo ist das Wasser, **Phila**?"

2. Die Formen des **Vokativs entsprechen** denen des **Nominativs**; die einzige **Ausnahme** bildet der **Vok. Sg. der o-Deklination (m)**:

   ▸ **Substantive auf -us** bilden den Vok. Sg. auf **-e**: *domin-us →* *domin-**e**,*

   ▸ **Substantive auf -ius** bilden den Vok. Sg. auf **-ī**: *Tulli-us → Tull-**ī**.*

> **!** *Salvē, **Mārce Tullī Cicerō**!*
> Die angeredete Person steht im Vokativ.

G2 **Verb: Imperativ (a-/e-Konjugation)**
F

1. „Geh!" ist die Befehlsform eines Verbs. Der lateinische Fachbegriff für die Befehlsform lautet **Imperativ**. Der Imperativ drückt eine **Aufforderung** oder einen **Befehl an die 2. Person** aus: „iss!", „esst!".

Stamm	Singular Imperativendung	Plural Imperativendung
cēnā-	**-**	**-te**

2. In der **a-** und **e-Konjugation** entspricht der **Imp. Sg.** dem **Stamm** des Verbs: *cēnā-re →* *cēnā!* – „iss!", *rīdē-re → rīdē!* – **lach(e)!**"; im **Plural** wird die **Endung -te** an den Stamm angefügt: *cēnā-**te**!* – „esst!", *rīdē-**te**!* – „lacht!".

Geschafft!

Du kennst nun schon zwei **Modi** (Aussageformen; Sg.: Modus):

▸ **Indikativ** (Wirklichkeitsform): *Servī **properant**.* – „Die Sklaven **eilen**."

▸ **Imperativ** (Befehlsform): *Properāte!* – „Beeilt euch!"

G+ S Substantiv: Die Apposition

Phila Bezugswort	**serva** **Apposition**	*labōrat.*

Die Sklavin Phila/Phila, die **Sklavin**, arbeitet.

1. Ein Substantiv (*Phila*) kann durch ein **Attribut**, eine **zusätzliche**, **weglassbare Information**, ergänzt sein; das heißt, der **Satz** ist auch **ohne** das **Attribut** grammatikalisch **vollständig**: *Phila labōrat.* – „Phila arbeitet." Ein Attribut kann ein **Substantiv** sein: *serva* – „die Sklavin". Ein **Substantiv**, **das als Attribut verwendet wird**, nennt man **Apposition**.

2. Im Lateinischen steht die Apposition hinter ihrem Bezugswort, bei der Übersetzung wird die lateinische Apposition häufig vor das Bezugswort gestellt: *Tīrō servus* – „**der Sklave** Tiro/Tiro, **der Sklave**".

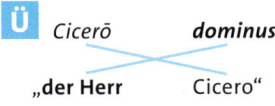

Ü
Cicerō   **dominus**
„der Herr"   Cicero"

G₃ F Verb: 3. Person, Infinitiv, Imperativ (i-Konjugation)

1. Zur **i-Konjugation** gehören Verben, deren **Stamm auf -ī** endet.

Singular (er/sie/es)

Stamm	Personal- endung
audī-	*-t*

er/sie/es **hört**

Plural (sie)

Stamm	Binde- vokal	Personal- endung
audī-	*-u-*	*-nt*

sie **hören**

2. Auch die **Verben der i-Konjugation** werden nach dem Bausteinprinzip **Stamm + Personalendung** gebildet. Nur in der **3. P. Pl.** tritt bei der **i-Konjugation** zwischen Stamm und Endung ein weiterer Baustein: Der **Bindevokal verbindet** Stamm und Endung und erleichtert die Aussprache.

i-Konj.: *audīre* – „hören"		
	Singular	Plural
3. P.	**audī**-t	**audī-u**-nt

3. Die Verben der i-Konjugation bilden den **Infinitiv** und den **Imperativ** wie die Verben der a- und e-Konjugation:
   ► **Infinitiv**: *audī-re* – „hör**en**"
   ► **Imp. Sg.**: *audī!* – „hör(e)!", **Imp. Pl.**: *audī-te!* – „hört!"

Lerntipp

*audī-**re** → audī!*
*audī-**te!***
Imp. Sg. = Infinitiv ohne Endung *-re*
Signal für Imp. Pl. = *-te*

G1 **F** **Verb: 1. und 2. Person (a-/e-/i-Konjugation)**

	Singular Personalendung			Plural Personalendung	
	-ō	1. P.		**-mus**	1. P.
monē-	**-s**	2. P.	*monē-*	**-tis**	2. P.

1. Die Formen der 1. und 2. Person werden – wie die Formen der 3. Person – nach dem Bausteinprinzip **Stamm + Personalendung** gebildet: ***mone-ō*** – „ich ermahne".

e-Konj.: *monēre* – „ermahnen"				
	Singular		**Plural**	
1. P.	*mone-**ō***	ich ermahne	*monē-**mus***	wir ermahnen
2. P.	*monē-**s***	du ermahnst	*monē-**tis***	ihr ermahnt
3. P.	*mone-t*	er/sie/es ermahnt	*mone-nt*	sie ermahnen

i-Konj.: *audīre* – „hören"	
	Singular	**Plural**
1. P.	*audi-**ō***	*audī-**mus***
2. P.	*audī-**s***	*audī-**tis***
3. P.	*audi-t*	*audi-u-nt*

2. Nur in der **1. P. Sg.** der **a-Konjugation** fällt das *-ā-* am Ende des Stammes weg: ***vocā-ō*** – „ich rufe".

a-Konj.: *vocāre* – „rufen"	
	Singular	**Plural**
1. P.	*voc-**ō***	*vocā-**mus***
2. P.	*vocā-**s***	*vocā-**tis***
3. P.	*voca-t*	*voca-nt*

! In der a-Konjugation „frisst" das *-ō* der 1. P. Sg. das *-ā-*:

Geschafft!

Du kennst jetzt **alle Personalendungen im Präsens** (Gegenwart): *-ō, -s, -t, -mus, -tis, -nt*

G2 **F** **Substantiv: Akkusativ (a-/o-Deklination)**

1. Der **Akkusativ** (4. Fall) antwortet auf die Frage **„Wen oder Was?"**. Er wird gebildet, indem an den Basisteil die **Endungen für den Akkusativ** angefügt werden: *domin-**am*** – „die/eine Herrin", *domin-**um*** – „den/einen Herrn".

	a-Dekl.	o-Dekl. (m)	o-Dekl. (n)
Sg.	*-am*	*-um*	*-um*
Pl.	*-ās*	*-ōs*	*-a*

a-Deklination		
	Singular	Plural
Nom.	*domin-a*	*domin-ae*
Akk.	*domin-**am***	*domin-**ās***

o-Deklination (m)		
	Singular	Plural
Nom.	*domin-us*	*domin-ī*
Akk.	*domin-**um***	*domin-**ōs***

o-Deklination (n)		
	Singular	Plural
Nom.	*verb-um*	*verb-a*
Akk.	*verb-**um***	*verb-**a***

2. Einige Endungen kommen im Lateinischen öfter vor und sind damit **mehrdeutig**. Man kann also an der Form allein nicht immer erkennen, welcher Kasus vorliegt: *verb-um* kann sowohl Nom. Sg. als auch Akk. Sg., *verb-a* sowohl Nom. Pl. als auch Akk. Pl. sein. Um den **Kasus** richtig **zu erkennen**, hilft es dir, den **Textzusammenhang**, also die übrigen Wörter und Formen im Satz sowie den Inhalt des Textes, zu berücksichtigen.

> **!** *verb-um, verb-a*
> **Substantive mit dem Genus Neutrum** sind **im Nom. und Akk. gleich**.
> Hier hilft dir der Textzusammenhang.

G2 / S Akkusativ als Objekt

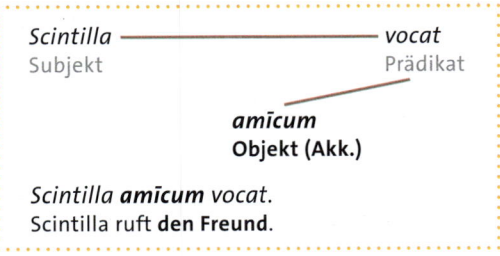

Scintilla ——————— *vocat*
Subjekt   Prädikat

amīcum
Objekt (Akk.)

*Scintilla **amīcum** vocat.*
Scintilla ruft **den Freund**.

> **!** **Auf die Endung kommt es an:** Den lateinischen Kasus erkennst du nicht an der Stellung des Wortes im Satz, sondern an der Endung (→ L3 Ü7).

3. Ein Satz, der aus einem Subjekt und einem Prädikat besteht („Scintilla ruft."), kann durch ein weiteres Satzglied ergänzt werden („den Freund"). Der Fachbegriff für eine Satzergänzung lautet **Objekt**. Zu einem Prädikat kann z. B. ein **Objekt im Akkusativ** hinzutreten.

4. Im Lateinischen steht das **Prädikat oft am Ende**, die Reihenfolge der übrigen Satzglieder ist – im Gegensatz zum Deutschen – nicht festgelegt. Bei der Übersetzung musst du die Wörter dem deutschen Satzbau anpassen.

> **Ü** *Scintilla **amīcum** vocat.* –
> „Scintilla ruft **den/einen/ihren Freund**."
> Statt eines **bestimmten oder unbestimmten Artikels** kannst du oft auch ein **Possessivpronomen** (besitzanzeigendes Fürwort, hier: „ihren") ergänzen.

> **Ü** *Mārcus Rūfum, Quīntum, Scintillam audit.* –
> „Markus hört Rufus, Quintus **und** Scintilla."
> lat. Aufzählung: kein Bindewort, dt. Aufzählung: Bindewort vor dem letzten Wort

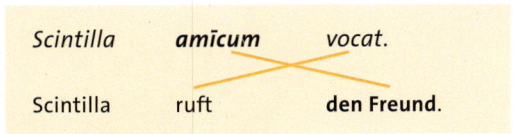

Scintilla   **amīcum**   *vocat.*

Scintilla   ruft   **den Freund**.

G1 F **Verb: Konsonantische Konjugation**

Stamm   Personal-
         endung

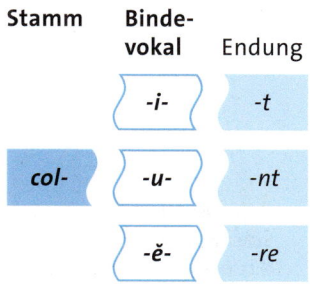

col-   -ō

1. Zur **konsonantischen Konjugation** gehören Verben, deren **Stamm auf einen Konsonanten** endet: *col-ō* – „ich verehre".

Stamm   Binde-
         vokal   Endung

col-   -i-   -t

         -u-   -nt

         -ĕ-   -re

2. Um die Formen besser aussprechen zu können, wird oft ein **Bindevokal** eingefügt.

	Kons. Konj.: *colĕre* – „verehren"	
	Singular	Plural
1. P.	*col-ō*	*col-i-mus*
2. P.	*col-i-s*	*col-i-tis*
3. P.	*col-i-t*	*col-u-nt*

3. Den **Imperativ** bilden die Verben der kons. Konjugation so: *cole!* – „**verehr(e)!**", *col-i-te!* – „verehr**t!**".

G2 F **Verb: Konsonantische Konjugation mit i-Erweiterung**

Stamm   Binde-   Personal-
         vokal   endung

                   -t

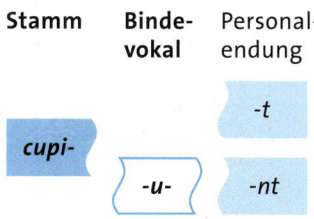

cupi-   -u-   -nt

1. Bei einigen Verben der **konsonantischen Konjugation** ist der **Stamm** durch ein kurzes **-i-** erweitert, sodass der Bindevokal *-i-* nicht mehr nötig ist: *cupi-t* – „er/sie/es wünscht". Im **Infinitiv** hat der Stamm dieser Verben ein kurzes **-ĕ-** anstelle des *-i-*: *cupĕ-re* – „wünschen".

	Kons. Konj. (ĭ): *cupĕre* – „wünschen"	
	Singular	Plural
1. P.	*cupi-ō*	*cupi-mus*
2. P.	*cupi-s*	*cupi-tis*
3. P.	*cupi-t*	*cupi-u-nt*

2. Die Formen mit i-Erweiterung unterscheiden sich von den übrigen Verben der konsonantischen Konjugation nur in der **1. P. Sg.** und in der **3. P. Pl.**:

> *col-ō*　　　*col-u-nt*
> *cupi-ō*　　*cupi-u-nt*

3. Den **Imperativ** bilden die Verben der kons. Konjugation mit i-Erweiterung wie die Verben der kons. Konjugation: *cupe!* – „wünsch(e)!", *cupi-te!* – „wünscht!"

4. Die Infinitive der Verben der **a-, e- und i-Konjugation** werden **auf der vorletzten Silbe betont**: *vocāre, monēre, audīre*. Die Infinitive der Verben der **konsonantischen Konjugation** werden **auf der drittletzten Silbe betont**: *cólĕre, cúpĕre*.

5. Um zu wissen, zu welcher Konjugation ein Verb gehört, lernst du die Verben immer in dieser **Lernform: Inf., 1. P. Sg.** (→ L4 Ü9).

> *monē-re, mone-ō* → **e**-Konj.　　*cupĕ-re, cupi-ō* → **kons.** Konj. (ĭ)
> *col-ĕ-re, col-ō*　→ **kons.** Konj.　*audī-re, audi-ō* → **i**-Konj.

Geschafft!

Du kennst nun **alle Konjugationen**, die es im Lateinischen gibt:

▸ **a-Konj.**: *vocāre*

▸ **e-Konj.**: *monēre*

▸ **i-Konj.**: *audīre*

▸ **kons. Konj.**: *colĕre*

▸ **kons. Konj. (ĭ)**: *cupĕre*

Lerntipp

Den **Imp. Sg. der kons. Konj. und der kons. Konj. (ĭ)** erhältst du, indem du vom **Infinitiv** die **Endung -re abtrennst: cole!, cupe!**
Im **Plural** endet der Imperativ auf **-ite**: *col-i-te!, cupi-te!*

! *col-ĕ-re ↔ monē-re*
kons. Konj.: kurzes **ĕ**
e-Konj.: langes **ē**

! *cupi-ō ↔ audī-ō*
kons. Konj. (ĭ): Inf. **ohne** *-i* → *cupĕ-re*
i-Konj.: Inf. **mit** *-i* → *audī-re*

G1 F Substantiv: Nominativ und Akkusativ (konsonantische Deklination)

1. Die **Substantive der konsonantischen Deklination** sind – wie die Substantive der a- und o-Deklination (→ L1 G2 F) – nach dem **Bausteinprinzip** aufgebaut:

Basisteil (Stamm)	Endung

mercātōr-   *-em*

Akk. Sg.

2. In der kons. Deklination nennt man den **Basisteil Stamm**. Anders als in der a- und o-Deklination gibt es **keine eigene Endung für den Nom. Sg.**, alle anderen Kasus werden aber **mit einer eigenen Endung** gebildet: *mercātōr-em* – „den/einen Händler".

	Singular	Plural
Nom.	*mercātor*	*mercātōr-ēs*
Akk.	*mercātōr-em*	*mercātōr-ēs*

3. Zur konsonantischen Deklination gehören **Substantive aller drei Genera**, sodass das **Genus mitgelernt** werden muss.

> **!** *mercātōr-ēs*
> Diese Form ist mehrdeutig:
> ▸ Nom. Pl.: „die Händler" (Wer?)
> ▸ Akk. Pl.: „die Händler" (Wen?)
> Hier hilft dir der Textzusammenhang (→ L3 G2 F).

> **Lerntipp**
> *clamor, für*
> Substantive auf *-(o)r* sind in der Regel **maskulin**.

G2 F Verb: Sonderkonjugation des Verbs *esse*

1. *esse* heißt **„sein"**.
2. Wie das deutsche Verb „sein" bildet auch *esse* seine Personalformen unregelmäßig.

esse – „sein"			
	Singular		Plural	
1. P.	**sum**	ich bin	**sumus**	wir sind
2. P.	**es**	du bist	**estis**	ihr seid
3. P.	*est*	er/sie/es ist	*sunt*	sie sind

> **Lerntipp**
> *-s, -t, -mus, -tis, -nt*
> Die Formen von *esse* haben außer in der 1. P. Sg. die gleichen Personalendungen wie die Verben der anderen Konjugationen.

3. Der **Imp. Sg.** von *esse* lautet *es!* – „sei!", der **Imp. Pl.** lautet *es-te!* – „seid!" (→ L5 Ü7b).

Komposita

4. *esse* – „sein" ist ein **einfaches**, d. h. nicht zusammengesetztes Verb, ein **Verbum simplex**. *ab-esse* ist ein **zusammengesetztes Verb**, ein **Kompositum**. Ein Kompositum besteht aus einer Vorsilbe, dem **Präfix**, und einem **Verbum simplex**:

ab-	+	**-esse**
Präfix		Verbum simplex

5. Mithilfe der **Präfixe** kannst du die Bedeutung vieler **Komposita** erschließen, wenn du das dazugehörige **Verbum simplex** kennst: Das **Präfix ab-** bedeutet **„von, weg"**, das **Kompositum ab-esse** bedeutet also wörtlich **„weg sein"**. Daneben kann das Kompositum **weitere, übertragene Bedeutungen** haben: *abesse* – „fehlen".

6. In der Regel bildet das **Kompositum alle Formen wie das Verbum simplex**: *ab-sum* – „ich bin weg, fehle".

G2 **S** *esse* als Voll- und Hilfsverb

7. Meistens ist *esse* ein **Hilfsverb**, d. h. es kann **nicht allein das Prädikat** bilden. Oft steht es mit einem **Substantiv im Nominativ**. Dieses Substantiv heißt **Prädikatsnomen**.

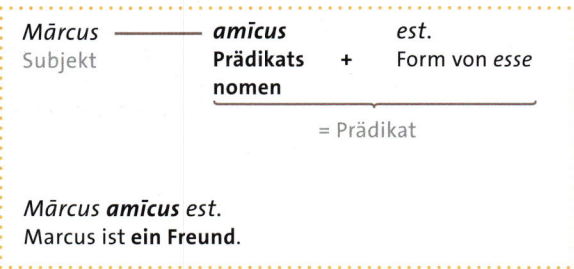

Mārcus ————	**amīcus**	+	*est.*
Subjekt	**Prädikats nomen**		Form von *esse*

= Prädikat

Mārcus **amīcus** *est.*
Marcus ist **ein Freund**.

8. *esse* kann aber auch als **Vollverb** verwendet werden, d. h. es bildet dann **allein das Prädikat** und kann oft mit **„es gibt/es findet statt"** übersetzt werden.

Nunc lūdī **sunt**.	Jetzt **finden** Spiele **statt**.
Lārvae nōn **sunt**.	**Es gibt** keine Gespenster.

Ü ▸ *esse* + Prädikatsnomen → Hilfsverb („sein")
▸ *est/sunt* ohne Prädikatsnomen → Vollverb („es gibt/ es findet statt")

Geschafft!

Du kennst nun die Verwendung eines **Substantivs** als **Attribut** und als **Prädikatsnomen**:

▸ Das Substantiv als **Attribut** ist die **Apposition**: | *Mārcus* **amīcus** | *Quīntum videt.* –„ | **Der Freund** Marcus | sieht Quintus."

▸ Als **Prädikatsnomen** in Verbindung **mit einer Form von *esse*** gehört es zum **Prädikat**:
Mārcus | **amīcus** *est* |. – „Marcus | ist **ein Freund** |."

Lerntipp

Attribut = weglassbare Beifügung zu einem Satzglied (→ L2 G+ S)
Prädikatsnomen = notwendiger Bestandteil des Prädikats mit *esse*

G1 F Substantiv: Dativ (a-/o-/kons. Deklination)

1. Der **Dativ** (3. Fall) antwortet auf die Frage **„Wem?"**. Er wird gebildet, indem an den Basisteil die **Endungen für den Dativ** angefügt werden: *domin-**ae*** – „der/einer Herrin", *domin-**ō*** – „dem/einem Herrn".

	a-Dekl.	o-Dekl. (m)	o-Dekl. (n)	Kons. Dekl.
Sg.	*-ae*	*-ō*	*-ō*	*-ī*
Pl.	*-īs*	*-īs*	*-īs*	*-ibus*

	a-Deklination	
	Singular	Plural
Nom.	*domin-a*	*domin-ae*
Dat.	*domin-**ae***	*domin-**īs***
Akk.	*domin-am*	*domin-ās*

	o-Deklination (m)	
	Singular	Plural
Nom.	*domin-us*	*domin-ī*
Dat.	*domin-**ō***	*domin-**īs***
Akk.	*domin-um*	*domin-ōs*

	o-Deklination (n)	
	Singular	Plural
Nom.	*verb-um*	*verb-a*
Dat.	*verb-**ō***	*verb-**īs***
Akk.	*verb-um*	*verb-a*

	Kons. Deklination	
	Singular	Plural
Nom.	*ōrātor*	*ōrātōr-ēs*
Dat.	*ōrātōr-**ī***	*ōrātōr-**ibus***
Akk.	*ōrātōr-em*	*ōrātōr-ēs*

! *domin-ae*
Diese Form ist mehrdeutig:
▸ Dat. Sg.: „der Herrin" (Wem?)
▸ Nom. Pl.: „die Herrinnen" (Wer?)
Hier helfen dir der Textzusammenhang und der Numerus des Prädikats.

! *domin-īs*
Diese Form ist mehrdeutig:
▸ Dat. Pl. a-Dekl.: „den Herrinnen" (Wem?)
▸ Dat. Pl. o-Dekl.: „den Herren" (Wem?)
Hier hilft dir der Textzusammenhang.

G1 S Dativ als Objekt

Servus ——————— *pāret*
Subjekt   Prädikat

dominō
Objekt (Dat.)

*Servus **dominō** pāret.*
Der Sklave gehorcht **dem Herrn**.

! Die Satzstellung ist im Lateinischen freier als im Deutschen – daher musst du genau auf die Endung achten (→ L6 Ü4).

2. Zu einem Prädikat kann ein **Objekt im Dativ** hinzutreten.

3. Einige Verben können sowohl ein Objekt im <u>Akkusativ</u> (→ L3 G2 S) als auch im **Dativ** bei sich haben, z. B. *nārrāre: Sevērus **amīcīs** fābulam nārrat.* – „Severus erzählt **den Freunden** <u>eine Geschichte</u>."

4. Weil die **Wortstellung im Lateinischen frei(er)** ist, ist es beim Übersetzen hilfreich, **zunächst** das **Prädikat** und **dann** das **Subjekt** zu **bestimmen** und zu übersetzen.

G2 F Verb: Sonderkonjugation des Verbs *posse*

1. *posse* heißt **„können"**.

2. Es ist aus der Verschmelzung von *pot-* („fähig") und *esse* („sein") entstanden: *pot-esse → posse*.

3. Die flektierten Formen werden gebildet, indem an das **Präfix** *pot-* die **Formen von** *esse* (→ L5 G2 F) angefügt werden: *pot-es* – „du kannst". Wenn die Form von *esse* mit *s-* beginnt, wird das *-t-* von *pot-* zu *-s-*: *pot-sum → pos-sum* –„ich kann".

	posse – „können"			
	Singular		Plural	
1. P.	*pos-sum*	ich kann	*pos-sumus*	wir können
2. P.	*pot-es*	du kannst	*pot-estis*	ihr könnt
3. P.	*pot-est*	er/sie/es kann	*pos-sunt*	sie können

G1 F Substantiv: Genitiv (a-/o-/kons. Deklination)

1. Der **Genitiv** (2. Fall) antwortet auf die Frage „**Wessen?**". Er wird gebildet, indem an den Basisteil die **Endungen für den Genitiv** angefügt werden: *domin-**ae*** – „der/einer Herrin", *domin-**ī*** – „des/ eines Herrn".

	a-Dekl.	o-Dekl. (m)	o-Dekl. (n)	Kons. Dekl.
Sg.	*-ae*	*-ī*	*-ī*	*-is*
Pl.	*-ārum*	*-ōrum*	*-ōrum*	*-um*

a-Deklination	Singular	Plural
Nom.	*domin-a*	*domin-ae*
Gen.	*domin-**ae***	*domin-**ārum***
Dat.	*domin-ae*	*domin-īs*
Akk.	*domin-am*	*domin-ās*

o-Deklination (m)	Singular	Plural
Nom.	*domin-us*	*domin-ī*
Gen.	*domin-**ī***	*domin-**ōrum***
Dat.	*domin-ō*	*domin-īs*
Akk.	*domin-um*	*domin-ōs*

o-Deklination (n)	Singular	Plural
Nom.	*verb-um*	*verb-a*
Gen.	*verb-**ī***	*verb-**ōrum***
Dat.	*verb-ō*	*verb-īs*
Akk.	*verb-um*	*verb-a*

Kons. Deklination	Singular	Plural
Nom.	*ōrātor*	*ōrātōr-ēs*
Gen.	*ōrātōr-**is***	*ōrātōr-**um***
Dat.	*ōrātōr-ī*	*ōrātōr-ibus*
Akk.	*ōrātōr-em*	*ōrātōr-ēs*

! *domin-ae*
Diese Form ist mehrdeutig:
► Gen. Sg.
► Dat. Sg
► Nom. Pl.
Hier helfen dir der Textzusammenhang und der Numerus des Prädikats.

! *fīli-us*, Gen. *fīli-ī*
Endet der Basisteil eines Substantivs der o-Dekl. auf -*i*-, endet das Wort im Gen. Sg. mit Doppel„-*i*".

! *domin-ī*
Diese Form ist mehrdeutig:
► Gen. Sg.
► Nom. Pl.
Hier helfen dir der Textzusammenhang und der Numerus des Prädikats.

G1 Genitiv als Attribut
S

Amīcī ——————— *audiunt*
Subjekt · Prädikat

clāmōrem
Objekt (Akk.)

Rōmānōrum
Attribut (Gen.)

*Amīcī clāmōrem **Rōmānōrum** audiunt.*
Die Freunde hören das Geschrei **der Römer**.

2. Der **Genitiv** bestimmt als **Attribut** ein Substantiv näher und gibt oft den **Besitzer** an.

G2 Substantiv: Der Basisteil in der kons. Deklination (Stamm)
F

*Ibi **adulēscēns** sedet. Tullia **adulēscent-em** spectat.*
Dort sitzt **ein junger Mann**. Tullia betrachtet **den jungen Mann**.

1. Bei vielen Substantiven der **kons. Deklination unterscheidet sich der Nom. Sg. vom Basisteil**. Um zu wissen, wo du die Endungen anfügst, musst du den Basisteil (Stamm) kennen. Daher lernst du den **Genitiv** mit: *adulēscēns*, aber ***adulēscent**-is*; *senex*, aber ***sen**-is*.

	Singular	Plural
Nom.	*senex*	*sen-ēs*
Gen.	*sen-is*	*sen-um*
Dat.	*sen-ī*	*sen-ibus*
Akk.	*sen-em*	*sen-ēs*

2. Bei einigen Substantiven der **kons. Deklination** findet sich im **Gen. Pl.** zusätzlich ein *-i*: *adulēscēns* (Nom. Sg.) → *adulēscentium* (Gen. Pl.). Dies ist im Wortschatz angegeben:

adulēscēns, adulēscentis m; Gen. Pl.: *adulēscentium*   der Jugendliche, der junge Mann

Lerntipp

senex, sen-is, m → kons. Dekl.
sīgnum, sīgn-ī, n → o-Dekl.
Du lernst die Substantive ab jetzt immer in der **Lernform: Nom. Sg., Gen. Sg., Genus**. Damit kannst du sie eindeutig einer Deklination zuordnen und weißt, wo du die Endung anfügen musst.

G1 **F**

Substantiv: Ablativ (a-/o-/kons. Deklination)

1. Der **Ablativ** ist ein Kasus, den es im Deutschen nicht gibt. Er gibt oft die **Umstände** an, unter denen etwas geschieht. Beim Übersetzen muss man eine passende **Präposition** (Verhältniswort) einfügen. Der Ablativ wird gebildet, indem an den Basisteil die **Endungen für den Ablativ** angefügt werden: *fābul-ā* – „**mit** der/einer Geschichte/**durch** die/eine Geschichte", *verb-ō* – „**mit** dem/einem Wort/**durch** das/ein Wort".

	a-Dekl.	o-Dekl. (m)	o-Dekl. (n)	Kons. Dekl.
Sg.	*-ā*	*-ō*	*-ō*	*-e*
Pl.	*-īs*	*-īs*	*-īs*	*-ibus*

a-Deklination		
	Singular	Plural
Nom.	*domin-a*	*domin-ae*
Gen.	*domin-ae*	*domin-ārum*
Dat.	*domin-ae*	*domin-īs*
Akk.	*domin-am*	*domin-ās*
Abl.	*domin-**ā***	*domin-**īs***

> **!** *domin-**a*** ≠ *domin-**ā***
> ► kurzes *-**a*** → Nom. Sg.
> ► langes *-**ā*** → Abl. Sg.

o -Deklination (m)		
	Singular	Plural
Nom.	*domin-us*	*domin-ī*
Gen.	*domin-ī*	*domin-ōrum*
Dat.	*domin-ō*	*domin-īs*
Akk.	*domin-um*	*domin-ōs*
Abl.	*domin-**ō***	*domin-**īs***

o-Deklination (n)		
	Singular	Plural
Nom.	*verb-um*	*verb-a*
Gen.	*verb-ī*	*verb-ōrum*
Dat.	*verb-ō*	*verb-īs*
Akk.	*verb-um*	*verb-a*
Abl.	*verb-**ō***	*verb-**īs***

Kons. Deklination		
	Singular	Plural
Nom.	*ōrātor*	*ōrātor-ēs*
Gen.	*ōrātor-is*	*ōrātor-um*
Dat.	*ōrātor-ī*	*ōrātor-ibus*
Akk.	*ōrātor-em*	*ōrātor-ēs*
Abl.	*ōrātor-**e***	*ōrātor-**ibus***

> **!** *domin-īs*
> *ōrātōr-ibus*
> Der **Dativ** und **Ablativ Plural** sind in allen Deklinationen jeweils **gleich**. Hier hilft dir der Textzusammenhang.

G1 S Ablativ als Adverbiale

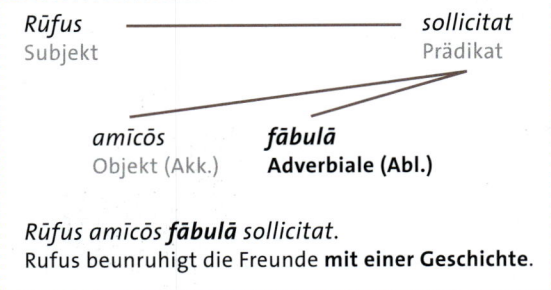

Rūfus — sollicitat
Subjekt — Prädikat

amīcōs — **fābulā**
Objekt (Akk.) — **Adverbiale (Abl.)**

*Rūfus amīcōs **fābulā** sollicitat.*
Rufus beunruhigt die Freunde **mit einer Geschichte**.

2. Das Satzglied **Adverbiale** beschreibt die **Umstände einer Handlung** näher: Es **bestimmt** das **Prädikat genauer**, indem es zusätzliche Informationen zum Geschehen liefert. Du kennst bereits aus dem Wortschatz einige Adverbien, unveränderliche Wörter, die die Funktion eines Adverbiales übernehmen, z. B. *statim* – „sofort, auf der Stelle", *bene* – „gut", *semper* – „immer".

3. Auch der **Ablativ** übernimmt meist die **Funktion eines Adverbiales**.

Geschafft!

Du kennst nun die **Bestandteile**, die **in einem Satz** vorkommen können:

Satzglieder:

► **Subjekt**

► **Prädikat**

► **Objekt**

► **Adverbiale**

► **Prädikatsnomen**

Satzgliedteile:

► **Attribut**

► **Apposition**

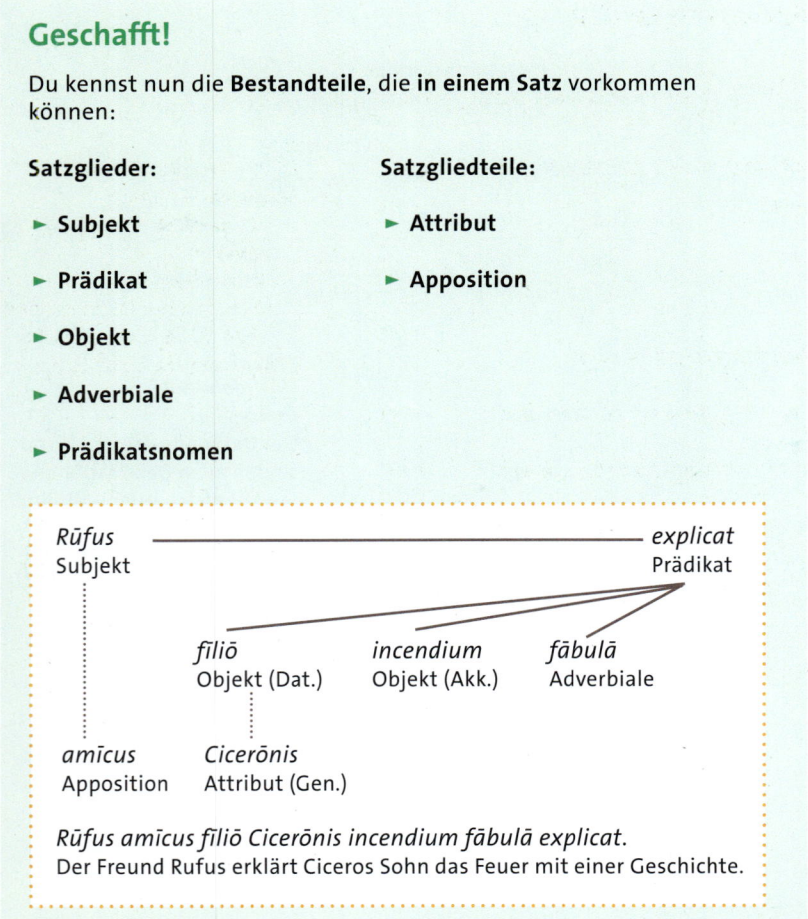

Rūfus — explicat
Subjekt — Prädikat

fīliō — incendium — fābulā
Objekt (Dat.) — Objekt (Akk.) — Adverbiale

amīcus — Cicerōnis
Apposition — Attribut (Gen.)

Rūfus amīcus fīliō Cicerōnis incendium fābulā explicat.
Der Freund Rufus erklärt Ciceros Sohn das Feuer mit einer Geschichte.

G2 S Funktionen des Ablativs

1. Der **Ablativ** kann in einem Satz als Adverbiale unterschiedliche **Funktionen** übernehmen.

Ablativ des Mittels (Ablativus instrumenti)

> *Gladiātor **armīs** vincit.*   Der Gladiator siegt **mit Waffen.**

2. Als **Ablativ des Mittels** antwortet der Ablativ auf die Frage „**Womit?/Wodurch?**": *armīs* → „**mit** Waffen/**durch** Waffen".

Ablativ des Grundes (Ablativus causae)

> *Amīcī **lūdīs** gaudent.*   Die Freunde freuen sich **aufgrund der Spiele/über die Spiele.**

3. Als **Ablativ des Grundes** antwortet der Ablativ auf die Frage „**Aus welchem Grund?**": *lūdīs* → „**aufgrund** der Spiele/**über** die Spiele".

Ablativ der Trennung (Ablativus separativus)

> *Rūfus **gaudiō** caret.*   Rufus ist frei **von Freude**/hat **keine Freude.**

4. Als **Ablativ der Trennung** antwortet der Ablativ auf die Frage „**Wovon?**": *gaudiō* → „**von** Freude".

Ü
- Womit? → **mit**
  Wo**durch**? → **durch**
- Aus welchem **Grund**? → **aufgrund**
- Wo**von**? → **von**
  Im Fragewort steckt meist die **Präposition**, die du für die Übersetzung benötigst.

Geschafft!

Du kennst nun schon drei **Funktionen des Ablativs**:

- Womit?/Wodurch?   → **Ablativ des Mittels**

- Aus welchem Grund?   → **Ablativ des Grundes**

- Wovon?   → **Ablativ der Trennung**

Substantiv: Neutra der kons. Deklination

Für die **Neutra** der **kons. Deklination** gelten im **Nominativ** und **Akkusativ** die gleichen **Regeln wie für alle Neutra**:

► Die Formen im **Nominativ** und **Akkusativ** sind **gleich**,

► die Endung im **Nom**. und **Akk. Pl**. lautet -*a*.

	Singular	Plural
Nom.	*corpus*	*corpor-a*
Gen.	*corpor-is*	*corpor-um*
Dat.	*corpor-ī*	*corpor-ibus*
Akk.	*corpus*	*corpor-a*
Abl.	*corpor-e*	*corpor-ibus*

G₁ Präpositionen mit Akkusativ und Ablativ
S

> **Präpositionen mit Akkusativ**
> *post* incidum̲   **nach** dem̲ Feuer
>
> **Präpositionen mit Ablativ**
> *ē/ex* tabernā̲   **aus** dem̲ Laden heraus

1. **Präpositionen** sind **unveränderliche Wörter**. Sie verbinden sich **mit einem Nomen** (alle **Wortarten, die dekliniert werden**, z. B. **Substantive, Adjektive** und **Pronomina**) zu einem **Präpositional-ausdruck**. Dieser beschreibt meist als **Adverbiale** die **Umstände des Satzes** näher, indem er z. B. die Zeit oder den Ort des Geschehens angibt: „nach der Arbeit", „vor der Tür".

2. Im Lateinischen **verlangen** Präpositionen – wie im Deutschen – vom zugehörigen Nomen immer einen **bestimmten Kasus**. Im Lateinischen stehen die meisten Präpositionen entweder mit dem **Akkusativ** (*ad, per, super*) oder mit dem Ablativ (*ē/ex, dē, sine*); oft steht im Deutschen ein anderer Kasus als im Lateinischen: *post templum*: **Akk.** ↔ „hinter **dem** Tempel": **Dat.** (→ L9 Ü1)

Lerntipp

ad m. Akk. – „zu (… hin); bei, an; nach"
Du lernst neben der Bedeutung auch den verlangten Kasus mit.

G₂ Präposition: *in* und *sub*
S

Die Präpositionen *in* und *sub* sind Sonderfälle, da sie mit zwei Kasus stehen können:

► Mit **Akkusativ** geben sie die **Bewegungsrichtung** an und antworten auf die Frage **„Wohin?"**.

► Mit **Ablativ** geben sie den **(Aufenthalts-)Ort** an und antworten auf die Frage **„Wo?"**.

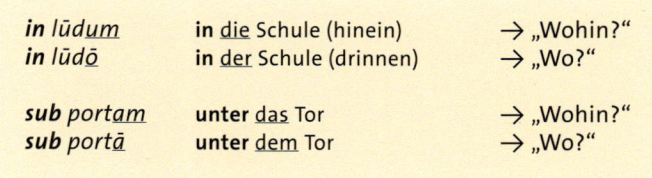

in lūdum̲	**in** die̲ Schule (hinein)	→ „Wohin?"
in lūdō̲	**in** der̲ Schule (drinnen)	→ „Wo?"
sub portam̲	**unter** das̲ Tor	→ „Wohin?"
sub portā̲	**unter** dem̲ Tor	→ „Wo?"

Lerntipp

„in **den Tempel** (hinein)":
Richtung (Wohin?) → **Akk.**
„im **Tempel**": **Ort (Wo?)** → **Dat.**
Auch **das Deutsche** hat einen Kasus für die Richtung und einen Kasus für den Ort.

G1 Pronomen: Personalpronomina der 1. und 2. Person

1. Im Lateinischen gibt es nur für die **1. und 2. Person eigene Personalpronomina**.

2. Das **Personalpronomen im Nominativ** ist im Lateinischen in der Personalendung des Prädikats enthalten: *Dominus sum.* → „**Ich** bin der Herr.“ Wenn zusätzlich das **Personalpronomen verwendet** wird, wird das **Subjekt besonders betont**: *Ego dominus sum,* *tū servus es.* – „**Ich** bin der Herr, **du** bist der Sklave.“

3. Der Genitiv kommt sehr selten vor. Im Ablativ wird die Präposition *cum* – „mit“ den Pronomina nicht vorangestellt, sondern an diese angefügt: *mēcum* – „**mit** mir“.

	1.Person		2.Person	
	Singular	Plural	Singular	Plural
Nom.	*ego* ich	*nōs* wir	*tū* du	*vōs* ihr
Dat.	*mihī* mir	*nōbīs* uns	*tibi* dir	*vōbīs* euch
Akk.	*mē* mich	*nōs* uns	*tē* dich	*vōs* euch
Abl.	*ā mē/mēcum* von mir/mit mir	*ā nōbīs/nōbīscum* von uns/mit uns	*ā tē/tēcum* von dir/mit dir	*ā vōbīs/vōbīscum* von euch/mit euch

G2 Pronomen: Demonstrativpronomen *is, ea, id*

1. Ein **Demonstrativpronomen weist** auf etwas besonders **hin**: „**dieser** Sklave“ (und kein anderer). Ein häufiges lateinisches Demonstrativpronomen ist *is, ea, id* – „dieser, diese, dieses“.

2. Das Demonstrativpronomen *is, ea, id* wird **dekliniert**.

	Singular		
	m	f	n
Nom.	*is*	*ea*	*id*
Gen.	*eius*	*eius*	*eius*
Dat.	*eī*	*eī*	*eī*
Akk.	*eum*	*eam*	*id*
Abl.	*eō*	*eā*	*eō*

!	*ea*

Diese Form ist mehrdeutig:
- Sg. f: Nom./Abl.
- Pl. n: Nom./Akk.

Lerntipp

Im Plural helfen dir die Formen der a-/o-Dekl.

	Plural		
	m	f	n
Nom.	*eī (iī)*	*eae*	*ea*
Gen.	*eōrum*	*eārum*	*eōrum*
Dat.	*eīs (iīs)*	*eīs (iīs)*	*eīs (iīs)*
Akk.	*eōs*	*eās*	*ea*
Abl.	*eīs (iīs)*	*eīs (iīs)*	*eīs (iīs)*

!	*iī, iīs*

Die in Klammern angegebenen Formen kommen ebenfalls vor.

G2 S **Verwendung von *is, ea, id***

3. *is, ea, id* wird im Lateinischen auf **drei unterschiedliche Weisen** verwendet. Die Übersetzung des Pronomens hängt von der Verwendungsweise ab.

Demonstrativpronomen

> ***Is*** *dominus servōs cūrat.*
> **Dieser** Herr kümmert sich um die Sklaven.
>
> *Itaque servī **eius** dominī fugere nōn cupiunt.*
> Deshalb wollen die Sklaven **dieses** Herrn nicht fliehen.

4. In der Funktion des **Demonstrativpronomens** steht *is, ea, id* meist bei einem **Bezugswort** und stimmt mit diesem in **K**asus, **N**umerus und **G**enus überein (**KNG-Kongruenz**). Im Deutschen wird es mit „**dieser, diese, dieses**" übersetzt: *ea domina* – „**diese** Herrin".

Personalpronomen der 3. Person

> *Dominus servōs vocat.*   Der Herr ruft die Sklaven.
>   ↓   ↓
> *Dominus **eōs** vocat.*   Der Herr ruft   **sie.**

5. Im Lateinischen gibt es kein eigenes Personalpronomen für die 3. Person. Daher wird *is, ea, id* in allen Kasus außer dem Nominativ auch in der **Funktion** des **Personalpronomens der 3. Person** verwendet und mit den entsprechenden Formen von „**er, sie, es**" übersetzt.

Possessivpronomen der 3. Person

> *Dominum videō et servum **eius**.*   Ich sehe den Herrn
>   ↑   und **seinen/dessen** Sklaven.
>
> *Dominōs videō et servōs **eōrum**.*   Ich sehe die Herren
>   ↑   und **ihre/deren** Sklaven.

6. Der **Genitiv** von *is, ea, id* wird auch in der Funktion des **Possessivpronomens** verwendet und gibt dann den **Besitzer einer Sache** an; er wird mit „**sein, ihr/dessen, deren**" übersetzt.

> **!** *is, ea, id*
> Das Pronomen kann unterschiedlich verwendet werden (→ L10 Ü6):
> ▸ *ea serva* → „**diese** Sklavin"
> ▸ *cum eā* → „mit **ihr**"
> ▸ *serva eius* → „**seine/ihre** Sklavin"

G1
F
Adjektiv (a-/o-Deklination)

1. Ein **Adjektiv** gibt eine **Eigenschaft** an und beschreibt so ein anderes Wort näher: *ōrātor **bonus*** – „ein **guter** Redner".

2. Die **Adjektive der a- und o-Deklination** werden **dekliniert wie die Substantive** dieser Deklinationen: *bon-us, -a, -um* – „gut".

3. Das Adjektiv passt sich in **K**asus, **N**umerus und **G**enus immer an sein **Bezugswort** an (**KNG-Kongruenz**) und steht meist **hinter** diesem: *gladiātōr-**ēs** bon-**ī*** – „gute Gladiatoren", *templ-**um** parv-**um*** – „ein kleiner Tempel".

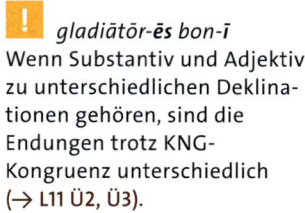

! *gladiātōr-**ēs** bon-ī*
Wenn Substantiv und Adjektiv zu unterschiedlichen Deklinationen gehören, sind die Endungen trotz KNG-Kongruenz unterschiedlich (→ L11 Ü2, Ü3).

! *māgnō **cum** gaudiō* – „**mit** großer Freude"
Die Präposition steht bei manchen Adjektiven oft zwischen Adjektiv und Bezugswort (→ L11 Ü4c).

Lerntipp

Die Endungen sind die gleichen wie bei den Substantiven der a-/o-Dekl.

	Singular		
	m → Dekl. wie *dominus*	f → Dekl. wie *domina*	n → Dekl. wie *verbum*
Nom.	bon-us	bon-a	bon-um
Gen.	bon-ī	bon-ae	bon-ī
Dat.	bon-ō	bon-ae	bon-ō
Akk.	bon-um	bon-am	bon-um
Abl.	bon-ō	bon-ā	bon-ō

	Plural		
	m	f	n
Nom.	bon-ī	bon-ae	bon-a
Gen.	bon-ōrum	bon-ārum	bon-ōrum
Dat.	bon-īs	bon-īs	bon-īs
Akk.	bon-ōs	bon-ās	bon-a
Abl.	bon-īs	bon-īs	bon-īs

G1 S Funktionen des Adjektivs: Attribut und Prädikatsnomen

4. Du hast bereits gelernt, dass ein **Substantiv** als **Attribut** oder als **Prädikatsnomen** verwendet werden kann (→ L5 G2 S Geschafft!).

Gladiātor ——————— vincit.
Subjekt   Prädikat

Gladiātor ——————— **māgnus**   est.
Subjekt   **Prädikats-** + Form von
                                 nomen   esse
                                              = Prädikat

māgnus
Attribut

Gladiātor **māgnus** vincit.   Gladiātor **māgnus** est.
Der **große** Gladiator siegt.   Der Gladiator ist **groß**.

5. Auch ein **Adjektiv** kann als **Attribut** oder als **Prädikatsnomen** verwendet werden:

▸ Als **Attribut** bildet das **Adjektiv** zusammen **mit einem Nomen** ein **Satzglied** und **beschreibt** dieses näher: Gladiātor **māgnus** vincit.

▸ Als **Prädikatsnomen** tritt es immer in Verbindung **mit einer Form von** *esse* auf und ist Teil des Prädikats: Gladiātor **māgnus est**.

6. Wenn sich ein **Adjektiv** auf **mehrere Personen mit unterschiedlichem Genus** bezieht, wird in der Regel die **maskuline Form** verwendet:

Dominus   et   domina   bonī   sunt.
Substantiv (**Sg. m**)   Substantiv (**Sg. f**)   Adjektiv (**Pl. m**)

Der Herr und die Herrin sind gut.

G+ F Adjektiv: Substantivierung

Ein **Adjektiv** kann auch **wie ein Substantiv verwendet** werden. Man spricht dann von einer **Substantivierung** des Adjektivs (→ L11 Ü5).

bonum	das Gute	*bonī*	die Guten
malum	das Schlechte	*malī*	die Schlechten
bona	die guten Dinge, der Besitz		

G2 F Substantive und Adjektive auf -(e)r (o-Deklination)

Substantive auf -(e)r

1. Einige **Substantive der o-Deklination** enden im **Nom. Sg.** auf *-er* oder *-r*: *puer* – „der Junge", *magister* – „der Lehrer", *vir* – „der Mann".
2. Bei den Substantiven, die im **Nom. Sg. auf *-er*** enden, haben **einige** das *-e-* im Basisteil (*puer, puer-ī*), **andere nicht** (*magister, magistr-ī*).
3. In allen anderen Kasus haben diese Substantive die **gleichen Endungen wie die Substantive der o-Deklination (m)**, z. B. *domin-us*.

Lerntipp

puer, puer-ī, m
magist-e-r, magistr-ī, m
Du lernst die **Substantive** in der **Lernform: Nom. Sg., Gen. Sg., Genus.** So weißt du, ob das *-e-* im Basisteil vorhanden ist oder nicht.

o-Deklination (m) → Basisteil: *puer-*		
	Singular	Plural
Nom.	**puer**	puer-ī
Gen.	puer-ī	puer-ōrum
Dat.	puer-ō	puer-īs
Akk.	puer-um	puer-ōs
Abl.	puer-ō	puer-īs

o-Deklination (m) → Basisteil: *magistr-*		
	Singular	Plural
Nom.	**magist-e-r**	magistr-ī
Gen.	magistr-ī	magistr-ōrum
Dat.	magistr-ō	magistr-īs
Akk.	magistr-um	magistr-ōs
Abl.	magistr-ō	magistr-īs

Adjektive auf -(e)r

4. Für die **Adjektive der a- und o-Deklination**, die im **Nom. Sg.** auf *-er* oder *-r* enden, gelten die gleichen Regeln wie bei den Substantiven auf *-(e)r*: *miser, miser-a, miser-um* – „arm"; *pulch-e-r*, aber *pulchr-a, pulchr-um* – „schön".

Lerntipp

miser, miser-a, miser-um
pulch-e-r, pulchr-a, pulchr-um
Du lernst die **Adjektive** in der **Lernform: Nom. Sg. aller drei Genera.** So kennst du den Basisteil, an den die Endungen angefügt werden.

	Singular		
	m	f	n
Nom.	**miser**	miser-a	miser-um
Gen.	miser-ī	miser-ae	miser-ī
Dat.	miser-ō	miser-ae	miser-ō
Akk.	miser-um	miser-am	miser-um
Abl.	miser-ō	miser-ā	miser-ō

	Singular		
	m	f	n
Nom.	**pulch-e-r**	**pulchr-a**	**pulchr-um**
Gen.	pulchr-ī	pulchr-ae	pulchr-ī
Dat.	pulchr-ō	pulchr-ae	pulchr-ō
Akk.	pulchr-um	pulchr-am	pulchr-um
Abl.	pulchr-ō	pulchr-ā	pulchr-ō

	Plural		
	m	f	n
Nom.	miser-ī	miser-ae	miser-a
Gen.	miser-ōrum	miser-ārum	miser-ōrum
Dat.	miser-īs	miser-īs	miser-īs
Akk.	miser-ōs	miser-ās	miser-a
Abl.	miser-īs	miser-īs	miser-īs

	Plural		
	m	f	n
Nom.	pulchr-ī	pulchr-ae	pulchr-a
Gen.	pulchr-ōrum	pulchr-ārum	pulchr-ōrum
Dat.	pulchr-īs	pulchr-īs	pulchr-īs
Akk.	pulchr-ōs	pulchr-ās	pulchr-a
Abl.	pulchr-īs	pulchr-īs	pulchr-īs

G₁
S

Relativsätze

1. Ein **Relativsatz beschreibt** ein **Nomen** näher und hat in der Regel die Funktion eines **Attributs**. Ein Relativsatz wird immer mit einem **Relativpronomen** eingeleitet.

a. *Mārcus **Rūfō** adest.*   ***Rūfus** Cratīnum timet.*

*Mārcus **Rūfō**,*   ***quī** Cratīnum timet, adest.*

Marcus hilft **Rufus, der** Cratinus fürchtet.

b. ***Scintilla** in Subūrā habitat. Parentēs **Scintillae** māgnam pecūniam nōn habent.*

***Scintilla**,*   ***cuius** parentēs māgnam pecūniam nōn habent, in Subūrā habitat.*

Scintilla, deren Eltern nicht viel Geld haben, wohnt in der Subura.

2. Das **Nomen**, das der Relativsatz näher bestimmt, nennt man **Bezugswort**. Das Relativpronomen stimmt mit dem **Bezugswort** in **N**umerus und **G**enus überein (**NG-Kongruenz**):

▸ Satz a: Bezugswort *Rūfus* (Sg. m) → Relativpronomen *quī* (Sg. m)
▸ Satz b: Bezugswort *Scintilla* (Sg. f) → Relativpronomen *cuius* (Sg. f)

3. Der **Kasus** des Relativpronomens ergibt sich aus seiner **Funktion im Relativsatz**: In Satz a ist der Kasus des Relativpronomens der Nominativ, weil es im Relativsatz das Subjekt ist; in Satz b ist der Kasus des Relativpronomens der Genitiv, weil es im Relativsatz das Genitivattribut zu *parentēs* ist.

Lerntipp

Die Satzglieder im Relativsatz kannst du ebenso erfragen wie in anderen Sätzen auch.

G₁
F

Pronomen: Relativpronomen *quī, quae, quod* (Singular)

4. Auch das **Relativpronomen** wird in Kasus, Numerus und Genus **dekliniert**.

	Singular		
	m	f	n
Nom.	*quī* der	*quae* die	*quod* das
Gen.	*cuius* dessen	*cuius* deren	*cuius* dessen
Dat.	*cui* dem	*cui* der	*cui* dem
Akk.	*quem* den	*quam* die	*quod* das
Abl.	*quō* durch den*	*quā* durch die*	*quō* durch das*

! *cuius:* Gen. m/f/n
cui: Dat. m/f/n
Die Formen von Gen. und Dat. Sg. sind in allen Genera gleich.

Lerntipp

Das **Relativpronomen im Ablativ** kann auf die gleiche Weise übersetzt werden wie ein Substantiv (→ L8 G1 F, G2 S): „**durch** den/**von** dem/**mit** dem". Du wählst die passende Bedeutung auch hier mithilfe des Textzusammenhangs.

G2 F Pronomen: Relativpronomen *quī, quae, quae* (Plural)

	Plural		
	m	f	n
Nom.	*quī* die	*quae* die	*quae* die
Gen.	*quōrum* deren	*quārum* deren	*quōrum* deren
Dat.	*quibus* denen	*quibus* denen	*quibus* denen
Akk.	*quōs* die	*quās* die	*quae* die
Abl.	*quibus* durch die	*quibus* durch die	*quibus* durch die

! *quae*
Diese Form ist mehrdeutig (→ L12 Ü7):
‣ Sg./Pl. f: Nom.
‣ Pl. n: Nom./Akk.

Geschafft!

Du kennst nun drei verschiedene Arten des **Attributs**:

Art des Attributs	Beispiel
Genitiv	*fīlius **Cicerōnis*** – „**Ciceros** Sohn/der Sohn **des Cicero**"
Adjektiv, Substantiv (Apposition)	*amīca **bona*** – „eine **gute** Freundin", *Scintilla **amīca*** – „**die Freundin** Scintilla"
Relativsatz	*Scintilla, **quae in Subūrā habitat*** – „Scintilla, **die in der Subura wohnt**"

G+ S Das substantivierte Neutrum Plural

ea	**dies/diese Dinge**
multa	**vieles/viele Dinge**

1. Im Lateinischen kann das **Neutrum von Adjektiven und Prono-mina** im **Plural substantiviert** (→ L11 G+ F) verwendet werden: *Videō ea.* – „Ich sehe **dies**."
2. Diese Ausdrücke können **im Deutschen** entweder mit dem **Singular** übersetzt werden oder es muss **zusätzlich** das Wort „**Dinge**" eingefügt werden: *multa* – „vieles/viele Dinge".
3. Oft tritt das substantivierte Neutrum Plural **zusammen mit** einem **Relativpronomen** auf: *multa, **quae*** – „viele Dinge, **die**/vieles, **was**"(→ L12 Ü7).

G₁ F Verb: v- und u-Perfekt (a-/e-/i-Konjugation)

1. Das lateinische **Perfekt** ist wie im Deutschen ein **Tempus** (Zeitform) **der Vergangenheit**.

2. Im Deutschen wird das Perfekt mit einer Form von „haben" oder „sein" und dem Partizip II gebildet: „ich habe gerufen, „ich bin gelaufen".

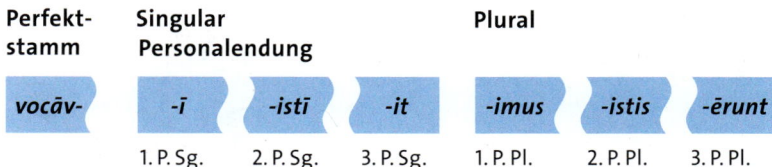

Perfekt-stamm	Singular Personalendung			Plural		
vocāv-	-ī	-istī	-it	-imus	-istis	-ērunt
	1. P. Sg.	2. P. Sg.	3. P. Sg.	1. P. Pl.	2. P. Pl.	3. P. Pl.

3. Im Lateinischen werden die Perfektformen mit einem eigenen Stamm gebildet, dem sogenannten **Perfektstamm**, z. B.: *vocāv-* von *vocāre*. An den Perfektstamm werden eigene **Personalendungen für das Perfekt** angefügt: *-ī, -istī, -it, -imus, -istis, -ērunt* → *vocāv-ī* – „ich habe gerufen".

4. Es gibt unterschiedliche Arten der Perfektbildung, je nach Art des Perfektstamms:

▸ **v-Perfekt:** Der Perfektstamm endet auf *-v-*.

Präsensstamm		**Perfektstamm**
vocā-	→	vocāv-
audī-	→	audīv-

▸ **u-Perfekt:** Der Perfektstamm endet auf *-u-*.

monē-	→	monu-

5. Die Verben der **a- und i-Konjugation** bilden den Perfektstamm in der Regel **mit v**, die Verben der **e-Konjugation** bilden den Perfektstamm in der Regel mit *u*.

	v-Perfekt: *vocāre* (a-Konj.)			
	Singular		Plural	
1. P.	*vocāv-ī*	ich habe gerufen	*vocāv-imus*	wir haben gerufen
2. P.	*vocāv-istī*	du hast gerufen	*vocāv-istis*	ihr habt gerufen
3. P.	*vocāv-it*	er/sie/es hat gerufen	*vocāv-ērunt*	sie haben gerufen

▸ **v-Perfekt: *audīre* (i-Konj.):** *audīvī, audīvistī, audīvit, audīvimus, audīvistis, audīvērunt*

▸ **u-Perfekt: *monēre* (e-Konj.):** *monuī, monuistī, monuit, monuimus, monuistis, monuērunt*

Lerntipp

Die Personalendungen für das Perfekt sind immer gleich.

Lerntipp

In der Regel gilt:
▸ a-/i-Konj.: v-Perfekt
▸ e-Konj.: u-Perfekt
Nur, wenn die Perfektbildung davon abweicht, werden die Formen im Wortschatz angegeben.

! **Beachte die Betonung!**
vocā́vimus audī́vimus, monú̄imus, vocāvḗrunt, audīvḗrunt, monuḗrunt

G1 S Verwendung des Perfekts

6. Das Tempus, das für Erzählungen bzw. erzählende Texte verwendet wird, nennt man **Erzähltempus. Im Lateinischen** ist das **Perfekt** das **Erzähltempus. Im Deutschen** ist das **Erzähltempus** dagegen das **Präteritum** (1. Vergangenheit). Bei der Verwendung als **Erzähltempus** wird das **lateinische Perfekt** daher in der Regel mit dem **Präteritum übersetzt** (→ L13 Ü5b).

> Ü lat. Erzählung → **Perfekt**
> dt. Erzählung → **Präteritum**

> *Cliēns intrāvit et Cicerōnem salūtāvit.*
> Der Klient **trat ein** und **grüßte** Cicero.

7. Des Weiteren wird das **Perfekt** für **Handlungen** verwendet, die in der Vergangenheit **abgeschlossen** sind, aber **bis in die Gegenwart hineinreichen.** Dann wird das **lateinische Perfekt** mit **deutschem Perfekt** übersetzt.

> *Cicerō dē incendiō audīvit; itaque ōrātiōnem compōnit.*
> Cicero **hat** vom Brand **gehört**; deshalb verfasst er eine Rede.

G2 F Verb: v- und u-Perfekt (kons. Konjugation), Perfekt der Verben *esse* und *posse*

Kons. Konjugation

1. Die Verben der **kons. Konjugation** bilden den **Perfektstamm** auf verschiedene Arten, z. B.:
   - ▸ **v-Perfekt:** *cupīv-ī* – „ich habe gewünscht"
   - ▸ **u-Perfekt:** *colu-ī* – „ich habe verehrt"
2. Um zu wissen, welchen **Perfektstamm** ein Verb hat, lernst du die sogenannten **Stammformen** mit: **Inf., 1. P. Sg. Präs., 1. P. Sg. Perf.** Die Stammformen sind **im Wortschatz** angegeben.

Lerntipp

An den **Stammformen** erkennst du **Konjugation** und **Perfektstamm:**
- ▸ *colere, colō, coluī* → **kons. Konj., Perfektstamm:** *colu-*
- ▸ *cupere, cupiō, cupīvī* → **kons. Konj. (ĭ), Perfektstamm:** *cupīv-*

> *colere, colō, coluī*   bewirtschaften, bebauen, pflegen; verehren

esse und *posse*

3. Der **Perfektstamm** von *esse* und *posse* wird jeweils unregelmäßig
gebildet und **endet auf *u*-**:

▸ *esse* → *fu-*

▸ *posse* → *potu-*

An diese Stämme werden die **Personalendungen für das Perfekt**
angefügt.

	esse – „sein"			
	Singular		Plural	
1. P.	*fu-ī*	ich bin gewesen	*fu-imus*	wir sind gewesen
2. P.	*fu-istī*	du bist gewesen	*fu-istis*	ihr seid gewesen
3. P.	*fu-it*	er/sie/es ist gewesen	*fu-ērunt*	sie sind gewesen

	posse – „können"			
	Singular		Plural	
1. P.	*potu-ī*	ich habe gekonnt	*potu-imus*	wir haben gekonnt
2. P.	*potu-istī*	du hast gekonnt	*potu-istis*	ihr habt gekonnt
3. P.	*potu-it*	er/sie/es hat gekonnt	*potu-ērunt*	sie haben gekonnt

4. Auch die **Komposita von *esse*** (→ L5 G2 F) werden mit dem Perfekt-
stamm *fu-* gebildet. Dabei kann sich die Form des **Präfixes
ändern**, sodass man auch hier die **Stammformen mitlernen** muss:

▸ *abesse, absum, **ā**fuī* – „fort sein, weg sein; fehlen"

▸ *adesse, adsum, **aff**uī* – „da sein; helfen"

▸ *prōdesse, **prō**sum, **prō**fuī* – „nützen"

G1 F Verb: Sonderkonjugation der Verben *velle*, *nōlle* und *mālle* (Präsens)

1. *velle* heißt „**wollen**". Das Verb ist **unregelmäßig**, die **flektierten Formen** haben jedoch die **üblichen Personalendungen**.

velle – „wollen"			
	Singular		Plural	
1. P.	**volō**	ich will	**volumus**	wir wollen
2. P.	**vīs**	du willst	**vultis**	ihr wollt
3. P.	**vult**	er/sie/es will	**volunt**	sie wollen

2. Die Verben *nōlle* und *mālle* sind Ableitungen des Verbs *velle*:
   ▸ *ne* („nicht"; ältere Form von *nōn*) + *velle* → *nōlle* – „nicht wollen"
   ▸ *magis* („mehr") + *velle* → *mālle* – „lieber wollen"
   Deshalb werden sie ähnlich wie *velle* konjugiert.

nōlle – „nicht wollen"		
	Singular	Plural
1. P.	*nōlō*	*nōlumus*
2. P.	*nōn* **vīs**	*nōn* **vultis**
3. P.	*nōn* **vult**	*nōlunt*

mālle – „lieber wollen"		
	Singular	Plural
1. P.	*mālō*	*mālumus*
2. P.	*māvīs*	*māvultis*
3. P.	*māvult*	*mālunt*

G2 S Verneinter Imperativ mit *nōlī!*/*nōlīte!*

1. Die Imperative von *velle* und *mālle* werden nicht verwendet; der **Imperativ von *nōlle*** lautet *nōlī* **(Sg.)**/*nōlīte* **(Pl.)**.
2. Zusammen **mit** einem **Infinitiv** drückt er einen **verneinten Befehl** oder ein **Verbot** aus: *Nōlī cessāre!* – „Zöger(e) nicht!"; *Nōlīte timēre!* – „Fürchtet euch nicht!" (→ L14 Ü5).

G2 F Verb: Sonderkonjugation der Verben *velle*, *nōlle* und *mālle* (Perfekt)

3. *velle*, *nōlle* und *mālle* bilden das **u-Perfekt**:
   ▸ *voluī* („ich habe gewollt"), *voluistī*, *voluit*, *voluimus*, *voluistis*, *voluērunt*
   ▸ *nōluī* („ich habe nicht gewollt"), *nōluistī*, *nōluit*, *nōluimus*, *nōluistis*, *nōluērunt*
   ▸ *māluī* („ich habe lieber gewollt"), *māluistī*, *māluit*, *māluimus*, *māluistis*, *māluērunt*

G1 F Verb: Weitere Arten der Perfektbildung

1. Neben dem u- und dem v-Perfekt (→ L13 G1 F, G2 F) gibt es vier **weitere Arten**, den **Perfektstamm** zu bilden. Die **Personalendungen bleiben** dabei **gleich**.

Reduplikationsperfekt

Präsensstamm   **Perfektstamm**

curr- → *cu*curr-

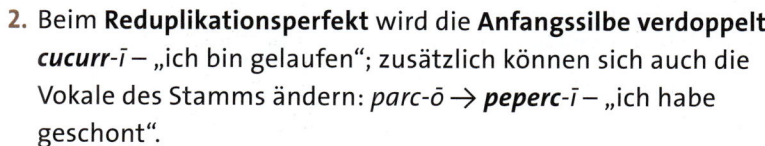

2. Beim **Reduplikationsperfekt** wird die **Anfangssilbe verdoppelt**: *cucurr-ī* – „ich bin gelaufen"; zusätzlich können sich auch die Vokale des Stamms ändern: *parc-ō → peperc-ī* – „ich habe geschont".

s-Perfekt

Präsensstamm   **Perfektstamm**

rīdē- → *rīs-*

3. Beim **s-Perfekt** endet der Perfektstamm auf **-s-**: *rīs-ī* – „ich habe gelacht". Dabei gelten folgende Regeln:
   ► **-d-/-t-** vor -s- **fällt weg**: *rīdē- → rīs-*
   ► **-c-/-g-** vor -s- **wird zu x** (= k-Laut + s → „ks"): *dīc- → dīx-*
   Der Stamm kann sich selten auch auf andere Weise verändern: *sūm-ō → sūmps-ī* – „ich habe genommen".

G2 F Dehnungsperfekt

Präsensstamm   **Perfektstamm**

vidē- → *vīd-*

1. Beim **Dehnungsperfekt** wird der **Stammvokal lang** gesprochen (**gedehnt**): *vide-ō → vīd-ī* – „ich habe gesehen". Zusätzlich können sich auch die Vokale des Stamms ändern: *faci-ō → fēc-ī* – „ich habe gemacht".

! Bei Verben, die das **Perfekt nicht regelmäßig** bilden, lernst du die **Stammformen** mit (**Inf., 1. P. Sg. Präs., 1. P. Sg. Perf.**): *facere, faciō, fēcī* – „machen, tun, ausführen" (→ L15 Ü8).

Perfekt ohne Veränderung des Stammes

Präsensstamm   Perfektstamm

comprehend- $\rightarrow$ *comprehend-*

2. Beim **Perfekt ohne Veränderung des Stammes** sind der **Präsens-** und **Perfektstamm gleich**: *comprehend-ī* – „ich habe ergriffen".

> **!** *comprehendit* – „er ergreift/er hat ergriffen"
> *comprehendimus* – „wir ergreifen/wir haben ergriffen"
> Wenn der **Stamm im Präsens und Perfekt gleich** ist, sind die Formen in der **3. P. Sg. und 1. P. Pl.** auch gleich – hier hilft dir der Textzusammenhang.

Geschafft!

Du kennst nun **alle sechs Arten der Perfektbildung**:

v-Perfekt	u-Perfekt	s-Perfekt	Reduplikations-perfekt	Dehnungs-perfekt	Perfekt ohne Veränderung
vocāre	*monēre*	*rīdēre*	*currere*	*facere*	*comprehendere*
vocāv-ī	*monu-ī*	*rīs-ī*	**cucurr-ī**	*fēc-ī*	**comprehend-ī**

Die Verben der **a-** und **i-Konjugation** bilden in der Regel das **v-Perfekt**, die Verben der **e-Konjugation** in der Regel das **u-Perfekt**. Die Verben der **kons. Konjugation** bilden das Perfekt **nicht einheitlich**.

Bei den **unregelmäßigen** Verben lernst du die **Stammformen** mit: *dīcere, dīcō, dīxī* – „sagen, sprechen, reden; nennen".

Verb: Imperfekt (a-/e-/i-/kons. Konjugation)

1. Du kennst schon das Perfekt als Vergangenheitstempus im Lateinischen (→ L13 G1, G2; L15 G1, G2). Das lateinische **Imperfekt** ist ebenfalls ein **Vergangenheitstempus**. **Im Deutschen** wird es mit dem **Präteritum** wiedergegeben: „sie riefen", „sie hörten".

a-/e-Konjugation

Stamm	**Tempus-zeichen**	Personal-endung
vocā-	*-ba-*	*-nt*

i-/kons. Konjugation

Stamm	**Tempus-zeichen**	Personal-endung
audi-	*-ēba-*	*-nt*

2. Die Formen des Imperfekts werden mit dem **Präsensstamm** gebildet. Um die Formen des Imperfekts von den Präsensformen unterscheiden zu können, wird zwischen Stamm und Endung ein neuer Baustein eingefügt, das **Tempuszeichen**. Das **Tempuszeichen** für das **Imperfekt** ist
   ▶ *-bā-* in der **a- und e-Konjugation** (*monē-ba-nt* – „sie ermahnten"),
   ▶ *-ēbā-* in der **i- und kons. Konjugation** (*cupi-ēba-nt* – „sie wünschten").

3. Die **Personalendungen** sind mit **Ausnahme der 1. P. Sg.** die gleichen **wie im Präsens**; in der **1. P. Sg.** lautet die Personalendung *-m*: *ag-ēba-m* – „ich tat".

> **Lerntipp**
>
> *-bā-/-ēbā-* ist das Signal für das **Imperfekt**.

a-Konj.: *vocāre* – „rufen"

	Singular		Plural	
1. P.	*vocā-**ba-m***	ich rief	*vocā-**bā**-mus*	wir riefen
2. P.	*vocā-**bā**-s*	du riefst	*vocā-**bā**-tis*	ihr rieft
3. P.	*vocā-**ba**-t*	er/sie/es rief	*vocā-**ba**-nt*	sie riefen

▶ **e-Konj.** (*monēre* – „ermahnen"): *monē**bam**, monē**bās**, monē**bat**, monē**bā**mus, monē**bā**tis, monē**bant***

i-Konj.: *audīre* – „hören"

	Singular	Plural
1. P.	*audi-**ēba-m***	*audi-**ēbā**-mus*
2. P.	*audi-**ēbā**-s*	*audi-**ēbā**-tis*
3. P.	*audi-**ēba**-t*	*audi-**ēba**-nt*

▶ **kons. Konj.** (*agere* – „tun"): *ag**ēbam**, ag**ēbās**, ag**ēbat**, ag**ēbā**mus, ag**ēbā**tis, ag**ēbant***
▶ **kons. Konj. (ĭ)** (*cupere* – „wünschen"): *cupi**ēbam**, cupi**ēbās**, cupi**ēbat**, cupi**ēbā**mus, cupi**ēbā**tis, cupi**ēbant***

G1 S Verwendung von Imperfekt und Perfekt

4. Das **Imperfekt** wird für **Vorgänge und Handlungen** verwendet, die **länger dauern** oder **wiederholt** ablaufen, und beschreibt eine **Situation (Hintergrundtempus)**. Es wird im Deutschen immer mit dem **Präteritum übersetzt**.

> *Hominēs diū **timēbant**.*   Die Menschen **fürchteten** sich lange.

5. Tritt während dieser Handlung ein **einmaliges (punktuelles) Ereignis** ein, wird dafür im Lateinischen das **Perfekt** verwendet. Im Deutschen wird es meist ebenfalls mit dem **Präteritum über-setzt** (→ L16 Ü7b).

> *Hominēs diū **timēbant**, tum Promētheus eīs dōnum **dedit**.*
> Die Menschen **fürchteten** sich lange, dann **gab** Prometheus ihnen ein Geschenk.

!

```
                                    Perfekt
  ●─────────────────────────────────────→
                               Imperfekt
Imperfekt  → Situation, Dauer,
             Wiederholung
Perfekt    → einmalige/punk-
             tuelle Handlung
```

G2 F Verb: Sonderkonjugation der Verben *esse*, *posse*, *velle*, *nōlle* und *mālle* (Imperfekt)

1. Das **Imperfekt** von *esse* wird gebildet, indem an *era-* die gleichen **Personalendungen wie bei den übrigen Verben im Imperfekt** angefügt werden.

esse – „sein"

	Singular		Plural	
1. P.	*era-m*	ich war	*erā-mus*	wir waren
2. P.	*erā-s*	du warst	*erā-tis*	ihr wart
3. P.	*era-t*	er/sie/es war	*era-nt*	sie waren

2. Das **Imperfekt** von *posse* (*pot-esse*) wird gebildet, indem an *pot-* die **Imperfektformen von *esse*** angefügt werden.

posse – „können"

	Singular		Plural	
1. P.	*pot-eram*	ich konnte	*pot-erāmus*	wir konnten
2. P.	*pot-erās*	du konntest	*pot-erātis*	ihr konntet
3. P.	*pot-erat*	er/sie/es konnte	*pot-erant*	sie konnten

Lerntipp

Imperfekt
posse = *pot-* + Imperf. von *esse*

3. Das **Imperfekt** von *velle*, *nōlle* und *mālle* wird mit dem **Tempus-zeichen -ēbā-** und den **Personalendungen des Imperfekts** gebildet:

► *volēbam* („ich wollte"), *volēbās, volēbat, volēbāmus, volēbātis, volēbant*

► *nōlēbam* („ich wollte nicht"), *nōlēbās, nōlēbat, nōlēbāmus, nōlēbātis, nōlēbant*

► *mālēbam* („ich wollte lieber"), *mālēbās, mālēbat, mālēbāmus, mālēbātis, mālēbant*

G1 Accusativus cum Infinitivo (AcI)

S

> Ich sehe **Sisyphus**.   Ich sehe **Sisyphus leiden**.
> Objekt (Akk.)   Akkusativ Infinitiv

1. Im Deutschen steht nach Verben der Sinneswahrnehmung, z.B. „sehen", „hören", statt eines einfachen Objekts im Akkusativ oft ein **Akkusativ mit einem Infinitiv**.

2. Diese Konstruktion gibt es auch im Lateinischen. Man nennt sie wegen ihrer beiden Bestandteile Akkusativ und Infinitiv: *Accūsātīvus cum Īnfīnītīvō* („Akkusativ mit Infinitiv") = **AcI**.

> *Videō*   **Sīsyphum   labōrāre**.
>   Akkusativ   Infinitiv
>
> Ich sehe   **Sisyphus   leiden**.
>   Akkusativ   Infinitiv

3. Im Lateinischen wird diese Konstruktion häufiger als im Deutschen verwendet. Der AcI kann stehen bei

  ▶ Verben des **Sagens**, **Mitteilens**, z.B. *dīcere, nārrāre, respondēre*,

  ▶ Verben des **Wissens**, **Glaubens**, z.B. *scīre, crēdere*,

  ▶ Verben der **sinnlichen Wahrnehmung**, z.B. *audīre, vidēre*,

  ▶ Verben des **Gefühls**, z.B. *gaudēre*,

  ▶ einigen **unpersönlichen Ausdrücken**, z.B. *licet, placet*.

4. In den meisten Fällen kann der lateinische AcI im Deutschen nicht wörtlich wiedergegeben werden. Dann wird der AcI mit einem **dass-Satz** übersetzt.

> *Sciō*   **Sīsyphum   labōrāre**.
>   Akkusativ   Infinitiv
>   ↓   ↓
> Ich weiß, **dass Sisyphus   leidet**.
>   Subjekt   Prädikat

Bei der Übersetzung als **dass-Satz** wird

  ▶ der **lateinische Akkusativ im Deutschen zum Subjekt**,

  ▶ der **Infinitiv zum Prädikat** des dass-Satzes.

5. Das **Subjekt im AcI** kann auch ein **Pronomen** sein (→ L17 Ü5b).

> *Sciō*   **tē   labōrāre**.
>   Akkusativ   Infinitiv
>   ↓   ↓
> Ich weiß, **dass du   leidest**.
>   Subjekt   Prädikat

Lerntipp

Der **AcI** steht nach **„Kopf- und Gefühlsverben"**.

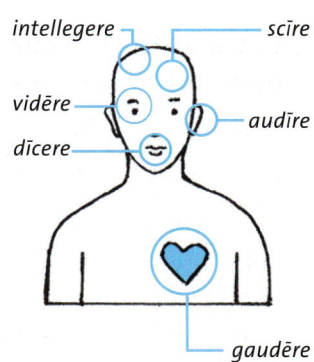

intellegere — *scīre*
vidēre — *audīre*
dīcere
gaudēre

! *Videō hominēs dēspērāre.* – „Ich sehe **die Menschen verzweifeln**." → **AcI**
Cupiō deōs colere. – „Ich will **die Götter verehren**." → **Inf. m. Obj.**
So unterscheidest du: Ein lat. AcI kann in einen deutschen dass-Satz umgewandelt werden, der mit einem Objekt erweiterte Inf. nicht (→ L17 Ü6a).

Zeitverhältnis im AcI: Gleichzeitigkeit

Deī	**vident** Verb (Präs.)	*Sīsyphum*	***nōn pārēre.*** Infinitiv Präs.
Die Götter	**sehen**, dass Verb (Präs.)	Sisyphus (im selben Moment)	**nicht gehorcht.** Prädikat (Präs.)
Deī	**vīdērunt** Verb (Perf.)	*Sīsyphum*	***nōn pārēre.*** Infinitiv Präs.
Die Götter	**sahen/haben gesehen**, dass Sisyphus (im selben Moment) Verb (Vergangenheitstempus)		**nicht gehorchte.** Prädikat (Prät.)

6. Der **Infinitiv** gibt an, ob die Handlung im AcI **vor**, **während** oder **nach der Handlung des Verbs, von dem der AcI abhängt** (hier: *vident/vīdērunt*), stattfindet. Er gibt also das **Zeitverhältnis zur übergeordneten Handlung** an.

7. Der **Infinitiv Präsens** bezeichnet immer eine Handlung, die **gleichzeitig** zu der des übergeordneten Verbs stattfindet. Das Zeitverhältnis nennt man **Gleichzeitigkeit**. Den **Infinitiv Präsens** bezeichnet man daher als **Infinitiv der Gleichzeitigkeit**.

8. Bei der Übersetzung ins Deutsche muss also im **dass-Satz** ein **Tempus** stehen, das **gleichzeitig** zum Tempus der übergeordneten Handlung ist (→ L17 Ü5a):

Tempus der übergeordneten Handlung im Lateinischen	Übersetzung des Inf. Präs. im dt. dass-Satz (lat. AcI)
Präsens	Präsens
Vergangenheitstempus	Präteritum

G2 S Dativ des Besitzers (Dativus possessivus)

Hominibus <u>timor</u> **est.**
(**Den Menschen** ist <u>Angst</u>.) **Die Menschen** haben <u>Angst</u>.

1. Der **Dativ** kann im Lateinischen in Verbindung **mit einer Form von** *esse* den **Besitzer einer Sache** angeben.

2. Bei der Übersetzung ins Deutsche wird
   ► die **Form von** *esse* mit „haben, besitzen" wiedergegeben,
   ► der **lateinische Dativ zum Nominativ**,
   ► der **lateinische Nominativ zum Akkusativ**.

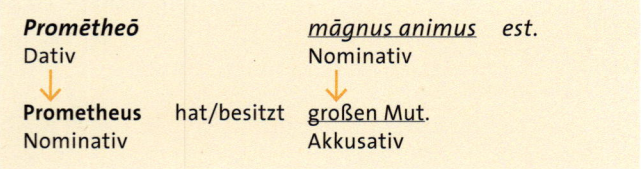

Promētheō Dativ	<u>*māgnus animus*</u> Nominativ	*est.*
Prometheus Nominativ	hat/besitzt <u>großen Mut</u>. Akkusativ	

G1
F

Verb: Infinitiv Perfekt

1. Im Deutschen wird der Infinitiv Perfekt mit dem Partizip II und dem Infinitiv von „haben" oder „sein" gebildet: „gerufen (zu) haben", „gekommen (zu) sein".

Perfekt-
stamm   **Endung**

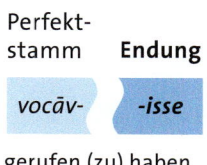

gerufen (zu) haben

Lerntipp

Die Endung *-isse* ist das Signal für den **Infinitiv Perfekt**.

2. Der lateinische **Infinitiv Perfekt** wird gebildet, indem an den **Perfektstamm** (→ L13 G1 F, G2 F; L14 G2 F; L15 G1 F, G2 F) die **Endung** *-isse* angefügt wird: *vocāv-isse*, *vēn-isse*.

G1
S

Zeitverhältnis im AcI: Vorzeitigkeit

Deī	*cōgnōscunt* Verb (Präs.)	*Sīsyphum*	*nōn pāruisse.* Infinitiv Perf.
	↓		↓
Die Götter	**erfahren**, dass Verb (Präs.)	Sisyphus (zuvor)	**nicht gehorcht hat**. Prädikat (Perf.)
Deī	*cōgnōvērunt* Verb (Perf.)	*Sīsyphum*	*nōn pāruisse.* Infinitiv Perf.
	↓		↓
Die Götter	**erfuhren/haben erfahren**, dass Verb (Vergangenheitstempus)	Sisyphus(zuvor)	**nicht gehorcht hatte**. Prädikat (Plqupf.)

3. Der **Infinitiv Perfekt** bezeichnet immer eine Handlung, die **vor der übergeordneten Handlung** stattgefunden hat. Das Zeitverhältnis nennt man **Vorzeitigkeit**. Den **Infinitiv Perfekt** bezeichnet man daher als **Infinitiv der Vorzeitigkeit**.

4. Bei der Übersetzung ins Deutsche muss in diesen Fällen im **dass-Satz** ein **Tempus** stehen, das **vorzeitig** zum Tempus der übergeordneten Handlung ist:

Tempus der übergeordneten Handlung im Lateinischen	Übersetzung des Inf. Perf. im dt. dass-Satz (lat. AcI)
Präsens	Perfekt
Vergangenheitstempus	Plusquamperfekt (Vorvergangenheit)

Geschafft!

Du kennst zwei **Infinitive** (→ L18 Ü4):

▶ Der **Infinitiv Präsens** gibt ein Geschehen an, **das im selben Moment** wie die übergeordnete Handlung stattfindet, das also **gleichzeitig** ist (Infinitiv der **Gleichzeitigkeit**).

▶ Der **Infinitiv Perfekt** gibt ein Geschehen an, das **vor der übergeordneten Handlung** stattgefunden hat, das also **vorzeitig** ist (Infinitiv der **Vorzeitigkeit**).

Lerntipp

▶ Inf. Präs. → Inf. der **Gleichzeitigkeit**
▶ Inf. Perf. → Inf. der **Vorzeitigkeit**

Inf. und Zeitverhältnis	Tempus der übergeordneten Handlung im Lateinischen	Übersetzung des Inf. im dt. dass-Satz (lat. AcI)
Inf. Präs. → gleichzeitig	Präsens	Präsens
Inf. Präs. → gleichzeitig	Vergangenheitstempus	Präteritum
Inf. Perf. → vorzeitig	Präsens	Perfekt
Inf. Perf. → vorzeitig	Vergangenheitstempus	Plusquamperfekt

G2 S Akkusativ der zeitlichen Ausdehnung

> *Hominēs iam **multa saecula** dē Hercule nārrant.*
>   Akkusativ
>
> Die Menschen erzählen schon **viele Jahrhunderte (lang)** von Herkules.

1. Der **Akkusativ der zeitlichen Ausdehnung** beschreibt eine **Zeitdauer** und antwortet auf die Frage **„Wie lange?"**.
2. Er wird **im Deutschen** oft mit dem Zusatz von **„lang"** übersetzt: *multās hōrās* – „viele Stunden **lang**".

G1
F

Adjektiv (kons. Deklination): ein-, zwei- und dreiendig

1. Die **Adjektive der kons. Deklination** unterteilt man in **drei Gruppen**, die sich nur im **Nom. Sg.** voneinander unterscheiden:

▶ **Einendige Adjektive** haben **im Nom. Sg.** nur **eine** Endung für alle drei Genera, d. h. **m/f/n** sind **gleich**: *ingēns (m/f/n)* – „gewaltig".

▶ **Zweiendige Adjektive** haben **im Nom. Sg. zwei** verschiedene Endungen, eine Form für **m/f** und eine für **n**: *mortālis (m/f)*, *mortāle (n)* – „sterblich".

▶ **Dreiendige Adjektive** haben **im Nom. Sg. drei** verschiedene Endungen, für **jedes Genus** eine **eigene Form**: *celer (m)*, *celeris (f)*, *celere (n)* – „schnell".

2. Auch die Adjektive der kons. Deklination stehen – wie die Adjektive der a- und o-Deklination – immer in **KNG-Kongruenz** zu ihrem Bezugswort: *omnēs deī* – „alle Götter" (→ L19 Ü3, 4).

3. Sie haben außer im Nom. Sg. meist die gleichen **Endungen wie die Substantive der kons. Deklination** auf *-or, -ōris* (z. B. *ōrātor, ōrātōr-is* m; → L8 G1 F). Folgende Endungen weichen ab:

▶ **Abl. Sg. m/f/n**: *scelere ingentī* – „durch das gewaltige Verbrechen"

▶ **Nom./Akk. Pl. n**: *scelera ingentia* – „gewaltige Verbrechen"

▶ **Gen. Pl. m/f/n**: *scelerum ingentium* – „der gewaltigen Verbrechen"

Einendige Adjektive

	Singular		
	m	f	n
Nom.	*ingēns*	*ingēns*	*ingēns*
Gen.	*ingent-is*	*ingent-is*	*ingent-is*
Dat.	*ingent-ī*	*ingent-ī*	*ingent-ī*
Akk.	*ingent-em*	*ingent-em*	*ingēns*
Abl.	*ingent-ī*	*ingent-ī*	*ingent-ī*

	Plural		
	m	f	n
Nom.	*ingent-ēs*	*ingent-ēs*	*ingent-ia*
Gen.	*ingent-ium*	*ingent-ium*	*ingent-ium*
Dat.	*ingent-ibus*	*ingent-ibus*	*ingent-ibus*
Akk.	*ingent-ēs*	*ingent-ēs*	*ingent-ia*
Abl.	*ingent-ibus*	*ingent-ibus*	*ingent-ibus*

Lerntipp

Du kennst bereits die **Adjektive der a-/o-Dekl.** Sie sind auch **dreiendig** (→ L11 G1 F, G2 F).

Lerntipp

Du lernst die Adjektive der kons. Dekl. nach einem bestimmten Schema, um zu wissen, welcher Gruppe sie angehören:

▶ *ingēns* (Nom. Sg. m/f/n), *ingentis* (Gen. Sg.) → **einendig**

▶ *mortālis* (Nom. Sg. m/f), *mortāle* (Nom. Sg. n) → **zweiendig**

▶ *celer, celeris, celere* (Nom. Sg. m, f, n) → **dreiendig**

! *ingēns* (Nom./Akk. Sg.) *ingentia* (Nom./Akk. Pl.) Auch bei den Adjektiven gilt: Im Neutrum sind Nom. und Akk. jeweils gleich.

Zweiendige Adjektive

	Singular		
	m	f	n
Nom.	**mortālis**	**mortālis**	**mortāle**
Gen.	mortāl-is	mortāl-is	mortāl-is
Dat.	mortāl-ī	mortāl-ī	mortāl-ī
Akk.	mortāl-em	mortāl-em	mortāle
Abl.	mortāl-ī	mortāl-ī	mortāl-ī

	Plural		
	m	f	n
Nom.	mortāl-ēs	mortāl-ēs	mortāl-**ia**
Gen.	mortāl-**ium**	mortāl-**ium**	mortāl-**ium**
Dat.	mortāl-ibus	mortāl-ibus	mortāl-ibus
Akk.	mortāl-ēs	mortāl-ēs	mortāl-**ia**
Abl.	mortāl-ibus	mortāl-ibus	mortāl-ibus

Dreiendige Adjektive

	Singular		
	m	f	n
Nom.	**celer**	**celeris**	**celere**
Gen.	celer-is	celer-is	celer-is
Dat.	celer-ī	celer-ī	celer-ī
Akk.	celer-em	celer-em	celere
Abl.	celer-ī	celer-ī	celer-ī

	Plural		
	m	f	n
Nom.	celer-ēs	celer-ēs	celer-**ia**
Gen.	celer-**ium**	celer-**ium**	celer-**ium**
Dat.	celer-ibus	celer-ibus	celer-ibus
Akk.	celer-ēs	celer-ēs	celer-**ia**
Abl.	celer-ibus	celer-ibus	celer-ibus

Geschafft!

Du kennst nun die **Adjektive der a-/o- sowie der kons. Dekl.**:

	m	f	n	
a-/o-Dekl.	bonus	bona	bonum	dreiendig
	pulcher	pulchra	pulchrum	dreiendig
	miser	misera	miserum	dreiendig
kons. Dekl.	ingēns	ingēns	ingēns	einendig
	mortālis	mortālis	mortāle	zweiendig
	celer	celeris	celere	dreiendig

Ü *multa **et** ingentia scelera –* „viele gewaltige Verbrechen" Im Lateinischen können zwei Adjektive mit *et* verbunden werden, bei der Übersetzung ins Deutsche wird das *et* oft weggelassen.

! **Beachte** bei den Adjektiven der kons. Dekl.:
► Abl. Sg. auf *-ī*
► Gen. Pl. auf *-ium*
► Nom./Akk. Pl. n auf *-ia*

G2
F

Numeralia 1–12

1. Die **Kardinalzahlen** (Grundzahlen) geben die **Anzahl** von Personen oder Sachen an und antworten auf die Frage **„Wie viele?"** – „**ein** Held", „**zwei** Schlangen".
2. Von den Kardinalzahlen werden *ūnus* – „ein", *duo* – „zwei" und *trēs* – „drei" dekliniert; die anderen haben **nur eine Form**.

	ūnus			*duo*			*trēs*		
	m	f	n	m	f	n	m	f	n
Nom.	*ūnus*	*ūna*	*ūnum*	*duo*	*duae*	*duo*	*trēs*	*trēs*	*tria*
Gen.	*ūnīus*	*ūnīus*	*ūnīus*	*duōrum*	*duārum*	*duōrum*	*trium*	*trium*	*trium*
Dat.	*ūnī*	*ūnī*	*ūnī*	*duōbus*	*duābus*	*duōbus*	*tribus*	*tribus*	*tribus*
Akk.	*ūnum*	*ūnam*	*ūnum*	*duōs*	*duās*	*duo*	*trēs*	*trēs*	*tria*
Abl.	*ūnō*	*ūnā*	*ūnō*	*duōbus*	*duābus*	*duōbus*	*tribus*	*tribus*	*tribus*

3. Die **Ordinalzahlen** (Ordnungszahlen) antworten auf die Frage **„Der Wievielte?"** – „**das erste** Ungeheuer", „**die zweite** Heldentat".
4. Die Ordinalzahlen werden **wie die Adjektive der a- und o-Deklination dekliniert** und stimmen mit ihrem Bezugswort immer in **K**asus, **N**umerus und **G**enus überein **(KNG-Kongruenz)**: *prīm**um** mōnstr**um*** – „das erst**e** Ungeheuer".

Zahlzeichen	Kardinalzahlen	Ordinalzahlen
I	1	*ūnus, -a, -um*	*prīmus, -a, -um*
II	2	*duo, duae, duo*	*secundus, -a, -um*
III	3	*trēs, trēs, tria*	*tertius, -a, -um*
IV	4	*quattuor*	*quārtus, -a, -um*
V	5	*quīnque*	*quīntus, -a, -um*
VI	6	*sex*	*sextus, -a, -um*
VII	7	*septem*	*septimus, -a, -um*
VIII	8	*octō*	*octāvus, -a, -um*
IX	9	*novem*	*nōnus, -a, -um*
X	10	*decem*	*decimus, -a, -um*
XI	11	*ūndecim*	*ūndecimus, -a, -um*
XII	12	*duodecim*	*duodecimus, -a, -um*

G1 F Pronomen: Possessivpronomen

1. **Possessivpronomina** geben an, **wem** oder **wozu etwas gehört**: *fräter **meus*** – „**mein** Bruder".

	Singular	Plural
1. P.	*meus, mea, meum* mein	*noster, nostra, nostrum* unser
2. P.	*tuus, tua, tuum* dein	*vester, vestra, vestrum* euer
3. P.	*suus, sua, suum* sein/ihr	*suus, sua, suum* ihr

2. Die Possessivpronomina werden **wie die Adjektive der a- und o-Deklination dekliniert**. Sie stimmen in **K**asus, **N**umerus und **G**enus mit ihrem Bezugswort überein **(KNG-Kongruenz)**. Das **Genus des Possessivpronomens** richtet sich immer nach dem **Bezugswort**, nicht nach dem Geschlecht der Person, der etwas gehört: So sagt eine Frau *marītus meus* – „mein Ehemann", weil *marītus* maskulin ist.

G1 S Verwendung des Possessivpronomens

3. Die Possessivpronomina werden **im Lateinischen wesentlich seltener** verwendet als im Deutschen: *Menelāus animum nōn dēmittit.* – „Menelaus lässt **seinen** Mut nicht sinken."
4. Wenn im Lateinischen das Possessivpronomen gesetzt ist, wird ein **Gegensatz ausgedrückt** oder eine **Zugehörigkeit** besonders **betont** (→ L10 G1 F): *Cōpiae tuae timent, cōpiae meae nōn timent.* – „**Deine** Truppen fürchten sich, **meine** Truppen fürchten sich nicht."

Reflexivität

5. Von **reflexiver Verwendung** spricht man, wenn sich das **Possessivpronomen auf das Subjekt** des Satzes **zurückbezieht**.
6. Im Deutschen ist die Verwendung des Possessivpronomens der 3. Person nicht immer eindeutig: „Menelaus ruft Agamemnon und **seine** Truppen." Das Possessivpronomen „seine" kann sich
   ▸ auf Menelaus, also das **Subjekt**, beziehen **(reflexive Verwendung)**; dann sind die Truppen des Menelaus gemeint;
   ▸ auf Agamemnon, also das **Objekt**, beziehen **(nicht-reflexive Verwendung)**, dann sind die Truppen des Agamemnon gemeint.

Lerntipp

possidēre – „besitzen"
Das **Possessiv**pronomen gibt den **Besitzer** an.

! *Menelāus coniugem **suam** videt.* – „Menelaus sieht **seine** Frau."
*Helena marītum **suum** videt.* – „Helena sieht **ihren** Mann."
*Helena et Menelāus amīcōs **suōs** vident.* – „Helena und Menelaus sehen **ihre** Freunde."
Die lat. Formen der 3. P. sind im Sg. und Pl. gleich, im Deutschen musst du sie anpassen.

Ü *Trōiānī urbem dēfendunt.* – „Die Trojaner verteidigen **ihre** Stadt."
Oft kann im Deutschen ein passendes Possessivpronomen ergänzt werden, auch wenn im Lateinischen keines steht.

7. Das Lateinische ist hier genauer als das Deutsche. Wenn das Possessivpronomen sich auf das Subjekt bezieht, also **reflexiv** verwendet wird, steht das **Possessivpronomen *suus, sua, suum***.

> *Menelāus cōpiās **suās** vocat.*
> Menelaus ruft **seine** Truppen.
> → Er ruft seine <u>eigenen</u> Truppen.

8. Wenn das Possessivpronomen sich nicht auf das Subjekt bezieht, also **nicht-reflexiv** verwendet wird, stehen die Formen von *is, ea, id* im Genitiv (***eius, eōrum/eārum***) (→ L10 G2 S; L20 Ü3).

> *Menelāus et Agamemnōn pūgnant.*   *Menelāus cōpiās **eius** vocat.*
> Menelaus und Agamemnon kämpfen.   Menelaus ruft **seine/dessen** Truppen.
>   → Er ruft die Truppen <u>von Agamemnon</u>.

G2 F — Pronomen: Reflexives Personalpronomen der 3. Person

1. Das deutsche **reflexive Personalpronomen (Reflexivpronomen der 3. Person)** ist „sich". Auch das Lateinische hat bei den **Personalpronomina der 3. Person** ein **eigenes Pronomen** für die **reflexive Verwendung**.

2. Der Nominativ kommt nicht vor, der Genitiv nur selten.

	Singular/Plural
Dat.	*sibi* sich
Akk.	*sē* sich
Abl.	*ā sē/sēcum* von sich/mit sich

> **!** *sibi, sē, ā sē/sēcum*
> Die Formen sind im Sg. und Pl. gleich.

G2 S — Verwendung des reflexiven Personalpronomens

3. Das **reflexive Personalpronomen** wird verwendet, wenn sich das Pronomen **auf das Subjekt bezieht**.

> *Helena pulchra est.* *Helena **sē** libenter spectat.*
> Helena ist schön.   Helena betrachtet **sich** gern.
>   → Helena betrachtet sich <u>selbst</u>, keine andere Person.

Lerntipp

Spiegelpronomina
suus, sua, suum
sibi, sē, sēcum
Die Pronomina, die mit „*s*"
beginnen, beziehen sich auf
das **S**ubjekt, sind also reflexiv.

4. Ist das Personalpronomen **nicht-reflexiv** verwendet, setzt man
die entsprechende Form von *is, ea, id* (→ L10 G2 S).

> *Helena pulchra est.*   *Paris **eam** libenter spectat.*
> Helena ist schön.   Paris betrachtet **sie** gern.
>   → Paris betrachtet eine <u>andere</u> Person.

G3 / S — Reflexivität im AcI

1. Wenn das **Subjekt im AcI** (→ L17 G1 S) ein **Pronomen der 3. Person**
ist, unterscheidet das Lateinische ebenfalls zwischen reflexiver
und nicht-reflexiver Verwendung (→ L20 Ü6, 7).

2. Bei **reflexiver Verwendung** steht im AcI eine Form des **reflexiven
Personalpronomens**.

> *Helena gaudet **sē** pulchram esse.*
> Helena freut sich, dass **sie (selbst)** schön ist.
> → Helena ist Subjekt im übergeordneten Satz und im dt. dass-Satz
> (= lat. AcI).

3. Bei **nicht-reflexiver Verwendung** steht im AcI eine Form
von *is, ea, id*.

> *Paris Helenam spectat. Paris gaudet **eam** pulchram esse.*
> Paris betrachtet Helena. Paris freut sich, dass **sie** schön ist.
> → Das Subjekt im übergeordneten Satz ist Paris; das Subjekt im
> dt. dass-Satz (= lat. AcI) ist Helena, also eine andere Person.

Verb: Plusquamperfekt

1. Das lateinische **Plusquamperfekt** ist wie im Deutschen das **Tempus der Vorvergangenheit**.

2. Im Deutschen wird das Plusquamperfekt mit einer Form im Präteritum von „haben" oder „sein" und dem Partizip II gebildet: „ich hatte gerufen", „ich war gelaufen".

Perfekt- stamm	**Tempus- zeichen**	Personal- endung
vocāv-	*-era-*	*-m*

Lerntipp

Das Tempuszeichen *-era-* ist das Signal für das **Plusquamperfekt**.

❗ *vocāv-erant* ↔ *vocāv-ērunt*
Diese Formen sind sehr ähnlich:
▸ *-erant* → Plqupf.
▸ *-ērunt* → Perf.

3. Das **Plusquamperfekt** wird gebildet, indem an den **Perfektstamm** das **Tempuszeichen** *-era-* und die **Personalendungen** (*-m, -s, -t, -mus, -tis, -nt*) angefügt werden.

v-Perfekt: *vocāre*

	Singular		Plural	
1. P.	*vocāv-**erā**-m*	ich hatte gerufen	*vocāv-**erā**-mus*	wir hatten gerufen
2. P.	*vocāv-**erā**-s*	du hattest gerufen	*vocāv-**erā**-tis*	ihr hattet gerufen
3. P.	*vocāv-**era**-t*	er/sie/es hatte gerufen	*vocāv-**era**-nt*	sie hatten gerufen

4. Die Bildung des Plusquamperfekts ist immer gleich.

u-Perfekt	s-Perfekt	Reduplikations- perfekt	Dehnungs- perfekt	Perfekt ohne Veränderung
monēre	*mittere*	*currere*	*agere*	*dēfendere*
*monu-**era**-m*	*mīs-**era**-m*	*cucurr-**era**-m*	*ēg-**era**-m*	*dēfend-**era**-m*
...	...	...	...	...

5. Auch die **Verben der Sonderkonjugationen** bilden das Plusquamperfekt so.

esse – „sein"

	Singular		Plural	
1. P.	*fu-**era**-m*	ich war gewesen	*fu-**erā**-mus*	wir waren gewesen
2. P.	*fu-**erā**-s*	du warst gewesen	*fu-**erā**-tis*	ihr wart gewesen
3. P.	*fu-**era**-t*	er/sie/es war gewesen	*fu-**era**-nt*	sie waren gewesen

Lerntipp

audīv-erat
fēc-erāmus
fu-erant
Plusquamperfekt = Perfekt-stamm + Imperf. von *esse*

posse – „können"

	Singular		Plural	
1. P.	*potu-**era**-m*	ich hatte gekonnt	*potu-**erā**-mus*	wir hatten gekonnt
2. P.	*potu-**erā**-s*	du hattest gekonnt	*potu-**erā**-tis*	ihr hattet gekonnt
3. P.	*potu-**era**-t*	er/sie/es hatte gekonnt	*potu-**era**-nt*	sie hatten gekonnt

- **velle**: *volueram* („ich hatte gewollt"), *voluerās, voluerat, voluerāmus, voluerātis, voluerant*
- **nōlle**: *nōlueram* („ich hatte nicht gewollt"), *nōluerās, nōluerat, nōluerāmus, nōluerātis, nōluerant*
- **mālle**: *mālueram* („ich hatte lieber gewollt"), *māluerās, māluerat, māluerāmus, māluerātis, māluerant*

G1 Verwendung des Plusquamperfekts

*Aenēās ex urbe Trōiā, quam Graecī anteā **incenderant**, fūgit.*
                                             Plusquam-   Perfekt
                                             perfekt

Aeneas floh aus der Stadt Troja, die die Griechen vorher **in Brand gesetzt hatten**.

6. Das **Plusquamperfekt** drückt eine **Vorzeitigkeit in der Vergangenheit** aus, beschreibt also eine vergangene Handlung, die vor einem anderen Geschehen in der Vergangenheit stattgefunden hat (→ L21 Ü3).

G2 Relativer Satzanschluss

*Trōiānī **Aenēae** crēdunt. **Quī** pius est.*
                            Relativ-
                            pronomen

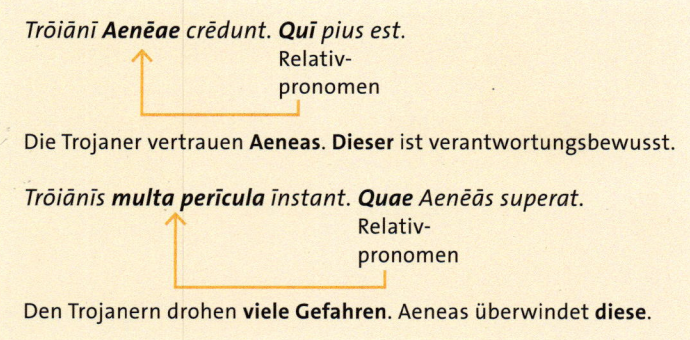

Die Trojaner vertrauen **Aeneas**. **Dieser** ist verantwortungsbewusst.

*Trōiānīs **multa perīcula** īnstant. **Quae** Aenēās superat.*
                            Relativ-
                            pronomen

Den Trojanern drohen **viele Gefahren**. Aeneas überwindet **diese**.

Das lateinische **Relativpronomen** kann am Satzanfang die Funktion eines **Demonstrativpronomens** übernehmen und wird dann mit **„dieser, diese, dieses" übersetzt**. Es nimmt ein wichtiges Wort des vorhergehenden Satzes auf und **verknüpft** so beide **Sätze** inhaltlich **eng** miteinander. Dies nennt man einen **relativen Satzanschluss**.

G3 S Ablativ der Zeit (Ablativus temporis)

> **Eā nocte, quā** Aenēās ex urbe Trōiā fūgit, Venus filiō affuit.
> **In dieser Nacht, in der** Aeneas aus der Stadt Troja floh, half Venus ihrem Sohn.

Im Lateinischen steht die Antwort auf die **Frage „Wann?"** meist im **Ablativ**: *secundā hōrā* – „zur zweiten Stunde", *tertiā nocte* – „in der dritten Nacht".

Geschafft!

Du kennst nun schon vier **Funktionen des Ablativs**:

► Womit?/Wodurch? → **Ablativ des Mittels**

► Aus welchem Grund? → **Ablativ des Grundes**

► Wovon? → **Ablativ der Trennung**

► Wann? → **Ablativ der Zeit**

G₁ F Verb: Futur I (i-/kons./Sonderkonjugationen)

1. Das lateinische **Futur I** ist wie im Deutschen ein **Tempus der Zukunft**.
2. Im Deutschen wird das Futur I mit einer Form von „werden" und dem Infinitiv Präsens gebildet: „ich werde hören", „er wird tun".

i-/kons. Konjugation

Präsens-stamm **Tempus-zeichen** Personal-endung

audi- -a- -m
       -e- -t

Lerntipp: „Kamel-Futur"

audi-**a**-m, audi-**ē**-s
Die Verben der i-/kons. Konj. bilden das „K**a**m**e**l-Futur".

3. Die Verben der **i-** und **kons. Konjugation** bilden das **Futur I**, indem an den **Präsensstamm** das **Tempuszeichen -ē-**, nur in der **1. P. Sg. -a-**, und die **Personalendungen** (-m, -s, -t, -mus, -tis, -nt) angefügt werden.

i-Konj.: *audīre* – „hören"

	Singular		Plural	
1. P.	audi-**a**-m	ich werde hören	audi-**ē**-mus	wir werden hören
2. P.	audi-**ē**-s	du wirst hören	audi-**ē**-tis	ihr werdet hören
3. P.	audi-**e**-t	er/sie/es wird hören	audi-**e**-nt	sie werden hören

▸ **kons. Konj.** (*agere* – „tun"): *ag**a**m, ag**ē**s, ag**e**t, ag**ē**mus, ag**ē**tis, ag**e**nt*
▸ **kons. Konj. (ĭ)** (*capere* – „fangen"): *capi**a**m, capi**ē**s, capi**e**t, capi**ē**mus, capi**ē**tis, capi**e**nt*

Sonderkonjugationen

4. *esse* bildet das **Futur I** so:

esse – „sein"

	Singular		Plural	
1. P.	erō	ich werde sein	erimus	wir werden sein
2. P.	eris	du wirst sein	eritis	ihr werdet sein
3. P.	erit	er/sie/es wird sein	erunt	sie werden sein

5. *posse* bildet das **Futur I**, indem an den Stamm *pot-* die **Futur-I-Formen von *esse*** angefügt werden.

posse – „können"

	Singular		Plural	
1. P.	*pot-erō*	ich werde können	*pot-erimus*	wir werden können
2. P.	*pot-eris*	du wirst können	*pot-eritis*	ihr werdet können
3. P.	*pot-erit*	er/sie/es wird können	*pot-erunt*	sie werden können

Lerntipp

pot-erō
Futur I von *posse* =
pot- + Fut. I von *esse*

6. *velle, nōlle* und *mālle* bilden das **Futur I** wie die Verben der kons. Konjugation mit dem **Tempuszeichen -*a*-/-*ē*-** und den **Personalendungen** (*-m, -s, -t, -mus, -tis, -nt*):

▸ *volam* („ich werde wollen"), *volēs, volet, volēmus, volētis, volent*

▸ *nōlam* („ich werde nicht wollen"), *nōlēs, nōlet, nōlēmus, nōlētis, nōlent*

▸ *mālam* („ich werde lieber wollen"), *mālēs, mālet, mālēmus, mālētis, mālent*

G₁ S Übersetzung des Futur I

Aenēās mox Italiam tanget.	Aeneas **wird** bald Italien **erreichen**./ Aeneas **erreicht** bald Italien.

7. Das lateinische **Futur I** wird **im Deutschen** in der Regel auch mit dem **Futur I** wiedergegeben. Man kann im Deutschen auch das **Präsens** verwenden, wenn durch ein **Signal** (hier: „bald") deutlich wird, dass die Handlung in der Zukunft stattfindet.

G₂ F Verb: Futur I (a-/e-Konjugation)

Präsens-stamm	Tempus-zeichen	Personal-endung
	-*b*-	-*ō*
vocā-	-*bi*-	-*t*
	-*bu*-	-*nt*

Lerntipp: „Gespenster-futur"

*vocā-**bō***, *vocā-**bi**-s*, *vocā-**bu**-nt*
Die Verben der a-/e-Konj. bilden das „Gespensterfutur" auf -*b**ō***/-***bi***/-***bu***.

bo, bi, bu

Die Verben der **a- und e-Konjugation** bilden das **Futur I**, indem an den **Präsensstamm** das **Tempuszeichen -*b*-/-*bi*-/-*bu*-** und die **Personalendungen** (*-ō, -s, -t, -mus, -tis, -nt*) angefügt werden.

a-Konj.: *vocāre* – „rufen"

	Singular	Plural
1. P.	*vocā-**b**-ō*	*vocā-**bi**-mus*
2. P.	*vocā-**bi**-s*	*vocā-**bi**-tis*
3. P.	*vocā-**bi**-t*	*vocā-**bu**-nt*

▶ **e-Konj.** (*monēre* – „ermahnen"): *monē**b**ō, monē**bi**s, monē**bi**t, monē**bi**mus, monē**bi**tis, monē**bu**nt*

> **!** *vocā-**bā**-s* ⟷ *vocā-**bi**-s*
> Die Tempuszeichen sind sehr ähnlich:
> ▶ *-**bā**-* → Imperf.
> ▶ *-**b**-/-**bi**-/-**bu**-* → Fut. I

G3 **S** Fragesätze (Interrogativsätze)

1. Man unterscheidet **Wortfragen** („**Wie** heißt du?") und **Satzfragen** („**Kannst** du mir helfen?").
2. **Wortfragen** werden mit einem **Fragewort** (*quis?* – „wer?", *quid?* – „was?", *ubī?* – „wo?", *cūr?* – „warum?") eingeleitet.

> *Quis es?*   Wer bist du?
> *Ubī es?*   Wo bist du?

3. **Satzfragen** werden dagegen im Lateinischen mit einer **Frage-partikel** markiert. Diese sind *-ne, nōnne* und *num*.

> *Vidēs**ne** patriam novam?*   Siehst du die neue Heimat?
> ***Nōnne** patriam novam vidēs?*   Siehst du die neue Heimat **etwa nicht**?
> ***Num** patriam novam vidēs?*   Siehst du **etwa** die neue Heimat?

4. Die Fragepartikel weisen darauf hin, welche **Antwort** der Fragen-de **erwartet**.

Fragepartikel	erwartete Antwort	Übersetzung
-ne	ja/nein	–
nōnne?	ja	etwa nicht?, denn nicht?
num?	nein	etwa?

Lerntipp

Satzfrage? „Ja oder **Nein**."
Nur **Satzfragen** kannst du mit „Ja" oder „Nein" beantworten.

Geschafft!

Du kennst nun die **Satzarten**:

▶ **Aussagesatz**: *Mihī crēditis.* – „Ihr glaubt mir."

▶ **Aufforderungssatz**: *Crēdite mihī!* – „Glaubt mir!"

▶ **Fragesatz**: *Nōnne mihī crēditis?* – „Glaubt ihr mir etwa nicht?"

G1 S Adverbialsätze (kausal, konditional, konzessiv, temporal)

Beiordnung

1. Wenn zwei oder mehrere gleichrangige **Sätze** mit einer **Konjunktion** (*et* – „und", *autem* –„aber", *sed* – „aber, sondern") oder mit **Kommata** verbunden werden, spricht man von einer **Beiordnung** (Parataxe).

Aenēās in Italiam vēnit,	***nam***	*Trōiam novam condere volēbat.*
Satz 1	Konjunktion	Satz 2
Aeneas kam nach Italien,	**denn**	er wollte ein neues Troja gründen.

Unterordnung

2. Wenn zwei **Sätze** mit einer **Subjunktion** (*quia* – „weil", *sī* – „wenn") verbunden werden, spricht man von einer **Unterordnung** (Hypotaxe).

Aenēās in Italiam vēnit,		
	quia	*Trōiam novam condere volēbat.*
übergeordneter Satz	Subjunktion	Nebensatz
Aeneas kam nach Italien,		
	weil	er ein neues Troja gründen wollte.

3. Ein **Adverbialsatz** ist ein Nebensatz, der Angaben zu den **Umständen** der Handlung im übergeordneten Satz macht, z. B. indem er den Grund einer Handlung aufzeigt: *Aenēās in Italiam vēnit.* – „Aeneas kam nach Italien." → Warum kam Aeneas nach Italien? *Aenēās in Italiam vēnit, **quia** Trōiam novam condere volēbat.* – „Aeneas kam nach Italien, **weil** er ein neues Troja gründen wollte."

dum und *postquam*

4. Die **Subjunktionen** *dum* – „während" (nur in dieser Bedeutung!) und *postquam* – „nachdem" stehen im Lateinischen **immer mit dem gleichen Tempus** (absoluter Tempusgebrauch) und drücken ein Zeitverhältnis zur übergeordneten Handlung aus:

► *dum* m. **Präs.** → **Gleichzeitigkeit** zur übergeordneten Handlung
► *postquam* m. **Perf.** → **Vorzeitigkeit** zur übergeordneten Handlung

Lerntipp

So unterscheidest du **im Deutschen** einen Nebensatz von einem Hauptsatz: Im **Nebensatz** steht das **Prädikat an letzter Stelle.**

Ü *Aenēās, quia Trōiam novam condere volēbat, in Italiam vēnit.* –
„Weil **Aeneas** ein neues Troja gründen wollte, kam er nach Italien."
Wenn das Subjekt vor dem lat. Nebensatz steht, wird es bei der Übersetzung in den dt. Nebensatz gezogen.

Aenēās,	*dum apud īnferōs est,*	*Dīdōnem cōnspēxit.*
	Präsens	Vergangenheitstempus
	↓	↓
Während Aeneas in der Unterwelt **war,**		erblickte er Dido.
	Präteritum	Vergangenheitstempus
Aenēās,	*postquam patriam relīquit,*	*Italiam petīvit.*
	Perfekt	Vergangenheitstempus
	↓	↓
Nachdem Aeneas seine Heimat **verlassen hatte,**		suchte er Italien auf.
	Plusquamperfekt	Vergangenheitstempus

5. Im Deutschen bestimmt dagegen das Tempus des übergeordneten Satzes, welches Tempus im Adverbialsatz steht (→ L23 Ü3):

(→ L23 Ü3)

Lerntipp

Die **Übersetzung der Zeitverhältnisse** kennst du schon vom **AcI** (→ L18 G1 S Geschafft!).

Subjunktion	Übergeordneter Satz	Übersetzung des Adverbialsatzes
dum m. Präs.	Präsens	Präsens
	Vergangenheitstempus	Präteritum
postquam m. Perf.	Präsens	Perfekt
	Vergangenheitstempus	Plusquamperfekt

Sinnrichtungen der Adverbialsätze

6. Je nachdem, welche **Art von Umständen** der Adverbialsatz angibt, unterscheidet man **verschiedene Sinnrichtungen**:

Sinnrichtung	Subjunktion
kausal: Grund/Ursache	*quia* – „weil"
konditional: Bedingung	*sī* – „wenn, falls"
konzessiv: Einschränkung	*quamquam* – „obwohl"
temporal: Zeit	*dum* – „(solange) bis; solange; (m. Präs.) während", *postquam* (m. Perf.) – „nachdem"

Geschafft!

Du kennst nun zwei unterschiedliche Arten von **Nebensätzen**:

▸ **Relativsatz**: *Aenēās, quī fīlius Veneris est, Trōiam novam condit.* – „Aeneas, **der Venus' Sohn ist**, gründet ein neues Troja."

▸ **Adverbialsatz**: *Aenēās Dīdōnem relinquit, quia deīs pārēre dēbet.* – „Aeneas verlässt Dido, **weil er den Göttern gehorchen muss**."

! Ein **Nebensatz** wird von einem **Relativpronomen** oder einer **Subjunktion** eingeleitet und kann **nicht allein** stehen.

G₂ Verb: Futur II

F

1. Das lateinische **Futur II** ist ein weiteres **Tempus der Zukunft**.

2. Im Deutschen wird das Futur II mit einer Form von „werden" und dem Infinitiv Perfekt gebildet: „er wird gerufen haben".

Perfekt-stamm	**Tempus-zeichen**	Personal-endung
vocāv-	*-eri-*	*-t*

Lerntipp

Das Tempuszeichen *-eri-* ist das Signal für das **Futur II**.

3. Das **Futur II** wird gebildet, indem an den **Perfektstamm** das **Tempuszeichen *-eri-*** und die **Personalendungen** angefügt werden. Eine **Ausnahme** ist die **1. P. Sg.**; hier wird *-er-* eingefügt: *vocāv-er-ō*.

v-Perfekt: *vocāre*

	Singular		Plural	
1. P.	*vocāv-er-ō*	ich werde gerufen haben	*vocāv-eri-mus*	wir werden gerufen haben
2. P.	*vocāv-eri-s*	du wirst gerufen haben	*vocāv-eri-tis*	ihr werdet gerufen haben
3. P.	*vocāv-eri-t*	er/sie/es wird gerufen haben	*vocāv-eri-nt*	sie werden gerufen haben

! *vocāv-**era**-t* ↔ *vocāv-**eri**-t*
Die Tempuszeichen sind sehr ähnlich:
▸ *-era-* → Plqupf.
▸ *-eri-* → Fut. II

4. Die Bildung des Futur II ist immer gleich.

u-Perfekt	s-Perfekt	Reduplikations-perfekt	Dehnungs-perfekt	Perfekt ohne Veränderung
monēre	*mittere*	*currere*	*agere*	*dēfendere*
monu-eri-t	*mīs-eri-t*	*cucurr-eri-t*	*ēg-eri-t*	*dēfend-eri-t*

5. Auch das **Futur II** von *esse* und *posse* wird so gebildet:
▸ *fuerō* („ich werde gewesen sein"), *fueris, fuerit, fuerimus, fueritis, fuerint*
▸ *potuerō* („ich werde gekonnt haben"), *potueris, potuerit, potuerimus, potueritis, potuerint*

Lerntipp

fu-erō
audīv-erit
fēc-erint
Futur II = Perfektstamm + Fut. I von *esse/-erint* (3. P. Pl.)

G₂ S Verwendung des Futur II

> *Quid Amūlius aget,*   *sī dē fīliīs Rhēae Silviae **audīverit**?*
> Futur I   Futur II
> Was wird Amulius tun, wenn er von den Söhnen Rhea Silvias **gehört haben wird/gehört hat/hört**?

6. Das **Futur II** tritt **fast immer zusammen mit** einem **Futur I** auf und drückt eine **Vorzeitigkeit** gegenüber einem Geschehen in der Zukunft aus: Es beschreibt eine zukünftige Handlung, die vor einem anderen Geschehen in der Zukunft abgeschlossen ist.

7. Beide Handlungen liegen in der Zukunft, allerdings muss Amulius von den Söhnen Rhea Silvias gehört haben (Futur II: *audīverit*), bevor er etwas tun kann (Futur I: *aget*).

8. Das lateinische Futur II wird **im Deutschen** meist mit dem **Perfekt** wiedergegeben. Oft kann es auch mit dem **Präsens** übersetzt werden.

Geschafft!

Du kennst nun **alle Tempora** des Lateinischen:

Formen, die mit dem Präsensstamm gebildet werden			Formen, die mit dem Perfektstamm gebildet werden		
Präs.	*voc-ō*	ich rufe	Perf.	*vocāv-ī*	ich habe gerufen/rief
Imperf.	*vocā-ba-m*	ich rief	Plqupf.	*vocāv-era-m*	ich hatte gerufen
Fut. I	*vocā-b-ō*	ich werde rufen	Fut. II	*vocāv-er-ō*	ich werde gerufen haben
Inf. Präs.	*vocā-re*	rufen	Inf. Perf.	*vocāv-isse*	gerufen (zu) haben

Das **Präsens** bezeichnet einen **in der Gegenwart ablaufenden Vorgang** oder eine **allgemeine Feststellung**.

Das **Imperfekt** bezeichnet oft **andauernde** und **wiederholte Vorgänge** (Zustände, Gewohnheiten, Situationen) **in der Vergangenheit**.

Das **Perfekt** bezeichnet einen **in der Vergangenheit abgeschlossenen Vorgang** und ist das **lateinische Erzähltempus**. Es bezeichnet auch die **Vorzeitigkeit gegenüber** einem Vorgang in der **Gegenwart**.

Das **Plusquamperfekt** bezeichnet die **Vorzeitigkeit gegenüber** einem Vorgang in der **Vergangenheit**.

Das **Futur I** bezeichnet einen **Vorgang in der Zukunft**.

Das **Futur II** bezeichnet die **Vorzeitigkeit gegenüber** einem Vorgang in der **Zukunft**.

G1 F Substantiv: e-Deklination

1. Die Substantive der e-Deklination enden im **Nom. Sg.** auf **-ēs**, im **Gen. Sg.** auf **-eī**: *rēs*, *reī*.

	Singular	Plural
Nom.	*rēs*	*rēs*
Gen.	*reī*	*rērum*
Dat.	*reī*	*rēbus*
Akk.	*rem*	*rēs*
Abl.	*rē*	*rēbus*

2. Die Substantive dieser Deklination sind in der Regel **feminin**; eine **Ausnahme** ist *diēs*, *diēī* **m** – „der Tag".

G2 F Pronominaladjektiv: *alius, alia, aliud*

1. *alius, alia, aliud* – „ein anderer" und *nūllus, -a, -um* – „kein" gehören zu den **Pronominaladjektiven**. Pronominaladjektive sind Adjektive, die **zwei Kasusformen wie Pronomina** bilden:
   - **Gen. Sg.** auf **-īus**
   - **Dat. Sg.** auf **-ī**
2. Die anderen Formen werden wie die **Adjektive der a- und o-Deklination gebildet**.
3. Bei *alius, alia, aliud* gibt es eine Besonderheit: Es bildet den Gen. Sg. mit der **Ersatzform** *alterīus* – „eines/einer anderen".

	Singular		
	m	**f**	**n**
Nom.	*alius*	*alia*	*aliud*
Gen.	*alterīus*	*alterīus*	*alterīus*
Dat.	*aliī*	*aliī*	*aliī*
Akk.	*alium*	*aliam*	*aliud*
Abl.	*aliō*	*aliā*	*aliō*

	Plural		
	m	**f**	**n**
Nom.	*aliī*	*aliae*	*alia*
Gen.	*aliōrum*	*aliārum*	*aliōrum*
Dat.	*aliīs*	*aliīs*	*aliīs*
Akk.	*aliōs*	*aliās*	*alia*
Abl.	*aliīs*	*aliīs*	*aliīs*

! Einige Formen der e-Dekl. sind mehrdeutig:

rēs
- Nom. Sg.
- Nom. Pl.
- Akk. Pl.

reī
- Gen. Sg.
- Dat. Sg.

rēbus
- Dat. Pl.
- Abl. Pl.

Hier helfen dir der Textzusammenhang und der Numerus des Prädikats.

Lerntipp

Auch *ūnus* bildet seine **Formen wie die Pronominaladjektive**:
- Gen. Sg.: *ūnīus*
- Dat. Sg.: *ūnī*

! *aliud*
Die Formen im **Nom./Akk. Sg. n** enden auf **-ud**.

Ü *Alius alium* timet. – „**Jeder** fürchtet den anderen." *Alius aliud* facit. – „**Jeder** macht etwas Anderes." Wenn zu *alius* als Subjekt eine Form von *alius* als Objekt tritt, wird es mit „jeder" übersetzt.

G₁ **F** ## Substantiv: u-Deklination

1. Die Substantive der u-Deklination enden im **Nom. Sg.** auf **-us**,
   im **Gen. Sg.** auf langes **-ūs**: *vult-us*, *vult-ūs*.

	Singular	Plural
Nom.	*vult-us*	*vult-ūs*
Gen.	*vult-ūs*	*vult-uum*
Dat.	*vult-uī*	*vult-ibus*
Akk.	*vult-um*	*vult-ūs*
Abl.	*vult-ū*	*vult-ibus*

2. Die Substantive dieser Deklination sind in der Regel **maskulin**;
   eine **Ausnahme** ist *manus, -ūs* **f** – „die Hand; die Schar".

> **!** ***vult-us ↔ vult-ūs***
> ► **-us**: Nom. Sg.
> ► **-ūs**: Gen. Sg./Nom. Pl./Akk. Pl.
> Hier helfen dir der Text-
> zusammenhang und der
> Numerus des Prädikats.

> **!** ***dominus, exercitus, corpus***
> Die Endung *-us* im Nom. Sg.
> haben verschiedene Deklina-
> tionen:
> ► ***dominus, -ī***: o-Dekl. (m)
> ► ***corpus, corpor-is***: kons. Dekl.
> ► ***exercitus, -ūs***: u-Dekl.
> Du lernst den Genitiv mit, um
> die Deklination zu kennen.

> **Geschafft!**
>
> Du kennst nun **alle fünf Deklinationen** (→ L25 Ü4):
>
> ► **a-Dekl.**: *domin-a, domin-ae* (f)
>
> ► **o-Dekl.**: *domin-us, domin-ī* (m); *verb-um, verb-ī* (n)
>
> ► **kons. Dekl.**: *ōrātor, ōrātōr-is* (m); *ōrātiō, ōrātiōn-is* (f);
>   *nōmen, nōmin-is* (n)
>
> ► **e-Dekl.**: *rēs, reī* (f)
>
> ► **u-Dekl.**: *exercit-us, exercit-ūs* (m)

Lerntipp

In der Regel gilt bei
Substantiven der kons. Dekl.:

m: *-(o)r, -ōris*: *amor, amōris*
  -ōs: *custōs, custōdis*

f: *-ās, -ātis*: *voluntās, voluntātis*
  -ō, -ōnis: *ōrātiō, ōrātiōnis*
  -x, -cis: *pāx, pācis*

n: *-men, -minis*: *nōmen, nōminis*
  -us, -oris: *corpus, corporis*

G₂ **F** ## Substantiv: *domus* (u-Deklination)

Das Substantiv *domus* – „das Haus" gehört zu den **Substantiven
der u-Deklination**, hat aber zwei **Besonderheiten**:
► Das **Genus** ist **feminin**: *domus, -ūs* **f**
► **Drei Formen** werden nach der **o-Deklination** gebildet:
  – Abl. Sg.: *dom-ō*
  – Gen. Pl.: *dom-ōrum*
  – Akk. Pl.: *dom-ōs*

domūs

Genitiv der Zugehörigkeit (Genitivus possessivus)

> *Urbs Rōma **Rōmulī est**, nōn **Remī**.*
> Die Stadt Rom **gehört Romulus**, nicht **Remus**.

1. Meist gibt der **Genitiv der Zugehörigkeit** den **Besitzer** einer Sache an.
2. In **Verbindung mit unpersönlichem** *est* drückt der **Genitiv der Zugehörigkeit** aus, dass es die **Aufgabe**, **Pflicht**, **Eigenschaft oder das Kennzeichen** von jemandem oder etwas ist, etwas zu tun.

> ***Mīlitis est** patriam dēfendere.*
> **Es ist die Aufgabe eines Soldaten**, die Heimat zu verteidigen.
>
> ***Fideī est** rēgī pārēre.*
> **Es ist ein Kennzeichen von Treue**, dem König zu gehorchen.

Formenlehre

1 Veränderliche Wortarten

Veränderliche Wortarten können **flektiert** (gebeugt) werden.

1.1 Nomina

Als **Nomen** (Pl. **Nomina**) bezeichnet man diejenigen Wortarten, die **dekliniert** werden. Dazu gehören:

Substantiv	*dominus, -ī* m – „der Herr"	
Adjektiv	*longus, -a, -um* – „lang"	
Pronomen (Pl. **Pronomina**)	Personalpronomen	*ego* – „ich", *tū* – „du", *nōs* – „wir", *vōs* – „ihr"
	Possessivpronomen	*meus* – „mein", *tuus* – „dein"
	Demonstrativpronomen	*is, ea, id* – „dieser, diese, dieses"
	Relativpronomen	*quī, quae, quod* – „der, die, das"
Numerale (Pl. **Numeralia**)	Kardinalzahl	*ūnus, -a, -um* – „eins"
	Ordinalzahl	*prīmus, -a, -um* „der erste"

Man bestimmt die Nomina durch drei Kategorien:

Kasus (Pl. **Kasūs**)	Nominativ (Wer/Was?)	*dominus* – „der Herr"
	Genitiv (Wessen?)	*dominī* – „des Herrn"
	Dativ (Wem?)	*dominō* – „dem Herrn"
	Akkusativ (Wen/Was?)	*dominum* – „den Herrn"
	Ablativ (Womit/Wodurch/Wovon?)	*cum dominō* – „mit dem Herrn"
	Vokativ (Anrede)	*domine* – „Herr"
Numerus (Pl. **Numeri**)	Singular	*dominus* – „der Herr"
	Plural	*dominī* – „die Herren"
Genus (Pl. **Genera**)	Maskulinum	*dominus* – „der Herr"
	Femininum	*domina* – „die Herrin"
	Neutrum	*verbum* – „das Wort"

1.2 Verb

Verben werden **konjugiert**.
Die Grundform der Verben, die nicht konjugiert ist, nennt man **Infinitiv**: *vocare* – „rufen".
Du kennst bereits vier Kategorien, durch die man Verbformen bestimmt:

Person	1.	*vocō/vocāmus* – „ich rufe/wir rufen"
	2.	*vocās/vocātis* – „du rufst/ihr ruft"
	3.	*vocat/vocant* – „er, sie, es ruft/sie rufen"
Numerus (Pl. **Numeri**)	Singular	*vocat* – „er, sie, es ruft"
	Plural	*vocant* – „sie rufen"
Modus (Pl. **Modi**)	Indikativ	*vocās* – „du rufst"
	Imperativ	*vocā!* – „Ruf(e)!"
Tempus (Pl. **Tempora**)	Präsens	*vocat* – „er, sie, es ruft"
	Imperfekt	*vocābat* – „er, sie, es rief"
	Futur I	*vocābit* – „er, sie, es wird rufen"
	Perfekt	*vocāvit* – „er, sie, es hat gerufen"
	Plusquamperfekt	*vocāverat* – „er, sie, es hatte gerufen"
	Futur II	*vocāverit* – „er, sie, es wird gerufen haben"

2 Unveränderliche Wortarten

Unveränderliche Wortarten können **nicht flektiert** werden, kommen also nur in **einer Form** vor. Dazu gehören:

Präposition	*ad* m. Akk. – „zu; bei, an; nach", *cum* m. Abl. – „mit"
Adverb	*semper* – „immer", *hīc* – „hier"
Konjunktion	*sed* – „aber", *et* – „und"
Subjunktion	*quia* – „weil", *quamquam* – „obwohl"

Satzlehre

1 Satzarten

Aussagesatz	*Amīcī veniunt.* – „Die Freunde kommen."
Aufforderungssatz	*Venī, amīce!* – „Komm, Freund!"
Fragesatz	*Cūr amīcī nōn veniunt?* – „Warum kommen die Freunde nicht?"

2 Zusammengesetzter Satz

Hauptsatz		*Rōmānī deōs colunt.* – „Die Römer verehren die Götter."
Nebensatz	Relativsatz	*Rōmānī deōs, **quī māgnam potentiam habent**, colunt.* – „Die Römer verehren die Götter, **die große Macht haben**."
	Adverbialsatz (temporal, kausal, konditional, konzessiv)	***Quia Rōmānī deōs colunt**, sacra faciunt.* – „**Weil die Römer die Götter verehren**, opfern sie." (kausal)

3 Satzglieder und Satzgliedteile

3.1 Satzglieder

Subjekt (Wer/Was?)		*Rōmānī deōs colunt.* – „**Die Römer** verehren die Götter."
Prädikat (Was wird ausgesagt?)		*Rōmānī deōs **colunt**.* – „Die Römer **verehren** die Götter."
Objekt	Dativobjekt (Wem?)	*Deī **Rōmānīs** adsunt.* – „Die Götter helfen **den Römern**."
	Akkusativobjekt (Wen/Was?)	*Rōmānī **deōs** colunt.* – „Die Römer verehren **die Götter**."
Adverbiale (Unter welchen Umständen geschieht etwas?)		*Rōmānī deōs **dōnīs** colunt.* – „Die Römer verehren die Götter **mit Geschenken**." ***Saepe** Rōmānī sacra faciunt.* – „Die Römer opfern **oft**." ***In templīs** Rōmānī deōs colunt.* – „Die Römer verehren die Götter **in Tempeln**."
Prädikatsnomen	Adjektiv	*Templum **māgnum** est.* – „Der Tempel ist **groß**."
	Substantiv	*Minerva **dea** est.* – „Minerva ist eine Göttin."

3.2 Satzgliedteile

Attribut	Adjektiv als Attribut	*Rōmānī deōs **māgnōs** colunt.* – „Die Römer verehren die **großen** Götter."
	Genitivattribut	*Venus dea **amōris** est.* – „Venus ist die Göttin **der Liebe**."
	Relativsatz als Attribut	*Herculēs, **cuius pater Iūppiter est**, multōs labōrēs sustinet.* – „Herkules, **dessen Vater Jupiter ist**, erträgt viele Mühen."
Apposition	Substantiv als Attribut	*Rōmānī Iūnōnem **deam** colunt.* – „Die Römer verehren **die Göttin** Juno."

Nomina

1 Substantive

	a-Dekl.	o-Dekl.			e-Dekl.	u-Dekl.
	domina (f) – „Herrin"	*dominus* (m) – „Herr"	*verbum* (n) – „Wort"	*ager* (m) – „Acker"	*rēs* (f) – „Sache"	*exercitus* (m) – „Heer"
Nom. Sg.	domin-a	domin-us	verb-um	ager	rēs	exercit-us
Gen. Sg.	domin-ae	domin-ī	verb-ī	agr-ī	reī	exercit-ūs
Dat. Sg.	domin-ae	domin-ō	verb-ō	agr-ō	reī	exercit-uī
Akk. Sg.	domin-am	domin-um	verb-um	agr-um	rem	exercit-um
Abl. Sg.	domin-ā	domin-ō	verb-ō	agr-ō	rē	exercit-ū
Nom. Pl.	domin-ae	domin-ī	verb-a	agr-ī	rēs	exercit-ūs
Gen. Pl.	domin-ārum	domin-ōrum	verb-ōrum	agr-ōrum	rērum	exercit-uum
Dat. Pl.	domin-īs	domin-īs	verb-īs	agr-īs	rēbus	exercit-ibus
Akk. Pl.	domin-ās	domin-ōs	verb-a	agr-ōs	rēs	exercit-ūs
Abl. Pl.	domin-īs	domin-īs	verb-īs	agr-īs	rēbus	exercit-ibus

	kons. Dekl.					Ausnahmen	
	homō (m) – „Mensch"	*nōmen* (n) – „Name"	*vestis* (f) – „Kleid"	*urbs* (f) – „Stadt"	*mare* (n) – „Meer"	*domus* (f) – „Haus"	*vīs* (f) – „Kraft"
Nom. Sg.	homō	nōmen	vestis	urbs	mare	dom-us	vīs
Gen. Sg.	homin-is	nōmin-is	vest-is	urb-is	mar-is	dom-ūs	–
Dat. Sg.	homin-ī	nōmin-ī	vest-ī	urb-ī	mar-ī	dom-uī	–
Akk. Sg.	homin-em	nōmen	vest-em	urb-em	mare	dom-um	vim
Abl. Sg.	homin-e	nōmin-e	vest-e	urb-e	mar-ī	dom-ō	vī
Nom. Pl.	homin-ēs	nōmin-a	vest-ēs	urb-ēs	mar-ia	dom-ūs	vīr-ēs
Gen. Pl.	homin-um	nōmin-um	vest-ium	urb-ium	mar-ium	dom-ōrum	vīr-ium
Dat. Pl.	homin-ibus	nōmin-ibus	vest-ibus	urb-ibus	mar-ibus	dom-ibus	vīr-ibus
Akk. Pl.	homin-ēs	nōmin-a	vest-ēs	urb-ēs	mar-ia	dom-ōs	vīr-ēs
Abl. Pl.	homin-ibus	nōmin-ibus	vest-ibus	urb-ibus	mar-ibus	dom-ibus	vīr-ibus

2 Adjektive

	a-/o-Dekl.					
	bonus, -a, -um – „gut"			*pulcher, pulchra, pulchrum* – „schön"		
	m	f	n	m	f	n
Nom. Sg.	bon-us	bon-a	bon-um	pulch-e-r	pulchr-a	pulchr-um
Gen. Sg.	bon-ī	bon-ae	bon-ī	pulchr-ī	pulchr-ae	pulchr-ī
Dat. Sg.	bon-ō	bon-ae	bon-ō	pulchr-ō	pulchr-ae	pulchr-ō
Akk. Sg.	bon-um	bon-am	bon-um	pulchr-um	pulchr-am	pulchr-um
Abl. Sg.	bon-ō	bon-ā	bon-ō	pulchr-ō	pulchr-ā	pulchr-ō
Nom. Pl.	bon-ī	bon-ae	bon-a	pulchr-ī	pulchr-ae	pulchr-a
Gen. Pl.	bon-ōrum	bon-ārum	bon-ōrum	pulchr-ōrum	pulchr-ārum	pulchr-ōrum
Dat. Pl.	bon-īs			pulchr-īs		
Akk. Pl.	bon-ōs	bon-ās	bon-a	pulchr-ōs	pulchr-ās	pulchr-a
Abl. Pl.	bon-īs			pulchr-īs		

	kons. Dekl.								
	ingēns (einendig) – „gewaltig"			*brevis*, *breve* (zweiendig) – „kurz"			*ācer*, *ācris ācer* (dreiendig) – „scharf"		
	m	f	n	m	f	n	m	f	n
Nom. Sg.	ingēns			brevis		breve	ācer	ācris	ācre
Gen. Sg.	ingent-is			brev-is			ācr-is		
Dat. Sg.	ingent-ī			brev-ī			ācr-ī		
Akk. Sg.	ingent-em		ingēns	brev-em		breve	ācr-em		ācre
Abl. Sg.	ingent-ī			brev-ī			ācr-ī		
Nom. Pl.	ingent-ēs		ingent-ia	brev-ēs		brev-ia	ācr-ēs		ācr-ia
Gen. Pl.	ingent-ium			brev-ium			ācr-ium		
Dat. Pl.	ingent-ibus			brev-ibus			ācr-ibus		
Akk. Pl.	ingent-ēs		ingent-ia	brev-ēs		brev-ia	ācr-ēs		ācr-ia
Abl. Pl.	ingent-ibus			brev-ibus			ācr-ibus		

3 Pronomina

3.1 Personalpronomina

	1. Person	2. Person	3. Person	
			nicht-reflexiv	reflexiv
Nom. Sg.	*ego* ich	*tū* du	–	–
Dat. Sg.	*mihī* mir	*tibi* dir	*eī* ihm, ihr, ihm	*sibi* sich
Akk. Sg.	*mē* mich	*tē* dich	*eum, eam, id* ihn, sie, es	*sē* sich
Abl. Sg.	*ā mē/mēcum* von mir/mit mir	*ā tē/tēcum* von dir/mit dir	*ab/cum eō, eā, eō* von/mit ihm, ihr, ihm	*ā sē/sēcum* von sich/mit sich
Nom. Pl.	*nōs* wir	*vōs* ihr	–	–
Dat. Pl.	*nōbīs* uns	*vōbīs* euch	*eīs (iīs)* ihnen	*sibi* sich
Akk. Pl.	*nōs* uns	*vōs* euch	*eōs, eās, ea* sie	*sē* sich
Abl. Pl.	*ā nōbīs/nōbīscum* von uns/mit uns	*ā vōbīs/vōbīscum* von euch/mit euch	*ab/cum eīs (iīs)* von/mit ihnen	*ā sē/sēcum* von sich/mit sich

3.2 Possessivpronomina

	1. Person	2. Person	3. Person	
			nicht-reflexiv	reflexiv
Sg.	*meus, mea, meum* mein	*tuus, tua, tuum* dein	*eius** sein, ihr, sein	*suus, sua, suum* sein, ihr, sein
Pl.	*noster, nostra, nostrum* unser	*vester, vestra, vestrum* euer	*eōrum, eārum, eōrum** ihr	*suus, sua, suum* ihr

* Ersatzform für das Possessivpronomen

3.3 Demonstrativpronomen *is, ea, id* – „dieser; der(jenige)"

	is, ea, id		
	m	**f**	**n**
Nom. Sg.	*is*	*ea*	*id*
Gen. Sg.	*eius*		
Dat. Sg.	*eī*		
Akk. Sg.	*eum*	*eam*	*id*
Abl. Sg.	*eō*	*eā*	*eō*
Nom. Pl.	*eī (iī)*	*eae*	*ea*
Gen. Pl.	*eōrum*	*eārum*	*eōrum*
Dat. Pl.	*eīs (iīs)*		
Akk. Pl.	*eōs*	*eās*	*ea*
Abl. Pl.	*eīs (iīs)*		

3.4 Relativpronomen *quī, quae, quod* – „der, die, das; welcher, welche, welches"

	quī, quae, quod		
	m	**f**	**n**
Nom. Sg.	*quī*	*quae*	*quod*
Gen. Sg.	*cuius*		
Dat. Sg.	*cui*		
Akk. Sg.	*quem*	*quam*	*quod*
Abl. Sg.	*quō*	*quā*	*quō*
Nom. Pl.	*quī*	*quae*	*quae*
Gen. Pl.	*quōrum*	*quārum*	*quōrum*
Dat. Pl.	*quibus*		
Akk. Pl.	*quōs*	*quās*	*quae*
Abl. Pl.	*quibus*		

3.5 *nihil* – „nichts"/*nūllus, -a, -um* – „kein"

	nihil (subst.)*	*nūllus, -a, -um* (adjekt.)		
	n	**m**	**f**	**n**
Nom. Sg.	*nihil/nīl*	*nūllus*	*nūlla*	*nūllum*
Gen. Sg.	*nūllīus reī*	*nūllīus*		
Dat. Sg.	*nūllī reī*	*nūllī*		
Akk. Sg.	*nihil/nīl*	*nūllum*	*nūllam*	*nūllum*
Abl. Sg.	*nūllā rē*	*nūllō*	*nūllā*	*nūllō*
Nom. Pl.	–	*nūllī*	*nūllae*	*nūlla*
Gen. Pl.	–	*nūllōrum*	*nūllārum*	*nūllōrum*
Dat. Pl.	–	*nūllīs*		
Akk. Pl.	–	*nūllōs*	*nūllās*	*nūlla*
Abl. Pl.	–	*nūllīs*		

* Im Genitiv, Dativ und Ablativ werden für *nihil* die entsprechenden Formen von *nūlla rēs* verwendet.

Wie *nūllus* bilden auch folgende Wörter den **Gen. Sg. auf *-īus*** und den **Dat. Sg. auf *-ī*:**

alius, -a, -ud; Ersatzform: Gen. *alterīus*, Dat. *aliī*	ein anderer
ūnus, -a, -um	ein(er), ein einziger

4 Numeralia

4.1 1, 2, 3

	ūnus			*duo*			*trēs*		
	m	f	n	m	f	n	m	f	n
Nom.	ūnus	ūna	ūnum	duo	duae	duo	trēs		tria
Gen.		ūnīus		duōrum	duārum	duōrum	trium		
Dat.		ūnī		duōbus	duābus	duōbus	tribus		
Akk.	ūnum	ūnam	ūnum	duōs	duās	duo	trēs		tria
Abl.	ūnō	ūnā	ūnō	duōbus	duābus	duōbus	tribus		

4.2 1–12*

Zahlzeichen		Kardinalzahlen	Ordinalzahlen
I	1	*ūnus, -a, -um*	*prīmus, -a, -um*
II	2	*duo, duae, duo*	*secundus, -a, -um*
III	3	*trēs, trēs, tria*	*tertius, -a, -um*
IV	4	*quattuor*	*quārtus, -a, -um*
V	5	*quīnque*	*quīntus, -a, -um*
VI	6	*sex*	*sextus, -a, -um*
VII	7	*septem*	*septimus, -a, -um*
VIII	8	*octō*	*octāvus, -a, -um*
IX	9	*novem*	*nōnus, -a, -um*
X	10	*decem*	*decimus, -a, -um*
XI	11	*ūndecim*	*ūndecimus, -a, -um*
XII	12	*duodecim*	*duodecimus, -a, -um*

* Die lateinischen Kardinalzahlen *quattuor* bis *duodecim* werden nicht dekliniert.

Kleine Wörter

5 Präpositionen

	örtlich	zeitlich	übertragen
Präpositionen, die im Lateinischen mit Akkusativ stehen			
ad	zu (... hin) (*m. Dat.*); bei (*m. Dat.*), an (*m. Dat.*)	an (*m. Dat.*), zu (*m. Dat.*)	nach (*m. Dat.*), zu (*m. Dat.*)
contrā	–	–	gegen (*m. Akk.*)
inter	zwischen (*m. Dat.*)	während (*m. Gen.*)	–
per	durch (... hindurch) (*m. Akk.*); über (*m. Akk.*)	durch (*m. Akk.*)	durch (*m. Akk.*)
post	hinter (*m. Dat.*)	nach (*m. Dat.*)	–
prope	nahe bei (*m. Dat.*), in der Nähe von (*m. Dat.*)	–	–
super	über (*m. Dat.*)	–	–
Präpositionen, die im Lateinischen mit Ablativ stehen			
ā/ab	von (*m. Dat.*), von ... her (*m. Dat.*), von ... weg (*m. Dat.*)	von (*m. Dat.*)	von (*m. Dat.*), von ... her (*m. Dat.*)
cum	–	–	(zusammen) mit (*m. Dat.*)
dē	von ... herab (*m. Dat.*); von (*m. Dat.*)	von (*m. Dat.*)	von (*m. Dat.*), über (*m. Akk.*), um (*m. Akk.*)/wegen (*m. Gen.*)
ē/ex	aus (*m. Dat.*), aus ... heraus (*m. Dat.*); von ... her (*m. Dat.*)	von ... her (*m. Dat.*); seit (*m. Dat.*)	aus (*m. Dat.*), von (*m. Dat.*)
sine	–	–	ohne (*m. Akk.*)
Präpositionen, die im Lateinischen mit Akkusativ oder Ablativ stehen			
in (m. Akk.) (Frage: Wohin?)	in (... hinein) (*m. Akk.*); auf (*m. Akk.*); nach (...hin) (*m. Dat.*)	in (... hinein) (*m. Akk.*)	gegen (*m. Akk.*)
in (m. Abl.) (Frage: Wo?)	in (*m. Dat.*), an (*m. Dat.*), auf (*m. Dat.*), bei (*m. Dat.*)	in (*m. Dat.*)	an (*m. Dat.*), bei (*m. Dat.*)
sub (m. Akk.) (Frage: Wohin?)	unter (*m. Akk.*)	–	unter (*m. Akk.*)
sub (m. Abl.) (Frage: Wo?)	unter (*m. Dat.*)	–	unter (*m. Dat.*)

6 Konjunktionen

reihend	
et	und; auch
et … et …	sowohl … als auch …
etiam	auch; sogar
nōn sōlum …, sed etiam …	nicht nur …, sondern auch …
-que (angehängt)	und
quoque (nachgestellt)	auch

entgegensetzend	
autem (nachgestellt)	aber, jedoch
sed	aber, doch; sondern
tamen	dennoch, jedoch

folgernd	
ergō	also, folglich
itaque	daher, deshalb

begründend	
enim (nachgestellt)	denn, nämlich
nam	denn, nämlich

7 Subjunktionen

temporal	
dum (m. Ind. Präs.)	während (Übs. gleichzeitig zur übergeordneten Handlung)
dum	(solange) bis; solange
postquam (m. Ind. Perf.)	nachdem (Übs. vorzeitig zur übergeordneten Handlung)

kausal	
quia	weil

konditional	
sī	wenn, falls

konzessiv	
quamquam	obwohl

Verben

8 Deutsche Verben

	schwaches Verb	starkes Verb		schwaches Verb	starkes Verb
Inf. Präs.	hören	rufen	**Inf. Perf.**	gehört haben	gerufen haben
Präs.	ich höre	ich rufe	**Perf.**	ich habe gehört	ich habe gerufen
	du hörst	du rufst		du hast gehört	du hast gerufen
	er/sie/es hört	er/sie/es ruft		er/sie/es hat gehört	er/sie/es hat gerufen
	wir hören	wir rufen		wir haben gehört	wir haben gerufen
	ihr hört	ihr ruft		ihr habt gehört	ihr habt gerufen
	sie hören	sie rufen		sie haben gehört	sie haben gerufen
Prät.	ich hörte	ich rief	**Plqupf.**	ich hatte gehört	ich hatte gerufen
	du hörtest	du riefst		du hattest gehört	du hattest gerufen
	er/sie/es hörte	er/sie/es rief		er/sie/es hatte gehört	er/sie/es hatte gerufen
	wir hörten	wir riefen		wir hatten gehört	wir hatten gerufen
	ihr hörtet	ihr rieft		ihr hattet gehört	ihr hattet gerufen
	sie hörten	sie riefen		sie hatten gehört	sie hatten gerufen
Fut. I	ich werde hören	ich werde rufen	**Fut. II**	ich werde gehört haben	ich werde gerufen haben
	du wirst hören	du wirst rufen		du wirst gehört haben	du wirst gerufen haben
	er/sie/es wird hören	er/sie/es wird rufen		er/sie/es wird gehört haben	er/sie/es wird gerufen haben
	wir werden hören	wir werden rufen		wir werden gehört haben	wir werden gerufen haben
	ihr werdet hören	ihr werdet rufen		ihr werdet gehört haben	ihr werdet gerufen haben
	sie werden hören	sie werden rufen		sie werden gehört haben	sie werden gerufen haben
Imp. Sg.	Hör(e)!	Ruf(e)!	**Partizip II**	gehört	gerufen
Imp. Pl.	Hört!	Ruft!			

9 Lateinische Verben

9.1 Reguläre Verben: Tempora mit dem Präsensstamm (Präsens, Imperfekt, Futur I), Tempora mit dem Perfektstamm (Perfekt, Plusquamperfekt, Futur II)

	Tempora mit dem Präsensstamm					Tempora mit dem Perfektstamm	
	a-Konj.	e-Konj.	i-Konj.	kons. Konj.	kons. Konj. (i)		
Inf.	vocā-re	monē-re	audī-re	ag-e-re	cape-re	Inf.	vocā-visse
Präs.	voc-ō	mone-ō	audi-ō	ag-ō	capi-ō	Perf	vocāv-ī
	vocā-s	monē-s	audī-s	ag-i-s	capi-s		vocāv-istī
	voca-t	mone-t	audi-t	ag-i-t	capi-t		vocāv-it
	vocā-mus	monē-mus	audī-mus	ag-i-mus	capi-mus		vocāv-imus
	vocā-tis	monē-tis	audī-tis	ag-i-tis	capi-tis		vocāv-istis
	voca-nt	mone-nt	audi-u-nt	ag-u-nt	capi-u-nt		vocāv-ērunt
Imperf.	vocā-ba-m	monē-ba-m	audi-ēba-m	ag-ēba-m	capi-ēba-m	Piqupf.	vocāv-era-m
	vocā-bā-s	monē-bā-s	audi-ēbā-s	ag-ēbā-s	capi-ēbā-s		vocāv-erā-s
	vocā-ba-t	monē-ba-t	audi-ēba-t	ag-ēba-t	capi-ēba-t		vocāv-era-t
	vocā-bā-mus	monē-bā-mus	audi-ēbā-mus	ag-ēbā-mus	capi-ēbā-mus		vocāv-erā-mus
	vocā-bā-tis	monē-bā-tis	audi-ēbā-tis	ag-ēbā-tis	capi-ēbā-tis		vocāv-erā-tis
	vocā-ba-nt	monē-ba-nt	audi-ēba-nt	ag-ēba-nt	capi-ēba-nt		vocāv-era-nt
Fut. I	vocā-b-ō	monē-b-ō	audi-a-m	ag-a-m	capi-a-m	Fut. II	vocāv-er-ō
	vocā-bi-s	monē-bi-s	audi-ē-s	ag-ē-s	capi-ē-s		vocāv-eri-s
	vocā-bi-t	monē-bi-t	audi-e-t	ag-e-t	capi-e-t		vocāv-eri-t
	vocā-bi-mus	monē-bi-mus	audi-ē-mus	ag-ē-mus	capi-ē-mus		vocāv-eri-mus
	vocā-bi-tis	monē-bi-tis	audi-ē-tis	ag-ē-tis	capi-ē-tis		vocāv-eri-tis
	vocā-bu-nt	monē-bu-nt	audi-e-nt	ag-e-nt	capi-e-nt		vocāv-eri-nt
Imp. Sg.	vocā!	monē!	audī!	age!	cape!		
Imp. Pl.	vocā-te!	monē-te!	audī-te!	ag-i-te!	capi-te!		

245

9.2 Sonderkonjugationen

9.2.1 *esse* – „sein", *posse* – „können"

Inf. Präs.	esse	posse	Inf. Perf.	fu-isse	potu-isse
Präs.	sum	pos-sum	**Perf.**	fu-ī	potu-ī
	es	pot-es		fu-istī	potu-istī
	est	pot-est		fu-it	potu-it
	sumus	pos-sumus		fu-imus	potu-imus
	estis	pot-estis		fu-istis	potu-istis
	sunt	pos-sunt		fu-ērunt	potu-ērunt
Imperf.	era-m	pot-eram	**Plqupf.**	fu-era-m	potu-era-m
	erā-s	pot-erās		fu-erā-s	potu-erā-s
	era-t	pot-erat		fu-era-t	potu-era-t
	erā-mus	pot-erāmus		fu-erā-mus	potu-erā-mus
	erā-tis	pot-erātis		fu-erā-tis	potu-erā-tis
	era-nt	pot-erant		fu-era-nt	potu-era-nt
Fut. I	erō	pot-erō	**Fut. II**	fu-er-ō	potu-er
	eris	pot-eris		fu-eri-s	potu-eri-s
	erit	pot-erit		fu-eri-t	potu-eri-t
	erimus	pot-erimus		fu-eri-mus	potu-eri-mus
	eritis	pot-eritis		fu-eri-tis	potu-eri-tis
	erunt	pot-erunt		fu-eri-nt	potu-eri-nt
Imp. Sg./Pl.	es!/es-te!	–			

9.2.2 *velle* – „wollen", *nōlle* – „nicht wollen", *mālle* – „lieber wollen"

Inf. Präs.	velle	nōlle	mālle	Inf. Perf.	volu-isse	nōlu-isse	mālu-isse
Präs.	volō	nōlō	mālō	**Perf.**	volu-ī	nōlu-ī	mālu-ī
	vīs	nōn vīs	māvīs		volu-istī	nōlu-istī	mālu-istī
	vult	nōn vult	māvult		volu-it	nōlu-it	mālu-it
	volumus	nōlumus	mālumus		volu-imus	nōlu-imus	mālu-imus
	vultis	nōn vultis	māvultis		volu-istis	nōlu-istis	mālu-istis
	volunt	nōlunt	mālunt		volu-ērunt	nōlu-ērunt	mālu-ērunt
Imperf.	vol-ēba-m	nōl-ēba-m	māl-ēba-m	**Plqupf.**	volu-era-m	nōlu-era-m	mālu-era-m
	vol-ēbā-s	nōl-ēbā-s	māl-ēbā-s		volu-erā-s	nōlu-erā-s	mālu-erā-s
	vol-ēba-t	nōl-ēba-t	māl-ēba-t		volu-era-t	nōlu-era-t	mālu-era-t
	vol-ēbā-mus	nōl-ēbā-mus	māl-ēbā-mus		volu-erā-mus	nōlu-erā-mus	mālu-erā-mus
	vol-ēbā-tis	nōl-ēbā-tis	māl-ēbā-tis		volu-erā-tis	nōlu-erā-tis	mālu-erā-tis
	vol-ēba-nt	nōl-ēba-nt	māl-ēba-nt		volu-era-nt	nōlu-era-nt	mālu-era-nt
Fut. I	vol-a-m	nōl-a-m	māl-a-m	**Fut. II**	volu-er-ō	nōlu-er-ō	mālu-er-ō
	vol-ē-s	nōl-ē-s	māl-ē-s		volu-eri-s	nōlu-eri-s	mālu-eri-s
	vol-e-t	nōl-e-t	māl-e-t		volu-eri-t	nōlu-eri-t	mālu-eri-t
	vol-ē-mus	nōl-ē-mus	māl-ē-mus		volu-eri-mus	nōlu-eri-mus	mālu-eri-mus
	vol-ē-tis	nōl-ē-tis	māl-ē-tis		volu-eri-tis	nōlu-eri-tis	mālu-eri-tis
	vol-e-nt	nōl-e-nt	māl-e-nt		volu-eri-nt	nōlu-eri-nt	mālu-eri-nt
Imp. Sg./Pl.	–	nōlī!/nōlī-te!	–				

9.3 Stammformen

a-Konjugation

v-Perfekt

1.	*vocāre*	*vocō*	*vocāvī*	rufen

In gleicher Weise werden die Stammformen der meisten Verben der a-Konjugation gebildet.

Reduplikationsperfekt

2.	*dare*	*dō*	*dedī*	geben
3.	*stāre*	*stō*	*stetī*	stehen, da stehen
	īnstāre	*īnstō*	*īnstitī*	bevorstehen, drohen, bedrängen

e-Konjugation

u-Perfekt

4.	*monēre*	*moneō*	*monuī*	(er)mahnen, erinnern

In gleicher Weise werden die Stammformen der meisten Verben der e-Konjugation gebildet.

s-Perfekt

5.	*ārdēre*	*ārdeō*	*arsī*	brennen, glühen
6.	*augēre*	*augeō*	*auxī*	vermehren, vergrößern
7.	*iubēre* (m. Akk.)	*iubeō*	*iūssī*	befehlen, anordnen
8.	*rīdēre*	*rīdeō*	*rīsī*	lachen (über); auslachen
9.	*torquēre*	*torqueō*	*torsī*	foltern, quälen; drehen

Reduplikationsperfekt

10.	*pendēre*	*pendeō*	*pepēndī*	hängen
11.	*(spondēre*	*spondeō*	*spopondī*	geloben)
	respondēre	*respondeō*	*respondī*	antworten

Dehnungsperfekt

12.	*movēre*	*moveō*	*mōvī*	bewegen; erregen
13.	*sedēre*	*sedeō*	*sēdī*	sitzen, dasitzen
	possidēre	*possideō*	*possēdī*	besitzen
14.	*vidēre*	*videō*	*vīdī*	sehen
	invidēre (m. Dat.)	*invideō*	*invīdī*	beneiden

i-Konjugation

v-Perfekt

15. *audīre*	*audiō*	*audīvī*	hören, anhören

In gleicher Weise werden die Stammformen der meisten Verben der i-Konjugation gebildet.

u-Perfekt

16. *aperīre*	*aperiō*	*aperuī*	öffnen; aufmachen

Dehnungsperfekt

17. *venīre*	*veniō*	*vēnī*	kommen
convenīre	*conveniō*	*convēnī*	passen; zusammenkommen; treffen
invenīre	*inveniō*	*invēnī*	finden, auffinden; erfinden

Kons. Konjugation

v-Perfekt

18. *arcessere*	*arcessō*	*arcessīvī*	herbeirufen, holen, holen lassen
19. *cōgnōscere*	*cōgnōscō*	*cōgnōvī*	kennenlernen, erkennen; erfahren: Perf. *auch*: wissen, kennen
20. (*sinere*	*sinō*	*sīvī*	lassen, zulassen, erlauben)
dēsinere	*dēsinō*	*dēsiī*	ablassen, aufhören
21. *petere*	*petō*	*petīvī*	(er)bitten; verlangen, haben wollen, streben nach, erreichen wollen; aufsuchen; angreifen
22. *quaerere*	*quaerō*	*quaesīvī*	suchen; (*ē/ex*) (jemanden) fragen

u-Perfekt

23. *alere*	*alō*	*aluī*	aufziehen, (er)nähren
24. *colere*	*colō*	*coluī*	bewirtschaften, bebauen, pflegen; verehren
25. *pōnere*	*pōnō*	*posuī*	setzen, stellen, legen
compōnere	*compōnō*	*composuī*	zusammenstellen; verfassen; ordnen
dēpōnere	*dēpōnō*	*dēposuī*	ablegen, niederlegen
impōnere	*impōnō*	*imposuī*	hineinstellen, auferlegen

s-Perfekt

26. *cēdere*	*cēdō*	*cessī*	(weg-)gehen, weichen; nachgeben
accēdere	*accēdō*	*accessī*	herbeikommen, herantreten, sich nähern
dēcēdere	*dēcēdō*	*dēcessī*	(weg-)gehen; sterben
27. *claudere*	*claudō*	*clausī*	schließen, einschließen, versperren
28. *dīcere*	*dīcō*	*dīxī*	sagen, sprechen, reden; nennen
29. *dīligere*	*dīligō*	*dīlēxī*	lieben, (sehr) schätzen
intellegere	*intéllegō*	*intellēxī*	erkennen, verstehen, einsehen
neglegere	*néglegō*	*neglēxī*	vernachlässigen, gering schätzen, nicht beachten
30. *dūcere*	*dūcō*	*dūxī*	führen, ziehen

31.	fingere	fingō	fīnxī	formen, gestalten; sich ausdenken, erfinden
32.	gerere	gerō	gessī	tragen; führen, ausführen
33.	invādere	invādō	invāsī	eindringen; angreifen
34.	mittere	mittō	mīsī	schicken; loslassen, laufen lassen; werfen
	āmittere	āmittō	āmīsī	verlieren
	dēmittere	dēmittō	dēmīsī	hinabschicken, sinken lassen
	permittere	permittō	permīsī	erlauben, überlassen
35.	pergere	pergō	perrēxī	fortsetzen (zu tun), weitermachen; aufbrechen
36.	prōtegere	prōtegō	prōtēxī	bedecken, schützen
37.	sūmere	sūmō	sūmpsī	nehmen
38.	vīvere	vīvō	vīxī	leben

Reduplikationsperfekt

39.	abdere	abdō	abdidī	verstecken, verbergen
	condere	condō	condidī	gründen
	crēdere	crēdō	crēdidī	glauben; vertrauen
	perdere	perdō	perdidī	vernichten, umbringen; verderben; verlieren
	trādere	trādō	trādidī	übergeben; überliefern
	vendere	vendō	vendidī	verkaufen
40.	cōnsistere	cōnsistō	cōnstitī	stehen bleiben; sich aufstellen
	resistere	resistō	restitī	sich widersetzen, Widerstand leisten
41.	currere	currō	cucurrī	laufen, rennen
	accurrere	accurrō	accucurrī	hinzulaufen, herbeieilen
	occurrere	occurrō	occurrī	entgegenlaufen, -treten, begegnen
42.	parcere (m. Dat.)	parcō	pepercī	(ver)schonen, sparen
43.	pōscere	pōscō	popōscī	fordern
44.	tangere	tangō	tétigī	berühren; erreichen

Dehnungsperfekt

45.	agere	agō	ēgī	tun; handeln, verhandeln; treiben
46.	emere	emō	ēmī	kaufen
47.	relinquere	relinquō	relīquī	verlassen, zurücklassen
48.	vincere	vincō	vīcī	siegen, besiegen
	convincere	convincō	convīcī	überführen

Perfekt ohne Veränderung

49.	bibere	bibō	bibī	trinken
50.	comprehendere	comprehendō	comprehendī	ergreifen, festnehmen; erfassen
	reprehendere	reprehendō	reprehendī	tadeln, kritisieren
51.	dēfendere (ā/ab)	dēfendō	dēfendī	verteidigen (gegen)
52.	dēscendere	dēscendō	dēscendī	herabsteigen, hinabsteigen
53.	incendere	incendō	incendī	entflammen, in Brand setzen
54.	īnstituere	īnstituō	īnstituī	unterrichten; einführen; errichten
55.	ruere	ruō	ruī	(sich) stürzen, eilen, rennen
56.	vertere	vertō	vertī	drehen, (um)wenden

Kons. Konjugation (ĭ)

v-Perfekt

57. *cupere* (m. Inf.)	*cupiō*	*cupīvī*	wünschen (zu tun), (haben) wollen, begehren

u-Perfekt

58. *rapere*	*rapiō*	*rapuī*	rauben

s-Perfekt

59. *cōnspicere*	*cōnspiciō*	*cōnspēxī*	erblicken, sehen

Dehnungsperfekt

60. *capere*	*capiō*	*cēpī*	nehmen, fangen, ergreifen; einnehmen
incipere	*incipiō*	*coepī*	anfangen, beginnen
suscipere	*suscipiō*	*suscēpī*	aufnehmen; auf sich nehmen; unternehmen
61. *facere*	*faciō*	*fēcī*	machen, tun, ausführen
afficere (m. Abl.)	*afficiō*	*affēcī*	versehen (mit)
62. *fugere* (m. Akk.)	*fugiō*	*fūgī*	fliehen (vor); meiden
effugere (m. Akk.)	*effugiō*	*effūgī*	(jemandem) entkommen

Unpersönliche Ausdrücke

63. *(cōnstāre)*	*cōnstat*	*cōnstitit*	es steht fest, es ist bekannt
64. *(licēre)*	*licet*	*licuit*	es ist möglich (, zu tun); es ist erlaubt (, zu tun)
65. *(oportēre)*	*oportet*	*oportuit*	es gehört sich, man muss
66. *(placēre)*	*mihī placet*	*mihī placuit*	mir gefällt; ich beschließe

Sonderkonjugationen

67. *esse*	*sum*	*fuī*	sein
abesse	*absum*	*āfuī*	fort sein, weg sein; fehlen
adesse	*adsum*	*affuī*	da sein; helfen
posse	*possum*	*potuī*	können; vermögen
prōdesse	*prōsum*	*prōfuī*	nützen
68. *velle*	*volō*	*voluī*	wollen
mālle	*mālō*	*māluī*	lieber wollen
nōlle	*nōlō*	*nōluī*	nicht wollen
69. *tollere*	*tollō*	*sustulī*	hochheben, aufheben, erheben; beseitigen, wegnehmen; vernichten

Hier ist immer die Nummer verzeichnet, unter der du das gesuchte Verb in der Liste der Stamm-formen (S. 247–250) findest.

Hier werden die Grammatik-Lektion, die Rubrik Geschafft!, die Stelle im Tabellenteil (T), in der Übersicht Grammatikalische Grundbegriffe (Gr Gr) sowie in der Einführung in die lateinische Sprache (E Spr) angegeben, in der das jeweilige Stichwort behandelt wird.

A

aber	autem *(nachgestellt)*, sed
Altar	āra, -ae *f*
antworten	respondēre, respondeō, respondī
arbeiten	labōrāre, labōrō
auch	etiam

B

befehlen	imperāre *(m. Dat.)*, imperō
begegnen	occurrere, occurrō, occurrī
begrüßen	salūtāre, salūtō
betreten	intrāre, intrō
bis jetzt	adhūc
böse	malus, -a, -um

D

dann	tum
denn	nam
Dieb	fūr, fūris *m/f*
dort	ibi
drei	trēs
du	tū

E

Ehemann	coniūnx, coniugis *m/f*; marītus, -ī *m*
eilen	properāre, properō
ergreifen	capere, capiō, cēpī; comprehendere, comprehendō, comprehendī
erzählen	nārrāre, nārrō
Essen	cibus, -ī *m*
etwa?	num?

F

falls	sī
Flamme	flamma, -ae *f*
fordern	pōscere, pōscō, popōscī
Forum	forum, -ī *n*
fragen	rogāre, rogō
Freiheit	lībertās, lībertātis *f*
freuen, sich	gaudēre, gaudeō
Freund	amīcus, -ī *m*
fürchten	timēre, timeō

G

Gattin	coniūnx, coniugis *m/f*
gehorchen	pārēre, pāreō
Geschrei	clāmor, -ōris *m*
Gladiator	gladiātor, -ōris *m*
Gott	deus, -ī *m*
Göttin	dea, -ae *f*
gut	bene

H

haben	habēre, habeō
haben wollen	cupere, cupiō, cupīvī *(m. Inf.)*
Händler	mercātor, -ōris *m*
helfen	adesse, adsum, affuī
hören	audīre, audiō

I

ich	ego
immer	semper
immer noch	adhūc
in	in *(m. Akk.: Wohin?; m. Abl.: Wo?)*
(er/sie/es) ist	est

J

jetzt	nunc

K

kaufen	emere, emō, ēmī
Kaufleute	mercātōres, -um *m (Pl.)*
Kinder	līberī, -ōrum *m (Pl.)*
klein	parvus, -a, -um
kommen	venīre, veniō, vēnī
können	posse, possum, potuī
Kurie	cūria, -ae *f*

L

lachen	rīdēre, rīdeō, rīsī
laufen	currere, currō, cucurrī
Leben	vīta, -ae *f*
lehren	docēre, doceō
lieber wollen	mālle, mālō, māluī
loben	laudāre, laudō

M

machen	facere, faciō, fēcī
Mann	vir, virī *m*
Menge	turba, -ae *f*
Münze	nummus, -ī *m*

N

nachdem	postquam *(m. Ind. Perf.)*
nähern, sich	appropinquāre, appropinqō
neun	novem
nicht	nōn
nicht wollen	nōlle, nōlō, nōluī
nun	nunc

O

oft	saepe
ohne	sine *(m. Abl.)*
Opfer	sacrum, -ī *n*
opfern	sacra facere

R

Römer	Rōmānus, -ī *m*
rufen	clāmāre, clāmō

S

sagen	dīcere, dīcō, dīxī
schicken	mittere, mittō, mīsī
schlafen	dormīre, dormiō
schlimm	malus, -a, -um
Schmerz	dolor, -ōris *m*
schreien	clāmāre, clāmō
schweigen	tacēre, taceō
sechs	sex
sehen	vidēre, videō, vīdī
sei gegrüßt!/ seid gegrüßt!	salvē!/salvēte!
sein	esse, sum, fuī
Senator	senātor, -ōris *m*
siegen	vincere, vincō, vīcī
(sie) sind	sunt
sitzen	sedēre, sedeō, sēdī
Sklave	servus, -ī *m*
sondern	sed
sorgen für	cūrāre *(m. Akk.)*, cūrō
Speise	cibus, -ī *m*
sprechen	dīcere, dīcō, dīxī

T

tausend	mīlle
Taverne	taberna, -ae *f*
Theaterstück	fābula, -ae *f*
töten	necāre, necō
tun	facere, faciō, fēcī

U

über	super *(m. Akk.)*
und	et

V

verzweifeln	dēspērāre, dēspērō
viele	multī, -ae, -a

W

warum?	cūr?
was?	quid?
Wasser	aqua, -ae *f*
Wein	vīnum, -ī *n*
wir	nōs
wo?	ubī?
wohnen	habitāre, habitō
wollen	cupere, cupiō, cupīvī *(m. Inf.)*
Wort	verbum, -ī *n*
wünschen	cupere, cupiō, cupīvī *(m. Inf.)*

Z

zurückhalten	retinēre, retineō

Lateinisch-deutsches Vokabelverzeichnis

A

ā/ab *(m. Abl.)*	von, von … her, von … weg	10
abdere, abdō, abdidī	verstecken, verbergen	9, 15
in lectum sē abdere	sich im Bett verstecken	9
abesse, absum, āfuī	fort sein, weg sein; fehlen	5, 13
accēdere, accēdō, accessī	herbeikommen, herantreten, sich nähern	13, 15
accurrere, accurrō, accucurrī	hinzulaufen, herbeieilen	24
ācer, ācris, ācre	scharf; heftig, wild	19
aciēs, aciēī *f*	die Schärfe; der Scharfsinn; die Schlachtreihe	24
aciēs mentis	der Scharfsinn, die Aufmerksamkeit	24
aciem īnstituere	eine Schlachtreihe aufstellen	24
ad *(m. Akk.)*	zu (… hin); bei, an; nach	9
adesse, adsum, affuī	da sein; helfen	5, 13
adhūc	bis jetzt, immer noch	6
adulēscēns, adulēscentis *m*; *Gen. Pl.* adulēscentium	der Jugendliche, der junge Mann	7
afficere, afficiō, affēcī *(m. Abl.)*	versehen (mit)	8, 17
dolōribus afficere	Schmerzen zufügen	8
gaudiō afficere	erfreuen	8
honōre afficere	Ehre erweisen	8
suppliciō afficere	hinrichten	8
ager, agrī *m*	der Acker, das Feld; *Pl.* das Land	16
agere, agō, ēgī	tun; handeln, verhandeln; treiben	6, 18
negōtia agere	Geschäfte betreiben	6
bestiam agere	ein (wildes) Tier jagen	6
fābulam agere	ein (Theater-)Stück aufführen	6
quid agis?	wie geht es dir?	6
vītam agere	sein Leben verbringen	6
alere, alō, aluī	aufziehen, (er)nähren	16
aliquandō	einst, (irgendwann) einmal	24
alius, alia, aliud; *Gen.* alterīus, *Dat.* aliī	ein anderer, eine andere, ein anderes	24
aliī … aliī …	die einen … die anderen …	24
Alius aliud facit.	Jeder macht etwas anderes.	24
altus, -a, -um	hoch; tief	15
amāre, amō	lieben, (gerne) mögen	3
amīca, -ae *f*	die Freundin	1
amīcus, -ī *m*	der Freund	1
āmittere, āmittō, āmīsī	verlieren	9, 19
amor, amōris *m*	die Liebe	5

animus, -ī *m*	der Geist, die Gesinnung; der Sinn; der Mut	13
in animō habēre	im Sinn haben, beabsichtigen	13
māgnō animō	mit großem Mut	13
annus, -ī *m*	das Jahr	19
ante *(m. Akk.)*	vor	21
anteā	vorher, früher	16
aper, aprī *m*	der Eber	18
aperīre, aperiō, aperuī	öffnen; aufmachen	2, 16
apertus, -a, -um	offen, offenkundig	25
apodytērium, -ī *n*	der Umkleideraum	11
appropinquāre, appropinqō	sich nähern, näher kommen	6
aqua, -ae *f*	das Wasser	2
āra, -ae *f*	der Altar	4
arcessere, arcessō, arcessīvī	herbeirufen, holen, holen lassen	12, 13
ārdēre, ārdeō, ārsī	brennen, glühen	21
amōre ārdēre	vor Liebe brennen	21
īrā ārdēre	vor Zorn glühen	21
arma, -ōrum *n (Pl.)*	die Waffen	8
ātrium, -ī *n*	das Atrium (der Hauptraum im Haus)	12
auctor, auctōris *m*	der Urheber, der Gründer, der Schriftsteller	7
auctōritās, auctōritātis *f*	das Ansehen, der Einfluss	25
audīre, audiō	hören, anhören	2
augēre, augeō, auxī	vermehren, vergrößern	19
aureus, -a, -um	golden; vergoldet	17
aurīga, -ae *m*	der Wagenlenker	7
auspicium, -ī *n*	die Vogelschau	4
autem *(nachgestellt)*	aber, jedoch	3
auxilium, -ī *n*	die Hilfe	20

B

basilica, -ae *f*	die Basilika; die Markthalle; die (Gerichts-)Halle	6
bellum, -ī *n*	der Krieg	16
bene	gut	3
bestia, -ae *f*	das (wilde) Tier	5
bibere, bibō, bibī	trinken	12, 19
bonus, -a, -um	gut	11
bonum, -ī *n*	das Gute	11
bona, -ōrum *n (Pl.)*	die Güter	11
brevis, breve	kurz	25
brevī (tempore)	in Kürze, in kurzer Zeit	25
bulla, -ae *f*	das Amulett	9

C

caelum, -ī *n*	der Himmel	15
caldārium, -ī *n*	das Warmbad	11
capere, capiō, cēpī	nehmen, fangen, ergreifen; einnehmen	21
caput, capitis *n*	das Haupt, der Kopf	19
carēre, careō *(m. Abl.)*	entbehren, nicht haben; frei sein (von)	8
causa, -ae *f*	der Grund, die Ursache; der Fall, der (Gerichts-)Prozess	22
cēdere, cēdō, cessī	(weg-)gehen, weichen; nachgeben	20
celebrāre, celebrō	feiern	14
celer, celeris, celere	schnell	19
cēna, -ae *f*	die (Haupt-)Mahlzeit, das Essen; das Gastmahl	2, 14
cēnāre, cēnō	essen, speisen	2
certāre, certō	streiten, kämpfen,	14
certē *(Adv.)*	sicher, gewiss	4
cessāre, cessō	zögern (zu tun), sich Zeit lassen	2
cēterī, -ae, -a	die übrigen, die anderen	22
cibus, -ī *m*	die Speise, das Essen; die Nahrung	2
circus, -ī *m*	die Rennbahn, der Zirkus	7
clam	heimlich	13
clāmāre, clāmō	(laut) rufen, schreien	1
clāmor, clāmōris *m*	der Schrei; das Geschrei; der Lärm	5
clārus, -a, -um	berühmt; klar	13
claudere, claudō, clausī	schließen, einschließen, versperren	5, 23
cliēns, clientis *m*	der Klient	13
cōgnōscere, cōgnōscō, cōgnōvī	kennenlernen, erkennen; erfahren; *Perf. auch:* wissen, kennen	11, 21
colere, colō, coluī	bewirtschaften, bebauen, pflegen; verehren	4, 13
compōnere, compōnō, composuī	zusammenstellen; verfassen; ordnen	13, 14
comprehendere, comprehendō, comprehendī	ergreifen, festnehmen; erfassen	7, 15
condere, condō, condidī	gründen	20
coniūnx, coniugis *m/f*	der Ehemann / die Ehefrau, der Gatte / die Gattin	14

cōnsistere, cōnsistō, cōnstitī	stehen bleiben; sich aufstellen	15
cōnspicere, cōnspiciō, cōnspēxī	erblicken, sehen	15
cōnstat, cōnstitit	es steht fest, es ist bekannt	18
cōnsul, -is *m*	der Konsul	9
contrā *(m. Akk.)*	gegen	18
convenīre, conveniō, convēnī	passen; zusammenkommen; treffen	10, 19
amīcam convenīre	eine Freundin treffen	10
amīcae convenit	es passt (zu) der Freundin	10
in tabernam convenīre	im Wirtshaus zusammenkommen	10
convincere, convincō, convīcī	überführen	7, 19
cōpia, -ae *f*	die Menge, der Vorrat; *Pl. auch:* die Truppen	12
cōpia amīcōrum	eine Menge (an) Freunde(n)	12
corpus, corporis *n*	der Körper; der Leichnam	8
crēdere, crēdō, crēdidī	glauben; vertrauen	7, 17
cubiculum, -ī *n*	das Schlafzimmer	12
cultus, cultūs *m*	die Pflege, die Verehrung	25
cum *(m. Abl.)*	(zusammen) mit	9
cupere, cupiō, cupīvī *(m. Inf.)*	wünschen (zu tun), (haben) wollen, begehren	4, 13
cūr?	warum?	1
cūrāre, cūrō *(m. Akk.)*	sich kümmern (um), sorgen (für); pflegen	3
cūria, -ae *f*	die Kurie, das Rathaus	6
currere, currō, cucurrī	laufen, rennen	9, 15
custōdīre, custōdiō	bewachen, behüten	18
custōs, custōdis *m*	der Wächter	11

D

dare, dō, dedī	geben	6, 15
locum dare	Platz machen	6
dē *(m. Abl.)*	von … herab; von, über; um/wegen	9
dē amīcō nārrāre	vom/über den Freund erzählen	9
dē amīcīs timēre	um die Freunde Angst haben	9
dea, -ae *f*	die Göttin	4
dēbēre, dēbeō	müssen; schulden	1
nōn dēbēre	nicht müssen; nicht dürfen	2
dēcēdere, dēcēdō, dēcessī	(weg-)gehen; sterben	8, 20
dē vītā dēcēdere	aus dem Leben scheiden, sterben	21

decem	zehn	19
dēfendere, dēfendō, dēfendī (ā/ab)	verteidigen (gegen)	20
dēmittere, dēmittō, dēmīsī	hinabschicken, sinken lassen	19
animum dēmittere	den Mut sinken lassen	19
dēnique	schließlich	7
dēpōnere, dēpōnō, dēposuī	ablegen, niederlegen	11, 14
dēscendere, dēscendō, dēscendī	herabsteigen, hinabsteigen	12, 16
dēsinere, dēsinō, dēsiī	ablassen, aufhören	11, 14
timēre dēsinō	ich höre auf, mich zu fürchten	11
dēspērāre (dē), dēspērō	verzweifeln (über), die Hoffnung aufgeben	2
deus, -ī m	der Gott	4
dīcere, dīcō, dīxī	sagen, sprechen, reden; nennen	4, 15
diēs, diēī m	der Tag	24
dīligere, dīligō, dīlēxī	lieben, (sehr) schätzen	10, 23
diū	lange (Zeit)	13
dīvus, -a, -um	göttlich	25
docēre, doceō	lehren, beibringen, unterrichten	3
amīcōs fābulam docēre	die Freunde eine Geschichte lehren	3
dolor, dolōris m	der Schmerz	5
dolus, -ī m	die List, die Täuschung	16
domī	daheim, zu Hause	10
domina, -ae f	die Herrin; die Hausherrin	1
dominus, -ī m	der Herr; der Hausherr	1
domum	heim, nach Hause	8
domus, domūs f	das Haus	25
domō	von zu Hause weg	25
dōnum, -ī n	das Geschenk	10
dormīre, dormiō	schlafen	2
dūcere, dūcō, dūxī	führen, ziehen	15
dum	(solange) bis; solange; (m. Ind. Präs.) während	23
duo, duae, duo	zwei	19

E

ē/ex (m. Abl.)	aus, aus ... heraus; von ... her; seit	9
ecce!	sieh da!, schau!/ seht da!, schaut!	14
effugere, effugiō, effūgī (m. Akk.)	(jemandem) entkommen	5, 18
ego	ich	3
ēiusmodī	derartig, solche	12
emere, emō, ēmī	kaufen	4, 22
enim (nachgestellt)	denn, nämlich	3

equus, -ī m	das Pferd	7
ergō	also, folglich	13
errāre, errō	sich irren, (umher)irren	21
esse, sum, fuī	sein	5, 13
est	er/sie/es ist; es gibt / findet statt	1
et	und; auch	1
et ... et ...	sowohl ... als auch ...	21
etiam	auch; sogar	1
exclāmāre, exclāmō	ausrufen; aufschreien	24
exercēre, exerceō	üben, trainieren	8
sē exercēre	sich üben, trainieren	8
exercitus, exercitūs m	das Heer	25
explicāre, explicō	erklären	6
exspectāre, exspectō	warten (auf), erwarten	6

F

fābula, -ae f	die Geschichte, die Erzählung; das Theaterstück	3
facere, faciō, fēcī	tun, machen, ausführen	4, 15
sacra facere	opfern	4
faciēs, faciēī f	das Gesicht, das Aussehen	24
faciē cōgnōscere	am Gesicht erkennen	24
fāma, -ae f	das Gerücht; der (gute oder schlechte) Ruf	24
famēs, famis f	der Hunger	14
familia, -ae f	die Familie	1
fātum, -ī n	das Schicksal; der Schicksalsspruch, der Götterspruch; das Verhängnis	20
fenestra, -ae f	das Fenster	12
ferrum, -ī n	das Eisen; die Waffe, das Schwert	8
fidēs, fideī f	das Vertrauen; die Treue, die Zuverlässigkeit	24
fidem dare	sein Wort geben	24
fidem habēre	Vertrauen schenken	24
filia, -ae f	die Tochter	24
fīlius, -ī m	der Sohn	5
fingere, fingō, finxī	formen, gestalten; sich ausdenken, erfinden	16
fīnitimus, -a, -um	benachbart; Subst. der Nachbar	25
flamma, -ae f	die Flamme	6
fortāsse	vielleicht	15
forte	zufällig	7
fortūna, -ae f	das Schicksal; das Glück	10
forum, -ī n	das Forum, der (Markt-)Platz, das Stadtzentrum	1, 6
frāter, frātris m	der Bruder	14

frīgidārium, -ī n	das Kaltbad	11
frūstrā	vergeblich, umsonst	7
fugere, fugiō, fūgī (m. Akk.)	fliehen (vor); meiden	6, 18
fūr, fūris m/f	der Dieb / die Diebin	5
fuscina, -ae f	der Dreizack	8

G

garum, -ī n	die Fischsoße	2
gaudēre, gaudeō	sich freuen, froh sein	1
gaudium, -ī n	die Freude	8
gerere, gerō, gessī	tragen; führen, aus-führen	24
negōtia gerere	seinen Geschäften nachgehen	24
bellum gerere (cum)	Krieg führen (mit)	24
vestem gerere	ein Kleidungsstück tragen	24
sē gerere	sich benehmen	24
gladiātor, gladiātōris m	der Gladiator	5
gladius, -ī m	das Schwert	8
glīs, glīris m	die Haselmaus	2
glōria, -ae f	der Ruhm, die Ehre	19
Graecī, -ōrum m	die Griechen	16
grammaticus, -ī m	der Literaturlehrer, der (Sprach-)Gelehrte	3
grātia, -ae f	der Dank; die Anmut	10
grātiās agere	danken	10
gūstus, -ūs m	die Vorspeise	2

H

habēre, habeō	haben; halten	4
habitāre, habitō	wohnen, bewohnen	9
habitātiō, habitātiōnis f	die Wohnung	12
haud	nicht	10
hīc	hier	1
hodiē	heute	11
homō, hominis m	der Mensch	16
honor, honōris m	die Ehre; das Ehrenamt	7
hoplomachus, -ī m	„der Schwerbewaffne-te" (Gladiator bewaff-net mit Schwert, Lanze, einem Armschutz und einem runden, stark gewölbten Schild)	8
hōra, -ae f	die Stunde	18
hospes, hospitis m	der Gast; der Gastgeber	14
hostis, hostis m/f	der (Landes-)Feind, die Feindin	25
hūc	hierher	15
hūmānitās, hūmānitātis f	die Menschlichkeit, die Bildung	25

I

iacēre, iaceō	liegen	11
iam	schon, bereits	2
nōn iam	nicht mehr	5
ibi	dort	1
īgnis, īgnis m	das Feuer	16
īgnōrāre, īgnōrō	nicht wissen, nicht kennen	4
nōn īgnōrāre	genau wissen, gut kennen	4
imber, imbris m; Gen. Pl. imbrium	der Regen, der Regen-guss	24
immō	im Gegenteil; ja sogar	19
immortālis, immortāle	unsterblich; Subst. der Unsterbliche, der Gott	20
imperāre, imperō (m. Dat.)	befehlen, anordnen; herrschen (über)	2
impluvium, -ī n	das Regenbecken, das Auffangbecken für Regen	12
impōnere, impōnō, imposuī	hineinstellen, auferlegen	18
umerīs impōnere	(jemandem etwas) auf die Schulter legen, aufbürden	18
in	(m. Akk.) in (... hinein); auf; nach (...hin); gegen (wohin?); (m. Abl.) in, an, auf, bei (wo?)	9
incendere, incendō, incendī	entflammen, in Brand setzen	4, 20
incendium, -ī n	der Brand, das Feuer	7
incipere, incipiō, coepī	anfangen, beginnen	5, 21
incrēdibilis, incrēdibile	unglaublich	19
indicāre, indicō	anzeigen, melden, verraten	25
indicium, -ī n	der Beweis	13
īnfēlīx; Gen. īnfēlīcis	unglücklich	22
īnferī, -ōrum m	die (Bewohner der) Unterwelt	15
ingēns; Gen. ingentis	riesig, gewaltig	19
īnstāre, īnstō, īnstitī	bevorstehen, drohen, bedrängen	17
īnstituere, īnstituō, īnstituī	unterrichten; einführen; errichten	14, 20
īnsula, -ae f	die Insel; das (mehr-stöckige) Mietshaus	12
intellegere, intéllegō, intellēxī	erkennen, verstehen, einsehen	7, 16
inter (m. Akk.)	zwischen; während	22
inter sē	untereinander	22
intereā	inzwischen	18
intrāre, intrō	betreten, eintreten (in)	2

intus	innen, im Inneren	5
invādere, invādō, invāsī	eindringen; angreifen	15
invenīre, inveniō, invēnī	finden, auffinden; erfinden	12, 15
invidēre, invideō, invīdī (m. Dat.)	beneiden	17
īra, -ae f	der Zorn, die Wut	14
is, ea, id	dieser; der(jenige); er	10
ita	so	12
ita est	so ist es, ja	12
itaque	daher, deshalb	10
iter, itíneris n	die Reise; der Weg, der Marsch	15 15
iter facere	reisen	
iterum	wiederum, ein zweites Mal	4
iubēre, iubeō, iūssī (m. Akk.)	befehlen, anordnen	17
iūrāre, iūrō	schwören	22
per deōs iūrāre	bei den Göttern schwören	22
iuvenis, iuvenis m	der junge Mann	17

L

labor, labōris m	die Arbeit, die Mühe	8
labōrāre, labōrō	arbeiten; leiden	1
lacrima, -ae f	die Träne	21
cum lacrimīs	unter Tränen	21
lacrimās tenēre	die Tränen zurückhalten	22
lacus, lacūs m	der See	25
lārva, -ae f	das Gespenst	5
laudāre, laudō	loben	3
lectus, -ī m	das Bett, die Liege	2
leō, leōnis m	der Löwe	19
lēx, lēgis f	das Gesetz	25
libenter	gern	10
līberāre, līberō (m. Abl.)	befreien (von)	8
servum līberāre	einen Sklaven freilassen	8
līberī, -ōrum m (Pl.)	die Kinder	5
lībertās, lībertātis f	die Freiheit	10
lībertus, -ī m	der Freigelassene	10
licet (m. Dat. und Inf.)	es ist (jemandem) möglich (, zu tun); es ist (jemandem) erlaubt (, zu tun)	8
līctor, līctōris m	der Liktor (öffentlicher Diener eines hohen Beamten, Träger der Rutenbündel; Leibwächter der Vestalinnen)	6
locus, -ī m	der Ort, der Platz, die Stelle	6

lūdus, -ī m	das Spiel; die Schule; Pl. die (Zirkus-)Spiele	5
lupa, -ae f	die Wölfin	23
lūx, lūcis f	das Licht, das Tageslicht	19
prīmā lūce	bei Tagesanbruch	21

M

magis	mehr	13
magister, magistrī m	der Lehrer	3, 11
māgnus, -a, -um	groß; wichtig	11
māgnā vōce	mit lauter Stimme	11
mālle, mālō, māluī	lieber wollen	14
mālum, -ī n	der Apfel	17
malus, -a, -um	böse, schlecht, schlimm	11
malum, -ī n	das Böse, das Übel, das Leid	11
manus, manūs f	die Hand; die Schar	25
mare, maris n; Abl. Sg. marī, Nom./Akk. Pl. maria, Gen. Pl. marium	das Meer	21
marītus, -ī m	der Ehemann, der Gatte	12
māter, mātris f	die Mutter	14
mātrōna, -ae f	die ehrbare Frau, die vornehme Dame	14
mē (Akk.)	mich	6
medicāmentum, -ī n	die Medizin	8
medicus, -ī m	der Arzt	8
memoria, -ae f	die Erinnerung; das Gedächtnis	11
memoriā comprehendere	im Gedächtnis behalten	11
mēns, mentis	der Geist, der Verstand	19
mentem āmittere	den Verstand verlieren	20
in mentem venīre	in den Sinn kommen	21
mēnsa, -ae f	der Tisch	2
mercātor, mercātōris m	der Händler, der Kaufmann	5
mēta, -ae f	der Wendepunkt (im Circus Maximus)	7
meus, -a, -um	mein	20
meī, -ōrum m (Pl.)	die Meinen; meine Leute	21
mihī (Dat.)	mir	10
mīles, mīlitis m	der Soldat	24
mīlitāris, mīlitāre	militärisch, soldatisch	24
rēs mīlitāris	das Kriegswesen, die Kriegskunst	24
mīlle	tausend	4
minister, ministrī m	der Diener	25
mīrus, -a, -um	erstaunlich, sonderbar, wunderbar	12
miser, misera, miserum	arm, unglücklich, erbärmlich	11

mittere, mittō, mīsī	schicken; loslassen, laufen lassen; werfen	6, 16
modus, -ī *m*	die Art, die Weise; das Maß	12
ēiusmodī	derartig, solche	12
ēiusmodī arma	solche Waffen	12
nūllō modō	auf keine Weise	21
monēre, moneō	(er)mahnen, erinnern	3
mōns, montis *m*; *Gen. Pl.* montium	der Berg	15
mōnstrum, -ī *n*	das Ungeheuer	18
morbus, -ī *m*	die Krankheit	16
mors, mortis *f*	der Tod	17
mortālis, mortāle	sterblich; *Subst.* der Sterbliche, der Mensch	19
mortuus, -a, -um	tot	24
mōs, mōris *m*	die Sitte, der Brauch; *Pl. auch:* der Charakter	11
movēre, moveō, mōvī	bewegen; erregen	15
mox	bald; dann	22
mulier, mulieris *f*	die (erwachsene) Frau	12
multī, -ae, -a	viele	11
mūrus, -ī *m*	die Mauer	23
mūtāre, mūtō	ändern, wechseln, verwandeln	9

N

nam	denn, nämlich	1
nārrāre, nārrō	erzählen, berichten	3
natātiō, -ōnis *f*	das Schwimmbecken	11
-ne	– (unübersetzte Frage-partikel)	22
nē ... quidem	nicht einmal	19
necāre, necō	töten	18
necesse est	es ist nötig	20
negāre, negō	leugnen; (*m. Acl*) sagen, dass nicht	17
neglegere, néglegō, neglēxī	vernachlässigen, gering schätzen, nicht beachten	15
negōtium, -ī *n*	die Aufgabe; das Geschäft	1
nepōs, nepōtis *m*	der Neffe, der Enkel; der Nachfahre	12
nescīre, nesciō	nicht wissen, nicht kennen	16
nihil	nichts	10
nōbīs *(Dat.)*	uns	10
nōlle, nōlō, nōluī	nicht wollen	14
nōmen, nōminis *n*	der Name	1, 16
nōn	nicht	1
nōndum	noch nicht	6
nōnne?	etwa nicht?, denn nicht?	14

nōnnūllī, -ae, -a	einige, manche	18
nōs	Nom. wir; *Akk.* uns	10
noster, nostra, nostrum	unser	20
novem	neun	4
novus, -a, -um	neu, neuartig	20
nox, noctis *f*; *Gen. Pl.* noctium	die Nacht	21
multā nocte	tief in der Nacht	21
prīmā nocte	zu Beginn der Nacht	21
nūbere, nūbō *(m. Dat.)*	(einen Mann) heiraten	14
nūbēs, nūbis *f*; *Gen. Pl.* nūbium	die Wolke	24
nūllus, -a, -um; *Gen.* nūllīus, *Dat.* nūllī	kein	19
num?	etwa?	2
nummus, -ī *m*	die Münze	4
nunc	nun, jetzt	1
nūper	neulich	6
nympha, -ae *f*	die Nymphe	25

O

occurrere, occurrō, occurrī	entgegenlaufen, -treten, begegnen	6, 20
octāvus, -a, -um	der achte	19
octō	acht	19
oculus, -ī *m*	das Auge	9
omnis, omne	jeder; all; ganz	19
oportet, oportuit	es gehört sich, man muss	17
ōrāculum, -ī *n*	das Orakel	4
ōrāre, ōrō	beten (zu), bitten	24
ōrātiō, ōrātiōnis *f*	die Rede	13
ōrātiōnem habēre	eine Rede halten	24
ōrātor, ōrātōris *m*	der Redner	6
ōtium, -ī *n*	die Freizeit, die Ruhe, die Muße	1

P

paene	beinahe, fast	10
palaestra, -ae *f*	der Sportplatz	11
parāre, parō	bereiten; vorbereiten; erwerben; (*m. Inf.*) vorhaben (, zu tun)	12
cēnāre parō	ich habe vor, zu essen	12
parcere, parcō, pepercī (*m. Dat.*)	(ver)schonen, sparen	14, 15
īrae parcere	(seinen) Zorn zurück-halten	14
furī parcere	den Dieb verschonen	14
pecūniae parcere	Geld sparen	14
parentēs, parent(i)um *m (Pl.)*	die Eltern	10
pārēre, pāreō	gehorchen, folgen	2
parvus, -a, -um	klein; gering	
parvā vōce	mit leiser Stimme	11

pater, patris *m*	der Vater	13
patria, -ae *f*	das Vaterland, die Heimat	21
patrōnus, -ī *m*	der (Schutz-)Herr, der Anwalt	10
paucī, -ae, -a	wenige	18
pāx, pācis *f*	der Friede	14
pācem facere	Frieden schließen	24
pecūnia, -ae *f*	das Geld	9
pecus, pecoris *n*	das Vieh; *Pl.* die Viehherde	16
pendēre, pendeō, pepēndī	hängen	17
per *(m. Akk.)*	durch (... hindurch); über	9
perdere, perdō, perdidī	vernichten, umbringen; verderben; verlieren	13, 17
pergere, pergō, perrēxī	fortsetzen (zu tun), weitermachen; aufbrechen	13, 17
perīculum, -ī *n*	die Gefahr	11
permittere, permittō, permīsī	erlauben, überlassen	20
persōna, -ae *f*	die Maske; die Rolle (im Schauspiel)	5
petere, petō, petīvī	(er)bitten; verlangen, haben wollen, streben nach, erreichen wollen; aufsuchen; angreifen	7, 13
pietās, pietātis *f*	die Frömmigkeit; das Pflichtgefühl, das Verantwortungsbewusstsein	25
pīlleus, -ī *m*	die Filzkappe	10
pius, -a, -um	fromm; verantwortungsbewusst, pflichtbewusst	21
placēre, placeō	gefallen	14
mihī placet	mir gefällt/ ich beschließe	14
plēbs, plēbis *f*	das (einfache) Volk	9
plumbum, -ī *n*	das Blei	11
poena, -ae *f*	die Strafe	10
poenā/poenīs afficere	bestrafen	10
poēta, -ae *m*	der Dichter	18
pōnere, pōnō, posuī (in *m. Abl.*)	setzen, stellen, legen (auf)	18
populus, -ī *m*	das Volk	8
porta, -ae *f*	die Tür, das Tor, der Eingang	5
pōscere, pōscō, popōscī	fordern	4, 19
posse, possum, potuī	können; vermögen	6, 13
possidēre, possideō, possēdī	besitzen	10, 22

post *(m. Akk.)*	nach; hinter	9
postquam *(m. Ind. Perf.)*	nachdem	23
potentia, -ae *f*	die Macht	15
praemium, -ī *n*	die Belohnung, der Lohn; der Preis	7
prīmus, -a, -um	der erste	19
procul	in die Ferne, aus der Ferne, fern	18
procul ab urbe	weit entfernt von der Stadt, fern der Stadt	23
prōdesse, prōsum, *aber:* prōdes (-d- *nur vor Formen, die mit* -e- *beginnen),* prōfuī	nützen	10, 13
profectō	in der Tat, tatsächlich	18
prohibēre, prohibeō *(m. Abl.)*	abhalten (von), hindern (an), verhindern	20
prope	*(Adv.)* nahe, in der Nähe; *(Präp. m. Akk.)* nahe (bei), in der Nähe von	15
properāre, properō	eilen, sich beeilen	1
propinquus, -a, -um	nahe, benachbart; *Subst.* der Verwandte	12
prōtegere, prōtegō, prōtēxī	bedecken, schützen	24
puella, -ae *f*	das Mädchen	3
puer, puerī *m*	der Junge	11
pūgiō, -ōnis *m*	der Dolch	8
pūgnāre, pūgnō	kämpfen	12
pulcher, pulchra, pulchrum	schön	11
putāre, putō	glauben, meinen	17

Q

quadrīga, -ae *f*	der Vierspänner	7
quaerere, quaerō, quaesīvī	suchen; *(ē/ex)* (jemanden) fragen	12, 14
amīcum quaerere	den Freund suchen	12
ex amīcō quaerere	den Freund fragen	12
quaesō/quaesumus	(ich) bitte/wir bitten	3
quam *(bei Vergleichen)*	als	13
magis ... quam	mehr ... als	13
quamquam	obwohl	23
-que	und	19
quī, quae, quod	der, die, das; welcher, welche, welches	12
quia	weil	14
quid?	was?	2
quidem	zwar, freilich	19
quīntus, -a, -um	der fünfte	19
quis?	wer?	3
quōmodo	wie; auf welche Weise	13
quondam	einmal, einst	14
quoque *(nachgestellt)*	auch	8

R

raeda, -ae *f*	der (Reise-)Wagen	15
rapere, rapiō, rapuī	rauben	16
rārō *(Adv.)*	selten	8
recreāre, recreō	erholen	8
sē recreāre ē vulnere	sich von einer Wunde erholen	8
rēgnāre, rēgnō	König sein, herrschen, regieren	24
rēgnum, -ī *n*	die Herrschaft, die Königsherrschaft; das Reich	23
rēgnum tenēre	die Herrschaft erlangen, innehaben	23
relinquere, relinquō, relīquī	verlassen, zurücklassen	6, 18
reprehendere, reprehendō, reprehendī	tadeln, kritisieren	13, 15
rēs, reī *f*	die Sache, das Ding; die Angelegenheit	24
resistere, resistō, restitī	sich widersetzen, Widerstand leisten	6, 18
respondēre, respondeō, respondī	antworten	3, 16
rēte, -is *n*	das Wurfnetz	8
rētiārius, -ī *m*	„der Netzkämpfer" (Gladiator bewaffnet mit Wurfnetz, Dreizack und Dolch)	8
retinēre, retineō	zurückhalten, behalten, festhalten	5
rēx, rēgis *m*	der König	17
rīdēre, rīdeō, rīsī	lachen (über); auslachen	2, 15
rogāre, rogō	fragen; bitten (um)	3
Rōmānus, -a, -um	römisch; *Subst.* der Römer	4
rōstrum, -ī *n*	der Schiffsschnabel, der Schnabel; *Pl.* die Rednerbühne	6
ruere, ruō, ruī	(sich) stürzen, eilen, rennen	20

S

sacrum, -ī *n*	das Opfer(tier), *Pl.* die Opferhandlung	4
saeculum, -ī *n*	das Jahrhundert; das Zeitalter	18
saepe	oft	12
saevus, -a, -um	wild, wütend, grimmig	14
salūtāre, salūtō	grüßen, begrüßen	2
salūtātiō, salūtātiōnis *f*	die Begrüßung; die Salutatio	13
salvē!	sei gegrüßt! / grüß dich!	2
salvēte!	seid gegrüßt! / grüßt euch!	2

scaena, -ae *f*	die Bühne	5
scelerātus, -a, -um	verbrecherisch, frevelhaft; *Subst.* der Verbrecher	13
scelus, sceleris *n*	das Verbrechen; der Frevel	12
scelus facere	ein Verbrechen begehen	12
scīre, sciō	wissen, kennen	12
sē	sich *(Akk.)*	8
secundus, -a, -um	der zweite	19
secūtor, -ōris *m*	„der Verfolger" (Gladiator bewaffnet mit Kurzschwert und großem rechteckigen Schild)	8
sed	aber, doch; sondern	1
sedēre, sedeō, sēdī	sitzen, dasitzen	1, 22
semper	immer	3
senātor, senātōris *m*	der Senator	5
senex, senis *m*	der alte Mann, der Greis	7
septem	sieben	19
sermō, sermōnis *m*	das Gespräch; die Sprache	9
sermōnem habēre (cum)	ein Gespräch führen (mit)	9
serva, -ae *f*	die Dienerin, die Sklavin	1
servāre, servō	retten (vor); bewahren, beschützen	7
servīre, serviō	dienen, Sklave sein	17
servus, -ī *m*	der Diener, der Sklave	1
sevērus, -a, -um	ernst, streng	25
sex	sechs	4
sextus, -a, -um	der sechste	19
sī	wenn, falls	4
sibi *(Dat.)*	sich	20
sīc	so, auf diese Weise	17
sīgnum, -ī *n*	das Zeichen; das Feldzeichen	7
sine *(m. Abl.)*	ohne	9
situs, -a, -um	gelegen	25
socius, -ī *m*	der Gefährte, der Kamerad; der Bundesgenosse	18
sollicitāre, sollicitō	beunruhigen, erregen	7
sōlum	nur	8
nōn sōlum ..., sed etiam ...	nicht nur ..., sondern auch ...	8
soror, sorōris *f*	die Schwester	20
spectāre, spectō	(an)schauen, betrachten	3
speculum, -ī *n*	der Spiegel	20
spērāre, spērō	hoffen, erhoffen	25

spīna, -ae *f*	der Mittelstreifen (im Circus Maximus)	7
stāre, stō, stetī	stehen, dastehen	9, 18
statim	sofort, auf der Stelle	6
stola, -ae *f*	die Stola, das (lange) Frauenoberkleid	9
studēre, studeō	sich bemühen, (tun) wollen; sich (wissenschaftlich) beschäftigen mit, studieren	7
vincere studēre	siegen wollen	7
amīcō studēre	sich um den Freund bemühen	7
studium, -ī *n*	die Bemühung, das Streben; die (wissenschaftliche) Beschäftigung	10
sub	(*m. Akk.*) unter (*wohin?*); (*m. Abl.*) unter (*wo?*)	9
subitō	plötzlich	2
sūdātōrium, -ī *n*	die Sauna	11
sūmere, sūmō, sūmpsī	nehmen	11, 15
sunt	sie sind; es gibt / findet statt	1
super (*m. Akk.*)	über	9
superāre, superō	überwinden; besiegen	15
superbus, -a, -um	hochmütig; stolz	22
supplicium, -ī *n*	die Strafe; die Todesstrafe, die Hinrichtung; das Gebet	8
suscipere, suscipiō, suscēpī	aufnehmen; auf sich nehmen; unternehmen	18
sustinēre, sustineō	aushalten, ertragen	14
suus, -a, -um	sein, ihr	20
suī, -ōrum *m (Pl.)*	die Seinen / die Ihren	20

T

taberna, -ae *f*	der Laden; das Wirtshaus	7
tabula, -ae *f*	die (Wachs-)Tafel, das Brett	3
tacēre, taceō	still sein, schweigen; verschweigen	3
tam (*bei Adj.*)	so	14
tamen	dennoch, jedoch	10
tandem	endlich, schließlich	3
tangere, tangō, tétigī	berühren; erreichen	15
tē (*Akk.*)	dich	10
tēctum, -ī *n*	das Haus	14, 16
tempestās, tempestātis *f*	das Unwetter, das Gewitter	24
templum, -ī *n*	der Tempel	4

tempus, temporis *n*	die Zeit	11
tempus agere	seine Zeit verbringen	14
ex eō tempore	seit dieser Zeit	21
tenēre, teneō	halten, festhalten	17
(in) memoriā tenēre	in Erinnerung haben, im Gedächtnis behalten	17
tepidārium, -ī *n*	Wärmeraum als Übergang zwischen frigidarium und caldarium, oft mit einem Kaltwasserbecken	11
terra, -ae *f*	das Land; die Erde	15
terrēre, terreō	(jemanden) erschrecken	16
theatrum, -ī *n*	das Theater	5
thermae, -ārum *f (Pl.)*	die Thermen, die öffentlichen Badeanlagen	11
tibi (*Dat.*)	dir	10
timēre, timeō	fürchten, sich fürchten; Angst haben	4
timor, timōris *m*	die Angst, die Furcht	9
toga, -ae *f*	die Toga	9
toga praetexta, togae praetextae *f*	die Toga mit Purpurstreifen	9
toga virīlis, togae virīlis *f*	die Männertoga	9
tollere, tollō, sustulī	hochheben, aufheben, erheben; beseitigen, wegnehmen; vernichten	19
gladiō tollere	mit dem Schwert töten	19
torquēre, torqueō, torsī	foltern, quälen; drehen	17
trādere, trādō, trādidī	übergeben; überliefern	16
trēs, tria	drei	4
triclīnium, -ī *n*	der Speiseraum, das Speisezimmer	2
tū	du	3
tum	dann, darauf, da; damals	2
tunica, -ae *f*	die Tunika	9
turba, -ae *f*	die (Menschen-)Menge; das Durcheinander, das Gedränge	5
tuus, -a, -um	dein	20

U

Ubī tū Gāius, ibi ego Gāia.	Wo du Gaius bist, bin ich Gaia. (Antwort der Braut bei der Hochzeitszeremonie)	14
ubī?	wo?	1
umbra, -ae *f*	der Schatten	22

umerus, -ī *m*	die Schulter	18
ūndecimus, -a, -um	der elfte	19
ūnus, -a, -um; *Gen.* ūnīus, *Dat.* ūnī	ein(er), ein einziger	13
ūnus ē virīs	einer von den Männern / der Männer	13
urbs, urbis *f*; *Gen. Pl.* urbium	die Stadt, die Großstadt; die Hauptstadt	13
ut	wie	10
ut dīcunt	wie man sagt	15

V

valēre , valeō	gesund sein; vermögen; Einfluss haben	20
valē!/valēte!	lebe wohl! / lebt wohl!	20
nihil valēre	keinen Einfluss haben, nichts vermögen	20
vās, vāsis *n*; *Pl.* vāsa, vāsōrum	das Gefäß	16
velle, volō, voluī	wollen	14
vendere, vendō, vendidī	verkaufen	4, 20
venia, -ae *f*	die Nachsicht, die Verzeihung	6
veniam dare	verzeihen	6
venīre, veniō, vēnī	kommen	2, 15
verbum, -ī *n*	das Wort	3
verba facere	sprechen, reden	13
vertere, vertō, vertī	drehen, (um)wenden	22
ferrum in sē vertere	das Schwert gegen sich (selbst) richten	22
oculōs vertere (in)	seinen Blick wenden, seinen Blick richten (auf)	22
vester, vestra, vestrum	euer	20
vestibulum, -ī *n*	der Eingangsbereich, der Eingang	12
vestis, vestis *f*; *Gen. Pl.* vestium	das Kleid, die Kleidung	9
via, -ae *f*	der Weg, die Straße	13
viam facere	eine Reise machen	13
vīcus, -ī *m*	die Gasse; das Dorf	9
vidēre, videō, vīdī	sehen	5, 15
vincere, vincō, vīcī	siegen, besiegen	7, 15
vinculum, -ī *n*	die Fessel	12
in vincula dare	fesseln, in Fesseln legen	12
vīnum, -ī *n*	der Wein	2
violāre, violō	verletzen, misshandeln	20
vir, virī *m*	der Mann	11

vīs, –, –, vim, vī *f*; *Pl.* vīrēs, vīrium	die Kraft, die Gewalt; die Menge; *Pl. auch:* die Streitkräfte	17
vī et armīs	mit Waffengewalt	25
vīta, -ae *f*	das Leben, die Lebensweise	5
vītam agere	sein Leben verbringen	11
vīvere, vīvō, vīxī	leben	16
vix	kaum, nur mit Mühe	7
vōbīs *(Dat.)*	euch	10
vocāre, vocō	rufen	2
voluntās, voluntātis *f*	der Wille	16
vōs	*Nom.* ihr; *Akk.* euch	10
vōx, vōcis *f*	die Stimme; das Wort	7
vulnus, vulneris *n*	die Wunde	8
vulnus cūrāre	eine Wunde behandeln	8
vultus, vultūs *m*	das Gesicht; die Miene, der Gesichtsausdruck; *Pl.* die Gesichtszüge	25

A

Aenēās, -ae *m:* trojanischer Held, Stammvater der Römer; nach seiner Flucht aus Troja gründete er eine neue Stadt in Italien

Aenēis, -idos *f:* röm. Nationalepos aus dem 1. Jh. v. Chr. zur Zeit des → Augustus, Hauptwerk des Vergil

Aetna, -ae *f, Ätna:* Vulkan auf Sizilien

Agamemnō, -onis *m, Agamemnon:* griech. Held im Trojanischen Krieg, Bruder des → Menelaus

Alba (-ae) Longa (-ae) *f:* von → Ascanius gegründete Stadt in Italien

Alcumēna, -ae *f, Alkmene:* Mutter des → Herkules

Amor, -ōris *m:* röm. Gott der Liebe

Amūlius, -ī *m:* König von → Alba Longa; verjagte seinen Bruder → Numitor vom Thron; getötet von → Romulus und → Remus

Anchīsēs, -ae *m:* Vater des → Aeneas

Ancus (-ī) Marcius (-ī) *m:* vierter röm. König; gründete → Ostia

Apīcius, -ī *m, Marcus Gavius Apicius:* Verfasser eines Werks über die Kochkunst *De re coquinaria*; gest. ca. 42 n. Chr.

Apollō, -inis *m, Apoll/Apollo/Apollon:* griech.-röm. Gott der Weissagung, Dichtung und Heilkunde; Sohn des → Jupiter; oft dargestellt mit Kithara oder Leier

Arpīnum, -ī *n, heute Arpino:* Stadt in Norditalien, Geburtsort Ciceros

Ascanius, -ī *m:* Sohn des → Aeneas und dessen erster Frau Krëusa aus Troja, Gründer von Alba Longa

Asia, -ae *f:* Asien

Atlās, -antis *m:* Titan, der den Himmel trägt

Augiās, -ae *m:* mythischer König, dessen Ställe → Herkules reinigte

Augustus, -ī *m, Gaius Iulius Caesar Octavianus:* erster Kaiser Roms; 27 v. Chr. Ehrentitel „Augustus"; gest. 14 n. Chr.

Aventīnus, -ī *m, Aventin:* einer der sieben Hügel Roms

B

Bacchus, -ī *m:* Gott des Weines (griech. Dionysos); oft dargestellt mit Trauben

Brundisium, -ī *n, heute Brindisi:* Hafenstadt in Süditalien, Überfahrtsort nach Griechenland

C

Caelius (-ī) mons (montis) *m:* einer der sieben Hügel Roms

Caesar, -is *m, Gaius Iulius Caesar:* 100–44 v. Chr. (ermordet); röm. Feldherr, Politiker und Schriftsteller

Callistus, -ī *m:* griech.-lat. Name

Campus (-ī) Mārtius (-ī) *m, Marsfeld:* → Mars geweihtes Gelände außerhalb der Stadtmauern Roms

Capitōlium, -ī *n, Kapitol:* einer der sieben Hügel Roms, auf dem sich der Burgberg und der Tempel für die drei obersten röm. Götter → Jupiter, → Juno und → Minerva befanden

Caracalla, -ae *m, Marcus Aurelius Severus Antoninus:* röm. Kaiser; gest. 217 n. Chr.; Erbauer der Caracalla-Thermen in Rom

Carthāgō, -inis *f, Karthago:* Stadt in Nordafrika

Castōr, -oris *m, Castor:* Sohn des → Jupiter, Bruder des Pollux

Caucasus, -ī *m, Kaukasus:* Hochgebirge zwischen Schwarzem und Kaspischem Meer, an das → Prometheus geschmiedet wurde

Cerberus, -ī *m, Kerberos, Zerberus:* dreiköpfiger Hund, der am Eingang zum Totenreich wacht

Cerēs, -eris *f:* Göttin der Erde und des Getreides (griech. Demeter); oft dargestellt mit Ähren

Chaos *n:* die „Leere" vor der Schöpfung der Welt

Cicerō, -ōnis *m, Marcus Tullius Cicero:* 106–43 v. Chr. (ermordet); Politiker, Redner und Schriftsteller

Circus (-ī) Māximus (-i) *m:* die größte Pferderennbahn Roms

Cloelia, -ae *f:* röm. Jungfrau, die, um der Geiselhaft beim Etruskerkönig zu entkommen, durch den → Tiber schwamm; von so viel Heldenmut beeindruckt ließ der König sie weitere Geiseln retten

Colossēum, -ī *m (ursprünglich* **amphitheātrum [-ī] Flāvium [-ī]** *n):* Theater für Gladiatorenspiele und Tierkämpfe in Rom

Cōnstantīnus, -ī *m, Flavius Valerius Constantinus, Konstantin der Große:* röm. Kaiser; gest. 323 n. Chr.

Cornēlia, -ae *f:* lat. Name

Cornēlius, -ī *m:* lat. Familienname

Creūsa, -ae *f, Krëusa:* erste Frau des → Aeneas

Cūmae, -ārum *f:* Stadt südlich von Rom

Cyclōpēs, -um *m, Zyklopen, Kyklopen:* einäugige Riesen, Söhne von → Uranos und → Gaia

D

Diāna, -ae *f:* Göttin der Jagd (griech. Artemis); oft dargestellt mit Pfeil und Bogen

Dīdō, -ōnis *f:* mythische Königin von Karthago, die von → Aeneas verlassen wird

Diomēdēs, -is *m:* 1. mythischer König; besaß menschenfressende Pferde, die → Herkules tötete; 2. griech. Held, der die Göttin → Venus im Trojanischen Krieg verletzte

E

Ēgeria, -ae *f:* Nymphe, die → Numa beraten haben soll

Ēlysium, -ī *n:* Wohnort der Seligen in der Unterwelt

Epimētheus, -eī *m:* Bruder des → Prometheus; öffnete die Büchse der → Pandora

Eris, -idis *f:* Göttin der Zwietracht

Erymanthius, -a, -um, *erymanthisch:* aus einem Gebirge in Arkadien stammend; Erymanthischer Eber, den → Herkules tötete

Ēsquiliae, -ārum *f, Esquilin:* einer der sieben Hügel Roms; Adj.: **Ēsquilīnus, -a, -um:** am/auf dem Esquilin

Etrusker → Tuscī

Eurystheus, -eī *m:* Halbbruder des → Herkules und König von Mykene, dem Herkules dienen musste

F

Fabia, -ae f: Halbschwester von Ciceros Frau Terentia, → Vestalin von 78 bis 53 v. Chr.

Faustulus, -ī m: Hirte; nahm → Romulus und → Remus auf

Flōra, -ae f: röm. Göttin der Blumen und des Frühlings

Flōrālia, -ium n, *Floralien:* Fest der → Flora am 27. April

Fortūna, -ae f: Göttin des Schicksals und Glücks; oft dargestellt mit einem Füllhorn

Forum (-ī) Boārium (-ī) n: Rindermarkt, Platz zwischen → Tiber und → Circus Maximus

Forum, -ī (Rōmānum, -ī) n, *Forum:* Hauptplatz Roms in der Senke zwischen → Palatin, → Kapitol und → Esquilin

G

Gāia: griech. Göttin der Erde

Gāius, -ī m: lat. Vorname, Abkürzung: C.

Gēryōn, -onis m: Riese, den → Herkules tötete und dessen Rinder er entführte

Gigantēs, -um m, *Giganten:* Kinder der → Gaia und des → Uranos; unsterbliche Riesen mit Schlangen als Füßen

Graecī, -ōrum m: die Griechen; Adj.: **Graecus, -a, -um:** griechisch

Graecia, -ae f: Griechenland

H

Hades → Plūtō

Hector, -oris m, *Hektor:* trojanischer Held, Sohn des → Priamos

Hecuba, -ae f, *Hekuba:* Frau des → Priamos

Helena, -ae f: Frau des → Menelaus von Sparta, Geliebte des → Paris von Troja

Herculēs, -is m, *Herkules:* berühmtester Held der griech. Sagenwelt (griech. Herakles), Sohn des → Jupiter und der Alkmene; vollbrachte zwölf Heldentaten, u. a. in Italien, das er auf dem Rückweg von den Inseln der Hesperiden durchwanderte

Hesperides, -um f, *die Hesperiden:* mythische Schwestern, die die goldenen Äpfel auf einer Insel im Westen bewachen

Hispānia, -ae f: Spanien

Hydra, -ae f: vielköpfige Schlange; von → Herkules besiegt

I

Iānus, -ī m, *Janus:* röm. Gott des Anfangs und des Endes, dessen Tempel von Anfang bis Ende eines Krieges offenstand

Iolāus, -ī m: Neffe des → Herkules

Italia, -ae f: Italien

Iūnō, -ōnis f, *Juno:* Göttin der Ehe (griech. Hera); Gattin des → Jupiter, dessen zahlreiche außereheliche Liebschaften ihren Zorn hervorriefen; oft dargestellt mit Pfau

Iūppiter, Iovis m, *Jupiter:* Göttervater (griech. Zeus); Gott des Wetters; hatte zahlreiche außereheliche Liebschaften; oft dargestellt mit Blitzbündel

K

Konstantinsbogen: Triumphbogen neben dem → Kolosseum; zu Ehren des Kaisers Kontantin errichtet (312–315 n. Chr.)

Kosmos: die Welt, die „Ordnung", die aus dem Chaos („Leere") hervorging

L

Lāocoōn, -ontis m, *Laokoon:* Priester, der die Trojaner vor dem hölzernen Pferd warnte

Latīnī, -ōrum m, *die Latiner:* Ureinwohner von Mittelitalien; Adj. **Latīnus, -a, -um:** latinisch

Latium, -ī n: Landschaft in Mittelitalien

Lāvīnia, -ae f: Tochter eines Latinerkönigs, zweite Frau des → Aeneas

Lēthē, -ēs f: Strom des Vergessens in der Unterwelt

Libya, -ae f, *Libyen:* nördlicher Teil Afrikas

Linus, -ī m: Musiklehrer des → Herkules

Līvius, -ī m, *Titus Livius:* röm. Geschichtsschreiber; Verfasser des Werks *Ab urbe condita*; gest. 17 n. Chr.

Lūcius, -ī m: lat. Vorname, Abkürzung: L.

M

Mārcus, -ī m: 1. lat. Vorname, Abkürzung: M.; 2. Sohn des Cicero

Mārs, Mārtis m: Gott des Krieges (griech. Ares); hatte eine Liebschaft mit → Venus; oft dargestellt mit Rüstung

Marsfeld → Campus Mārtius

Menelāus, -ī m, *Menelaos:* aus Sparta, griech. Held im Trojanischen Krieg, Mann der → Helena

Mercurius, -ī m, *Merkur:* Götterbote, Gott der Reisenden, des Handels und der Diebe (griech. Hermes); Sohn des → Jupiter und einer Tochter des Atlas (Maia); oft dargestellt mit Flügelhelm, -schuhen und Heroldsstab

Minerva, -ae f: Göttin des Handwerks, der Künste und des Krieges (griech. Athena); bereits in voller Rüstung aus → Jupiters Kopf geboren; oft dargestellt mit Eule, Helm und Speer

Mors, -tis f: Göttin des Todes

Mūsae, -ārum f, *die Musen:* die neun Göttinnen der Künste, von denen jede für eine bestimmte Kunstgattung zuständig ist

Mycēna, -ae f, *Mykene:* Stadt auf der Peloponnes

N

Nemea, -ae f: Tal auf der Peloponnes mit einem Hain, wo → Herkules den nemeischen Löwen erlegte

Neptūnus, -ī m, *Neptun:* Gott des Meeres (griech. Poseidon); oft dargestellt mit Dreizack

Nerō, -ōnis m, *Nero Claudius Caesar Augustus Germanicus:* röm. Kaiser; gest. 68 n. Chr.

Nessus, -ī m: Kentaur (Mischwesen aus Pferd und Mensch), der → Herkules ein vergiftetes Gewand gab

Numa (-ae) Pompilius (-ī) m: zweiter röm. König

Numitor, -ōris m: König von → Alba Longa, Vater der → Rhea Silvia

O

Ōceanus, -ī *m:* das Meer, das Urmeer

Odysseus →Ulixēs

Olympus, -ī *m, Olymp:* Bergkette in Griechenland, Wohnsitz der Götter

Omphala, -ae *f:* Königin, der →Herkules als Frau verkleidet diente

Ōstia, -ae *f:* Hafen von Rom an der Mündung des →Tibers

P

Palātium, -ī *n, Palatin:* einer der sieben Hügel Roms, wo auch Cicero sein Haus hatte; später Wohnsitz der Kaiser; Adj.: **Palātīnus, -a, -um:** am/auf dem Palatin,

Pallās, -antis *m:* Königssohn, der →Aeneas im Kampf gegen →Turnus helfen will

Pandōra, -ae *f:* Frau des →Epimetheus; brachte durch ihr Geschenk „Büchse der Pandora" Unheil über die Menschen

Paris, -idis *m:* Sohn des →Priamos; löste durch den Raub der →Helena den Trojanischen Krieg aus

Penātēs, -ium *m, die Penaten:* röm. Hausgötter

Plautus, -ī *m:* röm. Komödiendichter; gest. 184 v. Chr.

Plūtō, -ōnis *m:* Herrscher über die Unterwelt (griech. Hades); oft dargestellt mit Zweizack und →Cerberus

Pollūx, -ūcis *m:* Sohn des →Jupiter, Bruder des Castor

Pompēius, -ī *m, Gnaeus Pompeius:* röm. Feldherr und Politiker; ließ das Pompeiustheater bauen (55 v. Chr.)

Pompōnia, -ae *f:* Frau des Quintus Tullius Cicero

Priamus, -ī *m, Priamos:* König von Troja, Mann der Hecuba, Vater des Hektor

Promētheus, -eī *m:* Titan; war an der Erschaffung der Menschen beteiligt und brachte ihnen das Feuer

Prōserpina, -ae *f:* Herrscherin der Unterwelt (griech. Persephone); Frau des →Pluto; oft dargestellt mit Granatapfel oder Hahn

Pūblius, -ī *m:* lat. Vorname, Abkürzung: P.

Pyramus, -ī *m:* Geliebter der Thisbe; da er glaubte, sie sei tot, erstach er sich mit seinem Schwert unter einem Maulbeerbaum

Q

Quīntus, -ī *m:* 1. lat. Vorname, Abkürzung: Q.; 2. Sohn des Tullius

Quirīnālis (-is) collis (-is) *m, Quirinal:* einer der sieben Hügel Roms und Gründungshügel

Quirītēs, -ium *m, die Quiriten:* feierlicher Name für die Bürger der Stadt Rom; ursprüngliche Bezeichnung für die →Sabiner auf dem →Quirinal

R

Remus, -ī *m:* Sohn des →Mars und der →Rhea Silvia, Zwillingsbruder des →Romulus

Rhea, -ae *f:* griech. Göttin, Mutter des →Jupiter und Frau des →Saturn

Rhēa (-ae) Silvia (-ae) *f:* →Numitors Tochter, →Vestalin, Mutter von →Romulus und →Remus

Rōma, -ae *f:* Rom

Rōmānī, -ōrum *m:* die Römer; Adj.: **Rōmānus, -a, -um:** römisch

Rōmulus, -ī *m:* Sohn des →Mars und der →Rhea Silvia, Zwillingsbruder des →Remus, Stadtgründer von Rom

S

Sabīnae, -ārum *f:* die Sabinerinnen

Sabīnī, -ōrum *m, die Sabiner:* Volk in Mittelitalien; Adj.: **Sabīnus, -a, -um:** sabinisch

Sāturnus, -ī *m, Saturn:* Gott des Ackerbaus; als Titan (griech. Kronos) Ahnherr der Götter

Schliemann, Heinrich: deutscher Archäologe; entdeckte im 19. Jh. die Ruinen Trojas in der Türkei

Septimius (-ī) Sevērus (-ī) *m, Lucius Septimius Severus Pertinax:* röm. Kaiser; gest. 211 n. Chr.

Servius (-ī) Tullius (-ī) *m:* sechster röm. König

Sevērus, -ī *m:* lat. Name; „der Strenge" von dem Adj. *sevērus*

Severusbogen: Triumphbogen auf dem →Forum Romanum; zu Ehren des Kaisers Septimius Severus errichtet (203 n. Chr.)

Sibylla, -ae *f, die Sibylle von Cumae:* Seherin, die die Zukunft voraussagen kann; führte →Aeneas durch die Unterwelt

Sibyllīnī (-ōrum) librī (-ōrum) *m, die Sibyllinischen Bücher:* Sammlung alter Sprüche und Weissagungen der Wahrsagerin →Sibylle, die im Jupitertempel auf dem →Kapitol aufbewahrt wurde

Sinōn, -ōnis, *m:* Grieche, der die Trojaner dazu brachte, das hölzerne Pferd in die Stadt zu ziehen

Sīsyphus, -ī *m, Sisyphos:* mythischer Büßer in der Unterwelt, der zur Strafe immer wieder einen Felsen einen Berg hinaufrollen muss

Sparta, -ae *f:* Stadt in Griechenland

Stymphālicae (-ārum) avēs (-ium) *f, die stymphalischen Vögel:* Raubvögel mit eisernen Klauen, Schnäbeln und Flügeln, die →Herkules tötete

Subūra, -ae *f:* Stadtviertel Roms nordöstlich des Forums, Wohnviertel der ärmeren Bevölkerung

T

Tanaquīl, -īlis *f:* Gattin des Tarquinius Priscus, die ihren Mann überredete, nach Rom auszuwandern, wo er König wurde, und dann dessen Tod so lang geheim hielt, bis der Mann ihrer Tochter, Servius Tullius, König wurde

Tantalus, -ī *m:* mythischer Büßer in der Unterwelt, der weder das ihn umgebende Wasser noch die über ihm hängenden Früchte zu sich nehmen kann und sich wegen eines über ihm schwebenden Felsbrockens in ständiger Todesangst befindet

Tarpēia, -ae *f:* Tochter eines röm. Befehlshabers und →Vestalin zur Zeit des →Romulus, Verräterin Roms

Tarquiniī, -ōrum *m:* Stadt in der heutigen Toskana

Tarquinius (-ī) Priscus (-ī) *m, Lucius Tarquinius Priscus:* fünfter röm. König

Tarquinius (-ī) Superbus (-ī) *m, Lucius Tarquinius Superbus:* letzter röm. König

Tartarus, -ī *m, Tartaros:* die Unterwelt, besonders: Strafort im Totenreich

Terentia, -ae *f:* Frau des Cicero

Terra, -ae *f, griech. Gaia:* röm. Erdgöttin

Thēbae, -ārum *f, Theben:* Stadt in Griechenland

Tiberis, -is *m,* Akk. Sg.: **Tiberim,** Abl. Sg.: **Tiberī,** *Tiber:* Fluss in Rom

Tīrō, -ōnis *m:* Sekretär Ciceros; 53 v. Chr. freigelassen; Erfinder einer Kurzschrift („tironische Noten")

Tītānī, -ōrum *m, die Titanen:* Kinder der → Gaia und des → Uranos

Titus, -ī *m:* lat. Vorname, Abkürzung: T.

Titus (-ī) Tatius (-ī) *m:* mythischer König der → Sabiner, später Mitregent des → Romulus

Trōia, -ae *f:* Stadt in Kleinasien, Schauplatz des Trojanischen Krieges

Trōiānī, -ōrum *m:* die Trojaner; Adj.: **Trōiānus, -a, -um:** trojanisch

Tullia, -ae *f:* Tochter des Cicero

Tullius, -ī *m, Quintus Tullius Cicero:* Bruder des Cicero

Tullus (-ī) Hostīlius (-ī) ī *m:* dritter röm. König

Turnus, -ī *m:* König der Rutuler (Volksstamm in Latium), Gegner des → Aeneas

Tūscī, -ōrum *m, die Etrusker:* Volk in Mittelitalien; kämpfte im 5. Jh. v. Chr. gegen die Römer

U

Ulixēs, -is *m, Odysseus:* griech. Held im Trojanischen Krieg, der durch eine List die Eroberung Trojas herbeiführte

Ūranos: griech. Gott des Himmels

V

Venus, -eris *f:* röm. Göttin der Liebe (griech. Aphrodite); geboren aus → Uranos' Samen und Meerschaum; Gattin des → Vulcanus, hatte aber eine Liebschaft mit → Mars; oft dargestellt mit Rosen

Vergilius, -ī *m, Publius Vergilius Maro, Vergil:* röm. Dichter; Verfasser der *Aeneis,* des röm. Nationalepos; gest. 19 v. Chr.

Vesta, -ae *f:* röm. Göttin und Hüterin des Herdfeuers (griech. Hestia); oft dargestellt mit Herdfeuer und Opferbrot

Vestālis, -is *f, die Vestalin:* unverheiratete und damit auch kinderlose Priesterin der Göttin → Vesta, die das Herdfeuer hütete

Vesuvius, -ī *m, Vesuv:* Vulkan in Süditalien; schwerer Ausbruch 79 n. Chr.

Via (-ae) Appia (-ae) *f:* röm. Fernstraße von Rom nach → Brundisium

Via (-ae) Sacra (-ae) *f:* „Heilige Straße", Hauptstraße des Forums vom → Kapitol zum → Kolosseum

Vīminālis (-is) collis (-is) *m, Viminal:* einer der sieben Hügel Roms

Vīventius, -ī *m:* lat. Name

Vulcānus, -ī *m:* röm. Gott des Feuers und der Schmiedekunst (griech. Hephaistos); Sohn des → Jupiter und der → Juno; oft dargestellt mit Hammer und Amboss

Z

Zephyrus, -ī *m:* milder Frühlingswind, der die Erde fruchtbar machte

Die Römer – das Wichtigste im Überblick

Die **XII** olympischen Götter ...

		Zuständigkeit	Attribute
Jupiter	Zeus	Wetter	Blitzbündel
Juno	Hera	Ehe	Pfau
Neptun	Poseidon	Meer	Dreizack
Apollo	Apollon	Weissagung, Dichtung, Heilkunde	Kithara, Leier
Diana	Artemis	Jagd	Pfeil und Bogen
Ceres	Demeter	Erde, Getreide	Ähren
Vulcanus	Hephaistos	Feuer, Schmiedekunst	Hammer und Amboss
Minerva	Athene	Handwerk, Künste, Krieg	Helm und Speer, Eule
Vesta	Hestia	Herdfeuer	Herdfeuer, Opferbrot
Venus	Aphrodite	Liebe	Rosen
Mars	Ares	Krieg	Rüstung, Waffen
Merkur	Hermes	Götterbote; Reisende, Handel, Diebe	Flügelhelm, Flügelschuhe, Heroldsstab

... und einige weitere Götter

Pluto	Hades	Unterwelt	Zweizack, Cerberus
Proserpina	Persephone	Unterwelt	Hahn, Granatapfel
Bacchus	Dionysos	Wein	Trauben

Die **VII** Hügel Roms

Kapitol	→ L 4; S. 59; S. 128
Palatin	→ S. 68; S. 128
Aventin	→ S. 128
Caelius	→ S. 128
Esquilin	→ S. 128
Quirinal	→ S. 128; S. 132
Viminal	→ S. 128

Die **VII** Könige Roms

1.	**Romulus**	→ L 23; L 24; S. 136
2.	**Numa Pompilius**	→ L 25
3.	**Tullus Hostilius**	→ S. 141
4.	**Ancus Marcius**	→ S. 141
5.	**Tarquinius Priscus**	→ S. 136; S. 141
6.	**Servius Tullius**	→ S. 141
7.	**Tarquinius Superbus**	→ S. 136; S. 141

Die **IV** wichtigsten Arten der Weissagung in Rom

Jedes Medium der Zukunftsschau hat seine eigene Art, sich auszudrücken:

Orakel, z. B. die Sibylle in Cumae	Orakelspruch
Sibyllinische Bücher	Bücher
Opferschau *(haruspicium)*	Innereien der Opfertiere, besonders die Leber
Vogelschau *(auspicium)*	Vogelflug

Die **VII** wichtigsten Gebäudearten in Rom

Diese Gebäude sind ganz besonders typisch für das antike Rom:

Circus	Pferderennbahn mit einem Mittelstreifen → L 7; S. 58
Theater	Sitzreihen im Halbrund vor einer Bühne *(scaena)* → L 5; S. 32
Amphitheater	Sitzreihen rund um einen Kampfplatz *(arena)* → L 5; S. 58
Tempel	Heiligtum, oft mit dreieckigem Giebel und Säulen in der Vorderfront (der Opferaltar stand stets vor dem Tempel) → L 4; S. 36
Thermen	Öffentliche Bäder mit vielen verschiedenen Baderäumen, geheizt durch Hypokaustanlagen → L 11; S. 84
Aquädukt	Wasserleitung, die Wasser oft über viele Kilometer in die Stadt zu den Thermen, Brunnen und privaten Wasseranschlüssen führte → L 11; S. 84; S. 85
Triumphbogen	Großer steinerner Torbogen mit einem oder drei Bögen, der an den Sieg eines Kaisers erinnern sollte → S. 38; S. 59

Die **V** wichtigsten Einflüsse der Griechen in Rom

In diesen Bereichen des römischen Lebens ist besonders viel Griechisches zu finden:

Theater	Griechisch ist alles am Theater, vom Gebäude bis hin zu den Theaterstücken.
Tempel	Griechisch ist die Form des Gebäudes, insbesondere die Säulen.
Schule und Bildung	Griechisch war die Sprache der gebildeten Römer und die Sprache der Literatur.
Sklaven	Griechisch waren viele Sklaven, die in Rom z. B. als Lehrer, Sekretäre, Schriftsteller, Künstler oder Ärzte arbeiteten.
Götter und Mythen	Griechisch sind die Götter und Mythen, denn die Römer setzten ihre Götter mit denen der Griechen gleich und übernahmen deren Erzählungen.

Zeitstrahl

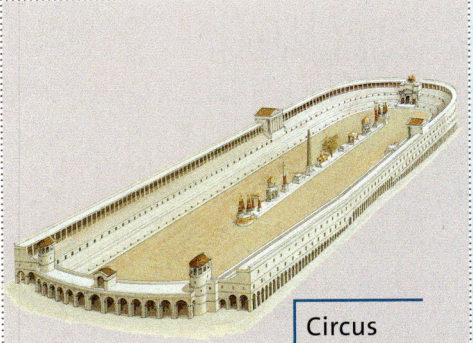

Circus
Maximus
→ L 7,
S. 141

Kurie
→ L 6,
S. 141

Via Appia
(ab 312 v. Chr.)
→ L 15, S. 80

Königszeit

Republik

1000 v. Chr.

753 v. Chr.
Gründung
Roms der
Sage nach
→ L 23

510 v. Chr.
Sturz des
Tarquinius
Superbus
→ L 25,
S. 140

500 v. Chr.

Trojanischer
Krieg

Romulus
→ L 23

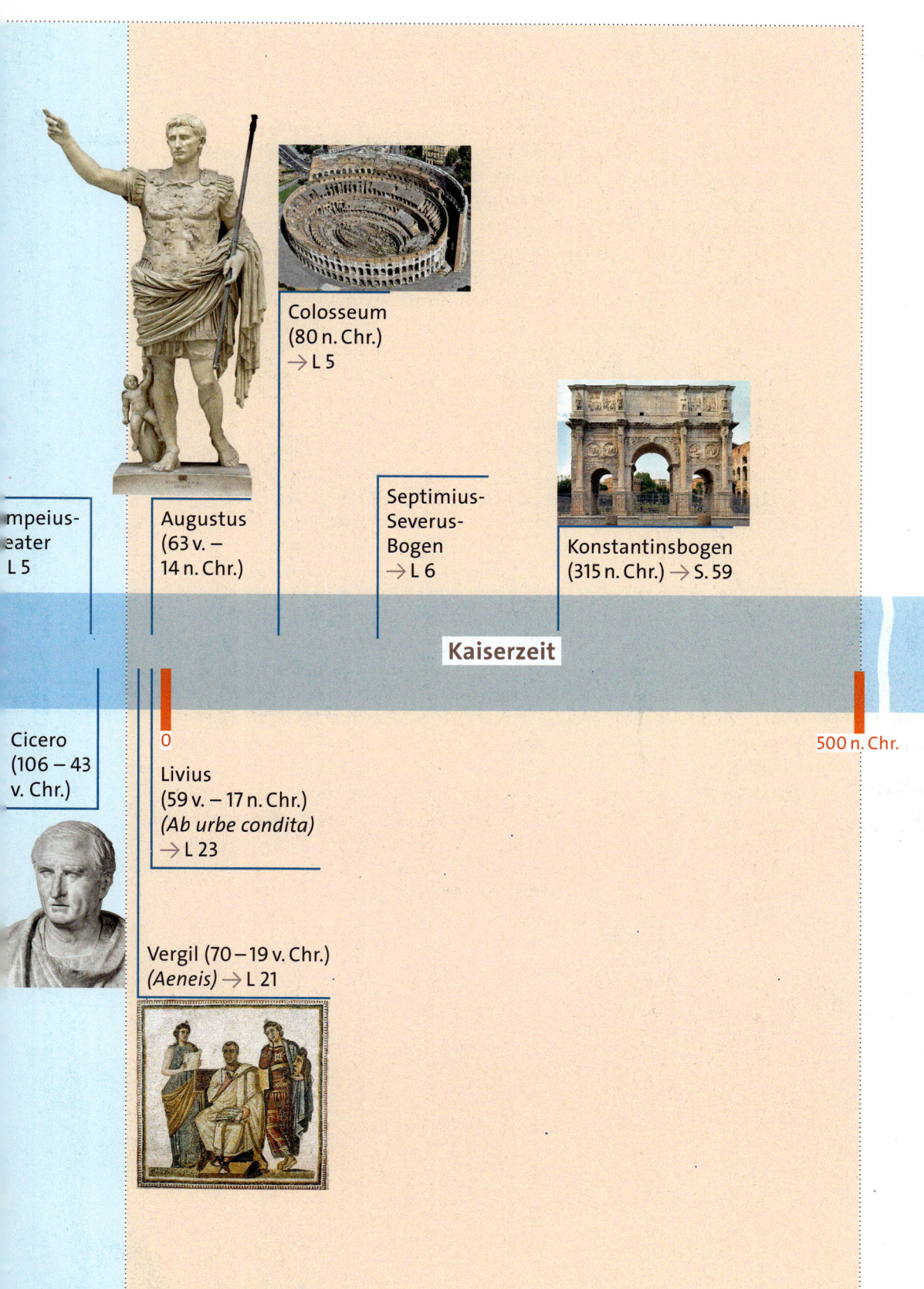

Colosseum
(80 n. Chr.)
→ L 5

Septimius-
Severus-
Bogen
→ L 6

Konstantinsbogen
(315 n. Chr.) → S. 59

mpeius-
eater
L 5

Augustus
(63 v. –
14 n. Chr.)

Kaiserzeit

0

500 n. Chr.

Cicero
(106 – 43
v. Chr.)

Livius
(59 v. – 17 n. Chr.)
(Ab urbe condita)
→ L 23

Vergil (70 – 19 v. Chr.)
(Aeneis) → L 21

Bildquellenverzeichnis

Liste der Zauberstab-Übungen

Ordnungszauber

I. Ordne die Wörter nach Wortarten.

II. Ordne die Wörter nach Deklinationen oder Konjugationen.

III. Ordne die Wörter nach Wort- oder Sachfeldern.

Verwandlungszauber

IV. Verwandle Numerus oder Kasus.

V. Verwandle bei Verben den Numerus, die Person oder das Tempus.
Setze z. B. Verben ins Perfekt, ins Präsens, ins Imperfekt …

VI. Führe Wörter auf die Grundform oder die Lernform zurück.

Wortschatz-Gedächtnis-Zauber

VII. Schlage Bedeutungen im alphabetischen Wortverzeichnis nach.

VIII. Entwickle zu den Wörtern selbst Merkhilfen (→ Anleitung auf S. 157).

IX. Nenne zu den Wörtern Synonyme oder Antonyme.

X. Nenne verwandte Wörter aus anderen Sprachen oder deutsche Fremdwörter.

XI. Schreibe eine Reizwortgeschichte; oder schreibe eine Fortsetzung zu einem Text.

Zaubern zu zweit (oder zu mehreren)

XII. Denke dir selbst Aufgaben aus, die deine Lernpartner lösen sollen.

XIII. *Activitas!* Lasse deine Lernpartner „aktiv" werden, indem sie lateinische Vokabeln erraten: Erkläre die Vokabeln auf Deutsch, male sie oder stelle sie pantomimisch dar.

Abkürzungen

Abb.	Abbildung		L	Lektion
Abl.	Ablativ		lat.	lateinisch
AcI	Accusativus cum Infinitivo		m	maskulin
Akk.	Akkusativ		n	neutrum
Dat.	Dativ		n. Chr.	nach Christus
Dekl.	Deklination		Nom.	Nominativ
f	feminin		Obj.	Objekt
F	Formenlehre		P.	Person
Fut. I	Futur I		Perf.	Perfekt
Fut. II	Futur II		Pl.	Plural
Gen.	Genitiv		Plqupf.	Plusquamperfekt
griech.	griechisch		Präp.	Präposition
GZ	gleichzeitig		Präs.	Präsens
Imp.	Imperativ		röm.	römisch
Imperf.	Imperfekt		S	Satzlehre
Inf.	Infinitiv		S.	Seite
Jh.	Jahrhundert		Sg.	Singular
KNG	Kasus, Numerus, Genus		v. Chr.	vor Christus
Konj.	Konjugation		Vok.	Vokativ
Kons. Konj. (ĭ)	Konsonantische Konjugation mit i-Erweiterung		VZ	vorzeitig
			z. B.	zum Beispiel

Imperium Romanum

Map labels:

A B C D E

Vallum Hadriani

BRITANNIA

Londinium

Oceanus

Teutoburgiensis saltus

GERMANIA

Amisia

Albis

Visurgis

Morini

Colonia Agrippina

Rhenus

Aquisgranum

Belgae

Augusta Treverorum

Mosella

Hermunduri

LIMES

RAETIA

Danuvius

Augusta Vindelicum

Cambodunum

NORICU

Sequana

Liger

GALLIA

Alesia

A L P E S

Mediolanum (Mailand)

Vercellae

Rhodanus

Padus

D A

Arausio

NARBONENSIS

Nemausus

Narbo

Massilia

Mare Adriati

ITALIA

Roma

Numantia

Iberus

HISPANIA

Saguntum

PYRENAEI MONTES

CORSICA

SARDINIA

Neapolis

Pompeii

M a r e

Mare Tyrrhenum

AEGATES

SICILIA

MAURETANIA

Utica

Carthago

Zama

NUMIDIA

AFRICA

Syrtis minor

AFRICA

Imperium Romanum

Eroberungen im Gallischen Krieg (58-51 v. Chr.)

Das Imperium um 46 v. Chr.

Das Imperium Anfang 2. Jh. n. Chr.

0   500